KB033105

15세기 하타요가의 고전

하타의 등불【하】

—브라흐마난다의 『월광』(*Jyotsnā*)에 의거한 번역과 해설—

An Annotated Translation of *Haṭhapradīpikā*

스바뜨마라마 요긴드라Svātmārāma Yogīndra 저 / 박 영 길 역

세창출판사

하타의 등불【하】

1판 1쇄 인쇄 2015년 9월 10일
1판 1쇄 발행 2020년 1월 23일

저 자 | 스바뜨마라마 요긴드라
역 자 | 박영길
발행인 | 이방원
발행처 | 세창출판사
신고번호 | 제300-1990-63호
주소 | 서울 서대문구 경기대로 88 냉천빌딩 4층
전화 | (02) 723-8660 팩스 | (02) 720-4579
http://www.sechangpub.co.kr
e-mail: edit@sechangpub.co.kr
ISBN 978-89-8411-568-2 94150
978-89-8411-566-8 (세트)

본서는 2011년도 정부(교육과학기술부)의 재원으로 한국연구재단의 명저번역사업 지원으로 수행되었음(과제: NRF-2011-421-A00033).

이 도서의 국립중앙도서관 출판시도서목록(CIP)은 e-CIP홈페이지(http://www.nl.go.kr/ecip)와 국가자료공동목록시스템(http://www.nl.go.kr/kolisnet)에서 이용하실 수 있습니다.(CIP제어번호: CIP2015024918)

일러두기

본서는 1450년경에 작성된 스바뜨마라마(Svātmārāma)의 『하타의 등불』(Haṭhapradīpikā)에 대한 한글 번역과 해설이다. 본서의 해설은 브라흐마난다(Brahmānanda)의 주석 『월광』(Jyotsnā)에 의거했다.

1. 『하타의 등불』과 『월광』의 저본

번역의 저본은 스바뜨마라마의 *Haṭhapradīpikā*와 브라흐마난다의 주석 *Jyotsnā*가 함께 편집되어 첸나이(Chennai)의 Adyar Library and Research Centre에서 출판된 2차 교정본(1933년)의 재편집본(1972년)이다.

상기 교정본은 1893년 뭄바이의 Nirnaya Sagar에서 출판된 Tookaram Tatya(ed.)와 Śrīnivāsa Iyāngar(tr.)의 1차 교정본을 토대로 Adyar에 소장된 필사본 Nr. PM1431(Catalogue Nr. 134) Haṭhayogapradīpikā with comm. -Jyotsnā(Paper, Devanāgarī. 30×13.5, F.91, L.12, A50, Complete, G1832)에 의거한 2차 교정본으로 1933년에 출판되었다. Adyar의 1933년본은 라마나탄(Rāmanāthan) 교수와 빤디뜨 수브라흐마니야 샤스뜨리(Pandit. S. V. Subrahmanya Sastri)에 의해 면밀하게 검토된 2차 교정본으로 현재까지 출판본 중에서 가장 신뢰할 수 있는 판본이다. 1933년 교정본은 새로운 조판으로 1972년에 다시 출판되었는데 내용은 1933년 교정본과 동일하지만 페이지는 다르다. 1972년본은 1975년과 2000년에 재인쇄된 바 있다.

The Haṭhayogapradīpikā of Svātmārāma with the Commentary Jyotsnā of Brahmānanda and English Translation. Madras: The Adyar Library and Research Centre, 1972(18931st. Ed., 19332nd. Ed.).

2. 산스끄리뜨 발음 표기

❶ 가급적 원어의 음절수에 맞추어 음사했다.
ex) Gorakṣa (3음절: 고락샤), Yājñavalkya (4음절: 야갸발꺄)

❷ 하지만 '위치 장음'이 포함될 경우 전체 마뜨라 수에 맞추었다.

	음절수	구조	마뜨라 수	번역어
Brahman	2	— —	1-2, 3-4	브라흐만
Cakra	2	— ∪	1-2, 3	짜끄라
Bandha	2	— ∪	1-2, 3	반드하
Kumbhaka	3	— ∪ ∪	1-2, 3, 4	꿈브하까
Viśuddha	3	∪ — ∪	1, 2-3, 4	비슛드하

❸ va는 힌디어에서 입술을 뗀 '와'로 발음되지만 산스끄리뜨에는 이빨과 입술을 떼면서 발음되는 치순음(齒脣音, vākārasya dantoṣṭam. *Laghusiddhāntakaumudī*, l.1.1.)이므로 여기서는 '바'(결합 자음일 경우 'ㅂ')로 표기했다. ex) Veda: 베다, Śiva: 쉬바

❹ 결합자음의 r은 '르'로 표기하지만 y가 뒤따를 경우엔 '리'로 표기했다. ex) karma: 까르마, ārya(아리야)

❺ śa, ṣa의 경우 후속음에 따라 쉬, 샤, 슈로 표기했다.

❻ 그 외의 경우, 일반적 관행에 따랐다.

3. 페이지(*p. pp*) 및 행(*l, ll*) 표시

주석서『월광』의 원문을 기록할 경우 페이지와 행은 해당 게송이 시작되는 곳에서부터 세었다.

4. 주요 번역어

❶ 쁘라나야마(prāṇāyāma)

prāṇāyāma의 정확한 의미는 호흡(prāṇa)의 멈춤(āyāma)이지만 실천

적 의미를 전달하는 데 다소 무리가 있어 문맥에 따라 '호흡법', '호흡수련'으로 번역하고 명칭 문제 또는 번역이 여의치 않을 경우엔 쁘라나야마로 음사했다.

❷ 아사나(āsana)

āsana가 공작과 같은 역동적인 동작을 의미할 경우엔 '체위'로 번역했고 달인, 연화와 같은 정적인 정좌자세의 경우엔 '좌법'으로 번역했지만 두 의미를 포괄할 경우에는 '아사나'로 음사하였다.

5. 운율 표기

본서에서 사용된 운율의 90%는 고전 산스끄리뜨에서 가장 널리 사용된 운율 중 하나인 8음절의 아누쉬뚜브(anuṣṭubh)이다. 이 운율은 8음절 운율인 박뜨라(Vaktra) 군(群)에 속하는 몇몇 운율 중 일부이지만 동일운율(samavṛtta)의 8음절 아누쉬뚜브(ex: māṇavakā, vidyumālā, gajagati)와 구별하기 위해 '아누쉬뚜브-쉴로까'라는 명칭을 사용했다. 아누쉬뚜브-쉴로까 운율 중 294개의 기본형(pathyā)에 대해서는 별도로 표기하지 않았고 58개의 확장형(vipulā)에 대해서는 각주에서 밝혔다. 아수쉬뚜브-쉴로까를 제외한 나머지 운율은 해당 게송에 대한 해설 서두에서 밝혔다.

6. 기 발표문

본서 제1부의 '필사본 개괄'은 『요가학연구』 제2호(2009년), 제3장 '하타의 등불의 명칭'은 『불교학 리뷰』 제6호(2009년), 4장 '하타의 등불의 운율'은 『인도철학』 39집(2013년)의 발표문을 수정, 증보한 자료이다.

하권

-차 례-

-차 례-

제2부 귀경게(maṅgala)

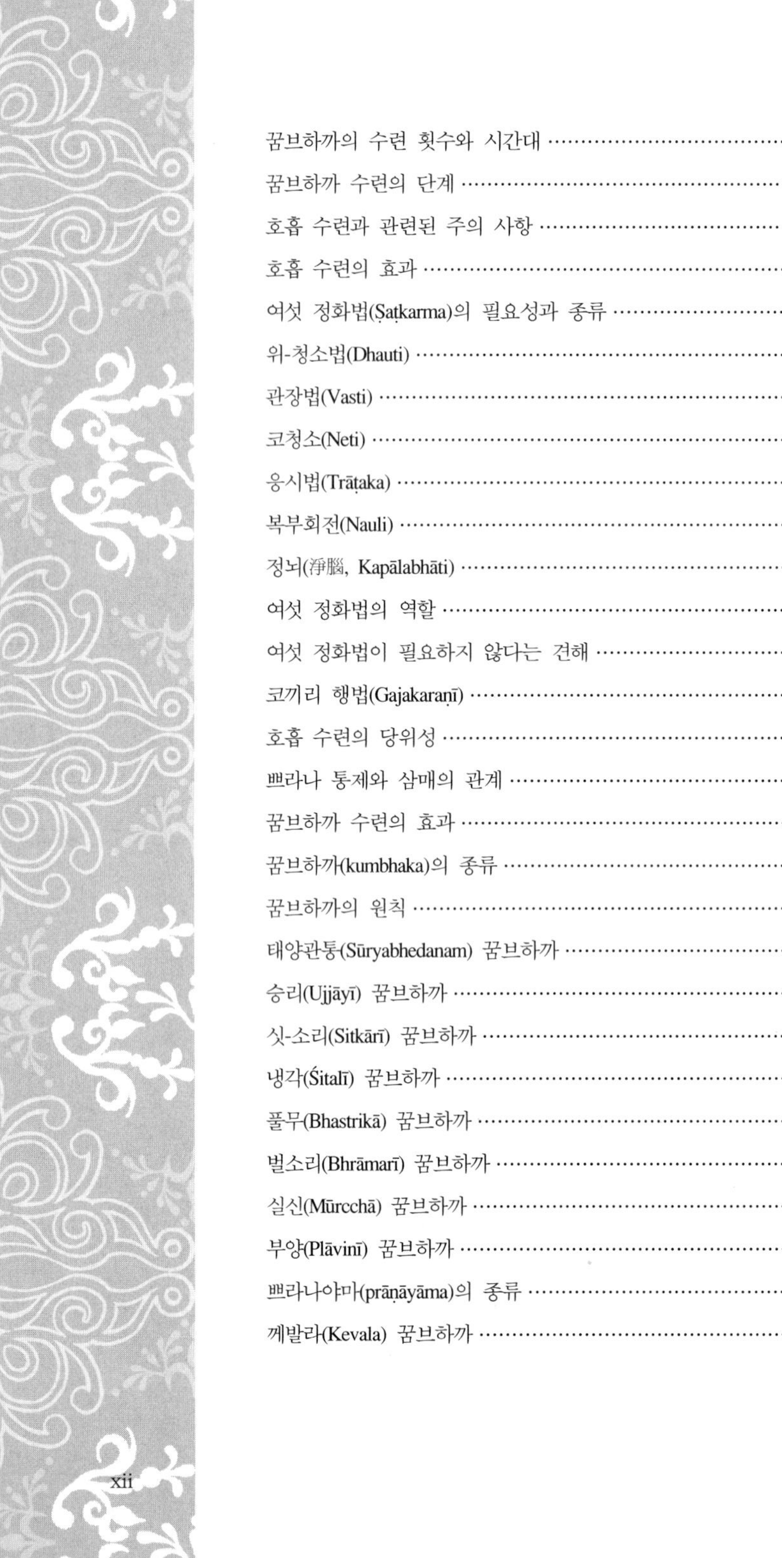

범 례

① 운율 표기: 389개의 게송 중 아누쉬뚭 쉴로까 기본형(pathyā)으로 작성된 293개의 게송에 대해서는 별도로 설명하지 않았다. 일종의 허용가능한 형식이라 할 수 있는 확장형(vipulā)에 대해서는 각주에서 표기하였다. 그 외의 운율에 대해서는 【해설】에서 밝혔다.

② [ ] : 원문에 없지만 번역상 내용을 추가할 필요가 있을 경우엔 [ ] 속에 넣었다.

③ 소제목: 소제목은 내용에 따라 혹은 브라흐마난다의 해설에 의거해서 붙였다.

④ **월광**: 브라흐마난다의 해설은 '**월광**' 이하에서 번역하고 원문을 제시하였다.

⑤ **월광**(Hp-Jt.)의 페이지 및 행: **월광**(Hp-Jt.)의 페이지(*p* 또는 *pp*)와 행(*l* 또는 *ll*)은 저본의 페이지와 행이며 '행의 숫자'는 해당 게송의 주석이 시작하는 첫 행에서부터 세었다.

⑥ 원문 교정: **월광**의 원문을 교정할 경우 교정한 글자를 렘마(Lemma) 부호 "」"앞에 기록하였고 이 부호 다음에 Hp-Jt^{Adyar} 본의 원문을 기록하였다. **월광**의 거의 모두 연성과 관련된 교정이다.[1]

---

1 주석서에서 흔히 발견되는 연성 무시는 연성을 크게 고려하지 않는 회화체의 특성 그리고 단어 분석과 관련된 사항이므로 굳이 수정할 필요가 없기도 하지만 일관성을 위해 수정하였다.

문법 약호

I. 1인칭.	*II.* 2인칭.	*III.* 3인칭.
sg. 단수.	*du.* 양수.	*pl.* 복수.
m. 남성 명사.	*n.* 중성 명사.	*f.* 여성 명사.

No. 주격.	*Ac.* 목적격.	*Ins.* 구격.
Da. 위격.	*Ab.* 탈격.	*Ge.* 소유격.
Lo. 처격.	*Vo.* 호격.	

Ā. 위자태.	*P.* 위타태.

BahVr.	소유복합어.
DvG	수사한정복합어.
DvnDv.	병렬복합어.
KarDh.	동격한정복합어.
TatPu.	격한정복합어.

Fpt.	미래수동 분사.
Gen.ab.	절대 속격.
Ger.	절대 분사.
Impf.	직설법 과거.
Impv.	명령법.
Loc.ab.	절대 처격.
Opt.	원망법.
Pf.	완료.

Pp.	현재분사.
Ppt.	과거수동 분사.
Pres.	직설법 현재
Snd.	연성의 규칙
indec.	불변화사
√	어근
æ	운율상의 휴지부(休止部, caesur)

주요 운율(chandas) 용어

Anuṣṭubh-śloka	아누쉬뚜브-쉴로까
Ardhasamavṛtta.	교차운율(절반운율)
Gaṇa	운각
Jāti	자띠 운율: 음절의 양과 운각의 시형
Pathyā	기본형
Samavṛtta	동일운율
Viṣamavṛtta	이질운율
Vipulā	허용가능한 형식(확장형)
Vṛtta	브릿따 운율: 음절수와 운각의 시형

▍제3장▍ 세 번째 가르침

무드라

세 번째 짜끄라(kuṇḍalinīcakra)에 대한 설명을 담은 채색 필사본 중 일부.
후대로 갈수록 짜끄라의 수는 점점 확대되는데 12짜끄라 체계에서 꾼달리니 짜그라는 스바드히스타나와 마니뿌라 짜끄라 사이에 있는 세 번째 짜끄라에 해당한다.
Ms. H.738 (Lahore Museum)

Haṭhapradīpikā. Woolner Collection(Punjab Univ. Library), Ms. Nr. 1204, F.16r.
산스끄리뜨 필사본 『하타의 등불』 제III장 중 일부(이 필사본의 내용은 Adyar본의 III.80의 마지막 구(pāda^{d})에서 III.88송의 앞부분에 해당한다.)

이 필사본에서 주목할 할 부분은 바즈롤리 수행자가 갖추어야 할 두 번째 조건을 열거하는 6-7번째 줄(tatra vastu dvayaṃ vakṣye durllabhaṃ yasya kasyacit kṣīraṃ caikaṃ dvitīyaṃ tu nārī ca vaśavarttinī 104)의 두 번째 단어 nārī이다. 1998년(2nd Ed.)에 출판된 Kaivalyadhama의 교정본엔(III.83송) "nārī"(여성)가 아니라 "nāḍī"(숨이 흐르는 통로)로 되어 있지만(tu nāḍī ca vaśavartinī: Hp^{Kaivalyadhama} III.83^{d}) 위 필사본에 따르면 두 번째 조건은 nārī(여성)이다. nārī(여성)와 nāḍī(나디)는 한 음절이 다를 뿐이지만 바즈롤리 무드라가 남녀의 성적 결합을 포함하는지 여부를 결정한다.

모든 요가의 토대로서의 꾼달리니

1

마치 아히나야까(뱀신)가 '산과 나무들을 지닌 대지'를 지탱하듯이 그와 같이 모든 요가의 가르침을 지탱하는 것은 바로 꾼달리이다.[1]

III.1^{a-b} saśailavanadhātrīṇāṃ yathādhāro 'hināyakaḥ |
III.1^{c-d} sarveṣāṃ yogatantrāṇāṃ tathādhāro hi kuṇḍalī ||

【해설】

'하(ha)와 타(ṭha)의 결합(yoga)', 즉 '쁘라나(ha)와 아빠나(ṭha)의 결합(yoga)'으로 정의되는 하타요가(haṭhayoga)[2] 본연의 수행법이 '꿈브하까와 병행해서 실행되는 무드라(mudrā)'이다. 하타요가가 쁘라나와 아빠나의 결합을 중요시하는 이유는 쁘라나와 아빠나가 결합할 때 꾼달리니가 각성될 수 있고 또 '각성된 꾼달리니'(질적인 변화를 겪은 쁘라나)가 정수리의 브라흐마란드흐라에 도달할 때 하타요가가 완성되기 때문이다. 『하타의 등불』은 '쁘라나(각성된 꾼달리니)가 브라흐마란드흐라에 머무는 것을 쁘라나의 소멸'로 해설하고 '쁘라나가 소멸될 때 쁘라나와 세트로 작용하는 마음(citta)도 저절로 소멸되는 것'으로 해설하는데[3] 이와 같은 하타요가의 수행에서 가장 중요한 요소는 꾼달리니를 각성시키는

---

1 제3장 무드라 편의 서두에서 꾼달리니를 강조하고 있다는 점에서 무드라 수행의 주요한 목표가 꾼달리니의 각성과 관련된다는 것을 짐작할 수 있다. 브라흐마난다는 주석에서 꾼달리니의 각성을 목표로 하지 않는 수행을 무가치한 것으로 간주한다.

2 하타요가의 정의에 대해서는 I.1송에 대한 해설을 참조.

3 Hp. IV.15-16에 대한 해설을 참조.

것이다.[4]

브라흐마난다는 본 게송의 의미를 다음과 같이 해설한다.

월광 이제 '꾼달리가 모든 요가의 토대라는 것'에 대해 "sasaila …"라는 [복합어 이하에서] 말한다.

atha kuṇḍalyāḥ sarvayogāśrayatvam āha - sasaileti | Hp-Jt. III.1, *p.* 73, *l.* 1.

마치 아히나야까(뱀신)가:

월광 마치 뱀들 중에서, 즉 독사들 중에서도 '우두머리', 즉 '통솔하는 자(netṛ)'인 아히나야까(뱀의 신), 다시 말해서 '세샤'(śeṣa)[5]가 ….

---

4 꾼달리니의 중요성은 『하타의 등불』 전체에서 발견되지만 아래의 예문을 들 수 있다.
"마치 열쇠로(kuñcikayā) 문을(kapāṭam) 열 수 있듯이 그와 같이 요가수행자는 '하타[요가]를 통해서 [각성된] 꾼달리니로써' 해탈의 문(=수슘나)을 열 수 있다." Hp. III.105.
"꾼달리니 샥띠는 요가수행자들에게는 해탈을 [주고], 어리석은 자들에게는 속박을 [주기] 위해서 깐다 위에서(kandordhve) 잠들어 있다. 그녀(꾼달니니 샥띠)를 아는 자가 '요가를 아는 자'이다." Hp. III.107.
"그녀, 즉 꾼달리니를 아는 사람이 요가를 아는 사람이다. '모든, 요가의 가르침들은 꾼달리니를 근간으로 하기 때문에'라는 의미이다." Hp-Jt. III.107.
『하타의 등불』에 많은 영향을 받은 『게란다상히따』는 꾼달리니를 각성시키지 못하는 한 인간의 영혼은 동물과 다를 바 없다고 말한 바 있다.
"물라드하라 [짜끄라]에서 뱀처럼 세 바퀴 반을 감은 채 잠들어 있는 뱀 … 그녀가 몸 속에서 잠들어 있는 한 [인간의] 영혼은 동물과 다를 바 없다. [꾼달리니를 각성시키지 못한다면] 수천 번이나 요가를 한들 지혜는 생기지 않는다."(mūlādhāre … kuṇḍalī … bhujagākārā sārdhatrivalayānvitā ‖ yāvat sā nidritā dehe tāvaj jīvaḥ paśur yathā | jñānaṃ na jāyate tāvat koṭiyogaṃ samabhyaset ‖ GhS. III.40-41.)

5 뱀신(ahināyaka)에는 세샤(śeṣa), 딱샤까(takṣaka), 바수끼(vāsuki)와 같은 세 종류(혹은 8종류가 빠딸라pālāla에 있다고 함)가 있는데 브라흐마난다는 여

ahīnāṃ sarpāṇāṃ nāyako netā hināyakaḥ śeṣo yathā … Hp-Jt. III.1, *p.* 73, *ll.* 3-4.

대지(大地):

월광 '대지'(dhātri)는 단수(單數)이지만 지역이 다르기 때문에 다양성을 표시하기 위한 복수(複數)이다.
dhātryā ekatve 'pi deśabhedād bhedam ādāya bahuvacanam | Hp-Jt. III.1, *p.* 73, *l.* 3.

모든 요가의 가르침[6]을 지탱하는 것은 꾼달리(kuṇḍalī)**이다:**

월광 꾼달리, 즉 아드하라-샥띠가 [모든 요가의] 근간이다. 꾼달리를 각성시킬 수 없는 '일체의 요가 기법들'은 쓸모가 없기 때문이라는 뜻이다.
kuṇḍaly ādhāraśaktir āśrayaḥ | kuṇḍalībodhaṃ vinā sarvayogopāyānāṃ vaiyarthyād iti bhāvaḥ | Hp-Jt. III.1. *p.* 73, *ll.* 5-6.

본 게송의 마지막 구(pāda[d]: tathādhāro hi kuṇḍalī)에서 마지막 단어는 꾼달리니(kuṇḍalinī)가 아니라 꾼달리(kuṇḍalī)로 되어 있는데 이것은 4음절의 — ∪ ∪ —의 구조를 지닌 kuṇḍalinī가 본 게송의 마지막 구(pāda[d])에 사용

기서의 뱀신을 '셰샤'(śeṣa)로 해설한다. '셰샤'의 문자적 의미는 '찌꺼기'인데 그것은 '세상을 창조하고 남은 찌꺼기에서 태어났기 때문'이다. '셰샤'는 '안안따'(ananta)로도 불리고 흔히 천 개의 머리를 지닌 뱀으로 표현되는데 회화에서 나라야나(Nārāyaṇa, = 비쉬누)는 바로 이 셰샤 위에서 반쯤 잠들어 있는 모습으로 표현된다.

6 브라흐마난다는 'yogatantrāṇi'(*pl.No.*)을 격한정복합어(yogasya tantrāṇi: 요가의 가르침들)로 분석하고, 'yogatantrāṇi'의 의미를 'yogopāyās'(요가의 기법들)로 풀이한다. "sarveṣāṃ yogasya tantrāṇi yogatantrāṇi yogopāyās teṣāṃ | " Hp-Jt. III.1. *p.* 73, *ll.* 4-5.

될 수 없기 때문이다.[7] 아래의 제2송과 제5송의 짝수 구에서도 꾼달리니가 아니라 —∪—의 장단 구조를 지닌 3음절의 kuṇḍalī와 īśvarīm로 되어 있다. (꾼달리, 이슈바리 등과 같은 꾼달리니의 일곱 가지 동의어에 대해서는 III.104송을 참조.)

꾼달리니 각성의 결과

2

'잠자고 있던 꾼달리'[8]가 스승의 은총으로 각성될 때[9]
그때 모든 연꽃들이 열리고 결절들[10] 또한 [뚫어진다].

---

7 아누쉬뚜브-쉴로까에서 짝수 구의 5-6-7번째 음절은 반드시 ∪—∪이어야 하므로 —∪∪—의 kuṇḍalinī는 사용될 수 없다. 4음절의 kuṇḍalinī를 사용하기 위해서는 1음절의 허사 hi를 빼고 단어의 위치를 바꾸어야 하지만 이 경우에도 (ex: tathādhāraḥ kuṇḍalinī: ∪————∪∪—, *or* kuṇḍalinī tathādhāraḥ: —∪∪—∪———) 운율에 어긋난다.

8 각성되기 이전의 꾼달리니는 '잠들어 있는' 것으로 묘사된다.
III.5. "브라흐만의 문 앞에서 잠든 여신 ⋯."
III.68. "잠자고 있던 꾼달리니는 ⋯."
III.106. "잠자고 있는 위대한 여신(=꾼달리니)은 ⋯."
III.107. "단전(칸다) 위에서 잠든 꾼달리니 샥띠는 ⋯."
III.111. "잠자고 있는 뱀의 꼬리를 ⋯."
III.119 "그러므로 편히 잠든 아룬드하띠를 ⋯."
한편 여신, 뱀, 아룬드하띠 등 꾼달리니의 별칭에 대해서는 III.104를 참조.

9 꾼달리니를 각성시킬 수 있는 하타요가의 수행법 특히 호흡법과 무드라는 스승으로부터 배워야만 한다. 스승의 중요성 및 스승에 대한 칭송은 III.129를 참조.

III.2^{a-b} suptā guruprasādena yadā jāgarti kuṇḍalī |
III.2^{c-d} tadā sarvāṇi padmāni bhidyante granthayo 'pi ca ||

【해설】

본 송은 14세기 문헌인 『쉬바상히따』(*Śivasaṃhitā*. IV.21)에서도 발견된다.

그때 모든 연꽃들은 열리고 결절들 또한 [뚫어진다]:
브라흐마난다의 해설에 따르면 '모든 연꽃'은 여섯 짜끄라(ṣaṭ-cakra)를 의미하고 결절(結節, granthi)은 브라흐마 결절, 비쉬누 결절, 루드라 결절을 의미한다.

월광 두 게송(2, 3송)은 '꾼달리가 각성된 결과'에 대해 "suptā"(잠들어 있던) 으로 [시작하는 첫 단어 이하에서] 언급한다. 잠들어 있던 꾼달리가 스승의 은총으로 깨어날 때, 각성될 때 그때 모든 연꽃들, 다시 말해서 여섯 개(ṣaṭ)의 짜끄라(cakra)들이 열린다. 다시 말해서 개화된다. 그리고 브라흐마 결절(brahmagranthi), 비쉬누 결절(viṣṇugranthi), 루드라 결절(rudragranthi)과 같은 [세] 결절 또한 뚫어진다. [세 가지 결절들이] 관통된다는 맥락이다.
kuṇḍalībodhasya phalam āha dvābhyām - supteti | suptā kuṇḍalī guroḥ prasādena yadā jāgarti budhyate tadā sarvāṇi padmāni ṣaṭcakrāṇi bhidyante bhinnāni bhavati | granthayo 'pi ca brahmagranthiviṣṇugranthirudragranthayo bhidyante bhedaṃ

10 이 게송의 그란티(granthi)는 꾼달리니의 상승 혹은 짜끄라의 각성을 가로막는 '결절'을 의미하는데 결절의 종류와 명칭은 제IV장 70-76송에서 요가수행의 단계를 설명하면서도 언급된다.

prāpnuvantīty anvayaḥ ‖ Hp-Jt. III.2, *p.* 73, *ll.* 1-4.

일반적으로 여섯 짜끄라는 물라드하라(mūlādhāra 혹은 ādhāra), 스바드히쉬타나(svādhiṣṭhāna), 마니뿌라(maṇipūra), 아나하따(anāhata), 비슛드하(viśuddha 혹은 viśuddhi), 아갸(ājñā)로 알려져 있다.[11] 결절(granthi)은 '각성된 꾼달리니가 수슘나로 상승할 때 그 흐름을 방해하는 것'인데 일반적으로 브라흐마 결절은 '물라드하라 짜끄라'(mūlādhāracakra)에 있고 비쉬누 결절은 '아나하따 짜끄라'(anāhatacakra)에 있고 루드라 결절은 '아갸 짜끄라'(ājñācakra)에 있는 것으로 알려져 있다.[12]

본 게송은 '꾼달리니가 각성될 때 짜끄라가 열리고 결절이 뚫어지므로 꾼달리니를 각성시키는 것이 중요하다는' 원론적인 내용을 담고 있는데 꾼달리니가 각성된다고 해서 자동적으로 모든 짜끄라가 개화하거나 모든 결절이 뚫어지는 것은 아니다. 꾼달리니의 상승을 방해하는 결절들을 뚫어야 다음 단계의 짜끄라로 상승한다.[13]

---

11 맛첸드라나타 혹은 미나나타의 것으로 알려진 『요가비사야』(*Yogaviṣaya*)는 다음과 같이 말한다.
"아드하라(ādhāra)는 항문에 있고, 스바드히쉬따나는 링가(liṅgaka: 남근) 근처에 있고 마니뿌라는 배꼽에, 아나하따는 심장에 있다. 비슛드히는 목부분에, 아갸 짜끄라는 '양 눈썹 위'(미간)에 있다."(ādhāraś ca gude tasthau svādhiṣṭhānañ ca liṅgake | maṇipūraṃ nābhigataṃ hṛdaye cāpy anāhatam ‖ viśuddhiḥ kaṇṭhadeśe ca ājñācakraṃ bhruvor mukham | YoV. 9-10^{a}.)

12 하지만 브라흐마난다는 브라흐마 결절을 가슴(아나하따 짜끄라)에 있는 것(IV.70)으로 그리고 비쉬누 결절을 목부분(비슛드하 짜끄라)에 있는 것(IV.73)으로 해설하고 루드라 결절을 미간(아갸 짜끄라)에 있는 것(IV.76)으로 해설한다.

13 융(Jung, Karl G.)은 마니뿌라에서 아나하따로 상승하는 것이 대단히 힘들다고 하는데 그것은 '여태까지 자기로 알고 있던 그 의식이 소멸되어야 하기 때문'이다(무께르지, 2012, pp. 71-72 재인용). 무께르지(2012, p. 117)는, 꾼달리니가 특정 짜끄라나 결절에 얼마나 머물지는 사람들의 유전적 조합

3

그때 '공(空)의 길'(=수슘나)은 쁘라나의 왕도가 되고[14]
그때 마음은 대상을 여의게 되고[15] 시간을 속이게 된다.
III.3^{a-b} prāṇasya śūnyapadavī tadā rājapathāyate | [16]
III.3^{c-d} tadā cittaṃ nirālambaṃ tadā kālasya vañcanam ||

【해설】

제2송 후반부는 꾼달리니가 각성된 첫 번째 결과를 언급했고 본 송은 두 번째와 세 번째의 결과에 대해 말하고 있다. '꾼달리니가 각성된 후 수슘나가 쁘라나의 왕도가 된다'는 말에서 알 수 있는 것은 우선 '꾼달리니가 각성된 후 수슘나가 활성화된다는 것'이고 또 하나는 '꾼달리니가 각성된 후에 활성화된 수슘나 속으로 진입하고 상승하는 주체가 쁘라나라는 것'이다. 꾼달리니는 각성되기 이전엔 '둘둘 말린 것'이라는 의미에서 꾼달리니로 표현되지만 일단 각성된 후엔 '쁘라나'로 표현되는데 이것이 암시하는 것은 '각성된 꾼달리니의 형질(形質)'이 정액과 같은 액체가 아니라 쁘라나, 즉 기체(氣體)라는 것이다.[17]

이나 업이 다르기 때문에 천차만별이며 수승한 수행자도 꾼달리니를 완전히 각성시키는 데 최소 3년이 소요된다고 한다.

14 "왕의 길이 되고" (rājamārgāyate. Hp-Jt. III.3, *p.* 73, *l.* 20)
수슘나가 왕의 길이 된다는 것은 이다와 삥갈라의 작용이 멈추고 오직 수슘나만 활성화되어 있다는 것을 의미한다. 관련 내용은 III.28을 참조.

15 브라흐마난다는 'nirālamba'의 의미를 '대상을 결여함'(nirviṣayam)으로 풀이한다. (Hp-Jt. III.3, *p.* 74, *l.* 1.)

16 첫 번째 구(pāda[a])는 아누쉬뚜브-쉴로까(Anuṣṭubh-Śloka)의 확장형인 나-비뿔라(Na-vipulā)이다.

17 이 점에 대해서는 I.48, II.4송을 참조.

공의 길(śūnyapadavī):

첫 번째 구(pāda[a])의 '공의 길'은 수슘나 나디를 의미한다.

월광 그때 공의 길, 즉 수슘나는 ….[18]

tadā śūnyapadavī suṣumnā … Hp-Jt. III.3, *p.* 73, *l.* 1.

세 번째 구(pāda[c])의 '마음은 대상을 여읜다'는 것은 삼매를 성취하는 것을 의미하는데 2-3송의 문맥에서 알 수 있듯이 하타요가의 경우 삼매를 성립시키는 전제 조건은 꾼달리니를 각성시키는 것이다.(이 점에 대해서는 IV.6, 10, 15송에 대한 브라흐마난다의 해설을 참조.)

마지막 구(pāda[d])의 '시간을 속이는 것'의 의미는 브라흐마난다의 해설대로 '죽음을 초월하는 것'(matyor vañcanaṃ pratāraṇaṃ bhavati)을 의미한다.[19]

수슘나

4

수슘나,[20] 공의 길, 브라흐만의 동굴, 위대한 길(大道),

18 또한 아래의 Hp. III.4를 참조. 한편, Hp.IV.44는 수슘나를 "이다와 삥갈라 사이에 있는 공"(iḍāpiṅgalayor madhye śūnyaṃ)으로 표현하고 있는데 브라흐마난다는 그 의미를 "이다와 삥갈라의 가운데 있는 공간(khaṃ)"으로 풀이하고 있다.

19 '삼매를 성취한 하타요가 수행자가 죽음, 즉 시간을 속이는 것'에 대해서는 IV.17송에 대한 브라흐마난다의 해설을 참조.

묘지,[21] 샴브하비, 가운데 길(中道)[22]은 동일한 말이다.

III.4$^{a\text{-}b}$ suṣumnā śūnyapadavī brahmarandhraṃ mahāpathaḥ |[23]
III.4$^{c\text{-}d}$ śmaśānaṃ śāṃbhavī madhyamārgaś cety ekavācakāḥ ||

5

따라서 브라흐만의 문(수슘나) 입구에서 잠들어 있는 여신(꾼달리니)을 깨우고자 한다면
모든 노력을 다해 무드라(mudrā)를 올바르게 수련해야만 한다.
III.5$^{a\text{-}b}$ tasmāt sarvaprayatnena prabodhayitum īśvarīm |
III.5$^{c\text{-}d}$ brahmadvāramukhe suptāṃ mudrābhyāsaṃ samācaret ||

---

20 72,000개의 나디(nāḍī) 중에서 중요한 것은 이다, 삥갈라, 수슘나인데 그중에서도 특별한 나디가 수슘나이다. 수슘나를 제외한 나디들은 인간의 일상적 혹은 호흡 활동과 관련되지만 수슘나는 꾼달리니가 각성된 이후에 비로소 활성화되는 나디로 '각성된 꾼달리니'가 상승하는 통로이다.

21 묘지(墓地, śmaśāna): 쉬바(Śiva)의 거주지가 '무덤'이라는 의미도 있지만 여기서 수슘나를 묘지로 표현한 것은 쁘라나(prāṇa)가 수슘나로 진입한 후엔 이다와 삥갈라를 비롯한 나디의 활동이 정지된다는 의미에서 또는 쁘라나가 수슘나로 진입하고 상승해서 정수리의 브라흐마란드흐라에 도달할 때 쁘라나가 소멸되고 마음도 소멸된다는 의미에서 묘지로 표현한 것으로 보인다.

22 하타요가 문헌에서 '가운데'(madhya)라는 단어가 의미하는 것은 네 가지이다. 첫 번째는 '두 눈썹 사이'(미간)이고 두 번째는 수슘나이고 세 번째는 복부, 네 번째는 항문과 성기의 중간 지점인 회음(會陰)이다. 본 게송의 '가운데 길'은 좌우의 이다와 삥갈라 사이엔 있는 수슘나 나디를 의미한다.

23 첫 번째 구(pāda^{a})는 아누쉬뚜브-쉴로까(Anuṣṭubh-Śloka)의 확장형인 나-비뿔라(Na-vipulā)이다.

【해설】

본 송은 14세기 문헌인 『쉬바상히따』(*Śivasaṃhitā*. IV.22)송에서도 발견된다.

따라서:

월광 '오직 꾼달리가 각성될 경우에만' 여섯 짜끄라가 개화하므로 따라서….

yasmāt kuṇḍalībodhenaiva ṣaṭcakrabhedādikaṃ bhavati tasmāt… Hp-Jt. III.5, *p.* 74, *l.* 1.

브라흐만의 문(=수슘나) 입구에서 잠들어 있는 여신을 깨우고자 한다면 … 무드라를 올바르게 수련해야 한다:

월광 '존재-의식-환희'(sat-cit-ānanda)로 정의되는 브라흐만[24] 그것의 문이란 [바로 그 브라흐만에] 도달하게 해 주는 통로인 수슘나이다. 그것의 입구에서, 즉 앞쪽의 [문]에서[25] '얼굴로 수슘나의 입구를 덮은 채 잠들어 있는 여신, 즉 꾼달리'를 각성시키고자 한다면, 다시 말해서 완전하게 깨우고자 한다면 마하무드라 등과 같은 무드라를 반복해서 올바르게 수련해야 한다, 정확히 수련해야 한다.

brahma saccidānandalakṣaṇaṃ tasya dvāraṃ prāptyupāyaḥ suṣumnā, tasya mukhe 'grabhāge mukhena suṣumnādvāraṃ

---

24 샹까라 이후의 베단따 철학에 따르면 브라흐만의 본성적 정의(svarūpalakṣaṇa)는 '존재-의식-환희'이다. 여기서의 '존재'(sat)는 '영원히 참으로 존재하는 것'을 의미하고 '의식'(cit)은 '주·객 미분의 순수의식'을 의미한다. 마지막의 '환희'(ānanda)는 자기 자신이 느낄 수 있는 일상적인 환희가 아니라 '자기 자신과 환희가 하나로 된 것'을 의미한다.

25 수슘나의 '앞문'과 '뒷문'에 대해서는 IV.46-47송에 대한 해설을 참조.

pidhāya suptām īśvarīm kuṇḍalīm prabodhayitum prakarṣeṇa bodhayitum mudrāṇām mahāmudrādīnām abhyāsam āvṛttim samācaret samyag ācaret ‖ Hp-Jt. III.5, *p.* 74, *ll.* 2-5.

열 종류의 무드라

6-7

마하무드라, 마하반드하, 마하베드하, 케짜리,
웃디야나, 물라반드하, 잘란드하라로 불리는 반드하,
도립행으로 불리는 [무드라],[26] 바즈롤리, 샥띠 자극,
이 열 가지 무드라는 늙음과 죽음을 없앤다.
III.6$^{a\text{-}b}$ mahāmudrā mahābandho mahāvedhaś ca khecarī |
III.6$^{c\text{-}d}$ uḍyānaṃ[27] mūlabandhaś ca bandho jālaṃdharābhidhaḥ ‖
III.7$^{a\text{-}b}$ karaṇī viparītākhyā vajrolī śakticālanam |
III.7$^{c\text{-}d}$ idaṃ hi mudrādaśakaṃ jarāmaraṇanāśanam ‖ [28]

【해설】

『하타의 등불』 III.7송은 10종류의 무드라를 열거하지만 바즈롤리의 변형인 아마롤리와 사하졸리를 별도로 설명하므로 제III장에서 설명

26 이 무드라의 명칭에 대해서는 III.79송에 대한 해설을 참조.
27 uḍḍīyanaṃ이 아니라 uḍyānaṃ으로 된 이유는 운율을 맞추기 위한 것이다.
28 세 번째 구(pāda^{c})는 아누쉬뚜브-쉴로까(Anuṣṭubh-Śloka)의 확장형인 브하-비뿔라(Bha-vipulā)이다.

된 무드라는 모두 12가지이다.[29] 한편 제IV장에서는 운마니, 샴브하비 무드라, 케짜리 무드라와 같은 명상적인 무드라가 설명되고 또 비음(秘音) 명상법에서 '산무키 무드라'(IV. 68)도 암시되고 있다.

8

아디나타(쉬바)께서 가르친 '신령스런 것'(무드라)은 여덟 가지 초능력을 주는 것으로
모든 도사들이 애호하는 것이지만 신들조차도 터득하기 힘든 것이다.

III.8^{a-b} ādināthoditaṃ divyam aṣṭaiśvaryapradāyakam |
III.8^{c-d} vallabhaṃ sarvasiddhānāṃ durlabhaṃ marutām api ||

【해설】

최초의 스승(쉬바)께서 가르친:

월 광 샴부(=쉬바)에 의해 설명된
(śaṃbhunoditaṃ. Hp-Jt. III.8, *p*. 75, *l*. 3)

여덟 가지 초능력:

월 광 ① 신체를 원자처럼 축소하는 것(aṇimā), ② 하늘처럼 확대하는 것(mahimā), ③ 산(山)처럼 무겁게 하는 것(garimā), ④ 가볍게 하는 것(laghimā), ⑤ 마치 손가락으로 달을 만지듯이 원하는 사물을 획득하는 것(prāpti), ⑥ 마치 물이 땅에 스며들듯이 원하는 것을 이루는 능력(prākāmya), ⑦ 사물을 만들고 유지하고 파괴할 수 있는 능력(īśitā), ⑧ 사물을 마음대로 조종하는 것(vaśitā)이다. (번호-역자)

29 바즈롤리 무드라는 요니무드라(yonimudrā, III.43)로도 불린다.

cāṣṭaiśvaryāṇy[30] aṇimamahimagarimalaghimaprāptiprākāmyeśitāvaśitākhyāni. Hp-Jt. III.8, *p*. 75, *ll*. 2-3.

비밀의 준수

9

마치 보석 상자처럼 성심을 다해서 [무드라를] 감추어야만 한다. 마치 명문가 여성과의 성교[를 발설하지 않듯이] 어느 누구에게도 [무드라를] 발설해서는 안 된다.

III.9$^{a\text{-}b}$ gopanīyaṃ prayatnena yathā ratnakaraṇḍakam |

III.9$^{c\text{-}d}$ kasyacin naiva vaktavyaṃ kulastrīsurataṃ yathā ||

【해설】

어느 누구에게도:

월 광 자격을 갖추지 못한 어떠한 사람들에게도
(yasya kasyāpy anadhikāriṇaḥ. Hp-Jt. III.18, *p*. 79, *l*. 1)

30 cāṣṭaiśvaryāṇy] cāṣṭaiśvaryāṇi. Hp-Jt^{Adyar}.

마하무드라(위대한 무드라, Mahāmudrā)

10

이제 마하 무드라가 [설해진다].[31]
왼쪽 발꿈치로 회음(yoni)을 압박한 후 오른쪽
발을 쭉 펴고서 두 손으로 [오른쪽 엄지발가락을] 강하게 끌어당겨야 한다.

atha mahāmudrā
III.10^{a-b} pādamūlena vāmena yoniṃ saṃpīḍya dakṣiṇam |
III.10^{c-d} prasāritaṃ padaṃ kṛtvā karābhyāṃ dhārayed dṛḍham ||

【해설】

본 게송은 고락샤의 것으로 알려진 『아마라우그하의 자각』(*Amaraugha-prabdha*) 29송과 비루빡샤(Virūpākṣa)[32]의 작품인 『불멸의 성취』(*Amṛtasiddhi*) 11.3송과 동일하다.

회음:

브라흐마난다는 요니(yoni)를 회음부(yonisthāna)로 해설하고 회음부의 위치를 '항문과 성기의 중간 지점'으로 풀이한다.

월광 '요니'를 [이라는 말은] '요니 부위'를 [의미하는데 그곳은] '항

31 "무드라들 중에서 제일 먼저 열거되었으므로 마하무드라에 대해 먼저 말한다."(mudrāsu prathamoddiṣṭatvena mahāmudrāṃ tāvad āha. Hp-Jt. III.10, *p.* 76, *l.* 1.)

32 말린슨(Mallinson: 2002b), p. 771을 참조.

문과 성기의 중간 지점'이다.
yonim yonisthānam gudamendhrayor madhyabhāgam … Hp-Jt. III.10, *p.* 76, *l.* 3.

두 손으로:

게송에서는 '두 손'의 모양을 언급하지 않지만 브라흐마난다는 손가락의 형태를 다음과 같이 해설한다.

월광 구부린 두 집게손가락으로써.
ākuñcitakaratarjanībhyām. Hp-Jt. III.10, *p.* 76, *ll.* 5-6.

강하게 끌어 당겨야 한다:

브라흐마난다는 '두 집게손가락으로 잡아야 하는 부위'를 '엄지발가락'으로 해설한다.

월광 [두 집게손가락으로] 강하게, 단단히 잡아야 한다. [다시 말해서 두 집게손가락으로 오른쪽] 엄지발가락 부분을 당겨야 한다.
dṛḍhaṃ gāḍhaṃ dhārayed aṅguṣṭhapradeśe gṛhṇīyāt. Hp-Jt. III.10, *p.* 76, *l.* 6.

브라흐마난다의 해설에 따르면 마하무드라의 외형은 '왼쪽 발을 구부려 회음에 밀착시키고 오른발을 막대기처럼 옆으로 편 후 상체를 오른쪽으로 숙여 두 집게손가락으로 오른쪽 엄지발가락을 끌어당기는 형태'이다. 본 게송은 상체를 오른쪽으로 숙이는 동작만 설명하고 있지만 15송에서 알 수 있듯이 오른쪽으로 실행한 후 자세를 바꾸어 왼쪽으로도 똑같이 실행해야 한다.
한편, 본 게송은 마하무드라를 실행할 때의 호흡법에 대해 언급하지 않았지만 13송 및 15송에 대한 브라흐마난다의 해설에 따르면 '들숨 후 그 숨을 참은 상태'에서 실행된다는 것을 알 수 있다.

11

먼저 목-반드하(잘란드하라 반드하)를 실행한 후에 [물라 반드하로써] 기(vāyum)를 위쪽으로(ūrdhvataḥ) 올린다면
마치 회초리에 맞은 뱀이 막대기처럼 [곧게] 일어서듯이

III.11[a-b] kaṇṭhe bandhaṃ samāropya dhārayed vāyum ūrdhvataḥ |
III..11[c-d] yathā daṇḍahataḥ sarpo daṇḍākāraḥ prajāyate ||

【해설】

11, 12, 13송은 연결된 게송인데 그중에 11, 12송은 고락샤의 것으로 알려진『아마라우그하쁘라보드하』(*Amaraughaprabdha*) 30-31송과 동일하다.

먼저 목-반드하(잘란드하라 반드하)를 정확히 실행한 후에:

'samāropya'(실행한 후에)는 절대분사(*Ger.*)로서 두 개 이상의 행위 가운데 선행하는 행위를 나타낸다. 브라흐마난다는 주석에서 "kaṇṭhe bandhaṃ samāropya"의 의미를 '잘란드하라 반드하를 정확히(samyak) 한 후에'로 풀이한다.

월광 목에, 즉 '목 부분에' 반드하, 다시 말해서 '조이는 것(bandhana)을 정확히 실행한 후에' [라는 말은] '잘란드하라 반드하를 실행한 후에(kṛtvā)'라는 의미이다.
kaṇṭhe kaṇṭadeśe bandhaṃ bandhanaṃ samyag āropya kṛtvā |

jālamṃdharabandhaṃ kṛtvety arthaḥ | Hp-Jt. III.11, *p.* 76, *ll.* 1-2.

기(vāyum)를 위쪽으로(ūrdhvataḥ) 올린다면:

"목 반드하를 정확히 실행한 후 기(vāyum)를 위(上)로 올린다면"의 의미는 '목-반드하(잘란드하라 반드하)로써 곧바로 기를 위로 올리는 것'이 아니다. 절대분사 samāropya(-을 행한 후에)가 있으므로 이 게송의 의미는 '잘란드하라 반드하를 한 후 그 다음에 기(vāyum)를 위쪽으로 끌어올리는 것'이다. 여기서 '기를 위로 끌어올리는 수행법'은 물라 반드하이다.[33] 브라흐마난다 역시 "기(vāyum)를 위로 올린다면"의 의미를 '물라 반드하로써(회음을 조임으로써) 기를 수슘나 속으로 끌어올리는 것'으로 풀이하지만 혀-반드하를 병행할 때 더 효과적이라고 말한다.

월광 기, 즉 쁘라나를 위쪽 방향, 즉 수슘나 속에서 위로 끌어올려야 한다. 이 말은 물라 반드하[를 해라는 것을] 암시한다. 하지만 전통적으로 그것은 '회음을 압박함으로써' 또 '지흐바 반드하에 의해서' 더 잘 이루어지는 것으로 알려져 있다.
vāyuṃ pavanam ūrdhvata upari suṣumnāyāṃ dhārayet | anena mūlabandhaḥ sūcitaḥ | sa tu yonisaṃpīḍanena jihvābandhanena ca caritārtha iti sāṃpradāyikāḥ | Hp-Jt. III.11, *p.* 76, *ll.* 2-4.

마치 회초리에 맞은 뱀이 막대기처럼 [똬리를 풀고 곧게] 일어서듯이:

월광 [회초리로 맞은 뱀이] 똬리를 풀고서 일어선다는 의미이다.
kuṇḍalākāraṃ tyaktvā sarala ity arthaḥ | Hp-Jt. III.11, *p.* 76, *l.* 5.

---

33 『하타의 등불』에 따르면 물라 반드하의 주요한 효과는 '기를 위로 끌어올리는 것'이다.
"실로 아래로 흐르는 [성향의] 아빠나를 수축함으로써 강제로(balāt) 상승하게 만드는 것 그것을 물라반드하라고 요가수행자는 말한다." Hp. III.62.

12

그와 같이 꾼달리(kuṇḍalī) 샥띠도 재빠르게 꼿꼿이 서게 될 것이다.

그때 '두 통로(이다와 삥갈라)를 의지처로 하는 그것'(쁘라나)은 죽은 상태가 된다.

III.12$^{a\text{-}b}$ ṛjvībhūtā tathā śaktiḥ kuṇḍalī sahasā bhavet |

III.12$^{c\text{-}d}$ tadā sā maraṇāvasthā jāyate dviputāśrayā ||

【해설】

그와 같이 꾼달리 샥띠도 재빠르게 재빠르게 꼿꼿이 서게 될 것이다: 브라흐마난다는 "śaktiḥ kuṇḍalī"를 '물라드하라에 있는 꾼달리 샥띠'로 풀이한다.

월광 [회초리로 맞은 뱀이 똬리를 풀고서 일어나듯이] 그와 같이 꾼달리, 즉 '아드라하(=물라드하라)에 있는 샥띠'는 재빠르게, 신속히 일어나게 된다. 다시 말해서 [막대기에 맞은 뱀이 똬리를 풀고 일어서듯이] 그와 같이 [꾼달리니도] 신속히 일어나게 될 것이다.
tathā kuṇḍaly ādhāraśaktiḥ sahasā śīghram eva ṛjvī saṃpadyate tathābhūtā ṛjvībhūtā saralā bhavet | Hp-Jt. III.12, *p.* 76, *l.* 1-2.

그때 '두 통로를 의지처로 하는 그것'(=쁘라나)은 죽은 상태가 된다: '두 통로'(dviputa)는 '이다와 삥갈라 나디'를 의미하고(dve puṭe iḍāpiṅgale. Hp-Jt. III.12, *p.* 76, *l.* 2), 소유복합어인 '두 통로를 의지처(依支處)로 하는 것'(dviputāśrayā)은 쁘라나(prāṇa)를 의미한다. 브라흐마난다는 '꾼달리니가 각성된 후 이다와 삥갈라에 있던 쁘라나가 죽는다는 것'의 의미를 다음과 같이 해설한다.

월광 꾼달리가 각성되었을 때, 다시 말해서 쁘라나가 [모두] 수슘나 속으로 들어갔을 때 두 통로(이다와 삥갈라)에는 쁘라나가 없어졌기 때문이다.
kuṇḍalībodhe sati suṣumnāyāṃ praviṣṭe prāṇe dvayoḥ puṭayoḥ prāṇaviyogāt. ‖ Hp-Jt. III.12, *p.* 76, *ll.* 3-4.

'쁘라나가 살아 있다는 것'은 쁘라나가 이다와 삥갈라로 순환하며 인간의 일상적인 생명 활동을 지탱하고 있는 상태를 의미하고 '쁘라나가 죽는다는 것'은 꾼달리니가 각성된 후 이다와 삥갈라에 있던 쁘라나가 모두 수슘나로 진입해 버린 것을 의미한다.[34]

13

그다음에는 아주 천천히 [숨을] 내쉬어야만 하며 결코 거칠어서는 안 된다.
진실로 이것이 위대한 요가수행자들이 가르쳤던 마하 무드라이다.
III.13$^{a\text{-}b}$ tataḥ śanaiḥ śanair eva recayen naiva vegataḥ |
III.13$^{c\text{-}d}$ iyaṃ khalu mahāmudrā mahāsiddhaiḥ pradarśitā

【해설】

천천히 [숨을] 내쉬어야만 하며:

'숨을 내쉬어야 한다'는 내용이 암시하는 것은 마하 무드라가 세 가지 호흡법 중 '들숨 후 그 숨을 참는 것'(=pūrakaprāṇāyāma, 들숨-멈춤)과 병행해서 실행된다는 것이다.

34 이 점에 대해서는 Hp. III.28, IV.6, 15-16에 대한 해설을 참조.

거칠어서는 안 된다:

월광 급격하게 [숨을] 내쉰다면 '기력이 빠져나가는'(balahāni) 오류에 떨어지기 때문이다.

vegato recane balahāniprasaṅgāt | Hp-Jt. III.13, *p.* 77, *l.* 2.

위대한 달인들:

월광 이 마하무드라는 아디나타(쉬바) 등과 같은 위대한 달인들이 가르친 것이다.

iyaṃ mahāmudrā mahāsiddhair ādināthādibhiḥ pradarśitā. Hp-Jt. III.13, *p.* 77, *l.* 3.

14

대번뇌를 비롯해서 [슬픔, 어리석음 등의] 악덕들이 소멸되고 죽음 등이 [소멸된다].
이 이유에서 가장 탁월한 현자들은 [이 행법을] '위대한 무드라'라고 말한다.

III.14[a-b] mahākleśādayo doṣāḥ kṣīyante maraṇādayaḥ |
III.14[c-d] mahāmudrāṃ ca tenaiva vadanti vibudhottamāḥ ||

【해설】

대번뇌:

월광 대번뇌들이란 무명(無明, avidyā), 아상(我想, asmitā), 탐욕(rāga), 증오(dveṣa), 생명욕(abhiniveśā)이라는 다섯 가지이다.

mahākleśā avidyāsmitārāgadveṣābhiniveśāḥ pañca | Hp-Jt. III.14, *p.* 77, *ll.* 1-2.

악덕들:

월 광 대번뇌에서 생긴 결과들이라 할 수 있는 슬픔, 어리석음 등등의 악덕들이 소멸된다.
yeṣāṃ tatkāryāṇāṃ śokamohādīnāṃ te doṣāḥ kṣīyante । Hp-Jt. III.14, *p.* 77, *ll.* 2-3.

죽음 등이 소멸된다:

월 광 죽음 등이란 [말은] '늙음 따위의 것'들[을 포함하는데] 그것들마저도 [모두] 소멸된다, 즉 없어진다[는 의미이다].
maraṇam ādir yeṣāṃ jarādīnāṃ te 'pi ca kṣīyante naśyanti । Hp-Jt. III.14, *p.* 77, *ll.* 3-4.

15

달 쪽(왼쪽)으로 정확히 수련한 후에 다시 태양 쪽(오른쪽)으로 수련해야 하며,
[좌우 양쪽의] 횟수가 동일해졌을 때 무드라를 끝내야 한다.[35]
III.15$^{a\text{-}b}$ candrāṅge tu[36] samabhyasya sūryāṅge punar abhyaset ।
III.15$^{c\text{-}d}$ yāvat tulyā bhavet saṃkhyā tato mudrāṃ visarjayet ॥

【해설】

15-18송은 본 게송에서 설명된 달인좌는 고락샤의 것으로 알려진『식

35 브라흐마난다는 본 송을 '마하무드라의 순서'를 설명하는 것으로 해설한다. "마하무드라의 순서에 대해 '왼쪽 부분'으로[라고 시작하는 단어 이하에서] 말한다." (mahāmudrābhyāsakramam āha - candrāṅga iti । Hp-Jt. III.15, *p.* 77, *l.* 1.)

36 "'그러나'(tu)라는 말은 허사이다."(tuśabdaḥ pādapūraṇe । Hp-Jt. III.15, *p.* 77, *l.* 2.)

별의 태양』(*Vivekamārtaṇḍa*) 60-63송과 동일하다.

달 쪽(왼쪽)으로 정확히 수련한 후에 다시 태양 쪽(오른쪽)으로 수련해야 하며, [양쪽의] 횟수가 동일할 때까지 수련한 후에:

달(candra)은 왼쪽 코에서 시작하는 이다(iḍā) 나디를 의미하므로 'candrāṅga'(달 쪽)는 '신체의 왼쪽 부분'(vāmāṅga, Hp-Jt. III.15, *p*.77, *l*.2)을 의미하고, 태양(sūrya)은 오른쪽 코에서 시작하는 삥갈라(piṅgalā) 나디를 의미하므로 'sūryāṅga'(태양 쪽)는 '오른쪽 부분'(dakṣāṅga, Hp-Jt. III.15, *p*.77, *l*.3)을 의미한다. 지금까지 설명된 방식, 즉 "왼쪽의 발꿈치로 회음을 압박한 후 오른쪽 발을 쭉 펴고서 두 손으로 [오른쪽 엄지발가락을] 강하게 끌어당기는 것"(Hp.III.10)은 왼쪽, 즉 달 쪽으로 수련하는 것이고, 태양 쪽으로 수련하는 것은 반대로 '오른쪽의 발꿈치로 회음을 압박한 후 왼발을 발을 쭉 펴고서 두 손으로 [왼쪽 엄지발가락을] 강하게 끌어당기는 것'을 의미한다. 브라흐마난다는 다음과 같이 해설한다.

월광 굽힌 왼쪽 발꿈치를 회음부에 붙인 후 펼쳐진 오른쪽 발의 엄지발가락을 '구부린 두 집게손가락으로' 잡은 상태에서 행하는 것이 왼쪽으로 하는 수행이다. 이렇게 수행할 때는 '응집된 바유'가 [신체의] 왼쪽 부분에 머문다. 굽힌 오른쪽 발꿈치를 회음부에 붙인 후 '펼쳐진 왼쪽 엄지발가락'을 구부린 두 집게손가락으로 잡고서 하는 것이 '오른쪽으로 하는 수련'이다. 이때는 '응집된 바유'가 오른쪽 부분에 머문다.

ākuñcitavāmapādapārṣṇiṃ yonisthāne saṃyojya prasāritadakṣiṇapādāṅguṣṭham ākuñcitatarjanībhyāṃ gṛhītvābhyāso vāmāṅge 'bhyāsaḥ | asminn abhyāse pūrito vāyur vāmāṅge tiṣṭhati | ākuñcitadakṣapādapārṣṇiṃ yonisthāne saṃyojya prasāritavāmapādāṅguṣṭham ākuñcitatarjanībhyāṃ gṛhītvābhyāso dakṣāṅge 'bhyāsaḥ | asminn abhyāse pūrito vāyur dakṣāṅge tiṣṭhati || Hp-Jt. III.15, *pp.* 77, *ll.* 6 ~ *p.* 78, *l.* 2.

횟수가 동일해졌을 때 무드라를 끝내야 한다:

월광 왼쪽으로 수련한 후에는 '왼쪽으로 수련했을 때 소요된 시간과 동일할 때까지', 다시 말해서 [왼쪽으로 수련했을 때]의 꿈브하까의 횟수가 동일해질 때까지 [자세를 바꾸어 오른쪽으로] 수련해야 한다. 그 후 횟수가 동일해지면 무드라, 즉 마하무드라를 그만두어야 한다.

punar vāmāṅgābhyāsānantaraṃ yāvad yāvatkalaparyantaṃ tulyā vāmāṅge kumbhakābhyāsasaṃkhyā samā saṃkhyā bhavet tāvad abhyaset | tataḥ saṃkhyāsāmyānantaraṃ mudrāṃ mahāmudrāṃ visarjayet | Hp-Jt. III.15, *p.* 77, *ll.* 3-5.

16

[마하무드라를 수련하는 자에게는] 이로운 것 혹은 해로운 것[37]의 [구별이] 없어지고
맛있거나 맛없는 것을 모두 소화하고 심지어 해로운 독조차 감로처럼 소화한다.

III.16$^{a\text{-}b}$ na hi pathyam apathyaṃ vā rasāḥ sarve 'pi nīrasāḥ |
III.16$^{c\text{-}d}$ api bhuktaṃ viṣaṃ ghoraṃ pīyūṣam iva jīryati ||

37 여기서 좋은 것, 나쁜 것은 『하타의 등불』 I.59-62에 언급된 내용인 '수련자에게 좋은 음식과 부적절한 음식'을 의미한다.

【해설】

[마하무드라를 수련하는 자에게는]:

월광 "마하무드라를 수련하는 자에겐"(mahāmudrābhyāsinaḥ)이라는 말을 [본 게송에] 보충해야 한다.

mahāmudrābhyāsina ity adhyāhāraḥ | Hp-Jt. III.14, *p.* 78, *ll.* 1-2.

감로:

pīyūṣam은 일반적으로 초유(初乳)로 알려져 있지만 브라흐마난다는 pīyūṣam을 '감로'(amṛtam)로 풀이한다.

17

마하 무드라를 수련하는 자에게는
폐병(kṣaya), 나병(kuṣṭha), 변비(gudāvarta), 비장비대(gulma), 소화불량(ajīrṇa), 만성질환(purogama)이 사라진다.

III.17$^{a\text{-}b}$ kṣayakuṣṭhagudāvartagulmājīrṇapurogamāḥ |
III.17$^{c\text{-}d}$ tasya doṣāḥ kṣayaṃ yānti mahāmudrāṃ tu yo 'bhyaset ||

18

이 마하 무드라는 인간에게 위대한 초능력을 주는 것으로 말해졌다.
성심을 다해 보호해야 하며 어느 누구에게도 전수해서는 안 된다.[38]

---

38 『하타의 등불』은 무드라를 비밀로 유지하고 또 스승의 가르침에 따라 수련해야 할 것을 강조하고 있다. 마하무드라를 비롯한 무드라의 경우 대부

III.18^{a-b} kathiteyaṃ mahāmudrā mahāsiddhikarī nṛṇām |
III.18^{c-d} gopanīyā prayatnena na deyā yasya kasyacit ||

【해설】

어느 누구에게도:

월광 자격을 갖추지 못한 어떠한 사람들에게도.
yasya kasyāpy anadhikāriṇaḥ. Hp-Jt. III.18, *p.* 79, *l.* 1.

마하 반드하(위대한 조임, Mahābandha)

19

이제 마하반드하 [무드라]가 [설해진다].
왼쪽 발의 뒤꿈치를 회음부에(yonisthāne) 붙여라.
오른발을 왼쪽 허벅지(ūru) 위에(upari) 올린 후

atha mahābandhaḥ
III.19^{a-b} pārṣṇiṃ vāmasya pādasya yonisthāne niyojayet |
III.19^{c-d} vāmorūpari saṃsthāpya dakṣiṇaṃ caraṇaṃ tathā[39] ||

분 "들숨 후 그 숨을 참은 상태"(뿌라까 쁘라나야마, =뿌라까 꿈브하까)에서 실행되므로 호흡 수련에 통달하지 않은 초보자에게는 적절치 않은 수행법이다.

39 "그와 같이(tathā)라는 말은 허사(虛辭)이다."(tathāśabdaḥ pādapūraṇe || Hp-Jt. II.19, *p.* 79, *l.* 5.)

【해설】

마하반드하는 닷따뜨레야의 『요가샤스뜨라』(*Yogaśāstra*. 132)와 고락샤의 것으로 전해지는 『불멸의 감로에 대한 자각』(*Amraughaprabodha*, 34)에서도 발견된다.

왼쪽 발의 뒤꿈치를 회음부에(yonisthāne) **붙여라:**

월 광 요니 부위에, 즉 '항문과 성기의 중간 부분'에 붙여라. [다시 말해서 왼쪽 발꿈치를 회음] 아래쪽에 두어라.
yonisthāne gudameṇḍhrayor antarāle niyojayen nitarāṃ yojayet | Hp-Jt. III.19, *p.* 79, *ll.* 3-4.

20

숨을 마신 후(pūryitvā)[40] **턱을 가슴에 단단히 붙이고, 회음을 조인 다음**(ākuñcya) **마음을 중앙**(수슘나)**에 집중해야 한다.**

III.20$^{a\text{-}b}$ pūrayitvā tato vāyuṃ hṛdaye cubukaṃ dṛḍham |
III.20$^{c\text{-}d}$ niṣpīḍya yonim ākuñcya mano madhye niyojayet ||

【해설】

본 송은 게송에서 설명된 달인좌는 고락샤의 것으로 알려진 『아마라우그하쁘라보다』(*Amaraughaprabdha*) 34송과 동일하다.

---

40 '숨을 마신 후에'라는 것이 의미하는 것은 마하 반드하 무드라가 '들숨 후 그 숨을 참은 상태'에서 행해진다는 것이다. 『하타의 등불』에서 설명된 8종류의 호흡법은 모두 '들숨 후 그 숨을 최대한 참는 것'과 관련되는데 『하타의 등불』은 '들숨 후 그 숨을 유지하는 것'을 뿌라까 쁘라나야마(pūrakaprāṇāyāma, 들숨-멈춤)로 명명하고 있다.

턱을 가슴에 단단히 붙이고:

'턱을 가슴에 단단히 붙이는 것'은 잘란드하라 반드하를 의미한다.[41]

월광 그리고서, 즉 '[왼쪽 발의 뒤꿈치를 회음부에 붙이고, 오른발을 왼쪽 허벅지 위에 올리자]마자 곧바로'[라는 말은] 숨을 마신 후 턱을 가슴에 단단히 붙이고서, 즉 단단히 고정하고서[라는 뜻이다]. [턱을 가슴에 단단히 붙이고서]라는 이 말은 잘란드하라 반드하[를 실행하라는 것]을 의미한다.

tatas tadanantaraṃ vāyuṃ pūrayitvā hṛdaye cubukaṃ dṛḍhaṃ niṣpīḍya gāḍhaṃ saṃsthāpya | etena jālaṃdharabandhaḥ proktaḥ | Hp-Jt. III.20, *p.* 79, *ll.* 1-2.

회음을 조인 다음:

회음을 조이는 것은 물라반드하를 실행하라는 의미이다.

월광 요니, 즉 '항문과 성기 사이의 중간 부분(회음)을 조인 후에' [라는] 말은 물라반드하[를 하라는 것]을 의미한다. 하지만 지흐바-

41 [턱을 당겨] '4앙굴라(9cm) 안쪽으로 [붙이는 것이] 요가수행자들 사이에서 대대로 전수되었기 때문인 것으로 알아야 한다.' ['턱을 가슴에 단단히 붙이고서'라는 말은] '잘란드하라 반드하를 실행한 후에'라는 의미이다. (원문은 Hp. I.48에 대한 해설을 참조.)
잘란드하라 반드하에 대한 설명은 III.70송에 대한 브라흐마난다의 해설에서 발견된다.
"목, 즉 목구멍(galabila)을 수축한 후, 조인 후에 가슴, 즉 '4앙굴라 안쪽 지점의 흉곽 근처'에 턱(cubuka, = hanu)을 단단히, 강하게 붙여야 한다, [턱을 가슴에] 확고히 붙여야 한다. 이것, 즉 '목을 조인 후 4앙굴라 안쪽의 가슴에(=쇄골에) [고개를] 아래로 숙여서 턱을 붙인(cubuka-sthāpana) 형태'가 바로 잘란드하라로 불리는, 즉 잘란드하라로 일컬어지는 반드하이다.(원문은 III.70에 대한 해설을 참조.)

반드하 만으로도 충분하므로 그것(물라반드하)을 할 필요는 없다.[42]
yonim gudameṇḍhrayor antarālam ākuñcya | anena mūlabandhaḥ sūcitaḥ | sa tu jihvābandhena gatārthatvān na kartavyaḥ | Hp-Jt. III.20, *p.* 79, *ll.* 2-3.

마음을 중앙에 집중해야 한다:

월광 중앙에, 즉 가운데 나디(=수슘나)에 집중해야 한다.
madhye madhyanāḍyāṃ niyojayet || Hp-Jt. III.20, *p.* 79, *l.* 4.

21

최대한 [숨을] 참은 후에 천천히 숨을 내쉬어라.[43]
왼쪽으로 정확히 수련한 후에 오른쪽으로 다시 수련해야 한다.[44]
III.21^{a-b} dhārayitvā yathāśakti recayed anilaṃ śanaiḥ |
III.21^{c-d} savyāṅge tu samabhyasya dakṣāṅge punar abhyaset ||

【해설】

최대한 [숨을] 참은 후에 천천히 숨을 내쉬어라:

브라흐마난다는 "최대한 [숨을] 참은 후에"라는 말의 의미를 '꿈브하까를 실행한 후에'(kumbhayitvā)로 해설하는데 『하타의 등불』과 『월광』

---

42 III.11송의 마하무드라를 수련할 때 '기(prāṇa)를 위로 끌어올리는 것'은 회음을 수축하는 물라 반드하와 지흐바 반드하를 함께하는 것이 유용하지만 브라흐마난다는 지흐바 반드하만으로도 충분하다고 말한다.

43 숨을 천천히 내쉬어야 하는 이유는 III.13에 대한 브라흐마난다의 주석(Hp-Jt. III.13, *p.* 77, *l.* 2)에서 설명되었다.

44 III.19송에서 왼쪽 뒤꿈치로 회음부를 압박하고 오른 발을 왼쪽 허벅지 위에 올려놓은 상태에서 실행되었으므로 여기서는 반대로 발을 바꾼 자세에서 실행한다는 것을 의미한다.

에서 꿈브하까는 단순히 '숨을 마시고 최대한 참는 것'이 아니라 '숨을 최대한 참은 상태에서 3가지 반드하를 실행하는 것'을 포함한다.[45]

월광 가능한 한, 극도로, 즉 최대한 [숨을] 참고서, 다시 말해서 꿈브하까를 실행한 후에 조심스럽게 천천히 숨, 즉 바유를 내쉬어야 한다.
śaktiman atikramya yathāśakti, dhārayitvā kumbhayitvā, śanair mandaṃ mandam anilaṃ vāyuṃ recayet | Hp-Jt. III.21, *p.* 79, *ll.* 1-2.

왼쪽으로 … 수련한 후 오른쪽으로 다시 수련해야 한다:
19송에서 설명된 것과 반대로 자세를 바꾸어 오른쪽 발꿈치를 회음에 붙인 후 똑같은 횟수로 마하 반드하를 실행해라는 것을 의미한다.

월광 왼쪽 부분, 즉 좌측으로 정확하게 반복한 후 [자세를 바꾸어] 다시 오른쪽 부분, 즉 우측으로도 [좌측으로 했을 때의] 횟수와 동일해질 때까지 수련해야 한다.
savyāṅge vāmāṅge samabhyasya samyag āvartya dakṣāṅge dakṣiṇāṅge punar yāvad tulyā bhavet saṃkhyā tāvad abhyaset || | Hp-Jt. III.21, *p.* 79, *ll.* 2-3.

22

하지만 "목-수축을 하지 말고 라자단따에 혀를 붙이는 것(지흐바 반드하)이

45 이 점에 대해서는 II. 7, 16, 18, 41, 65송에 대한 해설을 참조. 그리고 꿈브하까의 원칙에 대해서는 II. 45-47송을 참조.

더 탁월할 것이다."라는 어떤 [스승들의] 견해도 있다.[46]
III.22$^{a\text{-}b}$ matam atra tu keṣāṃcit kaṇṭhabandhaṃ vivarjayet |
III.22$^{c\text{-}d}$ rājadantasthajihvāyāṃ bandhaḥ śasto bhaved iti ||

【해설】

본 게송의 '목-수축'은 잘란드하라 반드하를 의미하는데 본 송의 전체적인 의미는 '마하 반드하 무드라를 수련할 때 목을 수축하는 잘란드하라 반드하 대신 지흐바 반드하를 하는 것이 더 효과적이다.'라는 것으로 파악된다.

23

이것은 모든 나디들의 상승 흐름을 억제하는 것이다.
실로 이 마하반드하는 위대한 초능력을 주는 것이다.
III.23$^{a\text{-}b}$ ayaṃ tu sarvanāḍīnām ūrdhvagatinirodhakaḥ |
III.23$^{c\text{-}d}$ ayaṃ khalu mahābandho mahāsiddhipradāyakaḥ ||

【해설】

이것은:

월광 '이것'은 라자단따에 혀를 붙이는 것이다.
ayaṃ tu rājadantasthajihvāyāṃ bandhas, Hp-Jt. III.23, *p.* 80, *l.* 1.

46 III.20 송에서 "숨을 마신 후 가슴에 턱을 단단히 붙이는" 잘란드하라 반드하를 행할 것을 말했지만 그것 대신 '혀를 이빨 뿌리에 붙이는 것'이 더 좋다고 말하는 스승도 있다는 것을 알 수 있다.

모든 나디들의 상승 흐름을 억제한다:

브라흐마난다는 위 게송의 "모든 나디"를 '수슘나를 제외한 모든 나디'로 풀이한다. '수슘나가 활동하지 않는다는 것'은 나머지 71,999개의 나디가 활동하면서 인간의 일상적 생명활동을 유지시키는 것을 의미하는데 이 상태는 기가 동요하는 상태이다.

월광 '모든 나디들'[이라는 말은] '7만 2천 개의 [나디] 중에서 수슘나를 제외한 [모든 나디]' [의미하고] '상승 흐름'[이라는 말은] 상승, 즉 위쪽으로 바유가 흐르는 것을 [의미하는데], 그것이 억제되는 것은 [바유가 위로 올라가는 것이] 가로막힌다[는 의미이다]. 이 말은 "통로를 막기 때문에 …"(Hp. III.71)라는 [식으로 앞에서] 설명된 잘란드하라 [반드하의] 효과가 단지 이것(지흐바 반드하) 만으로도 성취된다는 것을 암시한다.

sarvanāḍyo dvāsaptatisahasrasaṃkhyākās tāsāṃ suṣumnātiriktānām ūrdhvam upari vāyor gatir ūrdhvagatis tasyā nirodhakaḥ pratibandhakaḥ | etena 'badhnāti hi śirājālam'(III.71) iti jālaṃdharoktaṃ phalam anenaiva siddham iti sūcitam | Hp-Jt. III.23, *p.* 80, *ll.* 2-4.

24

[마하반드하는] 시간(=죽음)이라는 그물이 만든 거대한 속박에서 탈출하게 해 주며
세 하천을 결합시키고 마음을 께다라(=미간)로 이끌 것이다.
III.24$^{a\text{-}b}$ kālapāśamahābandhavimocanavicakṣaṇaḥ |
III.24$^{c\text{-}d}$ triveṇīsaṃgamaṃ dhatte kedāraṃ prāpayen manaḥ ||

【해설】

본 게송의 prāpayet는 원망법(*Opt.*)이지만 브라흐마난다는 "gatibuddhi …"(Pāṇ. I.4.22)를 인용하며 사역법으로 이해해야 한다고 해설한다.

세 하천:

세 하천은 강가, 야무나, 사라스바띠로 상징되는 이다, 삥갈라, 수슘나를 의미하는데 세 하천이 만나는 곳은 미간이다.

미간:

월광 두 눈썹의 가운데(=미간)에 있는 쉬바의 자리가 '께다라'라는 말이 지시하는 곳이다.
bhruvor madhye śivasthānaṃ kedāraśabdavācyam. Hp-Jt. III.24, *p.* 80, *l.* 3.

마하베드하(위대한 관통, Mahāvedha)

25

아름다움과 기품을 지닌 여인[일지라도] 남자 없이는 [자식을 가질 수] 없듯이
[마하]베드하 [무드라]가 없다면 마하무드라와 마하반드하 [무드라]도 결과를 얻지 못한다.

III.25[a-b] rūpalāvaṇyasampannā yathā strī puruṣaṃ vinā |
III.25[c-d] mahāmudrāmahābandhau niṣphalau vedhavarjitau ||

【해설】

마하베드하는 고락샤의 작품으로 알려진 『불멸의 감로에 대한 자각』(*Amraughaprabodha*) 36송을 비롯해서 11세기 문헌인 비루빡샤의 『불멸의 성취』(*Amṛtasiddhi*. 13.13), 『쉬바상히따』(*Śivasaṃhitā*, IV.47) 등에서도 발견되며 원문도 거의 일치한다.

아름다움과 기품을 지닌 여인[일지라도] 남자 없이는 [자식을 가질 수] 없듯이:

월광 마치 아름다움과 기품을 겸비한(tābhyāṃ saṃpannā) 특출하고 젊은 여인일지라도 남자, 즉 남편(bhartāra)이 없다면 후사(後嗣)가 없듯이 그와 같이 마하무드라와 마하반드하라는 두 가지 역시 베드하, 즉 마하베드하가 없다면….

tābhyāṃ saṃpannā viśiṣṭā strī yuvatī puruṣaṃ bhartāraṃ vinā yathā yādṛśī niṣphalā tathā mahāmudrā ca mahābandhaś ca tau, vedhena mahāvedhena vināpi । Hp.III.25, *p.* 81, *ll.* 5-6.

26

이제 마하베드하 [무드라]가 설해진다.
마하반드하 [무드라]의 자세를 취한 상태에서 '마음을 집중한 요가수행자'는, 숨을 마신 후
목-무드라로써 숨들의 흐름을 단단히 막고서

atha mahāvedhaḥ
III.26^{a-b} mahābandhasthito yogī kṛtvā pūrakam ekadhīḥ ।
III.26^{c-d} vāyūnāṃ gatim āvṛtya nibhṛtaṃ kaṇṭhamudrayā ।

【해설】

마하반드하 [무드라]의 자세를 취한 상태에서:

'마하반드하 [무드라]의 자세를 취한 상태에서'라는 말은 '마하베드하 무드라가 앞에서 설명된 마하반드하 무드라(mahābadndhamudrā)와 똑같은 자세(왼쪽 발꿈치를 회음부에 붙이고 오른발을 왼쪽 허벅지 위에 올린 상태)에서 실행된다는 것'을 의미한다.

마음을 집중한 요가수행자는:

월광 한곳, 즉 한 대상에 집중한 현자 그가 '한 대상에 집중한 자'이다.
ekā ekāgrā dhīr yasya sa ekāgradhīr … Hp-Jt. III.26, *p.* 81, *l.* 2.

숨을 마신 다음:

브라흐마난다는 "숨을 마신 후"(kṛtvā pūrakam)의 의미를 "두 콧구멍으로 숨을 마신 후에"(nāsāpuṭābhyāṃ vāyor grahaṇaṃ kṛtvā. Hp-Jt. III.26, *p.* 81, *ll.* 2-3)로 풀이하고 있다.

목-무드라로써 숨들의 흐름을 막고서:

브라흐마난다는 "목-무드라로써"(kaṇṭhamudrayā)의 의미를 '잘란드하라 무드라를 실행함으로써'(jālaṃdharamudrayā: Hp-Jt. III.26, *p.* 81, *l.* 3)로 해설하고 "숨들의 흐름을 막고서"라는 말을 '꿈브하까를 실행한 후에'로 해설한다.[47]

---

47 『하타의 등불』과 『월광』에서 꿈브하까는 단순히 '숨을 마시고 최대한 참는 것'이 아니라 '숨을 최대한 참은 상태에서 3가지 반드하를 실행하는 것'을 포함한다. 이 점에 대해서는 II. 7, 16, 18, 41, 65송에 대한 해설을 참조. 그리고 꿈브하까의 원칙에 대해서는 II. 45-47송을 참조.

월 광 잘란드하라 무드라로써 숨들(vāyūnām), 다시 말해서 '상승하거나 하강하려는 등등의 [성향을 지닌] 쁘라나, [아빠나] 등등의[48] 진로를 막은 … 후에, 통제한 후에'[라는 이 말은] '꿈브하까를 실행한 후에'라는 의미이다.
jālaṃdharamudrayā vāyūnāṃ prāṇādīnāṃ gatim ūrdhvādhogamanādirūpāṃ nibhṛtaṃ … āvṛtya nirudhya kumbhakaṃ kṛtvety arthaḥ | Hp-Jt. III.26, *p.* 81, *ll.* 4-5.

27

두 손을 펴서 바닥에 대고 양쪽 엉덩이를 [들어 올린 후] 땅바닥에 조심스럽게 부딪친다면
바유는 두 통로를 떠난 후 가운데의 길(수슘나)로 들어간다.
III.27$^{a\text{-}b}$ samahastayugo bhūmau sphicau saṃtāḍayec chanaiḥ |
III.27$^{c\text{-}d}$ puṭadvayam atikramya vāyuḥ sphurati madhyagaḥ ||

【해설】

양손을 펴서 바닥에 붙이고, 양쪽 엉덩이를 [들어 올린 후] 땅바닥에 조심스럽게 부딪친다면:
'samahastayugaḥ'는 소유복합어로 '두 손을 펴서 바닥에 대고 있는 사람'[49]을 의미하지만 여기서는 주어로 번역하지 않았다.

---

48 한편, apāna가 하기 성향(adhogamanaśīla)의 숨(vāyu)이라는 것은 Hp-Jt. III.66, *p.* 97, *l.* 1(apāne 'dhogamanaśīle vāyau) 등에서 발견되고 쁘라나가 상기 성향의 숨이라는 것은 Hp-Jt. III67, *p.* 99, *l.* 2(prāṇam ūrdhvagatim anilaṃ) 등에서 발견된다. 관련 용례는 Hp. I.1에 대한 해설을 참조.

49 "bhūmau bhuvi hastayor yugaṃ hastayugaṃ samaṃ hastayugaṃ yasya sa samahastayugaḥ" Hp-Jt. III.27, *p.* 82, *ll.* 1-2.

월광 땅에 댄 두 손바닥, 즉 양손에, [체중을] 지탱함으로써 회음부에 댄 왼발 뒤꿈치와 함께 땅에서 약간 위로 올려서 천천히, 조심스럽게 부딪친다면…

bhūmisaṃlagnatalayor hastayor avalambanena yonisthānasaṃlagnapārṣṇinā vāmapādena saha bhūmeḥ kiṃcid utthāpitau śanair mandaṃ saṃtāḍayet··· Hp-Jt. III.27, *p.* 82, *ll.* 3-5.

바유는 두 통로를 떠난 후 가운데의 길(수슘나) 안으로 돌진한다:

월광 두 통로란 두 개, 즉 이다와 삥갈라[를 의미하는데], [바유는 바로 그] 한 쌍을 떠난 후, [다시 말해서 바유는 이다와 삥갈라를] 떠난 후(ullaṅghya) 가운데, 즉 '수슘나 나디 안'으로 간다. [다시 말해서] 바유는 [이다와 삥갈라를 떠난 후] '가운데 길'(수슘나)로 돌진한다.

puṭayor dvayam iḍāpiṅgalayor yugmam atikramyollaṅghya madhye suṣumnāmadhye gacchatīti madhyago vāyuḥ sphurati ‖ Hp-Jt. III.27, *p.* 82, *ll.* 5-7.

28

[그러면] 소마와 수르야, 아그니가 결합하고 불멸(不滅)로 [이끈다].
죽음의 상태가 되면 곧바로 숨을 내쉬어라.

III.28[a-b] somasūryāgnisaṃbandho jāyate cāmṛtāya vai |
III.28[c-d] mṛtāvasthā samutpannā tato vāyuṃ virecayet ‖

【해설】

소마, 수르야, 아그니가 결합하고:

월광 소마-수르야-아그니(달-태양-불)라는 말이 지시하는 것은 이다와 뼁갈라, 수숨나라는 나디(nāḍi)들인데 이 나디들(teṣāṃ)이 묶이는 것이 결합(sambandhaḥ)이다.
somasūryāgniśabdais tadadhiṣṭhitā nāḍya iḍāpiṅgalāsuṣumnā grāhyās teṣāṃ sambandhaḥ | Hp-Jt. III.28, *p.* 82, *ll.* 1-2.

불멸(不滅)로:

월광 불멸, 즉 해탈로.
amṛtāya mokṣāya. Hp-Jt. III.28, *p.* 82, *l.* 3.

죽음의 상태가 되면:

죽음의 상태가 된다는 것은 '쁘라나가 이다와 뼁갈라를 떠나 모두 수슘나로 들어가기 때문에' 이다와 뼁갈라에 숨이 없어진 상태를 의미한다. 브라흐마난다는 다음과 같이 해설한다.[50]

월광 죽음의, 즉 '쁘라나가 없어진 상태인 죽음의' 상태가 발생한다. [그 이유는 모든 쁘라나가 수슘나로 들어가 버렸기 때문에] 이다와 뼁갈라에는 쁘라나가 흐르지 않기 때문이다.
mṛtasya prāṇaviyuktasyāvasthā mṛtāvasthā samutpannā bhavati | iḍāpiṅgalayoḥ prāṇasaṃcārābhāvāt | Hp-Jt. III.28, *p.* 82, *ll.* 3-4.

곧바로 숨을 내쉬어라:

월광 그다음엔, 곧바로 자체하지 말고 숨을 내쉬어야 한다. 두 콧구멍

---

50 26송, 28송과 그것에 대한 브라흐마난다의 해설에서 알 수 있듯이 마하베드하 무드라는 '들숨 후 그 숨을 참은 상태'(kumbhaka)에서 실행되는데, 숨을 참은 상태 자체가 이다와 뼁갈라의 흐름을 막는 것이고 또 질적인 변화를 겪은 쁘라나가 모두 수슘나로 진입한 상태이므로 호흡 행위라는 생명 활동은 정지된다.

으로 천천히 [숨을] 내쉬어야 한다.
tatas tadanantaraṃ vāyuṃ virecayen nāsikāpuṭābhyāṃ śanais tyajet | Hp-Jt. III.28, *p.* 82, *ll.* 4-5.

29

수행자들에게 위대한 초능력을 주고, 주름이나 백발, 손 떨림을 없애는 이 마하베드하 [무드라]는 최고의 수행자들에 의해 칭송되었다.
III.29$^{a\text{-}b}$ mahāvedho 'yam abhyāsān mahāsiddhipradāyakaḥ |
III.29$^{c\text{-}d}$ valīpalitavepaghnaḥ sevyate sādhakottamaiḥ ||

세 반드하 무드라의 효과와 수련 횟수

30

이 세 가지 [무드라는] 최고의 비밀로 늙음과 죽음을 없애고
소화의 불을 증대시키고 '축소술' 등의 초능력을 준다.
III.30$^{a\text{-}b}$ etat trayaṃ mahāguhyaṃ jarāmṛtyu vināśanam |
III.30$^{c\text{-}d}$ vahnivṛddhikaraṃ caiva hy aṇimādiguṇapradam ||

【해설】

이 세 가지 [무드라]는:

세 가지 무드라는 '마하 무드라', '마하반드하 무드라' '마하베드하 무드라'와 같은 세 종류의 반드하 무드라를 의미한다.

그리고:

월 광 '그리고(ca)'라는 말은 '질병이 없어지고 정액의 흐름이 조절되는 것 등등'[과 같은 결과도] 포괄하는 접속사이고 '오직'(eva)이라는 말은 강조사이다.

cakāra ārogyabindujayādisamuccayārthaḥ | evaśabdo 'vadhāraṇārthaḥ || Hp-Jt. III.30, *p*. 83, *ll*. 5-6.

31

[세 무드라를] 매일 매일 세 시간마다 [하루에] 여덟 번씩 해야 한다.

[세 무드라는] 수련할 때마다 공덕을 축적시키고 누적된 악업을 없앤다.

[스승으로부터] 정확한 방법을 배운 자들은 그와 같은 방법대로 (세 시간마다 여덟 번씩) [수련하되], 처음에는 아주 조금만 수련해야 한다.

III.31[a-b] aṣṭadhā kriyate caiva yāme yāme dine dine |
III.31[c-d] puṇyasaṃbhārasaṃdhāyi pāpaughabhiduraṃ sadā |
III.31[e-f] samyak śikṣāvatām evaṃ svalpaṃ prathamasādhanam ||

【해설】

브라흐마난다는 sadā(언제나)를 '수련할 때마다'(sadā sarvadā yadābhyāstaṃ tadaiva: Hp-Jt. III.31, *p*. 83, *ll*. 5-6)로 해설한다.

케짜리(공중보행, Khecarīmudrā)

32

이제 케짜리 [무드라]가 [설명된다].[51]
'두개공'(頭蓋孔) 안에 혀를 뒤집어 넣고, 시선이 양 눈썹 안쪽(미간)에 고정되는 것이 케짜리 무드라이다.

atha khecarī
III.32$^{a\text{-}b}$ kapālakuhare jihvā praviṣṭā viparītagā |
III.32$^{c\text{-}d}$ bhruvor antargatā dṛṣṭir mudrā bhavati khecarī ||

【해설】

케짜리 무드라(khecarīmudrā)는 혀를 뒤집어 목구멍 안에 넣고 미간 쪽을 응시하는 무드라인데[52] 본 게송의 내용은 고락샤의 것으로 알려진 『식별의 태양』(*Vivekamārtaṇḍa*. 41)과 동일하다.

---

51 이 무드라가 '공중보행 무드라'라는 명칭을 얻게 된 이유는 III.41에서 설명되었듯이 '마음이 허공에서 움직이고, 혀가 허공에서 움직이기 때문'이다.

52 케짜리 무드라는 명상을 설명하는 제IV장에서도 언급되는데 제IV장 38송에 따르면 케짜리 무드라와 샴브하비 무드라의 차이점은 명상대상과 시선을 두는 위치이다. 『하타의 등불』 IV.38^{a}는 다음과 같이 말한다. "쉬리삼브하비와 케짜리 [무드라]의 경우 [시선을 두는] 위치(avasthā)와 [의식을 집중해야 할] 지점(dhāma)은 다르지만 …."(śrīśāṃbhavyāś ca khecaryā avasthā-dhāmabhedataḥ ….) 브라흐마난다는 『월광』에서 위 인용문의 의미를 다음과 같이 해설한다. "샴브하비를 수련할 때는 시선(dṛṣṭi)을 [신체] 밖의 외부에 두고, 케짜리를 수련할 때는 시선을 미간에 둔다. 샴브하비에서는 심장이 수련 지점이고 케짜리에서는 미간이 [수련] 지점이다."(원문은 IV.38에 대한 해설을 참조.)

케짜리 무드라이다:

월 광 두개공(kapāla-kuhare)에 혀를 넣은 상태에서 '양 눈썹의 안쪽'(미간, 眉間)을 명상(darśana)하는 것이 케짜리이다"는 [케짜리 무드라의] 정의가 확립되었다.

kapālakuhare jihvāpraveśapūrvakaṃ bhruvor antardarśanaṃ khecarīti lakṣaṇaṃ siddham ‖ Hp-Jt. III.32, *p*. 84, *ll*. 4-5.

33

순서대로 자르고, 흔들고, 짜냄으로써 혀(kalā)가 늘어나
눈썹 가운데(미간)에 닿을 때 그때 케짜리는 완성된다.

III.33^{a-b} chedanacālanadohaiḥ kalāṃ krameṇātha vardhayet tāvat |

III.33^{c-d} sā yāvad bhrūmadhyaṃ spṛśati tadā khecarīsiddhiḥ ‖

【해설】

본 송의 운율은 $\{12^a\ 18^b + 12^c\ 15^d\}$ 마뜨라로 구성된 전형적인 아리야(āryā)이다.[53]

a I	II	III	*b* IV	V	VI	VII	VIII
— ∪∪	–∪∪	— —	∪—∪	— —	∪ – ∪	— —	—
1-2 3 4	5-6 7 8	9-10 11-12 æ	1 2-3 4	5-6 7-8	9 10-11 12	13-14 15-16	17-18

53 한편 로나블라(Lonavla)본의 원문엔 33^b의 경우 krameṇātha가 아니라 kremena로 되어 있다.
chedanacālanadohaiḥ kalāṃ krameṇa vardhayet tāvat | $Hp^{Kaidh}\ 33^{a-b}$.
하지만 이 경우엔 2마뜨라(2mātrā)가 부족하므로 {12+18, 12+15}의 아리야(āryā) 운율에 어긋난다.

c I	II	III	*d* IV	V	VI	VII	VIII
— —	— —	— —	∪ ∪ ∪ ∪	— —	∪	— —	—
1-2 3-4	5-6 7-8	9-10 11-12 æ	1 2 3 4	5-6 7-8	9	10-11 12-13	14-15

자르고 흔들고 짜냄으로써 혀(kalā)가 늘어나 눈썹 가운데(미간)에 닿을 때 그때 케짜리는 완성된다:

월 광 '[칼로] 자르는 것'에 대해선 조금 후에 차근차근 설명할 것이다. '흔드는 것'이란 양 엄지와 집게손가락으로 혀를 오른쪽에서 왼쪽으로 돌리는 것이다. '짜내는 것'이란 엄지와 집게손가락으로 소젖을 짜듯이 [혀를] 짜내는 것이다. 이렇게 해서(=자르고 흔들고 짜냄으로써) '깔라'(kalā), 즉 혀(jihvā)가 길어질 때까지 오랫동안 실행해야 한다. 어느 정도까지 해야 되는가? 그 혀가 눈썹 가운데 다시 말해서 밖으로는 '양 눈썹 가운데'(미간)에 닿을 때까지 [길어져야 하는데], 그 정도 [길이가] 될 때 케짜리의 완성, 즉 케짜리가 완성된다.

chedanam anupadam eva vakṣyamāṇam | cālanaṃ hastayor aṅguṣṭhatarjanībhyāṃ rasanāṃ savyāpasavyataḥ parivartanam | dohaḥ karayor aṅgusṭhatarjanībhyāṃ godohanavat[54] dohanam, taiḥ kalāṃ jihvāṃ tāvad vardhayed dīrghāṃ kuryāt | tāvat kiyat? yāvat sā kalā bhrūmadhyaṃ bahir bhruvor madhyaṃ spṛśati tadā khecaryāḥ siddhiḥ khecarīsiddhir bhavati || Hp-Jt. III.33, *p*. 84, *ll*. 1-5.

34

스누히[55] 잎사귀처럼 생긴 아주 날카롭고 윤이 나고 깨끗한 칼을

---

54 godohanavad] godohanavat. Hp-Jt^{Adyar}.

55 snuhī는 등대풀의 일종으로 Euphorbia Antiquorum 또는 기린각(麒麟角,

잡고서 '머리카락 한 올의 넓이만큼'(romamātraṃ) 잘라야 한다.
III.34[a-b] snuhīpatranibhaṃ śastraṃ sutīkṣṇaṃ snigdhanirmalam |
III.34[c-d] samādāya tatas tena romamātraṃ samucchinet ||

【해설】

34-36송은 14세기 문헌인 아디나타(Ādinātha)의 『케짜리의 지혜』(*Khecārividyā*) I.44-46)에서도 발견된다.

'칼로 잘라야 하는 부위'에 대해 브라흐마난다는 다음과 같이 해설한다.[56]

월광 '설소대(舌素帶)를'이라는 목적어를 [원문에] 보충해야 한다.
rasanāmūlaśirām iti karmādhyāhāraḥ | Hp-Jt. III.34, *p*. 84, *l*. 5.

35

그리고서 암염(saindhava)과 심황(pathyā)을 혼합해서 마사지해야 한다.
7일이 지나면 다시 머리카락 넓이만큼 잘라야 한다.
III.35[a-b] tataḥ saindhavapathyābhyāṃ cūrṇitābhyāṃ pragharṣayet |
III.35[c-d] punaḥ saptadine prāpte romamātraṃ samucchinet ||

Euphorbia nerifolia)으로 말해지는 식물이다. 모니엘의 산스끄리뜨 사전(p. 1268)은 snuhī의 학명을 Euphorbia nerifolia로 보고, 이 잎에서 나온 우유즙 같은 것이 구토제로 사용된다고 밝히고 있다.

56 하타요가의 모든 수행법은 자구적으로 행하는 것이 아니라 스승의 지도를 받아야 한다.

【해설】

그리고서 암염과 심황을 혼합해서 마사지해야 한다:

월광 그리고서, 즉 [머리카락 넓이만큼] 자르고 난 후 곧바로 암염(巖鹽, saindhava), 즉 신드후(sindhu) 지역에서 생산한 소금(lavaṇa)과 심황(pathyā, *Terminalia chebula*), 즉 가자(訶子, harītakī)와 같은 두 [재료]를 섞어서 혼합해서 자른 [혀] 뿌리 부분에 골고루 발라야 한다. 7일 동안, 잘라낸 곳을 암염과 심황으로 저녁과 아침마다 마사지해야 한다.
tataś chedanānantaraṃ cūrṇitābhyāṃ cūrṇīkṛtābhyāṃ saindhavaṃ sindhudeśodbhavaṃ lavaṇaṃ pathyā harītakī tābhyāṃ pragharṣayet prakarṣeṇa gharṣayec chinnaṃ śirāpradeśam | saptadinaprāryantaṃ chedanaṃ saindhavapathyābhyāṃ gharṣaṇaṃ ca sāyaṃprātar vidheyam | Hp-Jt. III.35, *p.* 85, *ll.* 1-3.

계속해서 브라흐마난다는 '요가수행자는 소금을 지닐 수 없으므로' 케짜리와 관련된 사항을 하타요가를 배우기 전에 갖추어야 할 것으로 해설한다.

월광 요가수행자들에겐 소금이 금지되어 있기 때문에(lavaṇa-viṣedhāt)[57] [소금 대신에] 카디라(khadira, Acacia Catechu)와 심황(pathyā)을 섞어서 마사지하기도 한다. 하지만 게송에서(mūle) [이미] 소금이 언급되었다는 것 [자체는] 하타요가를 수행하기 전에 먼저 '케짜리에 필요한 조건'(6개월 동안 혀뿌리를 자르고 마사지해서 혀를 길게 만드는 과정)을 갖출 것을 의도한 것이다.
yogābhyāsino lavaṇaviṣedhāt khadirapathyācūrṇaṃ gṛhṇanti |

57 소금은 귀한 재물이므로 출가수행자가 소유할 수 없었다는 의미로 파악된다.

mūle saindhavoktis tu haṭhābhyāsāt pūrvaṃ khecarīsādhanābhiprāyeṇa । Hp-Jt. III.35, *p.* 85, *ll.* 3-5.

7일이 지나면 다시 머리카락 넓이만큼 잘라야 한다:

월 광 [본 게송의] "saptadinam"(7일째)라는 복합어는 일곱 번째의 날[을 의미하는데] '그것에 도달하면'[이라는 말은] '8일째가 되면'(aṣṭame dine)이라는 의미이므로 '이것으로(8일째가 된 것만으로) 목표가 달성되었다.'고 하는 것은 이치에 맞지 않다. 다시금, [8일째엔] 앞에서(처음) 자른 곳에서 조금 더 깊은 곳을 머리카락 [굵기]만큼 정확히 잘라야 한다.

saptānāṃ dinānāṃ samāhāraḥ saptadinaṃ tasmin prāpte gate sati[58] aṣṭame dina ity arthāt । ye prāpty arthās te gatyarthāḥ । punaḥ pūrvachedanāpekṣayādhikaṃ romamātraṃ samucchinet ॥ Hp-Jt. III.35, *p.* 85, *ll.* 5-7.

36

이와 같은 순서대로[59] 6개월 동안 계속해서 규칙적으로 실행한다면
6개월 후에는 '혀 뿌리에 있는 결박'(설소대)이 사라진다.
III.36$^{a\text{-}b}$ evaṃ krameṇa ṣaṇmāsaṃ nityaṃ yuktaḥ samācaret ।
III.36$^{c\text{-}d}$ ṣaṇmāsād rasanāmūlaśirābandhaḥ praṇaśyati ॥

---

58 saty] sati. Hp-Jt[Adyar].

59 '이와 같은 순서대로'(evaṃ krameṇa)는 위의 34-35 송에서 설명된 것을 의미한다.

【해설】

이와 같은 순서대로 로 6개월 동안 … 실행한다면:

월 광 이와 같은 순서대로, 즉 앞에서 '머리카락만큼 자르고 7일에 이르기까지 저녁이나 새벽에 자르고 마사지하고 8일째 좀 더 깊게 자른다'고 말해진 순서대로 6개월, 즉 여섯 달 동안 지속적으로 규칙적으로 실행한다면, 즉 정확하게 실행한다면[이라는 의미이다]. [본 게송에] "자르고, 마사지하는 하는 두 가지를"(chedana-gharṣane)이라는 말을 보충해야 한다.

evaṃ krameṇa pūrvaṃ romamātrachedanaṃ saptadinaparyantaṃ tāvad eva sāyaṃprātaś chedanaṃ gharṣaṇaṃ ca | aṣṭame dine 'dhikaṃ chedanam ity uktakrameṇa ṣaṇmāsaṃ ṣaṇmāsaparyantaṃ nityaṃ yuktaḥ san samācaret samyag ācaret | chedanagharṣaṇe iti karmādhyāhāraḥ | Hp-Jt. III.36, *p.* 85, *ll.* 1-4.

37

혀(kalā)를 뒤집은 후 [목구멍 안으로 넣어서] 세 개의 통로에 붙여라.
이것이 케짜리 무드라, 즉 허공 짜끄라로 불려진다.

III.37^a-b^ kalāṃ parāṅmukhīṃ kṛtvā tripathe pariyojayet |
III.37^c-d^ sā bhavet khecarī mudrā vyomacakraṃ tad ucyate ||

【해설】

월 광 자르고 [흔들고, 짜내는 것] 등에 의해 [마침내] 혀가 길어졌을 때 해야 할 일에 대해 [본 송은 첫 단어인] "**kalām**"(혀를)으로 [시작하는 첫 단어 이하에서] 말한다. '깔라'(kalā), 즉 '혀'(jihvā)를 반대 방향으로 향하게 하는 것이 '혀를 뒤집은 것'(뒤집은 혀를 가진 자)[60]

[이라는 말의 의미]인데 그와 같은 형태로 '혀를 뒤집은 후' [목구멍 속으로 넣어서] 세 나디들의 통로(tiṣṛṇāṃ nāḍīnām, ptanthāḥ tripathas), 다시 말해서 세 통로[가 있는] 두개공(kapālakuhara)에 붙여야 한다, 결합해야 한다. '혀가 세 통로에 붙여진 형태'가 바로 케짜리 무드라인데 그것은 허공 짜끄라로 불린다. '허공 짜끄라라는 말'로 일컬어진다.

chedanādinā jihvāvṛddhau yat kartavyaṃ tad āha - kalām iti | kalāṃ jihvāṃ parāṅ mukham agraṃ yasyāḥ sā tathā tāṃ parāṅmukhīṃ pratyaṅmukhīṃ kṛtvā tiṣṛṇāṃ nāḍīnāṃ panthāḥ tripathas tasmiṃs[61] tripathe kapālakuhare pariyojayet saṃyojayet | sā tripathe rasanāpariyojanarūpā khecarīmudrā tad vyomacakram ity ucyate, vyomacakraśabdenocyate || Hp-Jt. III.37, *p.* 85, *ll.* 1-5.

38

혀를 위로 올린 상태에서 '끄샤나의 절반'(24분)만이라도 유지하면 요가수행자는 독약, 질병과 죽음과 늙음 등에서 벗어난다.

III.38$^{a\text{-}b}$ rasanām ūrdhvagāṃ kṛtvā kṣaṇārdham api tiṣṭhati |
III.38$^{c\text{-}d}$ viṣair vimucyate yogī vyādhimṛtyujarādibhiḥ ||

【해설】

'끄샤나의 절반'만이라도 유지한다면:

끄샤나는 아주 짧은 시간, 찰나의 순간을 의미하므로 '그것의 절반'은 대단히 짧은 순간을 의미한다. 하지만 브라흐마난다는 '끄냐사의 절

---

60 parāṅmukhīṃ: *BahVr.*

61 tasmiṃs] tasmin. Hp-Jt^{Adyar}.

반'을 약 24분(1 ghaṭikā)으로 풀이하고 있다.

월 광 끄샤나의 절반은 '끄샤나'(48분), 즉 '무후르따(48분)'의 절반인 24분이다. 끄샤나의 절반, 즉 '그하띠까'(=24분)만큼이라도 케짜리 무드라를 유지한다면,
kṣaṇārdhaṃ kṣaṇasya muhūrtasyārdhaṃ[62] kṣaṇārdhaṃ ghaṭikāmātram api khecarī mudrā tiṣṭhati cet. Hp-Jt. III.38, *p.* 86, *ll.* 2-3.

39

질병, 죽음, 나른함, 졸림(니드라), 배고픔, 갈증,
기절은 케짜리 무드라에 통달한 자에게는 일어나지 않는다.

III.39$^{a\text{-}b}$ na rogo maraṇaṃ tandrā na nidrā na kṣudhā tṛṣā |
III.39$^{c\text{-}d}$ na ca mūrcchā bhavet tasya yo mudrāṃ vetti khecarīm ||

【해설】

39, 40, 41, 42, 43, 44, 43, 50, 51송은 고락샤의 것으로 알려진 『식별의 태양』(*Vivekamārtaṇḍa*)에서도 발견된다.[63]

40

케짜리 무드라에 통달한 사람은 질병에 걸리지 않고
업(業)에 물들지 않으며 시간(죽음)에 구속되지 않는다.

---

62 muhūrtasyārdhaṃ ⌋ muhūrtasya ardhaṃ. Hp-Jt^{Adyar}.
63 해당 게송에 대해서는 본서의 부록을 참조.

III.40[a-b] pīḍyate na sa rogeṇa lipyate na ca karmaṇā |
III.40[c-d] bādhyate na sa kālena yo mudrāṃ vetti khecarīm ||

【해설】

업에 물들지 않으며:

월광 '부주의한 행동으로 생겨난 악업'에 의해서도 '세상 사람을 이롭게 하기 위해서 행했던 선업'에도 물들지 않는다.
pramādāj jātenāśubhena karmaṇā lokasaṃgrahārthakṛtaśubhena ca karmaṇā na lipyate | Hp-Jt. III.40, *p.* 86, *ll.* 2-3.

시간에 구속되지 않는다:

월광 그는 시간, 즉 죽음에 구속되지 않는다, 죽지 않는다.
kālena mṛtyunā sa na bādhyate na hanyate | Hp-Jt. III.40, *p.* 86, *l.* 3.

41

마음이 허공에서 움직이고 혀가 허공에서 움직이므로
이 이유에서 성자들은 이 무드라를 케짜리(허공에서 움직이는 것)라는 명칭으로 불렀다.
III.41[a-b] cittaṃ carati khe yasmāj jihvā carati khe gatā |
III.41[c-d] tenaiṣā khecarī nāma mudrā siddhair nirūpitā ||

【해설】

마음이 허공에서 움직이고 혀가 허공에서 움직이므로 … 케짜리라는 명칭으로 불렀다:

월광 마음, 즉 내적 감관이 허공에서, 즉 '양 눈썹 안쪽의 공간'(=미간)

에서 움직이고 [또] 혀가 바로 그 공간으로 가게 되므로 이런 연유로 이것은 '케짜리(허공에서 움직이는 것)로 불리는 무드라'로 말해졌다, 즉 '케짜리'라고 알려졌다.

yasmād dhetoś cittam antaḥkaraṇaṃ khe bhruvor antaravakāśe carati jihvā khe tatraiva gatā satī carati | tena hetunā eṣā kathitā mudrā khecarī nāma khecarīti prasiddhā | Hp-Jt. III.41, *p.* 87, *ll.* 1-3.

42

케짜리[무드라]로써 구개 위쪽의 구멍을 봉인한 자는
여인에게 안겨 있을지라도 그의 정(精)은 흘러내리지 않는다.

III.42$^{a\text{-}b}$ khecaryā mudritaṃ yena vivaraṃ lambikordhvataḥ |
III.42$^{c\text{-}d}$ na tasya kṣarate binduḥ kāminyāśleṣitasya ca ||

【해설】

42-43송은 케짜리 무드라의 좌도 딴뜨라적 측면이 언급되고 있는데 43송의 요니무드라(yonimudrā)는 바즈롤리 무드라(vajrolīmudrā)를 의미한다.[64]

여인에게 안겨 있을지라도:

월광 여인, 즉 젊은 여성에게 안겨 있을지라도[라는 말은 여성의] 품에 있을지라도(aliṅgitasyāpi)[를 의미한다]. [마지막 접속사] "ca"(그리고)는 "api"(~일지라도)를 의미한다.

kāminyā yuvatyāśleṣitasyāliṅgitasyāpi | caśabdo 'py arthe.

64 본 게송과 동일한 내용은 고락샤의 것으로 알려진 『식별의 태양』(*Vivekamārtaṇḍa.* 130)에서도 발견된다.

Hp-Jt. III.42, *p.* 87, *ll.* 3-4.

43

설사 동요되어 정(精)이 요니 만달라에 도달할지라도
요니무드라로 올려서 모으고 고정시킬 수 있다.
III.43[a-b] calito 'pi yadā binduḥ saṃprāpto yonimaṇḍalam |
III.43[c-d] vrajaty ūrdhvaṃ hṛtaḥ śaktyā nibaddho yonimudrayā ||

【해설】

요니 만달라:

문맥상 '요니 만달라'는 여성의 자궁을 의미하지만 브라흐마난다는 요니만달라를 'yonisthāna'(회음부)로 해설하고 있다.

월광 요니 만달라, 즉 '회음부'에 도달된, 떨어진 바로(eva) 그때.
yonimaṇḍalaṃ yonisthānaṃ saṃprāptaḥ saṃgatas tadaiva. Hp-Jt. III.43, *p.* 87, *l.* 2.

따라서 본 게송에서의 '精이 동요되어 떨어진 곳'은 여성의 몸속이 아니라 '자신의 회음부'라 할 수 있는데[65] '정이 회음부에 도달한다'는

---

65 yonisthāna가 회음부를 뜻하는 용례는 다음과 같다.
① "요니를, 즉 요니 부위에(yonisthānaṃ) [다시 말해서] 항문과 성기의 중간 지점을…."(yoniṃ yonisthānaṃ gudameṇḍhrayor madhyabhāgaṃ··· Hp-Jt. III.10, p. 76, *l.* 3.)
② "요니부위에, 즉 항문과 성기의 중간 부분에."(yonisthāne gudameṇḍhrayor antarāle. Hp-Jt. III.19, *p.* 79, *l.* 3.)
③ "요니를, 즉 항문과 성기의 중간 부분을 조인 후에."(yoniṃ gudameṇḍhrayor antarālam ākuñcya. Hp-Jt. III.20, *p.* 79, *l.* 2.)

것은 '마음이 동요함으로써 기가 동요하고 그로 인해 정이 동요하는 상태 내지는 정액으로 구체화되는 상태'로 이해할 수도 있다. III.87송에서 알 수 있듯이 바즈롤리 무드라는 음부로 떨어지기 전의 빈두를 회수하는 방법과 떨어진 이후에 회수하는 방법이 있는데 본 게송을 전자의 경우로 볼 수도 있다.

요니 무드라로써:

브라흐마난다는 본 게송의 '요니 무드라'를 바즈롤리 무드라로 해설한다.

월광 '요니 무드라로써'[라는 말은] '남근(男根)을 조이는 것을 본성으로 하는 [무드라]로써'[라는 의미이다]. 이 말은 바즈롤리 무드라를 [해야 할 것을] 암시한다.[66]

yonimudrayā meḍhrākuñcanarūpayā | etena vajrolī mudrā sūcitā | Hp-Jt. III.43, *p.* 87, *ll.* 2-3.

위로 올라간다:

월광 수슘나를 따라서 '빈두의 자리'로 간다.

---

④ "요니를, 즉 요니부위를 다시 말해서 항문과 성기의 한 가운데 부분을." (yoniṃ yonisthānaṃ gudameḍhrayor madhyabhāgaṃ. Hp-Jt. III.61, *p.* 95, *l.* 2.)

66 바즈롤리, 아마롤리, 사하졸리 무드라는 누구나 행할 수 있는 것이 아니라 삼매를 성취한 사람만이 성공할 수 있는 것이다.
"아마롤리 등등[의 무드라]는 오직 삼매가 성취된 후에 이루어진다." (amarolyādikaṃ samādhisiddhāv eva siddhyatīti. Hp-Jt. IV14, *p.* 129 *l.* 8.)
"마음이 평정심(삼매)을 얻고 바유가 가운데(수슘나)로 올라갈 때,
그때 아마롤리, 바즈롤리, 사하졸리가 이루어진다."
(citte samatvam āpanne vāyau vrajati madhyame |
tadāmalolī vajrolī sahajolī prajāyate. Hp. IV.14.)

suṣumnāmārgeṇa bindusthānaṃ gacchati | Hp-Jt. III.43, *p.* 87 *l.* 4.

44

확고하게 혀를 위쪽으로 들어 올린 후에(케짜리에 성공한 후) 소마를 마시는 자,
[다시 말해서] 요가를 아는 그 사람은 의심할 바 없이 보름 만에 죽음을 정복한다.
III.44[a-b] ūrdhvajihvaḥ sthiro bhūtvā somapānaṃ karoti yaḥ |
III.44[c-d] māsārdhena na saṃdeho mṛtyuṃ jayati yogavit ||

【해설】

혀를 위쪽으로 들어 올린 후:

소유복합어 'ūrdhvajihvaḥ'는 '요가를 아는 자'(yogavit)를 수식한다. 브라흐마난다에 따르면 '혀를 위로 들어 올린다는 것'은 구개 위의 구멍에 혀를 집어넣는 것을 의미한다.

월광 위쪽, 즉 구개의 위쪽에 있는 구멍으로 향한 혀를 가진 그가 '혀를 위쪽으로 둔 자'이다.
ūrdhvā lambikordhvavivaronmukhā jihvā yasaya sa ūrdhvajihvaḥ··· Hp-Jt. III.44, *p.* 88, *l.* 1.

소마를 마시는 자:

월광 소마는 '구개 위쪽의 구멍에서 떨어진 달, 즉 감로'를 [의미하고], [그 감로를] 마시는 것이 '소마를 마시는 것'[이라는 말의 의미]인데, 그렇게 하는 자는.

somasya lambikordhvavivaragalitacandrāmṛtasya pānaṃ somapānaṃ yaḥ pumān karoti | Hp-Jt. III.44, *p.* 88 *ll.* 2-3.

45

언제나 '소마-깔라'(불사의 감로)로 몸을 채운 요가수행자는
독사(takṣaka)[67]에 물릴지라도 독이 그에게 스며들지 않는다.
III.45$^{a\text{-}b}$ nityaṃ somakalāpūrṇaṃ śarīraṃ yasya yoginaḥ |
III.45$^{c\text{-}d}$ takṣakeṇāpi daṣṭasya viṣaṃ tasya na sarpati[68] ||

【해설】

브라흐마난다는 '소마-깔라'를 'candrakalāmṛta'(*p.* 88, *l.* 2)로 해설하는데 그 의미는 '달에서 흘러나온 불사의 감로'로 파악된다.

46

마치 불이 장작[을 떠나지 않고] 그리고 등불이 기름과 심지[를 떠나지 않듯이]
그와 같이 '신체의 주인'(=생명)은 '감로로 채워진 신체'를 떠나지 않는다.
III.46$^{a\text{-}b}$ indhanāni yathā vahnis tailavartiṃ ca dīpakaḥ |
III.46$^{c\text{-}d}$ tathā somakalāpūrṇaṃ dehī dehaṃ na muñcati ||

---

67 takṣaka(딱샤까)는 '셰샤'(śeṣa or ananda), 바수끼(vāsuki) 등과 함께 빠딸라(pātāla)에 있는 여덟 마리의 '뱀왕' 중에서도 가장 무시무시한 독을 지닌 것으로 알려져 있다.

68 sarpati (√ sṛp. *Pres., III.sg.* : 스며든다).

47

항상 쇠고기(gomāṃsaṃ)를 먹고 아마라-술(酒)을 마신다면,
나는 그를 '고귀한 가문의 사람'이라고 생각한다. 다른 사람들은 가문을 망치는 자들이다.

III.47^{a-b} gomāṃsaṃ bhakṣayen nityaṃ pibed amaravāruṇīm |
III.47^{c-d} kulīnaṃ tam ahaṃ manya[69] itare kulaghātakāḥ ||

【해설】

'쇠고기를 먹는 것'과 '아마라 술을 마시는 것'이 상징하는 의미는 아래의 48-49송에서 설명된다. '쇠고기를 먹고 술을 마시는 것'과 유사한 비밀스러운 말은 III.110(ex. 젊은 과부 bālaraṇḍā)에서도 발견되는데 하타요가와 딴뜨라 문헌이 이와 같은 비밀어(sandhāya-bhāṣā, sandhā-bhāṣā, sandhyā-bhāṣā)를 사용했던 것은 운율을 맞추기 위한 것일 수도 있고 또는 수행적 비밀을 유지하거나 혹은 비밀화함으로써 은밀한 특권을 누리기 위해서일 수도 있다. 비밀어로 가득 찬 시구의 한 사례로 샤쉬브후샨 다스굽따(Shashibhushan Dasgupta)가 인용하고 해설한 바 있는 꾸꾸리빠다(Kukkurīpāda)의 벵갈시를 들 수 있다.

> 두 젖꼭지에서 젖이 흐른다면(혹은 거북이에서 젖이 나온다면) 그것을 항아리(piṭa)에 담을 수 없다네.
> 나무(rukha)에 열린 따마린드(tamarind) 열매는 악어(kumbhīra)가 먹었다네.
> 안뜰은 집 안에 있고 …
> 귀고리(kāneṭa)는 밤에 도둑맞았다네.
> 시아버지는 잠에 떨어졌고 며느리는 깨어 있고(biātī) …

---

69 manye(√man. *Pres., I.sg*: 나는 생각한다).

도둑이 귀고리를 훔쳤으니 어디서 그것을 찾을 수 있을까?
까마귀가 무서워 대낮에도 비명을 지르던 며느리가 … 밤엔 어디로 가는 것일까?”[70]

48

[위의 게송에서] go(소)라는 말로 지시된 것은 ‘혀’(jihvā)이고 그것(혀)이 구개(口蓋)로(tāluni) 들어가는 것이 ‘쇠고기를 먹는다’[는 뜻이다]. 실로 그것은 대죄를[71] 없앤다.

III.48$^{a\text{-}b}$ gośabdenoditā jihvā tatpraveśo hi tāluni |
III.48$^{c\text{-}d}$ gomāṃsabhakṣaṇaṃ tat tu mahāpātakanāśanam ||

70 샤시브후샨 다스굽따(Dasgupta: 1946, p. 480. 부록E)는 위 시구의 주요 비밀어를 다음과 같이 해설한다.
* 두 젖꼭지: 이다(iḍā)와 삥갈라(piṅgalā) 나디(nāḍī).
* 젖: 보리심(boddhicitta) 혹은 정액 등.
* 항아리: 배꼽의 마니뿌라 짜끄라(maṇīpūracakra).
* 나무: 신체.
* 따마린드: 정액(semen virile) 혹은 보리심.
* 악어가 먹는다: 꿈브하까에 의해 숨이 고정되는 것.
* 집: 즐거움이 있는 곳.
* 귀고리: 불순물.
* 도둑: 본연적인 환희(sahajānanda).
* 시아버지(susurā): 호흡(숨).
* 대낮: 마음이 동요하는(pravṛtti) 상태.
* 밤: 마음 작용이 그친(nivṛtti) 상태.

71 대죄는 바라문을 살해하는 것, 환각적인(혹은 중독성 있는) 술을 마시는 것, 도둑질, 스승의 부인과 동침하는 것 등으로 알려져 있다.

【해설】

'쇠고기를 먹는 것'는 혀를 구개로 뒤집어 넣는 케짜리 무드라를 실행하는 것을 의미한다.

49

혀를 [구개 구멍에] 넣음으로써 생겨난 열기에 의해
'달에서 흘러나온 바로 그 감로(불사의 감로)'가 [위에서 말한] 아마라 술이다.
III.49$^{a\text{-}b}$ jihvāpraveśasaṃbhūtavahninotpāditaḥ khalu |
III.49$^{c\text{-}d}$ candrāt sravati yaḥ sāraḥ sā syād amaravāruṇī ||

【해설】

'아마라 술을 마신다는 것'은 미간 왼쪽에 있는 소마(달)에서 흘러내리는 감로를 마시는 것을 의미한다.

달에서 흘러나온 그 감로를:
브라흐마난다의 설명에 따르면, '달(=소마)이 있는 곳'은 '미간의 왼쪽'이다.

월 광 감로(sāra)는 달(candra)로부터, 즉 '두 눈썹 사이의(미간) 왼쪽 부분(vāmabhāga)에 있는 소마에서' 흘러내리는데, 즉 떨어지는데 그것이 아마라 술, 즉 '아마라 술이라는 말'이 지시하는 것이다.
yaḥ sāraś[72] candrād bhruvor antarvāmabhāgasthāt somāt sravati

72 sāraś] sāraḥ. Hp-Jt^{Adyar}.

galati sā amaravāruṇī syād amaravāruṇīpadavācyā bhavet | III.49, *p.* 90, *ll.* 3-4.

50

구개의 구멍에 혀를 지속적으로 대고 있으면 감로가 흘러내리는데

[그 맛은] 짠맛(kṣārā), 매운맛(kaṭuka), 신맛(āmla), 우유와 같고 (dugdha sadṛśī), 꿀과 같다.

[그 감로를 마시는 자는] 질병들이 사라지고 늙음이 소멸되고 무기(武器)가 범접하지 못하게 된다.

그는 불멸성과 8가지의 초능력을 얻을 것이며 여자 초능력자를 유혹할 수 있을 것이다.

III.50[a] cumbantī yadi lambikāgram aniśaṃ jihvārasasyandinī
III.50[b] sakṣārā kaṭukāmladugdhasadṛśī madhvājyatulyā tathā |
III.50[c] vyādhīnāṃ haraṇaṃ jarāntakaraṇaṃ śastrāgamodīraṇaṃ
III.50[d] tasya syād amaratvam aṣṭaguṇitaṃ siddhāṅganākarṣaṇam ||

【해설】

본 송의 운율은 19음절로 구성된 샤르둘라비끄리디따(Śārdūlavikrīḍita: ––– U U – U – U U U –æ – – U – – U –)이다. 이 운율의 휴지부는 12번째 음절 다음이다.

51

위(上)쪽으로 누운 후(도립 무드라를 행한 후) 혀를 구멍(vivara)에 붙이고 지고한 샥띠(꾼달리니)를 명상하면서 하타의 호흡을 통해 획

득된 감로, 즉 두개골에서 16잎의 연꽃(목, 비슛드하 짜끄라)으로 떨어진 감로, 즉 청정한 물결처럼 흘러내리는 감로를(kalājalaṃ) 마신다면
연꽃처럼 우아하고 아름다운 몸을 지니게 된 그 요가수행자는 질병에서 벗어나고 오랫동안 산다.

III.51[a] mūrdhnaḥ ṣoḍaśapatrapadmagalitaṃ prāṇād avāptaṃ haṭhād
III.51[b] ūrdhvāsyo rasanāṃ niyamya vivare śaktiṃ parāṃ cintayan |
III.51[c] utkallolakalājalaṃ ca vimalaṃ dhārāmayaṃ yaḥ piben
III.51[d] nirvyādhiḥ sa mṛṇālakomalavapuryogī ciraṃ jīvati ||

【해설】

본 송의 운율은 19음절로 구성된 샤르둘라비끄리디따(Śārdūlavikrīḍita: ———∪∪—∪—∪∪∪—æ——∪——∪—)이다.

한편 브라흐마난다는 첫 번째 구의 prāṇāt가 다른 필사본에선 prāṇaiḥ로 되어 있다고 말하는데(prāṇair iti kvacit pāṭhaḥ || III.49, *p*. 91, *ll*. 10-11) 이것은 브라흐마난다가 다수의 필사본을 가지고 원문을 교정했다는 것을 의미할 것이다.

위(上)쪽으로 누운 후:
ūrdhvāsyaḥ는 소유복합어로 '도립 무드라를 실행한 수행자'를 의미한다.

월광 "위로 누운 자(ūrdhvāsyaḥ)"라는 이 말은 도립 무드라를 [실행한 상

태라는 것을] 암시한다.
ūrdhvāsya ity anena viparītakaraṇīṃ sūcitā | Hp-Jt. III.51, *p.* 91, *l.* 2.

혀를 구멍에 붙이고서:

월광 혀(rasanā, jihvā)를 구멍에, 즉 구개공에 넣고서, 붙이고서.
rasanāṃ jihvāṃ vivare kapālakuhare niyamya saṃyojya | Hp-Jt. III.51, *p.* 91, *l.* 1.

지고한 샥띠를 명상하면서:

월광 지고한 샥띠, 즉 꾼달리니를 생각하면서, 즉 명상하면서.
parāṃ śaktiṃ kuṇḍalīnīṃ cintayan dhyāyan san. Hp-Jt. III.51, *p.* 91, *ll.* 2-4.

52

메루의 정상 안에 '눈(雪, prāleyam)이 저장된 동굴'이 있는데 그 속에 진리가 있다고 현자들은 말한다. 그것(동굴)이 흘러내리는 [강]들의 근본이다.
달로부터 인간(vapuṣaḥ)의 정수(sāra)가 떨어지고 이로 인해 인간들은 죽게 된다.
따라서 그 탁월한 행법(sukaraṇam, =케짜리 무드라)을 해야 한다. 다른 방법으로는 신체를 완성시킬 수 없다.

III.52[a] yat prāleyaṃ prahitasuṣiraṃ merumūrdhāntarasthaṃ
III.52[b] tasmiṃs tattvaṃ pravadati sudhīs tan mukhaṃ nimnagānām |
III.52[c] candrāt sāraḥ sravati vapuṣas tena mṛtyur narāṇāṃ
III.52[d] tad badhnīyāt[73] sukaraṇam ato nānyathā kāyasiddhiḥ ||

【해설】

본 송의 운율은 17음절로 구성된 만다끄란따(Mandākrāntā: ————$_{æ}$∪∪∪∪∪—$_{æ}$—∪——∪——)이다. 만다끄란따 운율의 휴지(休止)부는 4번째 음절과 10번째 음절, 17번째 음절 다음이다.[74]

메루의 정상 안에:

메루의 정상은 수슘나의 정상 안쪽을 의미한다.

월광 메루 산(山)처럼 어떤 것보다 높이 있는 수슘나가 메루인데 그것의 정상(頂上, mūrdhā, uparibhāgas) 안쪽에….
meruvat sarvonnatā suṣumnā merus tasya mūrdhā uparibhāgas tasyāntare madhye … Hp-Jt. III.52, *p.* 92, *ll.* 1-2.

눈(雪, prāleya)이 저장된:

여기서의 눈은 '소마의 감로'를 의미한다.

월광 눈, 즉 '소마의 감로수'(somakalājala)가 저장된, 쌓여 있는
yatprāleyaṃ somakalājalaṃ prahitaṃ nihitaṃ yasmin … Hp-Jt. III.52, *p.* 92, *ll.* 2-3.

---

73 badhnīyāt (√ bandh. *Opt., III.sg.*).

74 깔리다사(Kālidās[a])의 서정시인 『구름의 사자(使者)』(*Meghadūta*)는 이 운율로만 작성되었다. 강가다사(Gaṅgādāsa)는 기상천외한 시구로 운율을 기억할 수 있도록 만들었는데 그중에서 만다끄란따 운율의 예문은 다음과 같다.

mandākrāntā ¦ tad anuniyataṃ ¦ vaśyatā ¦ m eti bālā. G.D.
———— ¦ ∪∪∪∪∪— ¦ —∪— ¦ —∪——

"천천히(mandākrāntā) 지속적으로 꼬드겨서 처녀를 정복해야 한다." 브라운(Brown: 2014, p. 28)에서 인용.

[현자는…] 진리가 있다고 말한다:

월광 진리, 즉 '아뜨만이라는 진리'[가 있다고] 말한다(pravadati, prakarṣeṇa vadati). [이 점에 대해선] "그 정상 가운데에 최고의 아뜨만이 머물고 있다."고 계시된 바 있다.

tattvam ātmatattvaṃ pravadati prakarṣeṇa vadati | "tasyāḥ śikhāyā madhye paramātmā vyavasthitaḥ"(Mahānā-Up. 11.3) iti śruteḥ | Hp-Jt. III.52, *p.* 92, *ll.* 4-5.

그 속(동굴)에:

월광 그것(tat), 즉 그 동굴 속에(tasmin vivare) [다시 말해서] 그 주변에(tat samīpe) 최고의 근본이 있다.

tat tasmin vivare tat samīpe mukham agram asti. Hp-Jt. III.52, *p.* 92, *ll.* 7-8.

흘러내리는 [강]들의:

월광 흘러내리는 것들의, 다시 말해서 강가(gaṅgā), 야무나(yamunā), 사라스바띠(sarasvatī), 나르마다(narmadā) 등의 말로 지시되는 이다(iḍā), 삥갈라(piṅgalā), 수슘나(suṣumnā), 간드하리(gāndharī) 등등의….

nimnagānāṃ gaṅgāyamunāsarasvatīnarmadādiśabdavācyānām iḍāpiṅgalāsuṣumnāgāndhārīprabhṛtīnāṃ … Hp-Jt. III.52, *p.* 92, *ll.* 6-7.

달로부터 인간의(vapuṣaḥ) 정수가 떨어지고 이로 인해 인간들은 죽게 된다:

월광 달, 즉 소마로부터 신체의(vapuṣaḥ, śarīrasya) 정수, 다시 마해서 [인간에게] 가장 중요한 것인 '불사의 감로'(rasa)가 떨어진다, 즉 흘러내린다. 이로 인해, 다시 말해서 달의 감로를 소실하기 때문에 인간들, 즉 사람들은 죽게 된다.

candrāt somād vapuṣaḥ śarīrasya sāraḥ sārabhūto rasaḥ sravati kṣarati tena candrasārakṣaraṇena narāṇāṃ manuṣyāṇāṃ mṛtyur maraṇaṃ bhavati | Hp-Jt. III.52, *p.* 92, *ll.* 8-10.

따라서 그 탁월한 행법을:

월광 따라서, 앞에서 말했던 이유에서 탁월한 행법, 즉 훌륭한 행법인 '케짜리 무드라로 일컬어지는 것'을 [수련] 해야만 한다. 탁월한 행법(케짜리 무드라)을 행한다면 달의 정수가 흘러내리지 않게 되므로 [요가 수행자는] 죽지 않게 될 것이라는 의미이다.
ato hetos tatpūrvoditaṃ sukaraṇaṃ śobhanaṃ karaṇaṃ khecarī mudrākhyaṃ badhnīyāt | sukaraṇe baddhe candrasārasravaṇābhāvād mṛtyur na syād iti bhāvaḥ | Hp-Jt. III.52, *p.* 92, *ll.* 10-11.

다른 방법으로는 신체를 완성시킬 수 없다:

월광 다른 방법으로는, 다시 말해서 탁월한 행법(케짜리 무드라)을 행하지 않는다면 신체, 즉 몸뚱이를 완성한 자, 다시 말해서 '미모와 매력과 활력과 강건함이 조화를 이룬 자'가 되지 못할 것이다.
anyathā sukaraṇabandhanābhāve kāyasya dehasya siddhī[75] rūpalāvaṇyabalavajrasaṃhananarūpā na syāt | Hp-Jt. III.52, *p.* 92, *ll.* 11-13.

53

지혜를 일으키는 [동굴], 다섯 통로가 결합된 동굴,
[바로 그] 청정한 그 공동(空洞)에서 케짜리 무드라가 확립된다.
III.53$^{a\text{-}b}$ suṣiraṃ jñānajanakaṃ pañcasrotaḥ samanvitam |[76]

75 siddhī rūpa°] siddhir rūpa°. Hp-Jt^{Adyar}.

III.53$^{c\text{-}d}$ tiṣṭhate khecarī mudrā tasmiñ śūnye nirañjane ||

【해설】

지혜를 일으키는 [동굴]:

월 광 지혜를 일으키는 것, 다시 말해서 초세속적인 것이고 파기될 수 없는 '아뜨만에 대한 직접적인 지각'을 일으키는 그 동굴….
jñānajanakam alaukikābādhitātmasākṣātkārajanakaṃ yatsuṣiraṃ Hp-Jt. III.53, *p.* 92, *ll.* 2-3.

다섯 통로가 결합된:

월 광 다섯 통로들, 즉 이다(iḍā) 등등의 강(=나디)들이 결합되어 있다, 묶여 있다. 어떤 [필사본의 원문]에는 [다섯 통로가 아니라] '일곱 개의 통로(일곱 나디)가 결합되었다.'로 된 경우도 있다.[77]
pañca yāni[78] srotāṃsīḍādīnāṃ pravāhās taiḥ samanvitaṃ samyaganugatam | saptasrotaḥ samanvitam iti kvacit pāṭhaḥ | Hp-Jt. III.53, *p.* 92, *ll.* 1-2.

바로 그 공동(空洞)에서:

월 광 그 청정한 공동에, 즉 동굴 속의 공간에서 케짜리 무드라가 확립된다, 확고하게 된다. [여기서의 tiṣṭhate는] "[자신의 의도를] 드러내거나(prakāśana) 중재자를 언급할(stheya-ākhyā) 경우, 어근 sthā의 [아뜨마네빠다 동사 접미어를 취한다.]"는 것으로서의 아뜨

---

76 첫 번째 구(pāda^{a})는 아누쉬뚜브-쉴로까(Anuṣṭubh-Śloka)의 확장형인 나-비뿔라(Na-vipulā)이다.

77 이 부분은 '브라흐마난다가 다수의 필사본을 가지고 원문을 비평했다는 증거' 중 하나이다. 유사한 내용은 III.66에 대한 해설에서도 발견된다.

78 yāni (yad: *n.pl.No.*).

마네빠다(爲自態)이다.
tasmin nirañjane śūnye suṣirāvakāśe khecarī mudrā tiṣṭhate sthirībhavati "prakāśanastheyākhyayoś ca"(Pāṇ. I.3.23) ity ātmanepadam | Hp-Jt. III.53, *p.* 92, *ll.* 4-6.

54

창조를 이루는 가장 중요한 것은 씨앗(옴, oṃ)이고, 최고의 무드라는 케짜리이다.
자존하는(다른 것에 의존하지 않는) 유일한 존재는 신이고, [가장 위대한] 단 하나의 경지는 마논마니이다.
III.54^{a-b} ekaṃ sṛṣṭimayaṃ bījam ekā mudrā ca khecarī |
III.54^{c-d} eko devo nirālamba ekāvasthā manonmanī ||

【해설】

본 게송의 전반부(pāda $^{a-b}$)는 『꿀라쭈다마니딴뜨라』(*Kulacūḍāmaṇitantra*)에서 인용한 것으로 보인다.[79]

씨앗:

브라흐마난다는 '씨앗'(bīja)을 『만두꺄 우빠니샤드』에서 설명된 옴(oṃ)으로 해설한다.

월광 창조를 구성하는, 창조를 이루는 쁘라나바(praṇava, 신성한 음절 = 옴,

79 말린슨(Mallinson: 2007, p. 184, 각주119)에 따르면 'ekaṃ sṛṣṭimayaṃ bījam ekā mudrā ca khecarī'라는 반송은 크세마라자(Kṣemarāja)의 『쉬바수뜨라비마르쉬니』(*Śivasūtravimarśinī*) II.5에도 발견되는데 크세마라자는 이 게송의 출처를 『꿀라쭈다마니딴뜨라』로 밝히고 있다.

oṃ)로 불리는 종자가 유일한, 즉 최고의 [종자]이다. 이 점에 대해서는 『만두캬 우빠니샤드』에서 다음과 같이 언급된 바 있다. "옴이라는 이 음절이 '이 모든 것'이다."라고.
sṛṣṭimayaṃ sṛṣṭirūpaṃ praṇavākhyaṃ bījam ekaṃ mukhyam | tad uktaṃ maṇḍūkyopaniṣadi | 'om ity etad akṣaram idaṃ sarvam'(Māṇḍ-Up. I.1) iti | Hp-Jt. III.54, *p.* 93, *ll.* 1-2.

자존하는(다른 것에 의존하지 않는) 유일한 존재는 신이고:

월광 의존할 바가 없는 것, 즉 의지할 바 없이 [자존하는] 유일자, 즉 최고의 존재는 신이다. 왜냐하면 [신은] 본성상 [다른 것에] 의존하지 않고 '스스로 존재하기 때문'이다.
nirālamba ālambanaśūnya eko mukhyo devaḥ | ālambanaparityāgenātmanaḥ svarūpāvasthānāt | Hp-Jt. III.54, *p.* 93, *ll.* 3-4.

최고의 경지는 마논마니이다:

월광 운마니 경지(unmany-avasthā)가 유일한 것, 즉 최고이다.
unmanyavasthaikā mukhyā | Hp-Jt. III.54, *p.* 93, *l.* 4.

브라흐마난다는 본 송의 의미를 다음과 같이 요약한다.

월광 종자들 가운데서 '쁘라나바'(praṇava=옴, oṃ)가 으뜸이듯이(ādivat) 무드라들 중에서 케짜리가 최고라는 의미이다.
bījādiṣu praṇavādivad mudrāsu khecarī mukhyety arthaḥ || Hp-Jt. III.54, *p.* 93, *ll.* 5-6.

웃디야나 반드하(Uḍḍīyānabandha)[80]

55

이제 웃디야나 반드하가 [설해진다].
'결합된 기(prāṇa)'가 이 [반드하]에 의해 수슘나 속에서 날아오르므로[81]
이런 연유에서 요가수행자들은 이것(반드하)을 '웃디야나라는 명칭을 지닌 것'이라고 말했다.

athoḍḍīyānabandhaḥ
III.55$^{a\text{-}b}$ baddho yena suṣumnāyāṃ prāṇas tūḍḍīyate yataḥ |
III.55$^{c\text{-}d}$ tasmād uḍḍīyanākhyo 'yaṃ yogibhiḥ samudāhṛtaḥ ||

【해설】

웃디야나반드하는 『고락샤샤따까』(*Gorakṣaśataka*. 58), 『요가비자』(*Yogabīja*. 118-121)를 비롯해서 닷따뜨레야의 『요가샤스뜨라』(*Yogaśāstra*. 141^{cd}-143^{cd}) 등에서도 발견된다.
한편, Hp. III.55에서 76까지는 3종의 반드하(웃디야나, 잘란드하라, 물라)의 효과와 방법이 설명되고 있지만 3종의 반드하가 실행되는 시점에 대해서는 설명되지 않았다(마하 무드라, 마하반드하 무드라, 마하베드하 무드라는 모

80 웃디야나반드하의 문자적 의미는 '위로 날아오르는 조임'이고 그 의미는 '쁘라나가 수슘나로 상승하게끔 복부를 수축하는 것'으로 이해할 수 있다. 웃디야나 반드하의 외형은 '복부를 등 쪽으로 강하게 수축시킨 형태'이므로 '복부 수축'으로 파악할 수 있다. 웃디야나 반드하는 '들숨 후 그 숨을 참은 상태'에서 잘란드하라 반드하와 물라반드하를 실행한 상태에서 실행된다. 관련내용은 Hp. III.55을 참조.
81 uḍḍīyate (*Pres., III.sg.*).

두 '들숨 후 그 숨을 참은 상태'에서 행해진다). 하지만 이 점은 이미 제II장에서 꿈브하까의 원칙을 천명하면서 언급되었기 때문에 생략된 것으로 보인다. 관련 내용은 다음과 같다.

"들숨이 끝날 때(pūrakānte) 잘란드하라로 불리는 반드하를 해야만 하고 '숨을 참는 것' 끝낼 무렵(kumbhakānte) 내쉬기에 앞서(recakādau) 웃디야나를 해야만 한다." Hp.II.45.
"아랫부분(會陰)을 강하게(āśu) 조이고** 목을 끌어당긴 후*** 가운데(배꼽 주위)를 뒤로 당기면**** 쁘라나는 브라흐마 나디로 들어갈 것이다." Hp.II.46.

* '아랫부분을 강하게 조여 주는 것'은 브라흐마난다에 따르면 물라 반드하를 의미한다.[82]

** '목을 끌어당기고서'는 브라흐마난다에 따르면 잘란드하라 반드하를 의미한다.[83]

*** '가운데(배꼽 주위)를 뒤로 당기면'은 웃디야나 반드하를 의미한다.[84]

브라흐마난다는, 본 게송이 '웃디야나'(uḍḍīyāna)라는 단어의 유래를 설명하는 것으로 해설한다.

---

82 '물라 반드하로써'라는 의미이다. (mūlabandhena ity arthaḥ | Hp-Jt. II.46, *p.* 55, *l.* 7.)

83 '잘란드하라 반드하를 한 후에'라는 의미이다.(jālaṃdharabandhe kṛte satīyarthaḥ | Hp-Jt. II.46, *p.* 55, *l.* 6.)

84 '웃디야나 반드하를 [실행함]으로써'라는 의미이다.(tenoḍḍiyānabandhenety arthaḥ | Hp-Jt. II.46, *p.* 55, *l.* 8.)

월광 웃디야나반드하 [무드라]를 설명하고자 하는 [스바뜨마라마는] 먼저 '웃디야나'라는 단어의 의미에 대해 "**baddhaḥ**"(결합된)라는 [단어 이하에서] 설명한다. "이 이유에서"(yatas), 즉 '이 반드하에 의해서 결합된 기(prāṇa)가 수슘나 즉 중앙의 나디 속에서 날아오르기 때문에', 다시 말해서 '[결합된 기가] 수슘나를 따라 [올라] 가기 때문에' 이런 이유에서 맛첸드라를 비롯한 요가수행자들에 의해 '웃디야나'라는 명칭과 이름을 갖게 된 이 [무드라가] '웃디야나라는 이름으로 불리는 것'이라고 설명되었다, 다시 말해서 적절한 방식으로 [웃디야나라는 단어의] 유래(由來)가 설명되었다, 해설되었다. [요약하면] 이 [웃디야나 반드하]에 의해서 '결합된 쁘라나'가 수슘나 속으로 날아오르기 때문에 '웃디야나'이다.

uḍḍīyānabandhaṃ vivakṣus tāvad uḍḍīyānaśabdārtham āha - baddha iti | yato yasmād dhetor yena bandhena baddho niruddhaḥ prāṇaḥ suṣumnāyāṃ madhyanāḍyām uḍḍīyate suṣumnāṃ vihāyasā gacchati tasmāt kāraṇād ayaṃ bandho yogibhir matsyendrādibhir uḍḍīyanam ākhyābhidhā yasya sa uḍḍīyanākhyaḥ samudāhṛtaḥ samyag vyutpattyodāhṛtaḥ kathitaḥ | suṣumnāyām uḍḍīyate 'nena baddhaḥ prāṇa ity uḍḍīyanam | Hp-Jt. III.55, *p.* 93, *ll.* 1-5.

56

큰 새(쁘라나)를 쉼 없이 [수슘나 속에서] 날아오르게 하므로
이것이 웃디야나이다. 여기서 [이] 반드하[의 방법]이 설명된다.

III.56$^{a\text{-}b}$ uḍḍīnaṃ kurute yasmād aviśrantaṃ mahākhagaḥ |
III.56$^{c\text{-}d}$ uḍḍīyānaṃ tad eva syāt tatra bandho 'bhidhīyate ||

【해설】

큰 새:

월광 큰 새는 쁘라나를 [의미한다].
mahākhagaḥ prāṇaḥ··· Hp-Jt. III.56, *p.* 93, *l.* 1.

[수슘나 속에서] 날아오르게 하므로:

브라흐마난다는 쁘라나가 상승하는 통로를 수슘나로 해설한다.

월광 "수슘나 속에서"라는 생략된 의미를 [본 게송에] 보충해야 한다.
suṣumnāyām ity adhyāhāryam | Hp-Jt. III.56, *p.* 94, *l.* 1.

57

배꼽에서 위쪽의 위(胃)까지 그리고 [배꼽 아래 부분을] 등 쪽으로 수축해야 한다.[85]
실로 이 웃디야나 반드하는 '죽음이라는 코끼리'를 [몰아내는] 사자[와 같다].
III.57^{a-b} udare paścimaṃ tānaṃ nābher ūrdhvaṃ ca kārayet |
III.57^{c-d} uḍḍīyāno hy asau bandho mṛtyumātaṅgakesarī ||

【해설】

그리고(ca):

월광 [수축할 부위는] 배꼽에서 위쪽의 위, 위장까지인데 [본 게송에]

---

85 웃디야나 반드하의 외형은 배를 최대한 끌어당겨 등 쪽으로 수축하는 것이다. 하지만 호흡과 별개로 복부를 수축하는 것이 아니라 '들숨 후 그 숨을 참은 상태에서' 수축하는 것이다.

'그리고'(ca)라는 접속사가 있으므로 [배꼽의] 아래쪽, 즉 위쪽과 아래쪽까지를 등 쪽으로 수축, 즉 등 쪽으로 끌어당겨서 마치 배꼽의 위-아래 부분이 마치 뒤쪽(등 쪽)으로 붙듯이 그와 같이….
udare tunde nābher ūrdhvaṃ cakārād adha[86] uparibhāge ' dhobhāge ca paścimaṃ tānaṃ paścimam ākarṣaṇaṃ nābher ūrdhvādhobhāgau yathā pṛṣṭhasaṃlagnau syātāṃ tathā … Hp-Jt. III.57, *p*. 94, *ll*. 1-3.

실로 이 웃디야나반드하는:

월광 이것, 즉 '복부의 위쪽과 아래쪽 부분이 [등 쪽으로] 수축된 형태'가 웃디야나, 즉 '웃디야나로 불리는 반드하'이다.
asau nābher ūrdhvādhobhāgayos tānanarūpa uḍḍīyāna uḍḍīyānākhyo bandhaḥ | Hp-Jt. III.57, *p*. 94, *ll*. 4-5.

58

스승이 설명했던 웃디야나 반드하를 늘, 자연스럽게
지속적으로 수련한다면 그는 노인일지라도 젊어진다.
III.58$^{a\text{-}b}$ uḍḍīyānaṃ tu sahajaṃ guruṇā kathitaṃ sadā | [87]
III.58$^{c\text{-}d}$ abhyaset satataṃ yas tu vṛddho 'pi taruṇāyate ||

59

배꼽의 위-아래(ūrdhvavam adhas) [부분을] 최대한 [등 쪽으로] 끌어당겨야 한다.
6개월 동안 [웃디야나를] 수련한다면 죽음을 정복한다. [이것을]

---

86 adha ⌋ adhaḥ. Hp-Jt^{Adyar}.
87 첫 번째 구(pāda^{a})는 아누쉬뚜브-쉴로까(Anuṣṭubh-Śloka)의 확장형인 나-비뿔라(Na-vipulā)이다.

의심해서는 안 된다.

III.59[a-b] nābher ūrdhvam adhaś cāpi tānaṃ kuryāt prayatnataḥ |

III.59[c-d] ṣaṇmāsam abhyasen mṛtyuṃ jayaty eva na saṃśayaḥ ||

60

실로 모든 반드하 중에서 오직 웃디야나반드하가 최고이다.
웃디야나반드하가 확고해지면 해탈은 저절로 일어날 것이다.

III.60[a-b] sarveṣām eva bandhānām uttamo hy uḍḍiyānakaḥ |

III.60[c-d] uḍḍiyāne dṛḍhe bandhe muktiḥ svābhāvikībhavet |

【해설】

모든 반드하 중에서 오직 웃디야나반드하가:

월광 모든 반드하 중에서, 다시 말해서 열여섯 개의 토대[88]를 묶는 [수행법] 가운데서 웃디야나까, 즉 웃디야나 반드하가 [최고이다]. [웃디야나까에서] '까(ka)'는 [웃디야나라는 단어에] 내재된 의미를 담지하기 위해 표현된 접미사이다.

sarveṣāṃ bandhānāṃ ṣoḍaśādhārabandhānāṃ madhye uḍḍiyānaka[89] uḍḍīyānabandha eva | svārthe kaprayatyayaḥ | Hp-Jt. III.60, *p.* 95, *ll.* 1-2.

웃디야나 반드하가 확고해지면 해탈은 저절로 일어날 것이다:

월광 웃디야나 반드하를 실행한다면 쁘라나가 수슘나 속에서 날아오른 후 정수리로 가기 때문에 "삼매를 통해 해탈을 얻는다."는 말씀대로 자연스럽게 해탈한다는 의미이다.

---

88 열여섯의 토대에 대해서는 III.73송에 대한 브라흐마난다의 해설을 참조.

89 uḍḍīyānaka] uḍḍīyānakaḥ. Hp-Jt[Adyar].

uḍḍiyānabandhe kṛte vihaṅgamagatyā suṣumnāyāṃ prāṇasya mūrdhni gamanāt 'samādhau mokṣam āpnoti' iti vākyāt sahajaiva muktiḥ syād iti bhāvaḥ | Hp-Jt. III.60, *p.* 95, *ll.* 3-5.

브라흐마난다의 해설은 하타요가 특유의 방법론, 즉 쁘라나가 수슘나로 진입해서 정수리의 브라흐마란드흐라에 도달할 때 삼매가 성취된다는 하타요가 특유의 입장을 담고 있다.

물라 반드하(근본 조임, Mūlabandha)[90]

61

이제 물라 반드하가 [설명된다].
발꿈치 부분으로 회음을 압박한 후 항문을 조여야 한다.
아빠나를 위로 끌어올리기 때문에 물라 반드하로 일컬어졌다.

atha mūlabandhaḥ
III.61$^{a\text{-}b}$ pārṣṇibhāgena saṃpīḍya yonim ākuñcayed gudam |
III.61$^{c\text{-}d}$ apānam ūrdhvam ākṛṣya mūlabandho 'bhidhīyate ||

90 물라 반드하(mūlabandha)의 문자적 의미는 '근본 조임'이다. 항문을 수축하는 것이 외형적 특징이므로 '항문 수축'으로 이해할 수 있다. 『하타의 등불』에 따르면 물라 반드하를 실행하는 주요한 효과는 '아래로 흐르는 성향의 쁘라나'(=아빠나)를 위로 상승시키는 것이다.

【해설】

스바뜨마라마는 물라 반드하의 방법을 두 가지(61-62, 63송)로 설명하는데 본 게송의 방법은 고락샤의 것으로 알려진 『식별의 태양』(*Vivekamārtaṇḍa*) 42송과 동일하다.

한편 물라 반드하를 올바르게 실행하지 않았을 때 생기는 증상에 대해서는 Hp. II.46에서 브라흐마난다가 해설한 바 있다.[91]

발꿈치로 회음을 압박한 후 항문을 조여야 한다:

브라흐마난다는 본 게송의 'yoni'를 'yonisthāna'로 해설하고 그것을 '항문과 성기의 중간 지점', 즉 회음부(會陰部)로 해설한다.

월 광 뒤꿈치 부분이란 '양 복사뼈의 아래 부분'인데 그 뒤꿈치로 요니, 즉 요니 부위(회음부), 다시 말해서 '항문과 성기 사이의 중간 부분'을 정확히 압박한 후(saṃpīḍya, samyakpīḍayitvā) 항문(guda, pāyum)을 조여야 한다, 수축해야 한다.

pārṣṇer bhāgo gulphayor adhaḥpradeśas tena yoniṃ yonisthānaṃ gudameḍhrayor madhyabhāgaṃ saṃpīḍya samyak pīḍayitvā gudaṃ pāyum ākuñcayet saṃkocayet | Hp-Jt. III.61, *p.* 95, *ll.* 1-3.

---

91 "한편, 물라 반드하를 정확하게 하지 못하면 다양한 질병들이 생겨나게 된다. 만약 물라 반드하를 실행했을 때 '인체를 구성하는 물질'(dhātu)이 소실되고, 변비가 생기고, 소화력이 떨어지고, 비음(秘音, nāda)이 잘 들리지 않고, 대변이 염소의 것처럼 둥글게 뭉친 형태가 되면 물라 반드하를 올바르게 실행하지 못한 것으로 알아야 한다. 만약 '신체를 구성하는 물질'(dhātu)이 풍부해지고 대소변이 잘 배설되고 소화력이 증대되고 비음이 잘 들리면 그때는 물라 반드하가 올바르게 실행된 것으로 알아야 한다."(원문은 Hp. II.46에 대한 해설을 참조.)

아빠나를 위로 끌어올리기 때문에 물라 반드하라고 일컬어졌다:

월광 아빠나, 즉 '아래로 흐르는 기'를(adhogatiṃ vāyum) 위로 끌어올리므로, [다시 말해서 하기 성향의 아빠나를 위로] 끌어당기므로 물라 반드하라고 말해졌다, 일컬어졌다. 발꿈치로써 회음부를 압박한 상태에서 항문을 수축하는 것이 물라 반드하로 말해졌다(ucyate)는 의미이다.[92]

apānam adhogatiṃ vāyum ūrdhvam uparyākṛṣyākṛṣṭaṃ kṛtvā mūlabandho 'bhidhīyate kathyate | pārṣṇibhāgena yonisthānasaṃpīḍanapūrvakaṃ gudasyākuñcanaṃ mūlabandha ity ucyata ity arthaḥ | Hp-Jt. III.61, *p.* 95, *ll.* 3-5.

62

실로(vai) '하기(下氣) [성향의] 아빠나'를 수축함으로써[93] 강력하게 위로 상승시키는 것
그것을 요가수행자들은 물라 반드하라고 말했다.

III.62$^{a\text{-}b}$ adhogatim apānaṃ vā ūrdhvagaṃ kurute balāt |
III.62$^{c\text{-}d}$ ākuñcanena taṃ prāhur mūlabandhaṃ hi yoginaḥ ||

【해설】

아래로 흐르는 [성향의] 아빠나를 수축함으로써 강력하게 상승…:

월광 아빠나 바유를 수축함으로써, 다시 말해서 회음(mūlādhāra)을 수축함으로써 [아빠나가] 강력하게(balād), 힘차게(haṭhād) 위(上)로(ūrdhvaṃ) [올라]가는 것이 '상승'(ūrdhvaga) [이라는 말의 의미]인

---

92 한편 브라흐마난다는 쁘라나를 '상기(上氣) 성향의 기'로 설명하는데, 이 점은 III.64에 대한 주석을 참조.

93 물라 반드하의 주요한 효과는 하기 성향의 아빠나를 위로 끌어올리는 것이다. 이 점에 대해서는 Hp. III.11^{a}, III.61^{b} 그리고 III.62-3을 참조.

데….

apānavāyum ākuñcanena mūlādhārasya saṃkocanena balād dhaṭhād[94] ūrdhvaṃ gacchatīty ūrdhvagas … Hp-Jt. III.62, *p.* 96, *ll.* 1-2.

63

항문을 발꿈치로 압박한 후 힘껏 기를 수축해야 한다.
기(samīraṇa)가 위쪽으로 상승할 때까지 반복하라.
III.63^{a-b} gudaṃ pārṣṇyā tu saṃpīḍya vāyum ākuñcayed balāt |
III.63^{c-d} vāraṃ vāraṃ yathā cordhvaṃ samāyāti samīraṇaḥ ||

【해설】

브라흐마난다는 본 송에서 설명된 방법을 『요가비자』(*Yogabīja*)의 기법으로 해설한다.[95] 한편 『하타의 등불』 III.63-64송은 『요가비자』(116-117송)뿐만 아니라 13-14세기 문헌인 닷따뜨레야(Dattātreya)의 『요가샤스뜨라』(*Yogaśātra*) 144-145송과 동일하다.

한편, 항문을 발꿈치로 압박한 후:

월광 이제 『요가비자』에서 설명된 방법에 의거해서 '항문을'(gudam) [이라는 첫 단어 이하에서 다른 방식의] 물라 반드하에 대해 말한다. 발꿈치로, 즉 양 복사뼈 아래 부분으로 항문(guda, pāyu)을

---

94 *san*: balāt + haṭhād = balād dhaṭhād.

95 브라흐마난다가 인용한 『요가비자』의 게송은 116송에 해당하는데 'dārḍhyāt'(강하게), 'tathā'(그와 같이)와 같은 두 단어만 제외하면 일치한다.
gudaṃ *dārḍhyāt* tu saṃpīḍya vāyum ākuñcayed balāt |
vāraṃ vāraṃ *tathā* cordhvaṃ samāyāti samīraṇaḥ || *Yogabīja*. 116.

'압박한 후에' [라는 말은 발꿈치로 항문을] 정확하게 압박하고서, 붙이고서라는 의미이다. [본 게송의 다섯 번째 음절인] 'tu' 라는 말은 앞 게송(61-62송)에서 [설명된 물라 반드하의 방법과] 차이가 있다는 것을 표현하는 말(dyotaka)이다.

atha yogabījoktarītyā[96] mūlabandham āha - gudam iti | pārṣṇyā gulphayor adhobhāgena gudaṃ pāyuṃ saṃpīḍya samyak pīḍayitvā saṃyojyety arthaḥ | tuśabdaḥ pūrvasmād asya viśeṣatvadyotakaḥ | Hp-Jt. III.63, *p.* 96, *ll.* 1-3.

기(samīraṇa)가 위쪽으로 상승할 때까지:

월광 이와 같은 방법으로 기(samīraṇa), 즉 바유가 수슘나를 통해 위(上)쪽 지점으로 도달할 때까지….

yathā yena prākāreṇa samīraṇo vāyur ūrdhvaṃ suṣumnāyā uparibhāge yāti … Hp-Jt. III.63, *p.* 96, *ll.* 3-4.

반복해라:

월광 반복해서, 계속해서 바유, 즉 아빠나를 수축해야 한다, 다시 말해서 항문을 수축함으로써 [바유를 수슘나 속으로] 끌어올려야 한다.

vāraṃ vāraṃ punaḥ punar vāyum apānam ākuñcayed gudasyākuñcanenākarṣayet | Hp-Jt. III.63, *p.* 96, *ll.* 4-5.

64

쁘라나와 아빠나는, 물라 반드하에 의해 나다와 빈두와 합일한 후에 요가를 완성시킨다. 여기엔 의심의 여지가 없다.

III.64$^{a\text{-}b}$ prāṇāpānau nādabindū mūlabandhena caikatām |[97]

96 rītyā (rīti: *sg.Ins.*).

III.64^{c-d} gatvā yogasya saṃsiddhiṃ yacchato[98] nātra saṃśayaḥ ‖

【해설】

월 광 이제 물라 반드하의 효과들에 대해 "쁘라나와 아빠나가"라는 [첫 단어 이하에서] 말한다.
atha mūlabandhaguṇān āha - prāṇāpānāv iti | Hp-Jt. III.64, *p.* 96, *l.* 1.

쁘라나와 아빠나는

월 광 쁘라나와 아빠나, 즉 상승(ūrdhva)하는 것과 하강(adhas)하는 두 숨은.
prāṇāpānāv ūrdhvādhogatī vāyū | Hp-Jt. III.64, *p.* 96, *ll.* 1-2.

나다와 빈두가 합일한 후에:

월 광 나다(nāda, 秘音)란 '부딪히지 않고서 울리는 소리'(an-āhata-dhvani, = oṃ)이고 빈두는 '아누스바라'(•)인데, 양자(= oṃ)가 물라 반드하에 의해 하나가 된 후, 즉 합일한 후에,
nādo 'nāhatadhvaniḥ bindur anusvāras tau mūlabandhenaikatāṃ gatvaikībhūya ⋯ Hp-Jt. III.64, *p.* 96, *ll.* 2-3.

브라흐마난다는 본 송의 의미를 다음과 같이 해설한다.

월 광 물라 반드하를 실행하면 아빠나는 쁘라나와 결합한 후 수슘나 속으로 진입한다. 그 후 나다(秘音)가 들리게 된다. 그다음에 쁘라나

---

97 첫 번째 구(pāda[a])는 아누쉬뚜브-쉴로까(Anuṣṭubh-Śloka)의 확장형인 라-비뿔라(Ra-vipulā)이다.

98 yacchataḥ (√ yam. *Pres., III.du.*).

와 아빠나는 나다와 함께 심장 위로 올라간 후 '나다의 빈두'[99]와 결합해서 정수리(=브라흐마란드흐라)로 간다. 그 후 요가는 완성된다.
mūlabandhe kṛte 'pānaḥ prāṇena sahaikībhūya suṣumnāyāṃ praviśati | tato nādābhivyaktir bhavati | tato nādena saha prāṇāpānau hṛdayopari gatvā nādasya bindunā sahaikyam ādhāya mūrdhni gaccahataḥ[100] | tato yogasiddhiḥ || Hp-Jt. III.64, *pp.* 96, *ll.* 5 ~ *p.* 97, *l.* 2.

65

지속적으로 물라 반드하를 [수련]한다면 아빠나와 쁘라나가 합일하고,
소변과 대변이 줄어들고 늙은이조차 젊어진다.
III.65[a-b] apānaprāṇayor aikyaṃ kṣayo mūtrapurīṣayoḥ |
III.65[c-d] yuvā bhavati vṛddho 'pi satataṃ mūlabandhanāt ||

【해설】

아빠나와 쁘라나가 합일하며:
물라 반드하 무드라의 주요한 목표는 '하기 성향의 아빠나를 끌어올려 위에 있는 쁘라나와 결합시키는 것'이다.

월 광 지속적인 물라 반드하 수련으로부터, 즉 물라 반드하 무드라를

---

99 '나다의 빈두'의 의미는 브라흐마난다에 의해서 바로 앞 부분에서 설명되었다. "나다(nāda, 秘音)란 '부딪히지 않고서 울리는 소리'(an-āhata-dhvani, = om)이고 빈두는 '아누스바라'(•)인데…."
100 gacchataḥ (√ gam. *Pres., III.du.*).

수련함으로써 아빠나와 쁘라나는 합일하게 된다.
satataṃ mūlabandhanāt mūlabandhamudrākaraṇād apānaprāṇayor aikyaṃ bhavati ॥ Hp-Jt. III.65, *p.* 97, *ll.* 1-2.

늙은이조차 젊어진다:

월광 늙은이조차, 즉 연로(年老)한 사람(sthavira)조차 젊은이(yuvā),[101] 즉 청년(taruṇa)이 된다.
vṛddho 'pi sthaviro 'pi yuvā taruṇo bhavati ॥ Hp-Jt. III.65, *p.* 97, *ll.* 2-3.

쁘라나와 아빠나의 결합, 꾼달리니의 각성과 상승 과정

66

아빠나는 상승함으로써 [복부에 있는] 불꽃의 수레(火輪, vahnimaṇḍala)에 도달한다.
그때 [아빠나] 기(vāyu)에 의해 자극된 불꽃의 화염은 길게 퍼진다.
III.66$^{a\text{-}b}$ apāna[102] ūrdhvage jāte prayāte vahnimaṇḍalam ।
III.66$^{c\text{-}d}$ tadānalaśikhā dīrghā jāyate vāyunā hatā ॥

101 yuvā: (yuvan. *m.sg.No.*).
102 "apāna ūrdhvage jāte"(아빠나는 상승해서)는 절대구(locative absolute)로 상황, 원인, 조건을 의미한다. apāne의 마지막 모음 e는 후속 모음 ū로 인해 a로 되어 있다.

【해설】

66-69송은 쁘라나와 아빠나가 결합한 이후 꾼달리니가 각성하고 상승하는 과정을 설명한다. 이 4게송은 말린슨(Mallinson: 2011a)이 새롭게 발굴한 필사본(*Gorakṣaśataka*, Ms. No. R. 7874) 53^{cd}-57^{ab}에서도 발견된다.

꾼달리니를 각성시키는 전제 조건은 쁘라나와 아빠나를 결합하는 것이고, 쁘라나와 아빠나를 결합시키기 위한 전제 조건이 하기 성향의 아빠나를 위로 끌어올리는 것이다.

아빠나는 상승함으로써:

월광 물라반드하[의 수련을] 통해서 아빠나, 즉 '아래로 흐르려는 성향(adhogamanaśīla)의 바유'가 상승하게 되면,
mūlabandhanād apāne 'dhogamanaśīle vāyāv[103] ūrdhvage …
Hp-Jt. III.66, *p.* 97, *l.* 1.

불꽃의 수레(火輪):

월광 불꽃수레, 즉 불꽃의 수레는 삼각형이고 배꼽의 아래에 있다. 이 점에 대해 야갸발꺄는 [다음과 같이] 말한 바 있다. "몸 안에는 달구어진 황금처럼 빛나는 '불의 자리'(śikhisthāna)가 있다. 인간들의 것은 삼각형이고 동물(네 발을 가진)들의 것은 사각형이며 새(날개를 가진)들의 것은 둥글다. 내가 그대에게 하는 말은 진실이다. 바로 그 정결한 [수행자의] 몸속에는 아름다운 불꽃이 언제나 머문다."
vahnimaṇḍalaṃ vahner maṇḍalaṃ trikoṇaṃ nābher adhobhāge 'sti | tad uktaṃ yājñavalkyena- "dehamadhye śikhisthānaṃ

103 vāyāv] vāyau. Hp-Jt^{Adyar}.

taptajāmbūnadaprabham | trikoṇaṃ tu manuṣyāṇāṃ caturasraṃ catuṣpadām || maṇḍalaṃ tu pataṅgāṇāṃ satyam etad bravīmi te | tanmadhye tu śikhā tanvī sadā tiṣṭhati pāvake || "(YoY. IV.11$^{c\text{-}d}$-13$^{a\text{-}b}$)[104]iti | Hp-Jt. III.66, *p.* 97, *ll.* 2-7.

그때 [아빠나] 기에 자극된 불꽃의 화염은 길게 퍼진다:

월 광 그때 바유, 즉 아빠나에 의해서 자극되고 결합될 때, 불꽃의 화염 [즉,] '소화의 불'(jaṭharāgni)의 화염은 길게 늘어나게 된다. 어떤 [필사본의 원문]은 [화염이] '증가한다'(vardhate. *Ā.III.sg.*)로 된 경우도 있다.[105]

tadā tasmin kāle vāyunāpānenāhatā[106] saṃgatā saty analaśikhā jaṭharāgniśikhā dīrghā āyatā jāyate | vardhata iti kvacit pāṭhaḥ | Hp-Jt. III.66, *p.* 97, *ll.* 8-9.

67

그 후 불과 아빠나는 '뜨거운 성질을 지닌 쁘라나'와 합쳐지고 (yātas)
이로 인해 '체내에 생긴 불'은 극도로 빛난다.
III.67$^{a\text{-}b}$ tato yāto vahnyapānau prāṇam uṣṇasvarūpakam | [107]

---

104 브라흐마난다의 인용문은 디반지의 교정본과 미세한 차이는 있지만 거의 동일하다.
dehamadhye śikhisthānaṃ taptajāmbūnadaprabham || YoY. IV.11$^{c\text{-}d}$
trikoṇaṃ manujānāṃ ca caturasraṃ catuṣpadām |
maṇḍalaṃ tat pataṅgāṇāṃ satyam etad bravīmi te || YoY. IV.12
tanmadhye tu śikhā tanvī sadā tiṣṭhati pāvakī | YoY. IV.13$^{a\text{-}b}$.

105 이 부분은 '브라흐마난다가 다수의 필사본을 가지고 원문을 비평했다는 증거' 중 하나이다. 유사한 내용은 III.53에 대한 해설에서도 발견된다.

106 vāyunāpānenāhatā] vāyunā apānenāhatā. Hp-Jt^{Adyar}.

107 첫 번째 구(pāda^{a})는 아누쉬뚜브-쉴로까(Anuṣṭubh-Śloka)의 확장형인 라-비

III.67^{c-d} tenātyantapradīptas tu jvalano dehajas tathā[108] ||

【해설】

그 후 불과 아빠나는:

월광 그 후, 즉 [불꽃의 화염이 길게 늘어나자마자] 곧바로 불과 아빠나, 즉 '불과 아빠나 양자'는.
tatas tadanantaraṃ vahniś cāpānaś ca bahnyapānau | Hp-Jt. III.67, *p.* 98, *l.* 1.

원래 뜨거운 성질의 쁘라나와 결합한다:

월광 뜨거움을 본성으로 하는 쁘라나, 즉 상승하는 숨과 결합한다.
uṣṇasvarūpaṃ prāṇam ūrdhvagatim anilaṃ yāto gacchataḥ | Hp-Jt. III67, *p.* 98, *ll.* 2-3.

이로 인해 체내에 생긴 불은 극도로 빛난다:

월광 쁘라나와 결합함으로써 '몸에서 생긴', 즉 체내에 생긴 불, 즉 아그니(火)는 극도로, 엄청나게 빛나게 된다.
tena prāṇasaṃgamanena dehe jāto dehajo jvalano 'gnir atyantam adhikaṃ dīpto bhavati | Hp-Jt. III.67, *p.* 98, *ll.* 3-4.

브라흐마난다는 본 송의 의미를 다음과 같이 요약한다.

월광 '아빠나가 위로 상승함으로써 달구어진 불'이 쁘라나와 결합해서 더 빛나게 된다는 의미이다.

뿔라(Ra-vipulā)이다.

108 "tathā는 운율을 채우기 위한 허사이다." (tatheti pādapūrṇe | Hp-Jt. III67, *p.* 98, *l.* 5.)

apānasyordhvagamanena dīpta eva jvalanaḥ prāṇasaṃgatyātyantaṃ pradīpto bhavatīty arthaḥ | Hp-Jt. III.67, *p.* 98, *ll.* 5-6.

68

그것으로 인해 잠자고 있던 꾼달리니는 달구어지고 완전히 각성된다.
마치 회초리에 맞은 뱀이 싯-소리를 내면서 곧게 일어나고
III.68[a-b] tena kuṇḍalinī suptā saṃtaptā saṃprabudhyate |
III.68[c-d] daṇḍāhatā bhujaṅgīva niśvasya ṛjutāṃ vrajet ||

【해설】

그것으로 인해 잠들어 있던 꾼달리니는 달구어지고 완전히 각성된다

월광 그것으로 인해, 즉 불꽃이 극도로 빛남으로써 불에 완전히 달구어지게 될 때 잠들어 있던, 다시 말해서 '수면에 든' 꾼달리니, 즉 샥띠는 각성된다, 완전하게 각성된다.

tena jvalanasyātyantapradīpanena saṃtaptā samyak taptā satī suptā nidritā kuṇḍalinī śaktiḥ saṃprabudhyate samyak prabuddhā bhavati | Hp-Jt. III.68, *p.* 98, *ll.* 1-2.

69

그 후에는 구멍 안으로 들어가듯이 [꾼달리니도] 각성된 후에는 브라흐마 나디 안으로 들어간다.
그러므로 요가수행자들은 언제나 늘 물라 반드하 [무드라]를 수련해야만 한다.
III.69[a-b] bilaṃ praviṣṭeva tato brahmanāḍyantaraṃ vrajet | [109]
III.69[c-d] tasmān nityaṃ mūlabandhaḥ kartavyo yogibhiḥ sadā || [110]

【해설】

그 후엔 구멍 안으로 들어가듯이 그와 같이 [꾼달리니도] 브라흐마 나디 안으로 들어간다:

월광 그리고서(tataḥ), 즉 곧게 일어나자마자 구멍, 동굴로 들어가는 뱀처럼 [각성된 꾼달리니도] 지체하지 않고 브라흐마나디, 즉 수슘나 속으로(antaram, madhyam) 들어갈 것이다.
tataḥ ṛjutāprāptyanantaraṃ bilaṃ vivaraṃ praviṣṭā bhujaṅgīva brahmanāḍī suṣumnā tasyā antaraṃ madhyaṃ vrajet. Hp-Jt. III.69, *p.* 98, *ll.* 1-2.

그러므로 언제나:

월광 이 이유에서 '요기들', 즉 '요가 수행자들'은 물라반드하 [무드라]를 지속적으로, 즉 매일 매일 [그리고] 항상, 언제나 수련해야만 한다.
tasmād dhetor yogibhir yogābhyāsibhir mūlabandho nityaṃ pratidinaṃ sadā sarvasmin kāle kartavyaḥ. Hp-Jt. III.69, *p.* 98, *ll.* 3-4.

---

109 첫 번째 구(pāda[a])는 아누쉬뚜브-쉴로까(Anuṣṭubh-Śloka)의 확장형인 브하-비뿔라(Bha-vipulā)이다.

110 세 번째 구(pāda[c])는 아누쉬뚜브-쉴로까(Anuṣṭubh-Śloka)의 확장형인 라-비뿔라(Ra-vipulā)이다.

잘란드하라 반드하(Jālaṃdharabandha)[111]

70

이제 잘란드하라 반드하가 [설해진다].
목[구멍]을 수축한 후 턱을 가슴(쇄골)에 단단히 붙여야 한다.
잘란드하라로 불리는 이 반드하는 늙음과 죽음을 없앤다.

atha jālaṃdharabandhaḥ
III.70^{a-b} kaṇṭham ākuñcya hṛdaye sthāpayec cibukaṃ dṛḍham |[112]
III.70^{c-d} bandho jālaṃdharākhyo 'yaṃ jarāmṛtyu vināśakaḥ ||

【해설】

본 게송은 13-14세기 문헌인 닷따뜨레야의 『요가샤스뜨라』(*Yogaśāstra*) 138송과 동일하다.

목[구멍]을 수축한 후 턱을 가슴에 … 붙여야 한다:[113]

월광 목, 즉 목구멍(galabila)을 수축한 후, 조인 후에 가슴, 즉 '4앙굴라 안쪽 지점의 흉곽 근처'에 턱(cubuka, = hanu)을 단단히, 강하게 붙여야 한다, [턱을 가슴에] 확고히 붙여야 한다. 이것, 즉 '목을 조인

---

111 잘란드하라는 목을 끌어당겨 수축하는 것이 외형적인 특징이므로 '목 수축'으로 이해할 수 있다.

112 첫 번째 구(pāda[a])는 아누쉬뚜브-쉴로까(Anuṣṭubh-Śloka)의 확장형인 나-비뿔라(Na-vipulā)이다.

113 브라흐마난다에 따르면 여기서의 '가슴'은 쇄골(鎖骨)을 의미하므로 잘란드하라 반드하의 외형은 턱과 쇄골을 떼지 않고 붙인 형태이다. 이 형태는 초보자에겐 대단히 불편한 자세이지만 물라반드하를 실행하고 웃디야나 반드하를 실행한 상태에서는 자연스럽게 취해진다.

후 4앙굴라 안쪽의 가슴에(=쇄골에) [고개를] 아래로 숙여서 턱을 붙인(cubuka-sthāpana) 형태'가 바로 잘란드하라로 불리는, 즉 잘란드하라로 일컬어지는 반드하이다.
kaṇṭhaṃ galabilam ākuñcya saṃkocya hṛdaye vakṣaḥsamīpe caturaṅgulāntaritapradeśe cubukaṃ hanuṃ dṛḍhaṃ sthiraṃ sthāpayet sthitaṃ kuryāt | ayaṃ kaṇṭhākuñcanapūrvakaṃ caturaṅgulāntaritahṛdayasamīpe 'dhonamanayatnapūrvakaṃ cubukasthāpanarūpo jālaṃdhara ity ākhyāyata iti jālaṃdharākhyo jālaṃdharanāmā bandhaḥ | Hp-Jt. III.70, *p*. 99, *ll*. 1-5.

71

[이 반드하는] 아래로 흘러내리는 '감로'(nabojalam, 천상의 물)의 통로(sirājāla)를 막기 때문에
잘란드하라 반드하[로 불린다]. [이 반드하는] 목의 질병을 치료한다.
III.71[a-b] badhnāti hi sirājālam adhogāminabhojalam |
III.71[c-d] tato jālaṃdharo bandhaḥ kaṇṭhaduḥkhaughanāśanaḥ ||

【해설】

71-72송은 고락샤의 것으로 알려진 『식별의 태양』(*Vivekamārtaṇḍa*. 45-46)에서도 발견된다.

브라흐마난다는 '본 게송이 잘란드하라라는 단어의 의미를 설명하는 것'으로 해설한다.

월 광 "잘란드하라라는 단어의 의미에 대해 말한다."
jālaṃdharapadasyārtham āha. Hp-Jt. III.71, *p*. 99, *l*. 1.

통로를 막기 때문에:

월광 통로들의(sirāṇām), 즉 나디들의 망(網, jāla)을 모두 막기 때문에, hi yasmāt sirāṇāṃ nāḍīnāṃ jālaṃ samudāyaṃ badhnāti | Hp-Jt. III.71, *p.* 99, *ll.* 1-2.

'감로'(nabojalam, 천상의 물)의 통로(sirājāla)를 막기 때문에:

월광 아래로 흐르는 '천상의', 즉 '두개골 구멍의' 물, 감로(amṛta)[의 통로]를 차단한다.

… adhogāmi nabhasaḥ kapālakuharasya jalam amṛtaṃ ca badhnāti. Hp-Jt. III.71, *p.* 99, *ll.* 2-3.

72

'목을 수축시키는 것을 특징으로 하는' 잘란드하라반드하 반드하를 행한다면

감로는 불속으로 떨어지지 않고 기는 흐트러지지 않는다.

III.72[a-b] jālaṃdhare kṛte bandhe kaṇṭhasaṃkocalakṣaṇe |

III.72[c-d] na pīyūṣaṃ pataty agnau na ca vāyuḥ prakupyati ||

【해설】

감로는 불 속에 떨어지지 않고:

『하타의 등불』은 '인간에게 불사의 액체가 있지만 그것이 아래로 흘러내려 복부에 있는 소화의 불에 떨어짐으로써 인간은 늙고 죽는다'고 말한다. 감로가 떨어지는 것을 방지하는 여러 가지 기법 중 하나가 여기서 설명된 잘란드하라 반드하이다.

월광 잘란드하라로 불리는 반드하를 행한다면 감로, 불사의 액체는 불

속, 즉 [복부에 있는] 소화의 불 속으로 떨어지지 않는다, 즉 소실되지 않는다.
jālaṃdharasaṃjñake bandhe kṛte sati pīyūṣam amṛtam agnau jāṭhare 'nale na patati na sarati | Hp-Jt. III.72, *p.* 99, *ll.* 3-4.

기는 흐트러지지 않는다:

월 광 그리고 [몸 안에 있는] 바유, 즉 기(prāṇa)는 흐트러지지 않는다. 기(vāyu)가 나디(nāḍī) 속에서 움직이는 것이 '기가 동요하는 것'인데, 그것이 일어나지 않는다는 의미이다.
vāyuś ca prāṇaś ca na prakupyati, nāḍyantare vāyor gamanaṃ prakopas taṃ na karotīy arthaḥ || Hp-Jt. III.72, *p.* 99, *ll.* 4-5.

73

오직 목을 수축함으로써 두 나디는 완전히 통제될 것이다.[114] [목부분에 있는] 이 중앙 짜끄라가 열여섯 개의 지탱처를 결합하는 것으로 알아야 한다.

III.73$^{a\text{-}b}$ kaṇṭhasaṃkocanenaiva dve nāḍyau stambhayed dṛḍham |
III.73$^{c\text{-}d}$ madhyacakram idaṃ jñeyaṃ ṣoḍaśādhārabandhanam ||

【해설】

두 나디는 완전히 통제될 것이다:

월 광 오직 목을 수축함으로써 두 나디, 즉 이다와 뼁갈라는 통제될 것

114 『하타의 등불』에 따르면 잘란드하라 반드하의 주요한 기능은 목을 끌어당김으로써 이다와 뼁갈라를 통제하는 것이다. 이 점에 대해서는 아래의 74송을 참조.

이다, 차단될 것이다.

kaṇṭhasaṃkocanamātreṇa dve nāḍyāv[115] iḍāpiṅgale stambhayed bandhayed. Hp-Jt. III.73, *p.* 100, *ll.* 1-2.

[목부분에 있는] 이 중앙 짜끄라가 열여섯의 지탱처를 결합하는 것으로 알아야 한다:

월광 목 부분에 위치한 비슛드하로 불리는 이 짜끄라를 '중앙 짜끄라', 즉 '가운데 짜끄라'로 알아야 한다. 그것은 어떤 것인가? 열여섯 '지탱처'(ādhāra)를 결합하는 것, 즉 열여섯 개의 토대들, 다시 말해서 '엄지 발가락[에 있는] 토대'에서 시작해서 '브라흐마란드흐라[라는] 토대'에 이르기까지의 [지탱처]들을 결합하는 것, 묶는 것이다. [열여섯의 지탱처에 대해서는 다음과 같은 말이 있다.] "탁월한 요가 수행자들은 엄지발가락(aṅguṣṭha), 발목(gulpha), 무릎(jānu), 허벅지(ūru), 항문(sīvanī), 성기(liṅga), 배꼽(nābhi), 심장(hṛt), 목(grīvā), 목부분(kaṇṭhadeśa), 입천장(lambikā), 코(nāsikā), 미간(bhrūmadhya), 이마(latāṭa), 정수리(mūrdhā), 브라흐마란드흐라(brahmarandhra)를 열여섯 개의 지탱처로 말했다." 하지만 그 [열여섯] 토대들에 각각 정신을 집중함으로써 얻게 되는 고유한 효과에 대해선 『고락샤싯드한따』[116]를 통해 이해해야만 한다.

idaṃ kaṇṭhasthāne sthitaṃ viśuddhākhyaṃ cakraṃ madhyacakraṃ madhyamaṃ cakraṃ jñeyam | kīdṛśam? ṣoḍaśādhārabandhanaṃ ṣoḍaśasaṃkhyākā ye ādhārā aṅguṣṭhādhārādibrahmarandhrāntās teṣāṃ bandhanaṃ bandhanakārakam | "aṅguṣṭhagulphajānūrusīvanīliṅganābhayaḥ | hṛd grīvā kaṇṭhadeśaś ca lambhikā nāsikā tathā || bhrūmadhyaṃ ca lalāṭaṃ ca mūrdhā

115 nāḍyāv] nāḍyau. Hp-Jt^{Adyar}.

116 여기서의 『고락샤싯드한따』는 *Siddhasiddhāntapaddhati*를 의미할 수도 있고 *Gorakṣasiddhāntasaṃgraha*를 의미할 수도 있다.

ca brahmarandhrakam | ete hi ṣoḍaśādhārāḥ kathitā yogipuṃgavaiḥ || " teṣv ādhāreṣu dhāraṇāyāḥ phalaviśeṣas tu gorakṣasiddhāntād avagantavyaḥ | Hp-Jt. III.73, *p.* 100, *ll.* 3-10.

세 가지 반드하의 연속적인 실행과 효과

74

근본 자리(회음)를 정확히 압박한 후 웃디야나 [반드하]를 행하라. 그리고 이다와 삥갈라를 막은 후 [쁘라나를] 뒷길(수슘나)로[117] 흐르게 하라.

III.74$^{a\text{-}b}$ mūlasthānaṃ samākuñcya uḍḍiyānaṃ tu kārayet |
III.74$^{c\text{-}d}$ iḍāṃ ca piṅgalāṃ baddhvā vāhayet paścime pathi ||

【해설】

74-76송은 물라, 잘란드하라, 웃디야나와 같은 세 가지 반드하 무드라를 연속적으로 실행하는 법과 그것의 효과에 대해서 설명한다. 본 게송에서는 물라 반드하와 웃디야나 반드하만 언급되고 잘란드하라 반드하는 직접적으로 언급되지 않았지만 『하타의 등불』에서 잘란드하라 반드하의 주요한 효과가 이다와 삥갈라의 흐름을 막는 것으로 말

117 paścima는 뒤쪽, 서쪽, 최후 등을 의미하므로 paścime pathi는 뒤쪽의 길, 최후의 통로, 서쪽의 길 등을 의미한다. 이다와 삥갈라는 신체의 앞면에 있는 좌우 콧구멍에서 시작하는 반면 수슘나는 회음에서 시작해서 척추를 지나 두개골로 이어지는 뒤쪽 통로이므로 여기서도 '뒷길'로 번역한다.

해지므로 위 게송의 표현, "이다와 삥갈라를 막고서"의 의미를 "잘란드하라 반드하를 행한 후"로 이해할 수 있다. 브라흐마난다 역시 '이다와 삥갈라를 막고서'라는 말을 '잘란드하라반 드하를 실행하는 것'으로 해설한다.

월광 [지금까지] 설명했던 세 가지 반드하의 [실제적인] 적용법(upayoga)에 대해 [본 송은] "근본 자리를"(mūlasthānam)이라고 [시작하는 단어 이하에서] 말한다. 근본 자리, 즉 [인체의] 토대처인 아드하라 [짜끄라]의 자리를 압박한 후, 정확히 압박한 후에 웃디야나, 즉 '복부가 등 쪽으로 수축되는 형태의 반드하'를 행해야 한다, 실행해야 한다. [웃디야나 반드하의 의미는] 자명하므로 [여기서] 설명되지 않았다. '이다(iḍā)인 강가와 삥갈라(piṅgalā)인 야무나를 막은 후에'[라는 이 말은] '잘란드하라 반드하를 함으로써'라는 의미이다. 왜냐하면 "오직 목을 수축함으로써(=잘란드하라 반드하에 의해) 두 나디는 완전히 통제될 것이다."라고 [이미 III.73송에서] 말해졌기 때문이다.

uktasya bandhatrayasyopayogam āha - mūlasthānam iti | mūlasthānam ādhārabhūtam ādhārasthānaṃ samākuñcya 'samyagākuñcya' uḍḍiyānaṃ nābheḥ paścimatānarūpaṃ bandhaṃ kārayet kuryāt | nijartho 'vivakṣitaḥ | iḍāṃ gaṅgāṃ piṅgalāṃ yamunāṃ ca baddhvā | jālaṃdharabandhenety arthaḥ | 'kaṇṭhasaṃkocanenaiva dve nāḍyau stambhayed dṛḍham'(III.73) ity ukteḥ | Hp-Jt. III.74, *p.* 100, *ll.* 1-5.

[쁘라나를] 뒷길(수슘나)로 흐르게 하라:

본 게송의 '뒷길'은 척추 속에 있는 수슘나 나디를 의미한다. 브라흐마난다는 본 게송에서 '수슘나로 진입하는 주체로서의 쁘라나'가 언급되지 않았지만 생략된 것으로 해설한다.

월광 '뒤쪽의 길', 다시 말해서 '수슘나의 길 속'으로 흐르게 해야 한다, 들어가게 해야 한다. [본 게송에] '쁘라나를'이라는 [목적어를] 보충해야 한다.
paścime pathi suṣumnāmārge vāhayed gamayet prāṇam iti śeṣaḥ ǁ Hp-Jt. III.74, *p.* 100, *l.* 5.

75

오직 이 방법(세 가지 반드하)에 의해서만 기(pavana)는 소멸한다. 쁘라나 소멸되었기 때문에 [요가수행자에게는] 죽음, 늙음, 질병 등등이 생기지 않는다.
III.75$^{a\text{-}b}$ anenaiva vidhānena prayāti pavano layam |
III.75$^{c\text{-}d}$ tato na jāyate mṛtyur jarārogādikaṃ tathā[118] ǁ

【해설】

기(pavana)는 소멸한다:

월광 [쁘라나가 이다와 삥갈라 등의 나디로] 흐르지 않고 [수슘나로 상승한 후] 브라흐마란드흐라에 '머무는 것'(sthita)이 쁘라나의 소멸이다.
gatyabhāvapūrvakaṃ brahmarandhre sthitaḥ prāṇasya layaḥ | Hp-Jt. III.75, *p.* 101, *l.* 2.

브라흐마난다에 따르면, '기, 즉 쁘라나가 브라흐마란드흐라에서 소멸한다는 것'은 말 그대로 쁘라나가 소멸해서 없어지는 것이 아니라 쁘라나가 수슘나로 상승해서 '정수리의 브라흐마란드흐라에 머무는

---

118 "[본 게송의 마지막 접속사인] tathā(그와 같이)는 ca(그리고)를 의미한다." (tathā cārthe | Hp-Jt. III.75, *p.* 101, *l.* 3.)

것'을 의미한다. 쁘라나가 수슘나로 진입하고 상승할 경우, 이다와 뻥갈라를 비롯한 여타의 나디엔 쁘라나가 없어지게 된다. 이 점에 대해서는 IV.12송에 대한 해설을 참조.

죽음, 늙음, 질병 등등이 일어나지 않는다:

월광 따라서 쁘라나가 소멸되었기 때문에 죽음, 즉 노화와 질병 등은 생기기 않는다, 일어나지 않는다. [본 게송의 마지막 구(pāda[d])에 있는 접속사] 'tathā'(그와 같이)는 'ca'(그리고)를 의미한다. [한편 마지막 구(pāda[d])에] '등등'(ādi)이라는 말이 있으므로 [노화와 질병뿐만 아니라] 주름이나 백발, 나른함, 기력 부족 등도 [생기지 않는 것]으로 이해해야 한다.

tataḥ prāṇasya layān mṛtyur jarārogādikam jarāyogādikaṃ, tathā cārthe, na jāyate nodbhavati | ādipadena valīpalitatandrālasyādikaṃ grāhyam || Hp-Jt. III.75, *p.* 101, *ll.* 2-4.

76

[성자들]과 위대한 달인들은 바로 이 세 가지 반드하를 가장 탁월한 것이라고 칭송했다.
요가수행자들은, 모든 하타의 수단들 중에서도 [세 반드하를] [가장 훌륭한] 수행법으로 간주한다.
III.76[a-b] bandhatrayam idaṃ śreṣṭhaṃ mahāsiddhaiś ca sevitam |
III.76[c-d] sarveṣāṃ haṭhatantrāṇāṃ sādhanaṃ yogino viduḥ ||

【해설】

… 칭송했다

월광 앞에서 설명했던 이 세 가지 반드하가 탁월한 것, 즉 열여섯의 토대를 결합하는 데 가장 뛰어난 것이라고 위대한 달인들, 즉 맛첸드라 등등의 [달인들]이 칭송했다. '그리고'(ca)라는 단어가 있으므로 바시쉬타 등과 같은 성자들도 [세 반드하를] 칭송했[던 것으로 알아야 한다].
idaṃ pūrvoktaṃ bandhatrayaṃ śreṣṭhaṃ ṣoḍaśādhārabandheṣv atipraśastaṃ mahāsiddhair matsyendrādibhiś cakārād vasiṣṭhādimunibhiḥ sevitaṃ. Hp-Jt. III.76, *p.* 101, *ll.* 1-2.

요가수행자들은, 모든 하타의 수단들 중에서도 [세 반드하를] [가장 훌륭한] 수행법으로 간주한다:

월광 고락샤(Gorakṣa) 등의 요가 수행자들은 모든 하타의 가르침들 중에서, 다시 말해서 '하타의 기법들 중에서도(upāyānāṃ)' [세 가지 반드하가 요가를] 완성시키는 수행법으로 간주한다, 이해한다.
sarveṣāṃ haṭhatantrāṇāṃ haṭhopāyānāṃ sādhanaṃ siddhijanakaṃ yogino gorakṣādyā vidur jānanti | Hp-Jt. III.76, *p.* 101, *ll.* 2-3.

도립 무드라(Karaṇī viparītākhyā)

77

신령스럽고 아름다운 형태를 지닌 달(月)로부터 흘러나오는 감로 그것을 모두 태양이 먹는다. 이 이유에서 육체는 늙어 간다.
III.77[a-b] yat kiṃcit sravate candrād amṛtaṃ divyarūpiṇaḥ |
III.77[c-d] tat sarvaṃ grasate sūryas tena piṇḍo jarāyutaḥ ||

【해설】

도립(倒立) 무드라는 닷따뜨레야(Dattātreya, 13-14세기)의 『요가샤스뜨라』(*Yogaśāstra*)와 15세기의 『하타의 등불』을 비롯해서 브하바데바미쉬라(Bhavadevamiśra)의 『육따브하바데바』(*Yuktabhavadeva*, 1623년), 『게란다상히따』 등에서도 설명된 무드라이다. (이 무드라의 명칭에 대해서는 아래의 III.79에 대한 해설을 참조.)

일반적으로 도립 무드라는 ① 물구나무서기, ② 등을 바닥에 대고 누운 상태에서 하체를 천장 쪽으로 들어 올려 턱과 가슴을 붙인 채 어깨로 자세를 유지하는 체위(어깨서기, 또는 전신체위), ③ 어깨서기를 유지한 상태에서 엉덩이를 뒤로 빼고 턱과 가슴을 뗀 동작(반(半)전신 체위)으로 알려져 있지만[119] 정확한 형태는 다소 모호하다.

14세기 문헌인 『쉬바상히따』는 '땅에 머리를 대고 두 발을 공중으로 들어 올리는 것'[120]으로 설명하고 1623년경에 성립된 『육따브하바데바』(*Yuktabhavadeva*)도 "땅바닥에 자신의 머리를 두고서"[121]로 표현하는데 이 동작은 '어깨를 바닥에 대는 것이 아니라 머리를 땅에 댄다는 점'에서 ① 물구나무서기로 추정된다. 이와 유사하게 18세기 문헌인 『게란다상히따』는 '땅바닥에 머리를 둔 후에 두 손으로 고정하고 발을 위에 두는 것'[122]으로 해설하는데 '머리를 두 손으로 고정한다는

---

119 한편, 물구나무서기를 뜻하는 śīrṣāsana 혹은 sālambhaśīrṣāsana 그리고 전신 체위를 뜻하는 sarvāṅgāsana 그리고 반-전신 체위를 의미하는 ardhasarvāṅgāsana와 같은 용어는 18-19세기의 조어(造語)로 추정된다.

120 "땅에 자신의 머리를 대고서 두 발을 공중에 올려라. 거꾸로 [서는] 이것은 모든 가르침들에서 감추어진 것이다."(bhūtale svaśiro datvā khe nayec caraṇadvayaṃ | viparītakṛtiś caiṣā sarvatantreṣu gopitā || Śs. IV.69.)

121 bhūtale svaśiro datvā. YbD. VII.234.

122 bhūmau śiraś ca samsthāpya karayugmaṃ samāhitaḥ | ūrdhvapādaḥ sthiro bhūtvā viparītakarī matā || GhS. III.31.

점'에서 이 동작 역시 ① 물구나무서기일 것으로 판단된다.

스바뜨마라마는 '머리(śiras)가 아래에 있고, 발이 위에 있는 것'(III.81)으로 표현하고 닷따뜨레야(13-14세기)의 『요가샤스뜨라』도 이와 유사하게 "머리를 아래로, 발을 위로"(adhaḥ śiraś cordhvapādaḥ ··· YoŚ. 265)[123]로 규정하는데 이것은 도립(倒立)의 의미만 강조된 것으로 위의 ①②③ 모두를 포함한다.

브라흐마난다는 Hp.III.81송을 해설하면서 도립 무드라를 '두 손으로 엉덩이를 지탱한 후 두 팔뚝과 어깨와 목덜미와 뒤통수로 몸을 지탱하는 것'으로 해설하는데 이 동작은 ③의 반-전신 체위에 가까운 것으로 판단된다. 하지만 브라흐마난다는 II.48송에서 대한 주석에서 "[모든 체위를] 끝낼 무렵에 피로가 생기면 그것(송장 체위)을 하되 피로하지 않은 [고급 수행자]는 [송장 체위를] 하지 않아도 된다. '도립으로 불리는 행법'(도립 무드라)을 꿈브하까를 수련하기 전에 수련해야 한다. 이 이유는 잘란드하라 [반드하]를 편하게 하기 위해 꿈브하까를 하기 전에 해야 하기 때문이다."[124]라고 말했는데 여기서의 도립 무드라는 '턱과 가슴을 붙인 형태'이므로 두 번째 동작, 즉 ② 어깨서기로 추정된다.[125]

---

123 Brahma Mittra Swasthi(Ed.): 1985, p. 44.

124 tato 'bhyased āsanāni śrame jāte śavāsanam | ante samabhyaset tat tu śramābhāve tu nābhyaste || 5 || kāraṇīṃ viparītākhyāṃ kumbhakāt pūrvam abhyaset | jālaṃdharaprasādārthaṃ kumbhakāt pūrvayogataḥ || 6 || Hp-Jt. II.48, *p.* 57, *ll.* 5-8. 위 게송들은 브라흐마난다가, 태양관통 꿈브하까(sūryabhedana-kumbhaka)를 설명하기에 앞서 '요가를 수련하는 시간과 순서 등'과 관련된 내용을 인용한 부분 중 일부이다.

125 도립 무드라는 '머리를 아래에 두고 발을 하늘로 들어 올리는 형태'라는 점에서 ① 물구나무, ② 전신, ③ 반-전신 모두를 포함한다고 할 수 있지만 문헌에 따라 다음과 같이 분류할 수 있다.

신령스럽고 아름다운 형태를 지닌 달(月)로부터:

월광 '신령스럽고 아름다운 형태를 지닌 달'로부터, 다시 말해서 소마(soma)로 부터, 즉 '구개의 뿌리 지점으로부터'
divyarūpiṇaś candrāt somāt tālumūlasthād. Hp-Jt. III.77, *p.* 101, *l.* 3.

흘러내리는 감로를:

월광 불사, 즉 감로가 흘러내린다, 떨어진다….
amṛtaṃ pīyūṣaṃ sravate pratati … Hp-Jt. III.77, *p.* 101, *ll.* 3-4.

태양이 모두 마신다:

브라흐마난다는 '아래로 흘러내리는 감로를 태양이 모두 삼키므로 감로를 회수하라'는 고락샤의 말씀을 인용하면서 해설한다.[126]

문 헌	내 용	형 태
YoŚ.	머리를 아래에 두고 발을 위로 올림	①②③
Śs.	땅에 머리를 대고 두 발을 공중으로 올림	①②③
Hp.	배꼽을 위로 두고 입천장을 아래에 둠	①②③
Hp-Jt.	목덜미와 뒤통수로 지탱하고 발을 올림	②③
Hp-Jt.	잘란드하라 반드하를 편하게 해 주는 동작	②
HrV.	머리를 아래로 두 발을 위로 올림	①②③
YbD.	배꼽을 위로 두고 입천장을 아래에 둠	①②③
GhS.	땅바닥에 머리를 두고 두 손으로 고정함	①

126 브라흐마난다가 인용한 원문은 『고락샤빠드핫띠』(*Gorakṣapaddhati*, GoP) II장32-33송과 거의 일치하는데 바로 이 GoP의 원문은 로나블라본(Lonavla Edition) 『고락샤샤따까』(*Gorakṣaśataka*, GoŚ) 57-58송과도 동일하다. 하지만 브릭스(Briggs, 1938)에 수록된 GoŚ에서는 이 게송이 발견되지 않는다. 한편 브라흐난다가 인용한 원문의 세 번째 구는 'karaṇaṃ tac ca kartavyaṃ'이고 GoP, GoŚ의 원문은 'jñātavyaṃ karaṇaṃ tatra'로 되어 있지만 내용은 동

월광 그 모든 감로를 복부에 있는 태양, 즉 불을 본성으로 하는 [태양, =소화의 불]이 마신다, 삼킨다. 이 점에 대해 고락샤나타는 다음과 같이 말했다.

"태우는 것을 본성으로 하는 태양(bhāskara)은 언제나 배꼽 부위에 있고 '불멸을 본성으로 하는 달'(=불사의 감로)은 언제나 구개의 뿌리에 있다. 얼굴을 아래로 향한 달(candra, 감로)은 흘러내리고, 얼굴을 위로 향한 태양(ravi)은 [흘러내리는 그 감로를 받아] 먹는다. [따라서 거꾸로 섬으로써] 감로를 회수(回收)하는 그 행법(=도립 무드라)을 실행해야만 한다."

tat sarvaṃ sarvaṃ tat pīyūṣaṃ sūryo nābhistho 'nalātmako[127] grasate grāsīkaroti | tad uktaṃ gorakṣanāthena "nābhideśe sthito nityaṃ bhāskaro dahanātmakaḥ | amṛtātmā sthito nityaṃ tālumūle ca candramāḥ || 57 || varṣaty adhomukhaś candro grasaty ūrdhvamukho raviḥ | karaṇaṃ tac ca kartavyaṃ yena pīyūṣam āpyate || 58 || " iti | Hp-Jt. III.77, *p.* 101, *ll.* 4-10.

이 이유에서 육체는 늙어 간다:

월광 태양이 감로(amṛta)를 마셔 버리기 때문에 육체, 즉 신체는 늙게 된다, 늙을 수밖에 없다.

tena sūryakartṛkāmṛtagrasanena piṇḍo deho jarāyuto[128] jarasā yukto bhavati || Hp-Jt. III.77, *p.* 101, *ll.* 10-11.

78

여기에 태양의 입을 속이는 신령스러운 행법(무드라)이 있다. 그러나 [그것은] 스승의 가르침을 통해 알 수 있는 것이지 경전

일하다.

127 °ātmako] °ātmakaḥ. Hp-Jt^{Adyar}.

128 jarāyuto] jarāyutaḥ. Hp-Jt^{Adyar}.

의 의미를 천만번 [토론]한다고 해서 알 수 있는 것이] 아니다.
III.78^{a-b} tatrāsti karaṇaṃ divyaṃ sūryasya mukhavañcanam |
III.78^{c-d} gurūpadeśato jñeyaṃ na tu śāstrārthakoṭibhiḥ ||

【해설】

여기에 태양의 입을 속이는 신령스러운 행법(무드라)이 있다:

인간은 직립 생활하므로 불사의 감로가 아래로 흘러내려 복부에 있는 태양(소화의 불)에 의해 소멸될 수밖에 없고 이 이유에서 인간은 늙게 되는데 그것을 방지하는 것이 케짜리와 잘란드하라 반드하 및 본 송에서 설명된 도립 무드라이다.

태양:

월광 '태양의', 즉 '복부에 있는 불의'
sūryasya nābhisthānalasya. Hp-Jt. III.78, *p.* 102, *l.* 1.

79

배꼽이 위에 [있고] 구개가 아래에 [있고], 태양이(bhānuḥ) 위(上)에 [있고] 달(śaśin)[129]이 아래(下)에 있는
'도립행(倒立行)으로 불리는 [무드라]'는 [오직] 스승의 가르침에 의해 터득된다.
III.79^{a-b} ūrdhvanābher adhastālor ūrdhvaṃ bhānur adhaḥ śaśī |
III.79^{c-d} karaṇī viparītākhyā guruvākyena labhyate ||

---

129 śaśin: '토끼(śaśa)를 지닌 자' = 달(candra).

【해설】

도립 무드라는 후대에 'viparītakaraṇī'(비빠리따까라니)라는 명칭으로 널리 알려져 있고 브라흐마난다 역시 이 무드라를 'viparītakaraṇī'로 해설하지만 스바뜨마라마는 '비빠리따까라니'(viparītakaraṇī)라는 표현 대신 '도립행(karaṇī viparītā)으로 불리는 것(ākhyā)'으로 표현한다.[130] 스바뜨마라마가 '비빠리따까라니'(viparītakaraṇī)라는 복합어를 사용하지 않은 것은 III.71송과 79송의 세 번째 구(pāda^c)의 운율 구조상 사용될 수 없기 때문이었던 것으로 보인다.[131] 이와 유사하게 『쉬바상히따』는 이 무드라를 'viparitakṛti'로 표현하고 『육따브하바데바』는 viparītakṛti (VII.234, 237)와 karaṇī viparītākhyā(VII.236)를 혼용하고 있으며 『게란다상히따』는 '비빠리따까리'(viparītakarī: GhS. III.1, 30)로 부르고 있다. 하지만 운율에서 자유로운 주석서 『월광』은 '비빠리따까라니'라는 명칭을 사용하고 있다.[132]

배꼽이 위에 [있고] 입천장이 아래에 [있고]:

소유복합어 'ūrdhvanābheḥ'와 'adhastāloḥ'는 각각 '배꼽을 윗쪽에 둔 자', '입천장을 아래에 둔 자'를 의미하는데 '배꼽을 위에 두고 입천장을 아래에 둔다는 것'은 거꾸로 선 상태를 의미한다.

---

130 닷따뜨레야의 『요가샤스뜨라』도 동일하다.

131 다시 말해서 8음절의 'karaṇī viparītākhyā'는 그 자체가 ∪∪—∪∪——— 의 장단 구조로 한 개의 홀수 구(pāda)를 형성할 수 있지만 7음절의 viparītakaraṇī(∪∪—∪∪∪—)는 예를 들어 'ca viparītakaraṇī' 또는 'viparītakaraṇī ca' 등과 같은 형식으로도 사용될 수 없기 때문이다.

132 viparītakaraṇī(Hp-Jt. III.81, *p.* 102, *l.* 19), viparītakaraṇyabhyāsina(Hp-Jt. III.80, *p.* 102, *l.* 20), viparītakaraṇīṃ(Hp-Jt. III.51, p. 91, *l.* 11), viparītakaraṇīguṇām (Hp-Jt. III.81, *p.* 103, *l.* 14).

태양이(bhānuḥ) **위**(上)**에 [있고] 달**(śaśin)**이 아래**(下)**에 있는:**

여기서의 태양은 '복부에 있는 소화의 불'[133]을 의미하고 달(śaśin)은 구개의 뿌리에 있는 소마를 의미하며[134] '달을 아래에 두고 태양을 위에 두는 것'은 '거꾸로 서는 것'(도립 무드라)을 의미한다.

태양:

월광 태양, 즉 불(火)을 본성으로 하는 태양….
bhānur dahanātmakaḥ sūryo … Hp-Jt. III.79, *p*. 102, *l*. 3.

달:

월광 달(月), 즉 감로(불사)를 본성으로 하는 달….
śaśy amṛtātmā candro … Hp-Jt. III.79, *p*. 102, *l*. 4.

80

항상 [도립 무드라를] 수련하는 수행자에게는 '소화의 불'이 증대된다.
[도립 무드라를 수련하는] 수행자는 충분한 음식을 섭취해야 한다.

III.80$^{a\text{-}b}$ nityam abhyāsayuktasya jaṭharāgnivivardhinī |
III.80$^{c\text{-}d}$ āhāro bahulas tasya saṃpādyaḥ sādhakasya ca[135] ‖

---

133 '복부에 있는 불'은 소화의 불을 의미한다. III.72를 참조.

134 "신령스럽고 아름다운 형태를 지닌 달'로부터, 다시 말해서 소마(soma)로부터, 즉 '구개의 뿌리 지점으로부터'"(원문은 Hp-Jt. III.77을 참조).

135 브라흐마난다는 마지막의 조사 'ca'를 운율을 채우는 허사로 파악한다. "caḥ pādapūraṇe ‖ " Hp-Jt. III.80, *p*. 102, *l*. 4.)

【해설】

[도립 무드라를 수련하는] 수행자는 충분한 음식을 섭취해야 한다:

월광 도립 무드라를 수련하는 자에게는 음식, 먹을 것이 충분히 [제공되어야 한다], 즉 원하는 만큼 제공되어야 한다, 구비되어야만 한다.

viparītakaraṇyabhyāsina āhāro bhojanaṃ bahulo yathecchaḥ saṃpādyaḥ saṃpādanīyaḥ | Hp-Jt. III.80, *p.* 102, *ll.* 3-4.

81

만약 음식이 부족하면 [소화의] 불은 곧바로 [신체를] 태운다. '머리(śiras)가 아래에 있고, 발이 위에 있는 [도립 무드라'는] 첫 날에는 잠깐만 해야 한다.

III.81$^{a\text{-}b}$ alpāhāro yadi bhaved agnir dahati tatkṣaṇāt | [136]
III.81$^{c\text{-}d}$ adhaḥśirāś cordhvapādaḥ kṣaṇaṃ syāt prathame dine || [137]

【해설】

만약 음식이 부족하면 [소화의] 불은 곧바로 [신체를] 태운다:

월광 그때 불, 즉 [복부에 있는] 소화의 불은 신체를 곧바로, 즉각적으로 태울 것이다. 신속하게 [신체를] 태워 버린다는 의미이다.

tadāgnir jaṭharānalo dehaṃ tatkṣaṇāt kṣaṇamātrād dahet | śīghraṃ dahety arthaḥ | Hp-Jt. III.81, *p.* 103, *ll.* 2-3.

---

136 첫 번째 구(pāda[a])는 아누쉬뚜브-쉴로까(Anuṣṭubh-Śloka)의 확장형인 나-비뿔라(Na-vipulā)이다.

137 세 번째 구(pāda[c])는 아누쉬뚜브-쉴로까(Anuṣṭubh-Śloka)의 확장형인 라-비뿔라(Ra-vipulā)이다.

머리가 아래에 있고, 발이 위에 있는 [도립 무드라]는:

브라흐마난다는 소유복합어 'adhaḥśirāḥ'와 'ūrdhvapādaḥ'를 각각 "adho 'dhobhāge bhūmau śiro yasya so 'dhaḥśirāḥ" (아래, 즉 아래 부분인 땅에 머리를 둔 자, 그가 '머리가 아래에 있는 자'이다), "ūrdhvam upary antarikṣe pādau yasya sa ūrdhvapādaḥ"(위쪽, 즉 위쪽의 허공에 두 발을 둔 자, 그가 '발을 위에 둔 자'이다)로 풀이한다. 아래의 인용문에서 알 수 있듯이 브라흐마난다는 도립 무드라를 '등을 바닥에 대고 누운 상태에서 두 발을 하늘로 들어 올려서 두 손으로 엉덩이를 받치고 어깨, 목, 뒷통수로 몸을 지탱하는 형태'로 해설하는데 이 동작은 '반-전신'에 가까운 것으로 판단된다. (도립 무드라의 형태에 대한 논의는 III.77송에 대한 해설을 참조.)

월광 아래, 즉 아래 부분인 땅에 머리를 둔 자, 그가 '머리가 아래에 있는 자'이다. 두 손으로 엉덩이 부분(kaṭiparadeśa)을 받친 후 '손목(bāhumūlād)에서부터 시작에서 팔꿈치(kūrpara)에 이르는 두 팔뚝(bāhubhyām)'으로 그리고 양 어깨(skandhābhyām)와 목덜미 및 뒤통수로 땅바닥을 지탱하는 것이 '머리가 아래로 향한 자'이다. 위쪽, 즉 위쪽의 허공에 두 발을 둔 자, 그가 '발을 위에 둔 자'이다.

adho 'dhobhāge bhūmau śiro yasya so 'dhaḥśirāḥ, karābhyāṃ kaṭipradeśam avalambya bāhumūlād ārabhya kūrparaparyantābhyāṃ bāhubhyāṃ skandhābhyāṃ galapṛṣṭhabhāgaśiraḥpṛṣṭhabhāgābhyāṃ ca bhūmim avaṣṭabhyādhaḥśirā bhavet | ūrdhvam uparyantarikṣe pādau yasya sa ūrdhvapādaḥ | Hp-Jt. III.81, *p.* 103, *ll.* 4-7.

82

그리고 매일 매일 조금씩 늘려 수련한다면
6개월 후에는 주름과 백발이 사라진다.

매일 3시간(yāma) 동안 수련한다면 그는 시간(죽음)을 정복한다.
III.82^{a-b} kṣaṇāc ca kiṃcidadhikam abhyasec ca dine dine | [138]
III.82^{c-d} valitaṃ palitaṃ caiva ṣaṇmāsordhvaṃ na dṛśyate |
III.82^{e-f} yāmamātraṃ tu yo nityam abhyaset sa tu kālajit ||

【해설】

매일 매일 조금씩 늘려 수련한다면:

월광 매일 매일, 날마다 kṣaṇa에서 약간 더 [늘려서] 2 kṣaṇa, 3 kṣaṇa와 같은 식으로 날마다 늘려서 수련한다면
dine dine pratidinaṃ kṣaṇāt kiṃcidadhikaṃ dvikṣaṇaṃ trikṣanaṃ, evaṃ dinakramavṛddhyābhyased … Hp-Jt. III.82, *p.* 103, *ll.* 1-2.

매일 3시간 동안 수련한다면:

브라흐마난다는 여기서의 야마(yāma)를 3시간(prahara)으로 해설한다.

월광 야마(yāma)의 [시간]만큼, 다시 말해서 [매일] 3시간(prahara) 동안 지속적으로 수련한다면,
yāmamātraṃ praharamātraṃ nityam abhyaset … Hp-Jt. III.82, *p.* 103, *l.* 5.

시간(죽음)을 정복한다:

월광 시간을 정복한 자, 다시 말해서 [그는] 죽음을 정복한 자가 된다. 이 말이 암시하는 것은 '요가가 시동업(始動業, prārabdhakarma: 이미

---

138 첫 번째 구(pāda[a])는 아누쉬뚜브-쉴로까(Anuṣṭubh-Śloka)의 확장형인 나-비뿔라(Na-vipulā)이다.

작동하고 있는 업)의 [작동]마저도 가로막는다는 것'이다.
kālajin mṛtyujetā bhavet | etena yogasya prārabdhakarmapratibandhakatvam api sūcitam | Hp-Jt. III.82, *p.* 103, *ll.* 6-7.

브라흐마난다는 '요가가 시동업마저 없앤다'는 *Viṣṇudharma*의 한 게송을 인용한 후 비디야란야(Vidyāraṇya)의 『생해탈에 대한 논의』(*Jīvanmuktiviveka*)와 『바가바뜨뿌라나』에서 한 게송을 인용하며 말한다.

월광 비디야란야(Vidyāraṇyaiḥ) 역시 『생해탈』[139]에서 "진리를 자각하는 것보다 시동업이 더 강력하듯이 그와 같이 그 업(시동업)보다 요가수행이 더 강력하다. 이 이유에서 웃달라까와 비따하뷔야 등등과 같은 요가수행자들이 자신의 의지대로 신체를 떠날 수 있는 것이다."고 말했고 『바가바뜨뿌라나』 역시 "삼매로 운명을 극복한다."고 말한 바 있다.
vidyāraṇyair api jīvanmuktāv uktam - "yathā prārabdhakarma tattvajñānāt prabalaṃ tathā tasmād api karmaṇo yogābhyāsaḥ prabalaḥ | ata eva yogināṃ uddālakavītahavyādīnāṃ svecchayā dehatyāga upapadyate"(JmV.) iti | bhāgavate 'py uktaṃ - "daivaṃ jahyāt samādhinā"(BhP. VII.15.24) iti || Hp-Jt. III.82, *p.* 104, *ll.* 1-4.

위 주석문의 첫 번째 단어 vidyāraṇyaiḥ는 복수-구격(*pl. Ins.*)으로 되어 있는데 브라흐마난다가 비드야란야[140]를 특별히 '존경의 복수형'으로

139 이 문헌은 일반적으로 『생해탈에 대한 논의』(*Jīvanmuktiviveka*)로 더 널리 알려져 있다.

140 비디야란야(Vidyāraṇya: 1377-1386)는 14세기 불이론 베단따를 대표하는 철학자 중 한 명으로 『생해탈에 대한 논의』(*Jīvanmuktiviveka*), 『15장』(*Pañcadaśī*), 『비바라나쁘라메야상그라하』(*Vivaranaprameyasaṃgraha*) 등과

표현했다는 점에서 브라흐마난다의 학문적 배경이 불이론 베단따라는 것을 추정할 수 있다.

바즈롤리 무드라(Vajrolīmudrā)

83

이제 바즈롤리 무드라가 [설명된다].
요가[서]에서 규정된 규칙들을 지키지 않고 자기 맘대로 살지라도
바즈롤리를 아는 그 요가수행자는 초능력을 소유하게 된다.

atha vajrolī
III.83$^{a\text{-}b}$ svecchayā vartamāno 'pi yogoktair niyamair vinā |
III.83$^{c\text{-}d}$ vajrolīṃ yo vijānāti sa yogī siddhibhājanam || [141]

【해설】

바즈롤리를 아는:

브라흐마난다는 '바즈롤리는 안다는 것'을 "자기 자신의 특별한 체험을 통해 아는 것"(viśeṣena svānubhavena jānāti, Hp-Jt. III.83, *p.* 104, *l.* 2)으로 풀이하는데 이것은 독서를 통해서 바즈롤리는 아는 것이 아니라 '몸으로 체득하는 것'을 의미한다.

같은 작품을 남겼다.

141 본 게송은 닷따뜨레야(13-14세기)의 『요가샤스뜨라』(302-3송)의 원문과 동일하다.

요가[서]에서 규정된 규칙을 지키지 않고:

월광 요가서에서 말해진 범행(梵行: 금욕) 등의 규칙을 지키지 않을지라도. yogaśāstre uktā … niyamair brahmacaryādibhir vinā. Hp-Jt. III.83, *p.* 104, *l.* 3.

84

바즈롤리를 수행하는 데 있어(tatra) 누구도 얻기 어려운 '두 가지 요소'(vastu-dvayaṃ)에 대해 말하고자 하는데
하나는 우유이고 두 번째는 '의지에 따라 행동하는(vaśavartinī) 여인(nārī)'이다.

III.84$^{a\text{-}b}$ tatra vastudvayaṃ vakṣye durlabhaṃ yasya kasyacit |
III.84$^{c\text{-}d}$ kṣīraṃ caikaṃ dvitīyaṃ tu nārī[142] ca vaśavartinī ||

【해설】

본 게송과 유사한 내용은 13-14세기 문헌인 닷따뜨레야(Dattātreya)의 『요가샤스뜨라』(*Yogaśāstra*)에서도 발견된다.

"바즈롤리를 수련할 때 누구도 얻기 힘든 두 가지를 말하고자 하는데 그것을 얻을 때 요가를 완성할 수 있다고 전해졌다.
그 두 가지는 우유(kṣīra)와 앙기라사(āṅgirasa)[143]인데
그나마 첫 번째 것은 얻을 수 있는 것이지만 두 번째의 것은 남자들로서는 얻기

142 nārī] nāḍī. Hp^{kaidh}.

143 앙가라사(āṅgirasa)는 '앙기라스(aṅgiras)의 가문의 여성'을 의미하는데 문맥상 여기서의 앙기라사(āṅgirasa)는 여성의 분비물(rajas)을 의미한다. 말린슨(Mallinson, James) 역시 rajas를 '월경의 피'(menstrul fluid)로 번역하는 것은 다소 부적합하고 아마도 '여성의 분비물'(uterine fluid)이 더 적절할 것이란 견해를 밝힌 바 있다. Mallinson: 2013a, p. 4, 각주13.

힘든 것이므로 현명한 방법으로(upāyatas) 여성들에게서 얻어야만 한다. 남자는 성심을 다해 '요가수련에 몰두한 처녀'를 찾아야 한다."[144]

얻기 어려운 '두 가지 요소'(vastu-dvayaṃ):

월광 바즈롤리를 수련하는 데 필요한 두 가지 것에 대해 '여기서'라는 [단어 이하에서] 말한다. '여기서', 즉 '바즈롤리를 수련할 때' [필요한] 두 가지의 것, 다시 말해서 한 쌍의 것에 대해 나는 말하고자 한다, 설명하고자 한다. 그 두 가지는 어떤 종류의 것인가? 어떤 사람이건, 다시 말해서 재물(dhana)[145]이 없는 사람은 얻기 힘든 것, [다시 말해서] 천신만고 끝에 구할 수 있거나 혹은 백방으로도 구할 수 없는 것이다. … 그 두 가지가 무엇인지에 대해 '우유'라는 [단어로 시작하는 세 번째와 네 번째 구에서] 말한다.
tatsādhanopayogi vastudvayam āha – tatreti | tatra vajrolyabhyāse vastunor dvayaṃ padārthayugmaṃ vakṣye kathayiṣye | kīdṛśaṃ vastudvayam? yasya kasyacid[146] yasyakasyāpi dhanahīnasya durlabhaṃ duḥkhena labdhuṃ śakyaṃ duḥkhenāpi labdhum aśakyam iti vā | … kiṃ tadvastudvayam ity apekṣāyām āha – kṣīram iti | Hp-Jt. III.84, *p.* 104, *ll.* 1-4.

---

144 tatra vastudvayaṃ vakṣye durlabhaṃ yenakenacit |
labhyate yadi tasyaiva yogisiddhikaraṃ smṛtam || YoŚ. 153.
kṣīram āṅgirasaṃ ceti dvayor ādyaṃ tu labhyate |
dvitīyaṃ durlabhaṃ puṃsāṃ strībhyaḥ sādhyam upāyataḥ | YoŚ. 154.
yogābhyāsaratāṃ strīṃ ca pumān yatnena sādhayet || YoŚ. 155[a-b].
위 게송은 2013년 9월 19-12일 비엔나 대학에게 개최된 Yoga in Transformation Conference(Organizers: Karin C. Preisendanz, Karl Baier, Philipp A. Maas)에서 말린슨(Mallinson, James: 2013b)이 발표한 원고의 일부이다.

145 dhana(dhanam: *n.sg.No.*)의 사전적 의미는 '경쟁에서 상을 받는 것', '경연 그 자체', '귀한 것', '재물' 등이다.

146 kasyacid] kasyacit. Hp-Jt[Adyar].

우유:

월광 첫 번째는 우유, 다시 말해서 마시기 위한 것이다. 성교 직후엔 감관의 기력이 쇠하므로 기운을 보충하기 위해 우유를 마시는 것이 합당하다. 혹자는 '[바즈롤리를] 수행할 때 [남근으로] 끌어올리기 위해서'라고 말하기도 하지만 그것은 사리에 맞지 않다. 왜냐하면 몸 안에 있는 우유는 굳어져서 배출되기 힘들기 때문이다.
ekaṃ vastu kṣīraṃ dugdhaṃ pānārthaṃ mehanānantaram indriyanairbalyāt tad balārthaṃ kṣīrapānaṃ yuktam | kecit tv[147] abhyāsakāle[148] ākarṣaṇārtham ity āhuḥ | tad ayuktam | tasyāntargatasya ghanībhāve nirgamanāsaṃbhavāt | Hp-Jt. III.84, *p*. 104, *ll*. 4-7.

여인(nārī):

브라흐마난다는 '여인'에 대해 간략히 해설한다.

월광 두 번째 조건은 '의지에 따르는 여성',[149] 즉 자신의 의지대로 사는 여인(nārī), 여성(vanitā)이다.
dvitīyaṃ tu vastu vaśavartinī svādhīnā nārī vanitā || Hp-Jt. III.84, *p*. 104, *l*. 7.

85

성기(性器, mehana)로 천천히 [정(精)을] 올바르게 위로 끌어올리는 것에 숙달한다면

---

147 tv] tu. Hp-Jt[Adyar].
148 abhyāsakāla] abhyāsakāle. Hp-Jt[Adyar].
149 vaśavartinī의 사전적 의미는 '순종하는 여인' 혹은 '의지에 순응하는 여인' 등이다.

남성은 물론이고 여성도 바즈롤리를 완성할 수 있다.
III.85^{a-b} mehanena śanaiḥ samyag ūrdhvākuñcanam abhyaset |
III.85^{c-d} puruṣo 'py athavā nārī vajrolīsiddhim āpnuyāt ||

【해설】

성기(性器, mehana)로 천천히 [정(精)을] 올바르게 위로 끌어올리는 것에 숙달한다면:

브라흐마난다는 본 게송의 '성기로'(mehanena)의 의미를 '요도를 수축함으로써'(meṇḍhrākuñcanena)로 해설한다.

월광 '요도를 수축해서 정(精)을 위로 끌어올리는 것'에 숙달한다면….
meṇḍhrākuñcanena bindor uparyākarṣaṇam abhyased … Hp-Jt. III.85, *p*. 105, *l*. 3.

바즈롤리 무드라를 위한 예비 작법(pūrvāṅgaprakriyām)

86

조심스럽게, 규정된 관(管)[150]을 남근의 구멍(요도) 안에 [삽입해서 요도 안에서] 공기를 움직이게 함으로써 대단히 조금씩 [그 관에서] '싯-소리'(phūtkāra)가 나게끔 해야 한다.[151]

150 브라흐마난다는 관을 '납으로 만든 관'으로 해설하지만 전통적으로 금, 은, 동, 천연 고무로 만든 관을 사용했던 것으로 알려져 있다.

III.86[a-b] yatnataḥ śastanālena phūtkāraṃ vajrakandare |
III.86[c-d] śanaiḥ śanaiḥ prakurvīta vāyusaṃcārakāraṇāt ||

【해설】

월 광 이제 바즈롤리 [무드라]를 수련하기 위한 예비 단계의 행법에 대해서 "조심스럽게"(yatnataḥ)로 [시작하는 첫 단어 이하로] 말한다. '규정된' [관(管)], 즉 '적합한' 관(管)으로, 다시 말해서 납(鑞, sīsaka) 등으로 만든 관으로 아주 천천히, 대단히 조심스럽게, 마치 [연금술사가] 불을 지피기 위해 [대롱으로] 싯-소리를 내듯이 그와 같은 종류의 '싯-소리'가 남근의 구멍, 즉 요도에서 나게 해야 한다. 바람이 요도 속에서 잘 움직이게 함으로써 소리가 나게 해야 한다. [그것을] 반복해야 한다.

atha vajrolyāḥ pūrvāṅgaprakriyām āha - yatnata iti | śastaḥ praśasto yo nālas tena śastanālena sīsakādinirmitena nālena śanaiḥ śanair mandaṃ mandaṃ yathāgner dhamanārthaṃ phūtkāraḥ kriyate tādṛśaṃ phūtkāraṃ vajrakandare meṇḍhravivare vāyoḥ saṃcāraḥ samyag vajrakandare caraṇaṃ gamanaṃ tatkāraṇāt taddhetoḥ prakurvīta prakarṣeṇa punaḥ punaḥ kurvīta | Hp-Jt. III.86, *p.* 105, *ll.* 1-5.

브라흐마난다는 전체적인 과정을 다음과 같이 설명한다.

월 광 이제 바즈롤리 수행법이 [설명된다]. 납(sīsaka)으로 만든, '남근(男

151 본 게송은 영역자에 따라 조금씩 다르게 번역되었는데, 대체로 "규정된 관으로 남근의 구멍(요도)로 아주 천천히 [바람을] 불어넣어 공기가 흐르게끔 해라."는 요지로 번역되었다. 역자는 조금 다르게 번역했지만 온전한 번역일지는 확신할 수 없다.

根)에 넣기에 적합한' 매끄럽고 얇은 14앙굴라 정도의 얇은 관(管)을 만든 후 그것이 남근 속으로 들어가게끔 해야 한다. 첫 번째 날에는 1앙굴라만큼 넣어야 하고 두 번째 날에는 2앙굴라만큼, 세 번째 날에는 3앙굴라만큼 [넣어야 한다]. 이와 같은 순서대로 점차 늘려서 12앙굴라 정도가 들어갈 때 요도(meṇḍhramārga)는 깨끗해진다. 다시, 그것과 유사한 14앙굴라 정도의 관에서 2앙굴라 정도를 휘어서 입구가 위로 향하게 한 후 그것을 12앙굴라만큼을 넣어야 한다. '휘어지고 위로 향한 2앙굴라 정도[의 관]'을 밖에서 잡고 있어야 한다. 그리고서 금세공사가 '불을 지피기 위해 부는 관'과 유사한 대롱(nāla)을 잡은 후 남근에 들어가 있는 12앙굴라 정도의 관의 '휘어지고 위로 향한 2앙굴라 부분' 안으로 넣은 후 싯-소리를 내어야 한다. 이것으로 길(요도)은 완전히 청정해진다.[152]

그 후 미지근한 물을 요도로 끌어올리는 것을 연습해야 한다. 물을 끌어올리는 데 성공했다면 앞에서 설명된 게송의 방법대로 정액을 위로 끌어올리는 것을 연습해야 한다. 정액을 끌어올리는 데 성공했다면 바즈롤리 무드라는 완성된다. [하지만] 이것(=바즈롤리 무드라)은 '쁘라나를 정복한 사람만이'(jitaprāṇasyaiva) 성공할 수 있을 뿐이며 다른 사람은 불가능하다. '케짜리 무드라[에 성공하고] 쁘라나를 정복하는 것'이라는 두 가지가 성취되었을 때 [바즈롤리 무드라]는 올바르게 이루어진다.[153]

152 이 부분에 대한 번역엔 자신이 없음을 밝힌다. 여타의 무드라와 마찬가지로 바즈롤리 무드라의 전과정 역시 스승에게 배워야 하고 또 브라흐마난다의 지적대로 바즈롤리 무드라는 케짜리 무드라를 완성하고 또 쁘라나를 정복한 자만이 성공할 수 있다는 것을 밝히고자 한다.

153 바즈롤리 무드라는 누구나 성공할 수 있는 것이 아니라 케짜리 무드라에 성공하고 또 쁘라나를 정복한 자만이 가능한데 이와 유사한 내용은 제IV장 14 및 이 부분에 대한 브라흐마난다의 해설에서도 발견된다.
"마음이 평정심(삼매)에 이르고 아빠나 바유가 가운데(수슘나)로 올라갈 때, 그때 아마롤리, 바즈롤리, 사하졸리가 이루어진다."(citte samatvam

atha vajrolīsādhanaprakriyā - sīsakanirmitāṃ snigdhāṃ meṇḍhrapraveśayogyāṃ caturdaśāṅgulamātrāṃ śalākāṃ kārayitvā tasyā meṇḍhre praveśanam abhyaset | prathamadine ekāṅgulamātrāṃ praveśayet | dvitīyadine dvyaṅgulamātrāṃ tṛtīyadine tryaṅgulamātrām | evaṃ krameṇa vṛddhau dvādaśāṅgulamātrāpraveśe meṇḍhramārgaḥ śuddho bhavati | punas tādṛśīṃ caturdaśāṅgulamātrāṃ dvyaṅgulamātrāvakrām ūrdhvamukhāṃ kārayitvā tāṃ dvādaśāṅgulamātrāṃ praveśayet | vakram ūrdhvamukhaṃ dvyaṅgulamātraṃ bahiḥ sthāpayet | tataḥ 'suvarṇakārasya' agnidhamanasādhanībhūtanālasadṛśaṃ nālaṃ gṛhītvā tadagraṃ meṇḍhrapraveśitadvādaśāṅgulasya nālasya vakrordhvamukhadvyaṅgulamadhye praveśya phūtkāraṃ kuryāt | tena samyak mārgaśuddhir bhavati | tataḥ koṣṇasya jalasya meṇḍhreṇākarṣaṇam abhyasyet | jalākarṣaṇe siddhe pūrvoktaślokarītyā bindor ūrdhvākarṣaṇam abhyasyed[154] bindvākarṣaṇe siddhe vajrolīmudrā siddhiḥ | iyaṃ jitaprāṇasyaiva sidhyati, nānyasya | khecarīmudrāprāṇajayobhayasiddhau tu samyag bhavati | Hp-Jt. III.86, *pp.* 105, *ll.* 5 ~ *p.* 106, *l.* 2.

87

여성의 음부로 흘러내리는 정(精)을 [바즈롤리를] 반복함으로써 위로 끌어올려야 한다.
떨어진 자신의 정과 [여성의 라자스]를 위로 끌어올려서(ākṛṣya)

āpanne vāyau vrajati madhyame | tadāmalolī vajrolī sahajolī prajāyate. Hp. IV.14.)

"아마롤리 등등[의 무드라]는 오직 삼매가 성취된 후에만 성취된다."
(amarolyādikaṃ samādhisiddhāv eva siddhyatīti. Hp-Jt. IV14, *p.* 129 *l.* 8.)

154 abhyasyet] abhyasyet. Hp-Jt[Adyar].

보존해야만 한다.
III.87a-b nārībhage patadbindum abhyāsenordhvam āharet |
III.87c-d calitaṃ ca nijaṃ bindum ūrdhvam ākṛṣya rakṣayet ||

【해설】

브라흐마난다는 a-b구의 시점을 '정이 여인의 음부에 떨어지기 전'으로 해설하고 c-d구를 '떨어진 이후'의 상황으로 해설한다. a구의 'patat'는 현재분사이고 c구의 'calita'는 과거수동분사이므로 브라흐마난다의 해설은 문법적 근거를 갖춘 것으로 판단된다. 한편, 브라흐마난다는 '정이 떨어진 이후'의 상황을 설명하는 c-d 구에 'ca'(그리고)라는 접속사가 있으므로 '자신의 정'(nijaṃ bindum)뿐만 아니라 여성의 라자스(rajas)[155] 도 함께 끌어올려야 하는 것으로 해설한다.

월 광 앞에서 말한 방식으로 바즈롤리 훈련에 성공했을 경우 그다음에 해야 할 일에 대해 [본 게송은] "여성의 자궁에"(nārībhage)라는 [단어 이하]에서 말한다. 여성의 음부, 여자의 자궁 속으로 떨어지고 있는, 흘러내리고 있는 그 정액이 '떨어지고 있는 빈두'(patadbindu)[라는 말의 의미인데] '흘러내리는 그 빈두' 다시 말해서 성교할 때 흘러내리고 있는 그 빈두를 [바즈롤리] 수련으로

155 라자스(rajas)는 보통 '월경의 피'로 이해되지만 '여성의 분비물'(uterine fluid)이 더 적절할 것으로 보인다. 그 이유는 "재가자의 경우(gṛhasthasya) '적절한 시기에'(ṛtau) 자신의 부인과 성관계를 가질 수 있다."(Hp-Jt. I.61. *p*.32, *l*.2)는 브라흐마난다의 언급에서 '적절한 시기'(ṛtu)의 의미를 '여성의 월경 이후', 또는 '여성의 배란과 관련된 적절한 날'로 파악할 수 있기 때문이다. 또한 브라흐마난다는 III.91의 'ṛtumatyā rajas'의 의미를 'ṛtusnātāyāḥ rajas'를 해설하는데 여기서의 'ṛtusnātāyāḥ rajas'를 '월경 주기가 끝나서 성교를 위해 목욕한 여성의 라자스'로 파악할 수도 있기 때문이다.

써, 다시 말해서 바즈롤리 무드라를 반복함으로써 [빈두가 음부로] 떨어지기 전에 위쪽으로(ūrdhvam, upari) 올려야 한다, 보존해야 한다. 만약 [자궁으로] 떨어지기 전에 빈두를 끌어올리지 못했다면 '떨어진 것을 끌어올려야 하는 것'에 대해 [본 송의 세 번째 구는] "그리고 떨어진"(calitaṃ ca)이라는 [단어 이하]에서 말한다. 떨어진, 즉 여성의 음부에 떨어진 자기 자신의 빈두를 [끌어올려야 한다]. [한편 게송에] 'ca'(그리고)라는 말이 있으므로 [자신의 빈두뿐만 아니라] 그녀의 라자스를(rajas) 위쪽으로(ūrdhvam, upari) 끌어올린 후 보존해야 한다, 고정시켜야 한다.
evaṃ vajrolyabhyāse siddhe taduttaraṃ sādhanam āha - nārībhaga iti । nārībhage strīyonau patatīti patan pataṃś cāsau binduś ca patadbindus taṃ patadbinduṃ ratikāle patan taṃ bindum abhyāsena vajrolīmudrābhyāsenordhvam upary āhared ākarṣayet, patanāt pūrvam eva । yadi patanāt pūrvaṃ bindor ākarṣaṇaṃ na syāt tarhi patitam ākarṣayed ity āha - calitaṃ ceti । calitaṃ nārībhage patitaṃ nijaṃ svakīyaṃ binduṃ cakārāt tadrajaḥ ūrdhvam upary ākṛṣyāhṛtya rakṣyet sthāpayet ॥ Hp-Jt. III.87, *p.* 106, *ll.* 1-6.

바즈롤리 무드라의 공덕(guṇa)

88

이와 같은 방법대로 정(精)을 올바르게 보존한다면 [그는] '요가를 아는 자'이고 [그는] 죽음을 정복한다.
정(精)을 소모함으로써 [인간은] 죽게 되고, 정(精)을 보존한다면 생명을 유지한다.

III.88^{a-b} evaṃ saṃrakṣayed binduṃ mṛtyuṃ jayati yogavit |
III.88^{c-d} maraṇaṃ bindupātena jīvanaṃ bindudhāraṇāt ||

89

정(精)이 보존되므로 요가수행자의 몸에는 향기로운 냄새가 생겨난다.
정(精)이 체내에 보존되어 있는 한 어찌 죽음에 대한 공포가 있겠는가?

III.89^{a-b} sugandho yogino dehe jāyate bindudhāraṇāt |
III.89^{c-d} yāvad binduḥ sthiro dehe tāvat kālabhyaṃ kutaḥ ||

90

인간의 정(精)은 마음에 의존하고, 생명은 정에 의존한다.
그러므로 모든 노력을 다해 정(精)과 마음을 보호해야 한다.

III.90^{a-b} cittāyattaṃ nṛṇāṃ śukraṃ śukrāyattaṃ ca jīvitam |
III.90^{c-d} tasmāc chukraṃ manaś caiva rakṣaṇīyaṃ prayatnataḥ ||

【해설】

월광 인간의 정(śukra), 즉 정기(精氣, vīrya)는 마음에 의존한다. 마음(citta)이 동요하면 [정도] 동요하기 때문에 [그리고] 마음이 안정되면 [정도] 고정되기 때문에 [정이] 마음에 의존하는 것이다. 생명, 즉 삶은 정에 의존한다. 정이 안정되면 생명을 영위하기 때문이고 정이 소멸되면 죽기 때문에 [생명은] 정에 의존하는 것이다. 그러므로 정(śukra), 즉 빈두(bindu)와 마음(manas), 즉 마음 활동(mānasa)을 가장 우선적으로, 모든 노력을 다해 챙겨야 한다. 반드시 [정과 마음을] 보호해야만 한다는 의미이다.

hi yasmān nṛṇāṃ śukraṃ vīryaṃ cittāyattam | citte cale calatvāc citte sthire sthiratvāc cittādhīnam | jīvitaṃ jīvanaṃ śukrāyattaṃ, śukre sthire jīvanāc chukre naṣṭe maraṇāc chukrādhīnaṃ[156] tasmāc chukraṃ binduṃ manaś ca mānasaṃ ca prakṛṣṭād yatnād iti prayatnato[157] rakṣaṇīyam eva | avaśyaṃ rakṣaṇīyam ity arthaḥ | Hp-Jt. III.90, *p*. 107, *ll*. 1-4.

91

[바즈롤리의] 수행법을 알고 있는 자는, 그와 같이 '그 처녀의 라자스'(ṛtumatyā rajas)와 자신의 정(精)을 [끌어올려] 보존해야 한다. 남근(男根)으로 [여성의 라자스와 자신의 빈두를] 위로 끌어올려야 한다.

III.91$^{a\text{-}b}$ ṛtumatyā rajo 'py evaṃ nijaṃ binduṃ ca rakṣayet |
III.91$^{c\text{-}d}$ meṇḍhreṇākarṣayed ūrdhvaṃ samyag abhyāsayogavit ||

【해설】

브라흐마난다는 본 게송을 자세히 설명한 후 말미에서 이 게송을 후대에 삽입된 것으로 해설한다.

월 광 이 게송은 [후대에] 삽입된 것이다.
ayaṃ ślokaḥ prakṣiptaḥ || Hp-Jt. III.91, *p*. 107, *ll*. 5-6.

'그 처녀의 라자스'(ṛtumatyā rajas)와 자신의 정을 보존해야 한다:
소유복합어 'ṛtumatī'는 '적절한 시간을 가진 여자', 즉 '결혼 적령기

156 maraṇāc chukrā° ⌋ maraṇāt śukrā°. Hp-Jt^{Adyar}.
157 prayatnato ⌋ prayatnataḥ. Hp-Jt^{Adyar}.

내지는 성숙한 여자'를 의미하는데 여기서는 '성교를 했던 그 여성' 또는 '목욕재계했던 그 여자'를 의미한다. 한편, 여기서의 '라자스'는 여성의 분비물을 의미한다.(III.87송을 참조.)

월광 '그와 같이'(evam)[라는 말은] '앞에서 설명된 [바즈롤리] 수행법대로'[를 의미한다]. '성교했을 때 있던' 그 여자가 'ṛtumatī'[라는 단어의 의미]인데 그 처녀의(ṛtumatyā), 즉 목욕재계했던 그 여자의 라자스(rajas)와 자기 자신의(nijaṃ, svakīyaṃ) 빈두를 보존해야 한다.

evaṃ pūrvoktenābhyāsena rtur[158] vidyate yasyāḥ sa rtumatī[159] tasyā ṛtumatyā ṛtusnātāyāḥ striyā rajo[160] nijaṃ svakīyaṃ binduṃ ca rakṣayet । Hp-Jt. III.91, *p*. 107, *ll*. 1-2.

남근(男根)으로 [라자스와 빈두를] 윗쪽으로 완벽하게 끌어올려야 한다:

월광 남근(男根, meṇḍhra), 즉 은밀한 기관으로 완벽하게, 최선을 다해서 위쪽(ūrdhvam, upari)으로 끌어올려야 한다. [본 게송의 세 번째 구(pādaᶜ)에 끌어올려야 할 대상인] '[여성의] 라자스와 [자신의] 빈두를'이라는 [말을] 보충해야 한다.

meṇḍhreṇa guhyendriyeṇa samyag yatnapūrvakam ūrdhvam upary ākarṣayet । rajo binduṃ ceti karmādhyāhāraḥ । Hp-Jt. III.91, *p*. 107, *ll*. 4-5.

---

158 °ena rtur ⌋ °ena ṛtur. Hp^{Adyar}.

159 sa rtumatī ⌋ sā ṛtumatī. Hp^{Adyar}.

160 rajo ⌋ rajas. Hp^{Adyar}.

한편 BORI의 필사본 Hp-Jt^{2}(Ms. No. 615/ 1887-91)엔 rajas가 아니라 "retaḥ"(정액)로 되어 있다.

사하졸리 무드라(Sahajolīmudrā)

92

이제 사하졸리 [무드라]가 [설해진다].
[수행의 결과가] 동일하므로, 사하졸리와 아마롤리는 바즈롤리의 변형이다.
소똥을 태운 신성한 재를 물에 섞은 후

atha sahajoliḥ
III.92$^{a\text{-}b}$ sahajoliś cāmarolir vajrolyā bheda ekataḥ | [161]
III.92$^{c\text{-}d}$ jale subhasma nikṣipya dagdhagomayasaṃbhavam[162] ||

【해설】

[수행의 결과]가 동일하므로(ekataḥ):

월 광 사하졸리와 아마롤리가 바즈롤리의 일종(viśeṣatva)이라는 것을 설명하기 위해 "사하졸리" 로 [시작하는 첫 단어 이하에서] 말한다. 사하졸리와 아마롤리는 바즈롤리의 변형, 즉 일종이다. 그 이유는 [두 무드라를 수행한 결과가] 동일하기 때문에, 다시 말해서 [두 무드라가] 동일한 결과를 지니기 때문이라는 의미이다.
sahajolyamarolyau vivakṣus tayor vajrolīviśeṣatvam āha - sahajoliś ceti | vajrolyā bhedo viśeṣaḥ sahajolir amaroliś ca | tatra hetur[163] ekata[164] ekatvād ekaphalatvād ity arthaḥ | Hp-Jt.

---

161 첫 번째 구(pāda[a])는 아누쉬뚜브-쉴로까(Anuṣṭubh-Śloka)의 확장형인 라-비뿔라(Ra-vipulā)이다.

162 dagdhagomayasaṃbhavam는 소유복합어로 그 의미는 '소똥을 태워서 만든 재'이다.

163 hetur] hetuḥ. Hp-Jt[Adyar].

III.92, *p*. 107, *ll*. 1-3.

93

바즈롤리 [무드라에서의] 성교 후 여성과 남성은 쾌감이 사라지기 전에 곧바로
편하게 앉은 상태에서 [그 물을] 중요한 부위에 발라야 [한다].
III.93$^{a\text{-}b}$ vajrolīmaithunād ūrdhvaṃ strīpuṃsoḥ svaṅgalepanam |
III.93$^{c\text{-}d}$ āsīnayoḥ sukhenaiva muktavyāpārayoḥ kṣaṇāt ||

【해설】

중요한 부위에 발라야 [한다]:

월광 '중요한 부위에 바름'[이라는 말은] 뛰어난 부위들, 다시 말해서 정수리(mūrdhan), 이마(lalāṭa), 눈(netra), 가슴(hṛdaya), 어깨(skandha), 팔(bhuja) 등과 같은 중요한 부위에 바름'을 [의미한다]. 본 게송에 '해야 할 것이다'(kuryāt)라는 [동사를] 보충해야 한다.
svaṅgalopanaṃ śobhanāny aṅgāni svaṅgāni mūrdhalalāṭānetra-hṛdayaskandhabhujādīni teṣu lepanaṃ | kuryād iti śeṣaḥ ||
Hp-Jt. III.93, *p*. 108, *ll*. 4-5

94

요가수행자들은 이 사하졸리 [무드라]를 항상 신뢰해야 한다고 말했다.
이것은 행운을 가져다주는 방편이고 [또] 향락을 누릴지라도 해탈하게 해 준다.

---

164 ekata] ekataḥ. Hp-Jt[Adyar].

III.94^{a-b} sahajolir iyaṃ proktā śraddheyā yogibhiḥ sadā |
III.94^{c-d} ayaṃ śubhakaro yogo bhogayukto 'pi muktidaḥ ||

【해설】

향락을 누릴지라도 해탈하게 해 준다:

월 광 향락, 즉 여성과 성교할지라도 해탈하게 해 준다, 즉 해탈하게 한다.

bhogena strīsaṅgena yukto 'pi muktido mokṣadaḥ | Hp-Jt. III.94, *p.* 108, *l.* 5.

95

덕을 지닌 사람들, 침착한 사람들, 진리를 통찰한 자들,
시기심이 없는 자들은 이 기법(yoga)에 성공할 것이다. 하지만 이기적인 사람은 불가능하다.

III.95^{a-b} ayaṃ yogaḥ puṇyavatāṃ dhīrāṇāṃ tatttvadarśināṃ |[165]
III.95^{c-d} nirmatsarāṇāṃ vai sidhyen na tu matsaraśālināṃ |[166]

---

165 첫 번째 구(pāda^{a})는 아누쉬뚜브-쉴로까(Anuṣṭubh-Śloka)의 확장형인 브하-비뿔라(Bha-vipulā)이다.

166 세 번째 구(pāda^{c})는 아누쉬뚜브-쉴로까(Anuṣṭubh-Śloka)의 확장형인 마-비뿔라(Ma-vipulā)이다.

아마롤리 무드라(Amarolīmudrā)

96

이제 아마롤리 [무드라]가 [설해진다].
[소변의] 첫 물줄기는 담즙(pitta)이 많으므로
버리고, 마지막(antya) 물줄기는 정분(sāra)이 없으므로 [버려라].
시원한 중간의 물줄기를 사용해야 한다.
아마롤리는 까빨리까[167] 파(派)의 가르침이다.

athāmarolī
III.96[a] pittolbaṇatvāt prathamāmbudhārāṃ
III.96[b] vihāya niḥsāratayāntyadhārām |
III.96[c] niṣevyate śītalamadhyadhārā
III.96[d] kāpālike khaṇḍamate 'marolī ||

【해설】

본 송의 운율은 11음절의 인드라바즈라와 우뻰드라바즈라가 혼용된 우빠자띠(Upajāti)이다. 이 중에서 첫 번째와 네 번째 구(pāda[a, d])는 인드라바즈라(－－∪ －－∪ ∪－∪ －－)이고 두 번째와 세번째 구(pāda[b, c])는 우뻰드라바즈라(∪－∪ －－∪ ∪－∪ －－)인데 이와 같은 구조의 우빠자띠는 재차 마야(Māyā)로 불린다.

---

167 까빨리까(kāpālika)는 '해골을 들고 다니는 자'를 의미한다. 이와 관련된 내용은 I.8송에 대한 해설을 참조.

97

매일 매일 아마리를 마시고, 코로 흡입하고
바즈롤리를 올바르게 수련한다면 그는 [까빨리까들에 의해] '아마롤리'로 불려진다.
III.97^{a-b} amarīṃ yaḥ piben nityaṃ nasyaṃ kurvan dine dine |
III.97^{c-d} vajrolīm abhyaset samyak sāmarolīti[168] kathyate ||

【해설】

본 게송에 따르면 아마롤리 수행자(amarolin)는 아마리를 마시고 코로 흡입하고 바즈롤리를 수련하는 사람이다.

매일 아마리를 마시고:

월광 아마리, 즉 쉬바의 물을(śivāmbu) 항상 마시는 그 사람은.
amarīṃ śivāmbu[169] yaḥ pumān nityaṃ pibet | Hp-Jt. III.97, *p.* 109, *l.* 1.

코로 흡입하고:

월광 매일 매일, 날마다 코로 아마리를, 즉 코 안쪽으로 끌어들인다면,
śvāsenāmaryā ghrāṇāntargrahaṇaṃ kurvan san dine dine pratidinaṃ. Hp-Jt. III.97, *p.* 109, *l.* 2.

---

168 본 게송은 yaḥ-saḥ 구문이므로 sāmarolīti가 아니라 so 'marolīti(amarolī-iti)가 되어야 하지만 sa가 후속 모음과 다시 결합되어 sāmaroīti로 되어 있다. 유사한 예는 saiva(saḥ eva), saiṣaḥ(saḥ eṣaḥ)를 들 수 있다.

169 śivāmbu (*n.sg.Ac.*).

바즈롤리를 올바르게 수련한다면 그는 [까빨리까들에 의해서] '아마롤리'로 불려진다:

월광 바즈롤리를, 즉 "남근으로 조심스럽게"라고 [III.85] 송에서 언급된 [바로 그 바즈롤리 무드라]를 올바르게 수련한다면 그는 '아마롤리를 하는 자'(amarolī)로 불려진다. [본 게송에] '까빨리까들에 의해서'라는 [말을] 보충해야 한다.

vajrolīṃ "mehanena śanaiḥ"(III.85) iti ślokenoktāṃ samyag abhyaset sāmarolīti kathyate | kāpālikair iti śeṣaḥ | Hp-Jt. III.97, *pp*. 109, *ll*. 2 ~ *p*. 110, *l*. 2.

98

[아마롤리를] 수련함으로써 유출된 감로를(cāndrīṃ) 재(*灰*, vibhūti)와 섞어야 한다.

[그것을] 주요한 부분에 문지른다면 천안통이 열린다.

III.98$^{a\text{-}b}$ abhyāsān niḥsṛtāṃ cāndrīṃ vibhūtyā saha miśrayet |

III.98$^{c\text{-}d}$ dhārayed uttamāṅgeṣu divyadṛṣṭiḥ[170] prajāyate ||

【해설】

[아마롤리를] 수련함으로써 유출된 감로를:

월광 수련을 통해서, 즉 아마롤리를 수련함으로써 유출된, 생겨난 짠드리, 즉 감로를.

abhyāsād amarolyabhyāsān niḥsṛtāṃ nirgatāṃ cāndrīṃ … sudhāṃ. Hp-Jt. III.98, *p*. 110, *ll*. 1-2.

---

170 divyadṛṣṭiḥ: *BahVr*.

주요한 부분:

월광 머리(śiras), 두개골(kapāla), 눈(netra), 어깨(skandha), 목(kaṇṭha), 가슴(hṛdaya), 팔(bhuja) 등 [신체]의 주요 부위에….
uttamāṅgeṣu śiraḥkapālanetraskandhakaṇṭhahṛdayabhujādiṣu··· Hp-Jt. III.98, *p*. 110, *l*. 3.

주요한 부분에 문지른다면:

월광 '재(灰)와 섞은 감로를'이라는 말을 보충해야 한다.
bhasmamiśritāṃ cāndrīm iti śeṣaḥ | Hp-Jt. III.98, *p*. 110, *l*. 4.

천안통:

월광 초자연적인, 즉 '과거(atīta)와 미래(anāgata)와 현재(vartamāna) 그리고 감추어진 것(vyavahita)과 멀리 있는(viprakṛṣṭa) 사물을 볼 수 있는 능력들을 갖춘' 눈(眼)이 '천안통'인데, [바로] 그 천안통이 생긴다(prajāyate, prakarṣeṇa jāyate). 아마리를 실천하는 특별한 방법들에 대해서는 『쉬밤부깔빠』를 통해 이해해야만 한다.
divyā, atītānāgatavartamānavyavahitaviprakṛṣṭapadārthadarśanayogyā dṛṣṭir yasya sa divyadṛṣṭir divyadṛk prajāyate prakarṣeṇa jāyate | amarīsevanaprakāraviśeṣāḥ śivāmbukalpād avagantavyāḥ || Hp-Jt. III.98, *p*. 110, *ll*. 4-6.

여성의 바즈롤리 무드라

99

올바른 수행에 통달함으로써 남자의 빈두를 정확히 끌어올린 후

바즈롤리 [무드라]를 통해서 [자신의] 라자스를 보존한다면 그녀 역시 요기니이다.

III.99[a-b] pūṃso binduṃ samākuñcya samyagabhyāsapāṭavāt |
III.99[c-d] yadi narī rajo rakṣed vajrolyā sāpi yoginī ||

【해설】

브라흐마난다는 본 송을 여자 수행자의 바즈롤리에 대해 설명하는 것으로 해설한다.

월광 남성의 바즈롤리 기법을 설명한 후 [여기서는] 여성의 기법에 대해 "남성의 빈두를"(puṃso bindum)[으로 시작하는 단어 이하에서] 말한다.

puṃso vajrolīsādhanam uktvā nāryās tad āha - puṃso bindum iti | Hp-Jt. III.99, *p.* 110, *l.* 1.

바즈롤리 [무드라]를 통해서 [자신의] 라자스를 보존한다면 그녀 역시 요기니이다:

월광 만약 여성(nārī, strī)이 남자의(puṃsaḥ, puruṣasya)의 정액(bindu, vīrya)을 끌어올린 후 바즈롤리, 즉 바즈롤리 무드라를 통해 [자신의] 라자스를 보존한다면 그녀 역시 요기니, 즉 '탁월한 여성 수행자'로 알려져야만 한다. 한편, [첫 번째 구(pāda[a])를] "남자의 정액과 결합된"(puṃso bindusamāyuktam)으로 읽는다면(iti pāṭhe), 그것은 [세 번째 구에 있는] '라자스'(rajas)[라는 단어]의 수식어이다.[171]

---

171 다른 필사본의 원문이 언급되었다는 점에서 '브라흐마난다가 다수의 필사본을 가지고 있었고 또 『하타의 등불』의 원문에 대한 비평 작업도 병행했다는 것'을 알 수 있다. 이와 관련된 내용은 I.12, III.91에서 발견되고 또 III.50, 53, III.66송에 대한 해설에서도 다른 필사본의 원문이 언급되고

puṃsaḥ puruṣasya binduṃ vīryaṃ samākuñcya samyag ākṛṣya nārī strī yadi rajo vajrolyā vajrolīmudrayā rakṣet sāpi nārī yoginī praśastayogavatī jñeyā | puṃso bindusamāyuktam iti pāṭhe tu etad rajaso viśeṣaṇam || Hp-Jt. III.99, *p.* 110, *ll.* 2-5.

100

그녀는 [자신의] 라자스를 조금도 소실하지 않는다. [여기에는] 의심할 것이 없다.
그녀의 몸속에 [있던] 나다(nāda)는 [상승한 후 심장 위에서] '빈두'와 결합한다.

III.100$^{a\text{-}b}$ tasyāḥ kiṃcid rajo nāśaṃ na gacchati na saṃśayaḥ |
III.100$^{c\text{-}d}$ tasyāḥ śarīre nādaś ca bindutām eva gacchati || [172]

【해설】

브라흐마난다는 본 게송의 의미를 '바즈롤리를 수련한 여성에게 나타난 효과'(nārīkṛtāyā vajrolyāḥ phalam)로 해설하는데 본 게송에서의 '나다와 빈두의 결합'은 om과 •(아누스바라)의 결합을 의미한다.[173]

있다.

172 세 번째 구(pāda^{c})는 아누쉬뚜브-쉴로까(Anuṣṭubh-Śloka)의 확장형인 마-비뿔라(Ma-vipulā)이다.

173 브라흐마난다는 III.64에서 나다와 빈두를 다음과 같이 해설한 바 있다. "나다(nāda, 秘音)란 '부딪히지 않고서 울리는 소리'(an-āhata-dhvani, = om)이고 빈두는 '아누스바라'(•)인데, 양자(= oṃ)가 물라 반드하에 의해 하나가 된 후, 즉 합일한 후에…." 원문은 III.64에 대한 해설을 참조.
한편, 후속 게송(101)과의 문맥 그리고 브라흐마난다의 해설을 고려하면 여기서의 나다(nāda)를 '여성의 라자스(rajas)'로, 그리고 빈두(bindu)를 남성의 정액으로 파악할 수도 있다.

그녀의 라자스는 조금도 소실되지 않는다:

월광 바즈롤리 수련에 통달한 그 여성은 [자신의] 라자스를 조금도, 즉 극소량조차도(su-alpam api) 소실하지 않게 된다. 소실하는 일이 일어나지 않는다, 유실되지 않는다는 의미이다.

tasyā vajrolyabhyasanaśīlāyā nāryā rajaḥ kiṃcit kim api svalpam api nāśaṃ na gacchati naṣṭaṃ na bhavati patanaṃ na prāpnotīty arthaḥ | Hp-Jt. III.100, *p*. 111, *ll* 1-3.

그녀의 몸속에 [있던] 나다(nāda)는 [상승한 후 심장 위에서] '빈두'와 결합한다:

월광 그 여성의 몸속에서 나다(nāda)는 오직 빈두와 결합한다. [다시 말해서] 물라드하라(회음부)에서 상승한 나다는 심장 위에서 빈두와 결합하게 된다. [이 말은] 빈두(bindu)와 하나가 된다는 의미이다. 『불멸의 성취』(*Amṛtasiddhi*)[174]은 [다음과 같이 말한다].

"종자(bīja,=bindu)는 남성에서, 라자스(rajas)는 여성에서 생성된다고 말해졌다. 이 두 가지가(anayoḥ)[175] 외적으로 결합할 경우엔 인간이 탄생한다. [하지만 빈두와 라자스가] 내적으로 결합할 때는 요가수행자로 칭송된다. 빈두는 달이 만든 것이고, 라자스는 태양이 만든 것이라고 말해졌는데 이 두 가지가 합쳐질 때 최고의 경지가 일어난다. 빈두는 천상의 행복을 주는 것이기도 하고 [초월적인] 해탈을 주는 것이기도 하며 그와 같이 선(善)을 주기도 하며 악(惡)을 주기도 한다. 빈두 속에는 모든 신들이 미세한 형태로 머물러 있다."

tasyā nāryāḥ śarīre nādaś ca bindutām eva gacchati mūlādhārād

---

174 *Amṛtasiddhi*는 *Amṛtasiddhiyoga*로도 불리는데, 저자는 11세기 인물로 추정되는 비루빡샤(Virūpākṣa, 혹은 Virūpākṣasiddha 혹은 Virūpa로도 불림)이다. Hp. I.5에 대한 해설 및 각주를 참조.

175 anayoḥ (idam, *du.Ge.*).

utthito nādo hṛdayopari bindubhāvaṃ gacchati | bindunā sahaikībhavatīty arthaḥ | amṛtasiddhau- 'bījaṃ ca pauruṣaṃ proktaṃ rajaś ca strīsamudbhavam | anayor bāhyayogena sṛṣṭiḥ saṃjāyate nṛṇām || yadābhyantarayogaḥ syāt tadā yogīti gīyate | binduś candramayaḥ prokto rajaḥ sūryamayaṃ tathā | anayoḥ saṃgamād eva jāyate paramaṃ padam | svargado mokṣado bindur dharmado 'dharmadas tathā | tanmadhye devatāḥ sarvās tiṣṭhante sūkṣmarūpataḥ || ' iti || Hp-Jt. III.100, *p.* 111, *ll.* 3-12.

101

바즈롤리를 수련함으로써, 자신의 몸속에서 하나로 합쳐진 그(남성) 빈두와 그(여성) 라자스는 [바즈롤리 수행자에게] 모든 초능력을 준다.

III.101^{a-b} sa bindus tad rajaś caiva ekībhūya svadehagau |
III.101^{c-d} vajrolyabhyāsayogena sarvasiddhiṃ prayacchataḥ[176] ||

102

라자스를 위로 끌어올림으로써 보존할 수 있다면 그녀는 진실로 요기니이다.

[그녀는] 과거와 미래를 알고 그리고 확고한 '케짜리'가 될 것이다.

III.102^{a-b} rakṣed ākuñcanād ūrdhvaṃ yā rajaḥ sā hi yoginī |
III.102^{c-d} atītānāgataṃ vetti khecarī ca bhaved dhruvam ||

---

176 prayacchataḥ (pra√yam. *Pres., III.du.*).

【해설】

월광 수축함으로써, 즉 요니를 수축함으로써 위쪽의 지점까지 라자스를 끌어올린 후 보존하는 그 여성은 '진실로', 즉 '요가서에서 확립되었듯이' [바로] 그 요기니는 과거와 미래, 다시 말해서 지난 일과 아직 도래하지 않은 일에 대해 알게 되고 확고히, 의심할 바 없이 허공에서, 공중에서 걷게 된다. [그녀는] 허공을 걷는 자, 다시 말해서 '공중을 걷는 자'(antarikṣacarī)가 될 것이다.
yā nāry ākuñcanād yonisaṃkocanād ūrdhvam upari sthāne nītvā rajo rakṣet | hīti prasiddhaṃ yogaśāstre | sā yoginy atītānāgataṃ bhūtaṃ bhaviṣyaṃ ca vastu vetti jānāti dhruvam iti niścitaṃ khe 'ntarikṣe caratīti khecary antarikṣacarī ca bhavet || Hp-Jt. III.102, *pp.* 111, *ll.* 1 ~ *p.* 112, *l.* 2.

103

바즈롤리를 수련함으로써 신체가 완성된다.
이 요가는 공덕을 주며, 향락을 즐길지라도 해탈을 준다.
III.103$^{a\text{-}b}$ dehasiddhiṃ ca labhate vajrolyabhyāsayogataḥ | [177]
III.103$^{c\text{-}d}$ ayaṃ puṇyakaro yogo bhoge bhukte 'pi muktidaḥ ||

【해설】

신체가 완성된다:

월광 미모, 매력, 활력, 금강석같은 강건함을 갖춘 사람이 된다.
rūpalāvaṇyabalavajrasaṃhananatvarūpāṃ labhate | Hp-Jt. III. 103, *p.* 112, *l.* 2.

---

177 첫 번째 구(pāda[a])는 아누쉬뚜브-쉴로까(Anuṣṭubh-Śloka)의 확장형인 나-비뿔라(Na-vipulā)이다.

샤띠짤라나(꾼달리니 자극) 무드라(Śakticālanamudrā)

샤띠짤라나(śakticālana)에서 샤띠(śakti)는 꾼달리니를 의미하므로 이 무드라는 '잠들어 있는 꾼달리니를 지속적으로 잡고 흔드는 무드라'라 할 수 있다. 『하타의 등불』은 무려 23개의 게송으로 샤띠짤라나를 설명하는데 이것은 단일 행법에 대한 설명 중에서 가장 많은 분량이다.[178]

104

이제 샤띠짤라나가 [설명된다].
꾸띨랑기 · 꾼달리니 · 브후장기 · 샤띠 · 이슈와리 ·
꾼달리 · 아룬드하띠와 같은 이 [일곱] 단어들은 동의어들이다.

atha śakticālanam
III.104$^{a\text{-}b}$ kuṭilāṅgī kuṇḍalinī bhujaṅgī śaktir īśvarī |[179]
III.104$^{c\text{-}d}$ kuṇḍaly arundhatī caite śabdāḥ paryāyavācakāḥ ||

105

마치 열쇠로(kuñcikayā) 문을(kapāṭam) 열 수 있듯이
그와 같이 요가수행자는 '하타[요가]를 통해서 [각성된] 꾼달리니로써' 해탈의 문(=수슘나)을 열 수 있다.

---

178 샤띠짤라나 무드라는 『하타의 등불』은 물론이고 14세기의 『쉬바상히따』와 17세기 말의 문헌인 『게란다상히따』에서도 언급되지만 방법에는 약간의 차이가 있다. 이 점에 대해서는 아래의 III.114송에 대한 해설을 참조.

179 첫 번째 구(pāda^{a})는 아누쉬뚜브-쉴로까(Anuṣṭubh-Śloka)의 확장형인 브하-비뿔라(Bha-vipulā)이다.

III.105^{a-b} uddhāṭayet kapāṭaṃ tu yathā kuñcikayā haṭhāt |
III.105^{c-d} kuṇḍalinyā tathā yogī mokṣadvāraṃ vibhedayet ||

【해설】

105, 106, 107송은 고락샤의 것으로 알려진 『식별의 태양』(*Vivekamārtaṇḍa*. 53, 33, 39) 등에서도 발견되는 유명한 게송이다.[180]

꾼달리니로써 해탈의 문을 열 수 있다:

월광 요가수행자는 하타[요가]를 통해서, 즉 하타[요가]를 수련함으로써 [각성된] 꾼달리니 샤띠(śakti)로써 해탈문, 즉 해탈의 문이자 입구인 수슘나라는 통로를 열 수 있다, 완전하게 열 수 있다. 그 이유는 "그것이 위로 올라갈 경우 불멸성을 얻는다."(『찬도갸 우빠니샤드』VIII.6.6) 라고 천계서에서 말해졌기 때문이다.
yogī haṭhād dhaṭhābhyāsāt[181] kuṇḍalinyā śaktyā mokṣadvāraṃ mokṣasya dvāraṃ prāpakaṃ suṣumnāmārgaṃ vibhedayed viśeṣeṇa bhedyet | tayordhvam āyann amṛtatvam etīti śruteḥ (Chānd-Up. VIII.6.6) || Hp-Jt. III.105, *pp*. 112, *ll*. 3 ~ *p*. 113, *ll*. 2.

브라흐마난다가 인용한 천계서는 '101개의 나디 중 하나(=수슘나)가 정수리로 상승할 때 불멸성을 얻는다'는 『찬도갸 우빠니샤드』 VIII.8.6.6의 일부분이다.[182]

---

180 『하타의 등불』과 『식별의 등불』에서 세 개송의 배열과 번호는 다름.
181 *san*: haṭhāt + haṭhābhyāsāt = haṭhād dhaṭhābhyāsāt.
182 이 점에 대해서는 본서 II.66송에 대한 해설을 참조.

106

[꾼달리니는] 이 길(=수슘나)을 따라 [상승해서] 고통이 없는 곳인 '브라흐만의 자리'(=브라흐마란드흐라)에 도달해야만 하지만 [각성되기 전의] 위대한 여신(=꾼달리니)은 그 [수슘나]의 문(vāram)을 얼굴로 덮은 채 잠들어 있다.

III.106[a-b] yena mārgeṇa gantavyaṃ brahmasthānaṃ nirāmayam |
III.106[c-d] mukhenācchādya tadvāraṃ prasuptā parameśvarī ||

【해설】

'브라흐만의 자리'(=브라흐마란드흐라):

월광 브라흐만이 현현하는 곳이 '브라흐만의 자리'인데 [그것은] 브라흐마란드흐라이다. 이 점에 대해 "그 왕관의 깃털 안에 최고의 아뜨만이 깃들어 있다."라고 천계서가 말했기 때문이다.
brahmāvirbhāvajanakaṃ sthānaṃ brahmasthānaṃ brahmarandhram | "tasyāḥ śikhāyā madhye paramātmā vyavasthitaḥ" (Mah. Nār. XI.13) iti śruteḥ | Hp-Jt. III.106, *p*. 113, *ll*. 2-4.

[꾼달리니는] 이 길(=수슘나)을 따라:

월광 이 길, 즉 수슘나라는 통로를 따라….
yena mārgeṇa suṣumnāmārgeṇa … Hp-Jt. III.106, *p*. 113, *l*. 4.

[각성되기 전의] 위대한 여신(=꾼달리니)은 그 [수슘나]의 문(vāram)을 얼굴로 덮은 채 잠들어 있다:

월광 위대한 여신, 즉 꾼달리니는 출입구를 얼굴로 덮은 채, 즉 막은 채로 잠들어 있다, 수면 중이다.
praveśamārgaṃ mukhenāsyenācchādya ruddhvā parameśvarī kuṇḍalinī prasuptā nidritāsti || Hp-Jt. III.106, *p*. 113, *ll*. 5-6.

107

꾼달리니 샥띠는 요가수행자들에게는 해탈을 [주고], 어리석은 자들에게는 속박을 [주기] 위해서 깐다 위에서(kandordhve) 잠들어 있다. 그녀(꾼달니니 샥띠)를 아는 자가 '요가를 아는 자'이다.

III.107^{a-b} kandordhve kuṇḍalī śaktiḥ suptā mokṣāya yoginām |
III.107^{c-d} bandhanāya ca mūḍhānāṃ yas tāṃ vetti sa yogavit ||

【해설】

『하타의 등불』을 비롯해서 『고락샤샤따까』와 『고락샤빠드핫띠』 『비베까마르딴다』 등 고락샤의 것으로 귀속된 문헌은 꾼달리니가 잠들어 있는 위치를 '깐다 위쪽'(kandordhva)[183]으로 보지만(브라흐마난다에 따르면 깐다의 위치는 '회음부에서 24cm 정도 위쪽으로 배꼽과 성기의 중간 부분'이다. 아래의 113에 대한 해설을 참조), 『쉬바상히따』와 『게란다상히따』 등은 '꾼달리니가 잠들어 있는 곳'을 회음부의 물라드하라 [짜끄라](mūlādhāracakra, 혹은 ādhāra로 표현됨)로 본다. 브라흐마난다도 꾼달리니가 잠들어 있는 곳을 대체로 물라드하라 짜끄라로 해설하지만[184] 본 게송에서는 깐다로 해

---

183 고락샤의 것으로 귀속된 세 문헌에 동일한 내용이 발견된다.
"깐다 위에서 뱀처럼 여덟 번 감고 있는 꾼달리니 샥띠는"
kandordhvaṃ kuṇḍalī śaktir aṣṭadhā kuṇḍalākṛtī | GoŚ. 47^{a}.
kandordhvaṃ kuṇḍalī śaktir aṣṭadhā kuṇḍalākṛtī | GoP. 46^{a-b} 55^{a}.
kandordhvaṁ kuṇḍalī śaktir aṣṭadhā kuṭilākṛtī | ViM. 53^{a}.

184 "샥띠의 각성을 통해서, 다시 말해서 샥띠, 아드하라 샥띠, 꾼달리니는…."
(śaktiprabhāvāc chaktir ādhāraśaktiḥ kuṇḍalinī … Hp-Jt. I.48, *p.* 26, *l.* 10.)
"물라드하라에 머물고 있는 '똬리를 튼 것', 즉 뱀 [다시 말해서] 그 꾼달리니를"(mūladhārasthitā phaṇāvatī bhujaṅgī sā kuṇḍalī … Hp-Jt. III.112, *p.* 115, *ll.* 1-2.)
"그 꾼달리니 샥띠의 … '움직임'이란 물라드하라에서 위쪽으로 이끌어지

설하고 있다.

문헌에 따라 꾼달리니의 위치는 다르지만 이것은 관점이나 시점의 차이이지 상충되는 것은 아니다. 그 이유는 태양, 쁘라나를 의미하는 '하'(ha)와 달, 아빠나를 의미하는 '타'(ṭha)가 결합하는 장소가 하복부의 깐다인데 바로 이곳에서 하(ha)와 타(ṭha)가 결합(yoga)한 이후에 꾼달리니가 각성된다는 점에서 깐다를 꾼달리니의 모태로 볼 수도 있기 때문이다. 한편, '각성된 꾼달리니'가 수슘나로 진입하고 상승하기 위해서는 회음의 물라드하라 짜끄라로 내려와서 이곳에서 질적인 변화를 겪은 후, 다시 말해서 쁘라나로 변한 후에 수슘나로 진입하게 된다. 따라서 꾼달리니는 물라드하라 짜끄라에서 실질적인 여정을 시작한다고 할 수 있고 이 점에서 꾼달리니가 잠든 곳을 물라드하라로 볼 수도 있다.[185] 따라서 깐다와 물라드하라 짜끄라 중 어떤 측면과 시점을 강조하는가에 따라 꾼달리니의 위치에 대한 설명이 다르다고 할 수 있는데 그 이유는 꾼달리니 자체는 무형의 에너지이고 각성된 이후에 비로소 지각될 뿐 각성되기 이전엔 느껴질 수 있는 것이 아니기 때문이다. 이와 관련해서 흥미로운 것은 스바뜨마라마는 물론이고 브라흐마난다 역시 '각성되기 이전의 무형의 에너지로서의 꾼달리니'를 꾼달리니, 꾼달리, 꾸띨랑기 등으로 불렀지만 일단 그것이 각성된 이후엔 '쁘라나'로 불렀다는 것이다.

는 것이다."(sā kuṇḍalī śaktir yena … cālitā mūlādharād ūrdhvaṃ nītā. Hp-Jt. III.108, *pp.* 113, *ll.* 2 ~ *p.* 114, *l.*-1.)

185 '꾼달리니가 잠들어 있는 곳을 스바드히스타나 짜끄라로 보는 것과 물라드하라 짜끄라로 보는 것이 틀린 견해가 아니라는 것'에 대한 한의학적 설명은 이태영(2004, pp. 52-53)을 참조.

깐다 위에서(kandordhve) 잠들어 있는 꾼달리니 샥띠는 요가수행자들에게는 해탈을 [주고], 어리석은 자에게는 속박을 [준다]:

월광 깐다 위쪽에, 즉 깐다 윗부분에 있는 꾼달리 샥띠는 요가수행자에게 해탈을 주기 위해서 잠들어 있고, 어리석은 자에겐 속박을 주기 위해 잠들어 있다. 요가수행자들은 그녀(꾼달리니)를 깨움으로써 해탈하지만 어리석은 자들은 그것을 알지 못하기 때문에 속박되어 있다는 의미이다.

kuṇḍalī śaktiḥ kandordhve kandasyoparibhāge yoginām mokṣāya, suptā mūḍhānāṃ bandhanāya suptā | yoginas tāṃ cālayitvā muktā bhavanti | muḍhās tadajñānād baddhās tiṣṭhantīti bhāvaḥ | | Hp-Jt. III.107, *p.* 113, *ll.* 1-3.

그녀를 아는 자는 요가를 아는 자이다:

월광 그녀, 즉 꾼달리니를 아는 사람이 요가를 아는 사람이다. '모든, 요가의 가르침들이 꾼달리니를 근간으로 하기 때문에'라는 의미이다.

tāṃ kuṇḍalinīṃ yo vetti sa yogavit | sarveṣāṃ yogatantrāṇāṃ kuṇḍalyāśrayatvād ity arthaḥ || Hp-Jt. III.107, *p.* 113, *ll.* 3-4.

108

마치 뱀처럼 '똬리를 틀고 있는 것'이라고 말해진 꾼달리,
바로 그 [꾼달리] 샥띠를 깨운 자는 해탈한다. 여기에는 의심의 여지가 없다.

III.108^{a-b} kuṇḍalī kuṭilākārā[186] sarpavat parikīrtitā |
III.108^{c-d} sā śaktiś cālitā yena sa mukto nātra saṃśayaḥ ||

---

186 *BahVr.*

【해설】

그 [꾼달리] 샥띠를 깨운 자는 해탈한다:

월광 꾼달리니 샥띠를 자극해서 물라드하라 [짜끄라]에서 위쪽의 [브라흐마란드흐라로] 끌어올린 자는 해탈한다, 다시 말해서 무지의 속박에서 벗어나게 된다.

sā kuṇḍalī śaktir yena puṃsā cālitā mūlādhārād ūrdhvaṃ nītā sa mukto 'jñānabandhān nivṛttaḥ | Hp-Jt. III.108, *pp*. 113, *ll*. 2 ~ *p*. 114, *l*. 1.

여기에는 의심의 여지가 없다:

월광 여기, 즉 이 말에 대해서는 의심할 것이 없다. [그가 해탈한다는 것에는] 의심할 것이 없다는 의미이다. 그 이유는 천계서에서 "그것이 위로 올라갈 경우 불멸성을 얻는다."라고 말해졌기 때문이다.[187]

atrāsminn arthe saṃśayo na saṃdeho nāstīty arthaḥ | "tayordhvam āyann amṛtatvam eti"(Chānd-Up. VIII.6.6) iti śruteḥ || Hp-Jt. III.108, *p*. 114, *ll*. 2-3.

109

강가와 야무나 강 사이에 있는 젊은 과부(bālaraṇḍā) 고행자를 힘껏 잡아야 한다. 그것은(tat) 비쉬누의 최고 처소로 [인도한다].

III.109$^{a\text{-}b}$ gaṅgāyamunayor madhye bālaraṇḍāṃ tapasvanīm |
III.109$^{c\text{-}d}$ balātkāreṇa gṛhṇīyāt tad viṣṇoḥ paramaṃ padam ||

187 Hp. II.66에 대한 해설을 참조.

【해설】

강가와 야무나 강 사이에 있는 젊은 과부 고행자를 힘껏 잡아야 한다:

월광 강가와 야무나는 '이다와 삥갈라'를 의미하는데 그 두 [나디] 중간, 즉 수슘나의 통로에 있는 여자고행자, 즉 굶고 있는 젊은 과부, 다시 말해서 '젊은 과부라는 말이 지시하는 꾼달리'를 힘껏, 강하게(haṭhena) 잡아야 한다.

gaṅgāyamune iḍāpiṅgale tayor madhye suṣumnāmārge tapasvīṃ niraśanasthiteḥ bālaraṇḍāṃ bālaraṇḍāśabdavācyāṃ kuṇḍalīṃ balātkāreṇa haṭhena gṛhṇīyāt | Hp-Jt. III.109, *p*. 114, *ll*. 2-4.

그것은(tat):

월광 그것, 즉 '강가와 야무나의 중간 [나디] (=수슘나)에서 그녀를 잡는 것'은 ⋯.

tat tasyā gaṅgāyamunayor madhye grahaṇaṃ ⋯ Hp-Jt. III.109, *p*. 114, *l*. 4.

110

이다(iḍā)는 존귀한 강가(갠지스)이고 삥갈라는 야무나 강이다.
이다와 삥갈라의 중간(=수슘나)에 있는 젊은 과부가 꾼달리이다.[188]

III.110$^{a\text{-}b}$ iḍā bhagavatī gaṅgā piṅgalā yamunā nadī |
III.110$^{c\text{-}d}$ iḍāpiṅgalayor madhye bālaraṇḍā ca kuṇḍalī ||

188 꾼달리니가 과부로 묘사된 것은 '여성적인 에너지라 할 수 있는 꾼달리니'가 브라흐마란드흐라에 머무는 쉬바를 아직 만나지 못한 상태이기 때문이다.

【해설】

월 광 이다(iḍā)는 왼쪽으로 흐르는 나디(nāḍī)로서 존귀함과 권능을 갖춘 강가, 즉 '강가(갠지스)라는 말로 지시되는 [나디]'이다. 삥갈라는 오른쪽으로 흐르고 '야무나라는 말로 지시되는' 야무나 강(nadī) 이다. 이다와 삥갈라 사이에, 다시 말해서 [이다와 삥갈라의] 중앙(=수슘나 속)에 있는 꾼달리 그것이 '젊은 과부', 즉 '젊은 과부라는 말이 지시하는 것'이다.

iḍā vāmaniḥśvāsā nāḍī bhagavaty aiśvaryādisaṃpannā gaṅgā gaṅgāpadavācyā, piṅgalā dakṣiṇaniḥśvāsā yamunā yamunāśabdavācyā nadī | iḍāpiṅgalayor madhye madhayagatā yā kuṇḍalī sā bālaraṇḍā bālaraṇḍāśabdavācyā || Hp-Jt. III.110, *p.* 114, *ll.* 1-4.

111

꼬리를 잡고서, 잠자고 있는 그 뱀(꾼달리니)을 깨운다면
그 샥띠는 잠에서 깨어난 후 강력하게 위로 올라간다.

III.111[a-b] pucche pragṛhya bhujagīṃ suptām udbodhayec ca tām | [189]
III.111[c-d] nidrāṃ vihāya sā śaktir ūrdhvam uttiṣṭhate haṭhāt ||

【해설】

잠자고 있는 그 뱀(꾼달리니)을:

월 광 잠들어 있는, 다시 말해서 수면에 든 뱀, 즉 꾼달리니를….

suptāṃ nidritāṃ bhujagīṃ tāṃ kuṇḍalinīṃ··· Hp-Jt. III.111, *p.*

---

189 첫 번째 구(pāda[a])는 아누쉬뚜브-쉴로까(Anuṣṭubh-Śloka)의 확장형인 나-비뿔라(Na-vipulā)이다.

114, *l*. 1.

그 샥띠는 잠에서 깨어난 후 강력하게 위로 올라간다:

월광 그 샥띠, 즉 꾼달리는 잠에서 깨어난 후 강력하게(haṭhāt) 위쪽으로 올라간다는 의미이다. 하지만 이 비밀은 스승의 가르침을 통해 터득해야 한다.

sā śaktiḥ kuṇḍalī nidrāṃ vihāya haṭhād ūrdhvaṃ tiṣṭhata ity anvayaḥ | etad rahasyaṃ tu gurumukhād avagantavyam || Hp-Jt. III.111, *p*. 114, *ll*. 2-3.

112

태양(오른쪽 코)으로 숨을 마신 후 감싸는 방법으로 '[잠들어] 있는 뱀(꾼달리니)'[190]을 잡고서 [매일] 새벽(prātas)과 저녁(sāyam)에 1시간 30분(praharārdha) 동안 계속해서 흔들어야 한다.

III.112[a] avasthitā caiva phaṇāvatī sā
III.112[b] prātaś ca sāyaṃ praharārdhamātram |
III.112[c] prapūrya sūryāt paridhānayuktyā
III.112[d] pragṛhya nityaṃ paricālanīyā ||

【해설】

본 송의 운율은 11음절의 인드라바즈라와 우뻰드라바즈라가 혼용된 우빠자띠(Upajāti)이다. 이 중에서 두 번째 구(pāda[b])는 인드라바즈라(— — ∪ — — ∪ ∪ — ∪ — —)이고 나머지 구(pāda[a, c, d])는 우뻰드라바즈라(∪ — ∪ —

190 『하타의 등불』은 꾼달리니가 잠들어 있는 곳을 '깐다 위'(kandordhva)로 말하지만 브라흐마난다는 물라드하라(혹은 아드하라) 짜끄라로 해설한다. 깐다(kanda)의 위치는 아래의 107송 및 113에 대한 해설을 참조.

—∪ ∪—∪ ——)인데 이와 같은 구조의 우빠자띠는 재차 릿드히(Ṛddhi)로 불린다.

태양(오른쪽 코)**으로 숨을 마신 후:**

태양으로 숨을 마신다는 것은 단순히 오른쪽 코로 숨을 마신다는 것이 아니라 '풀무(bhastrikā) 꿈브하까를 실행해라는 것'을 의미한다.[191] 풀무 꿈브하까의 방법은 II.26-65송에서 설명되었고 브라흐마난다는 II.65송에 대한 주석에서 풀무 꿈브하까를 두 가지 방법으로 해설한 바 있다.

[잠들어] 있는 뱀(꾼달리니)**을:**

월광 물라드하라 [짜끄라]에 머물고 있는 뱀, 독사, 즉 꾼달리를 ….
mūladhārasthitā phaṇāvatī bhujaṅgī sā kuṇḍalī ··· Hp-Jt. III. 112, *p.* 115, *ll.* 1-2.

감싸는 방법으로(paridhānayuktyā) **잡고서:**

브라흐마난다는 paridhānayuktyā를 "paridhāne yuktis tayā paridhānayuktyā pragṛhya gṛhītvā | "(*p.* 115, *ll.* 2-3)으로 해설하고 말미에서 "paridhānayukti를 스승(deśika)으로부터 배워야 하는 것"(paridhānayuktir deśikād bodhyā ‖ Hp-Jt. III.112, *p.* 115, *l.* 5)'으로 간단하게 해설한다. paridhānayukti는 '옷을 입을 때처럼 옷으로 몸을 감싸는 방식'으로 파악되는데 방법은 아래의 114-117에서 설명된다.

---

191 샥띠 자극 무드라와 풀무 꿈브하까의 밀접한 관계는 IV.115, 122송에서 언급된다.

1시간 30분 동안:

브라흐마난다는 '쁘라하라의 절반'을 '야마의 절반'으로 해설하고 그것을 2 무후르따(muhūrta)로 해설한다. 야마(yāma)와 쁘라하라(prahara)는 3시간이므로 그것의 절반은 약 90분이다. 1무후르따는 48분이고 2 muhūrta는 그것의 두 배인 약 96분이다.

월광 '야마(=3시간)의 절반', 즉 … '쁘라하라(=3시간)의 절반'(=약1시간 30분)동안, 다시 말해서 '2 무후르따'(=96분)의 시간만큼….
yāmasyārdhaṃ … praharārdhamātraṃ muhūrtadvayamātraṃ … Hp-Jt. III.112, *p*. 115, *l*. 4.

113

[요가수행자들은, 깐다가 회음에서] 12앙굴라(24cm) 위에 [있고]
넓이는 4앙굴라(9cm)이며
부드럽고(mṛdulaṃ) 희며 둘둘 말린 옷과 같은 형태라고 말했다.
III.113^{a-b} ūrdhvaṃ vitastimātraṃ tu vistāraṃ caturaṅgulam |
III.113^{c-d} mṛdulaṃ dhavalaṃ proktaṃ veṣṭitāmbaralakṣaṇam ||

【해설】

본 게송은 『요가비자』(*Yogabīja*, 92)에서도 발견된다.

[깐다는 회음에서] 12앙굴라(24cm) 위에 [있는데]:

월광 '깐다(kanda)를 압박함으로써 샥띠를 자극하는 무드라'(샥띠짤라나 무드라)를 말하기에 앞서 [본 게송은] 깐다의 위치와 형태에 대해 "위로"(ūrdhvaṃ)라는 [첫 단어 이하에서] 설명한다. [깐다의 위치는] 회음부에서 '비따스띠의 길이 정도'(vitastimātra, vitastipramāṇa,

=12앙굴라, 24cm) 위쪽, 다시 말해서 배꼽과 성기의 중간에 [깐다가 있다]. 이것으로 깐다의 위치가 설명되었다. 이 점에 대해서 『고락샤샤따까』는, "깐다요니는 성기에서 위쪽으로, 배꼽에서 아래쪽에 새의 알처럼 있는데, 그곳이 7만 2천 개의 나디들이 발생하는 곳이다."(『고락샤샤따까』16)라고 말한 바 있다. 그리고 야갸발꺄는 [깐다에 대해 다음과 같이 말했다].

"항문에서 2앙굴라 위쪽이고, 성기에서 2앙굴라 아래인 그 중간이 인간의 경우 '신체의 중앙'이라고 말해졌다." (YoY. IV.14.)

"인간의 경우 깐다의 위치는 [바로 그] '신체의 중앙'에서 9앙굴라에 [있고], [깐다의] 넓이와 폭은 4앙굴라이다."(YoY. IV.16.)

"[깐다의] 모양은 달걀과 같고 막(膜, tvac) 등으로 장식되어 있는데, 네 발을 가진 동물(catuspad, 육상 동물)들과 양서류(tiraśca, 땅과 바다에서 사는 동물)들과 새(dvija: 날개를 가진 동물)들의 경우 [깐다(kanda)는] 위(胃) 속에 있다."(YoY. IV.17.)

kandasaṃpīḍanena śakticālanaṃ vivakṣur ādau kandasya sthānaṃ svarūpaṃ cāha - ūrdhvam iti | mūlasthānād vitastimātraṃ vitastipramāṇam ūrdhvam upari nābhimeḍhrayor madhye | etena kandasya sthānam uktam | tathā coktaṃ gorakṣaśatake- "ūrdhvaṃ meḍhrād adho nābheḥ kandayoniḥ khagāṇḍavat | tatra nāḍyaḥ samutpannāḥ sahasrāṇāṃ dvisaptiḥ || (GoŚ. 16)" iti | yājñavalkyaḥ- "gudāt tu dvyaṅgulād ūrdhvaṃ meḍhrāt tu dvyaṅgulād adhaḥ | dehamadhyaṃ tayor madhyaṃ manujānām itīritam || YoY. IV.14 || kandasthānaṃ manuṣyāṇāṃ dehamadhyān navāṅgulam | caturaṅgulavistāram āyāmaṃ ca tathāvidham || YoY. IV.16 || aṇḍākṛtivad ākārabhūṣitaṃ ca tvagādibhiḥ | catuṣpadāṃ tiraścāṃ ca dvijānāṃ tundamadhyagam || "(YoY. IV.17) iti | Hp-Jt. III.113, *p.* 115, *ll.* 1 ~ *p.* 116, *l.* 2.

계속해서 브라흐마난다는 '회음부와 깐다 사이의 거리'를 나타내는 단위인 'vitastimātra'에 대해 해설한다.

월광 항문에서 2앙굴라 위, 1앙굴라 안쪽, 그곳에서 9앙굴라가 깐다의 위치이다. 결합하면 12앙굴라의 길이인데 그것이 vitastimātram (=12앙굴라)이다.

gudād dvyaṅgulopary ekāṅgulaṃ madhyaṃ tasmān navāṅgulaṃ kandasthānaṃ, militvā dvādaśāṅgulapramāṇaṃ vitastimātraṃ jātam । Hp-Jt. III.113, *p*. 116, *ll*. 4-5.

[깐다의] 넓이는 4앙굴라이고 부드럽고 희고, 둘둘 말린 옷 형태라고 말해졌다:

월광 4앙굴라(caturaṅgula)는 수사한정복합어(Dvigu)로 '4앙굴라'[를 의미하는데 바로 이] 4앙굴라 정도가 [깐다의] 폭(幅, vistāra)이다. '폭'(vistāra) 길이(dairghyasya)에 대해서도 비유적으로 언급되었다. 4앙굴라의 길이에 부드럽고(mṛdula, komala), 희고(dhavala, śubhra), 말려진(veṣṭita), 즉 둘둘 말린 형태(veṣṭanākārīkṛtam)의 옷(ambara, vastra)이 그것(깐다)의 정의(lakṣaṇa, svarūpa)처럼, 즉 본성인 것처럼 말했다, 설명했다. "깐다의 본성에 대해 요가수행자들은"이라는 말을 [본 게송에] 보충해야 한다.

caturṇām aṅgulānāṃ samāhāraś caturaṅgulaṃ caturaṅgulapramāṇaṃ vistāram । vistāro dairghyasyāpy upalakṣaṇam । caturaṅgulaṃ dīrghaṃ ca mṛdulaṃ komalaṃ dhavalaṃ śubhraṃ veṣṭitaṃ veṣṭanākārīkṛtaṃ yadambaraṃ vastraṃ tasya lakṣaṇaṃ svarūpam iva lakṣaṇaṃ svarūpaṃ yasya tādṛśaṃ proktaṃ kathitam । kandasvarūpaṃ yogibhir iti śeṣaḥ ॥ Hp-Jt. III.113, *p*. 116, *ll*. 5-9.

114

금강좌를 취한 상태에서 양손으로 양 발을 단단히 잡고
발목[의 약간 윗쪽] 부분에 접촉된 깐다를 힘껏 압박해야 한다.

III.114$^{a\text{-}b}$ sati vajrāsane pādau karābhyāṃ dhārayed dṛḍham |
III.114$^{c\text{-}d}$ gulphadeśasamīpe ca kandaṃ tatra prapīḍayet ||

【해설】

본 게송과 동일한 내용은『고락샤샤따까』(*Gorakṣaśataka*. 59)에서도 발견된다.

샤띠짤라나 무드라는 금강좌를 취한 후 양 발목으로 하복부의 깐다를 압박하고 또 풀무 꿈브하까를 반복하는 것인데 본 게송에서는 먼저 깐다를 압박하는 것에 대해 언급한다. Hp는 달인좌를 I.35, 36송에서 두 종류로 언급한 후 수행자들에 따라 이 자세가 달인좌, 금강좌, 해탈좌, 비밀좌로 불린다고 말하지만(I.37송) 브라흐마난다는 I.37송에 대한 주석에서 네 좌법을 미세하게 구별한 바 있다. 브라흐마난다에 따르면 달인좌는 '왼발의 뒤꿈치를 회음부에 고정시키고서 오른발 뒤꿈치를 성기 위에 두는 것'이고 금강좌는 '오른쪽 발꿈치를 회음부에 고정시킨 후 왼쪽 발꿈치를 성기 위에 붙이는 것'이다.[192]

스바뜨마라마가 설명한 샤띠짤라나의 방법은『게란다상히따』의 방법과 다소 다른데『게란다상히따』에서 설명된 샤띠짤라나는 '달인좌를 취한 후 양쪽 코로 숨을 마시고 참은 상태에서' 암말 무드라(aśvinīmudrā)

---

192 I.37에 대한 브라흐마난다의 해설을 참조.

로써 천천히 항문을 조이고 푸는 것을 반복하는 것[193]이고 『하타의 등불』의 샥띠짤라나 무드라는 '금강좌에서 깐다를 압박하고 오른쪽 코로 숨을 마신 후 참은 상태에서' 웃디야나 반드하를 실행하는 것(III.116[a])이다. 『게란다상히따』의 경우 '괄약근을 조이고 푸는 암말 무드라'가 포인트이고 『하타의 등불』의 경우 '하복부를 등 쪽으로 끌어당기는 웃디야나반드하 무드라'가 포인트이다. 이 차이는 꾼달리니가 잠들어 있는 위치를 물라드하라(mūlādhāra, 혹은 ādhāra, mūlādhāracakra)로 보는지 아니면 깐다 위쪽으로 보는지 여부에서 비롯된 차이인데 『게란다상히따』가 항문을 수축하는 암말 무드라를 언급했던 이유는, 꾼달리니를 물라드하라에 있는 것으로 보기 때문이고[194] 『하타의 등불』이 웃디야나 반드하 무드라를 언급했던 것은 '꾼달리니를 깐다(하단전)에 있는 것으로 간주하기[195] 때문이다. 하지만 『게란다상히따』와 『하타의 등불』의 방법은 모두 유효하다. 이 점에 대해서는 위의 III.107에 대한 해설을 참조.

월광 [본 게송 세 번째 구(pāda[c])에 "그리고"(ca)라는 말이 있으므로(cakārāt) 그 깐다 부위에서 펼친 두 발로 깐다를 압박해야 한다. 발목 위쪽에 두 손으로 두 발을 잡은 후 복부 아래 쪽 부위에 있는 깐다를 압박해야 한다는 의미이다.

---

193 "암말 무드라로서 조심스럽게 항문을 수축해라. 바유가 수슘나로 강력하게 상승하는 것이 자각될 때까지."(tāvad ākuṇcayed guhyam aśvinīmudrayā śanaiḥ | yāvad gacchet suṣumnāyāṃ haṭhād vāyuḥ prakāśayet || GhS. III.46.)

194 "위대한 신이자 자신의 힘인 꾼달리니는 물라드하라(회음부)에서 뱀처럼 세 바퀴 반을 감은 채 잠들어 있다."(mūlādhāre ātmaśaktiḥ kūṇḍalī paradevatā | śayitā bhujagākārā sārdhatrivalayānvitā || GhS. III.40.)

195 "깐다 위에서 잠든 꾼달리니 샥띠는" (kandordhve kuṇḍalī śaktiḥ suptā … Hp. III.107[a]).

cakārād dhṛtābhyāṃ pādābhyāṃ tatra kandasthāne kandaṃ prapīḍayet prakarṣeṇa pīḍayet | gulphād ūrdhvaṃ karābhyāṃ pādau gṛhītvā nābher adhobhāge kandaṃ pīḍayed ity arthaḥ | Hp-Jt. III.114, *p*. 116, *ll*. 4-5.

115

금강좌를 유지한 요가수행자가 꾼달리니를 자극한 후
곧바로 풀무 [꿈브하까]를 행한다면 꾼달리니는 재빠르게(āśu) 각성될 것이다.

III.115[a-b] vajrāsane sthito yogī cālayitvā ca kuṇḍalīm |
III.115[c-d] kuryād anantaraṃ bhastrāṃ kuṇḍalīm āśu bodhayet ||

【해설】

본 게송은 『요가비자』(*Yogabīja*) 125송과 동일하다.

금강좌를 유지한 요가수행자가 꾼달리니를 자극한 후:

월 광 '금강좌를 유지한 요가 수행자가 꾼달리를 자극한 후에'[라는 말은] '샤띠자극 무드라를 실행한 후에'라는 의미이다. 샤띠자극 무드라를 실행한 후 곧바로, 신속히 풀무, 즉 풀무로 불리는 꿈브하까를 해야 한다. 이와 같이 함으로써 꾼달리, 즉 샤띠는 신속히 재빠르게 각성될 것이다, 완전히 각성될 것이다.

vajrāsane sthito yogī kuṇḍalīṃ cālayitvā śakticālanamudrāṃ kṛtvety arthaḥ | anantaraṃ śakticālanānantaraṃ bhastrāṃ bhastrākhyaṃ kumbhakaṃ kuryāt | evaṃ rītyā kuṇḍalīṃ śaktim āśu śīghraṃ bodhayet prabuddhāṃ kuryāt | Hp-Jt. III.115, *pp*. 116, *ll*. 1-3.

116

태양(bhānu)을 수축한다면 꾼달리가 움직이게 될 것이다.
[그러면] 죽음의 입에 떨어졌을지라도 어찌 그에게 죽음의 공포가 있겠는가?
III.116[a-b] bhānor ākuñcanaṃ kuryāt kuṇḍalīṃ cālayet tataḥ |
III.116[c-d] mṛtyuvaktragatasyāpi tasya mṛtyubhayaṃ kutaḥ ||

【해설】

본 게송은 『요가비자』(*Yogabīja*) 94송과 동일하다.

브라흐마난다의 해설에 따르면 '태양을 수축하는 것'은 복부를 등쪽으로 끌어당기는 웃디야나 반드하를 실행하는 것이다.

월광 태양, 즉 배꼽 부위에 있는 태양을 수축한다면[이라는 의미이다]. 오직 배꼽을 수축함으로써만 이것(태양)이 수축된다. 태양이 수축되기 때문에 꾼달리, 즉 샥띠가 움직일 것이다. 그러면 죽음의 입(vaktra, mukha)에 떨어질지라도 어떻게 그 사람에게 죽음의 공포, 즉 죽음에 대한 두려움이 있을 수 있겠는가? 결코 없다는 의미이다.

bhānor nābhideśasthasya sūryasyākuñcanaṃ kuryāt | nābher ākuñcanenaivāsyākuñcanaṃ bhavati | tato bhānor ākuñcanāt kuṇḍalīṃ śaktiṃ cālayet | mṛtyor vaktraṃ mukhaṃ gatasyāpi prāptasyāpi tasya puṃso mṛtyubhayaṃ kālabhayaṃ kutaḥ? na kuto 'pīty arthaḥ || Hp-Jt. III.116, *p.* 117, *ll.* 1-4.

117

1시간 36분 동안 두려움 없이 [꾼달리니를] 자극한다면
수슘나 속에 있던 그녀는(asau) 조금씩 위로 끌려지게 된다.
III.117^{a-b} muhūrtadvayaparyantaṃ nirbhayaṃ cālanād asau |
III.117^{c-d} ūrdhvam ākṛṣyate kiṃcit suṣumnāyāṃ samudgatā ||

【해설】

117-119송은 말린슨(Mallinson: 2011a)이 새롭게 발굴한 필사본(*Gorakṣaśataka*, Ms. No. R. 7874)에서도 발견된다.[196]

1시간 36분 동안:

muhūrta는 48분이고, muhūrta의 두 배(dvaya)는 약 96분이다. 브라흐마난다는 2 muhūrta를 4 ghaṭikā로 해설하는데 1 ghaṭikā는 24분이므로 4 ghaṭikā는 약 96분이 된다.

월광 2 무후르따(muhūrtadvaya), 즉 [무후르따의] 두 배, 즉 한 쌍의 [무후르따], 다시 말해서 '4 그하띠까로 구성된 [시간'에] 도달할 때까지 …
muhūrtayor dvayaṃ yugmaṃ ghaṭikācatuṣṭayātmakaṃ tatparyantaṃ … Hp-Jt. III.117, *p*. 117, *l*. 1.

---

196 Hp. III.117 = GoŚ. 22^{cd}-23^{ab}
Hp. III.118 = GoŚ. 23^{cd}-24^{ab}
Hp. III.119 = GoŚ. 26^{cd}-27^{ab}

118

이렇게 해서 그 꾼달리니는 그 수숨나의 입구에서 완전히 떠난다. 따라서 쁘라나는 수숨나 속으로 저절로(svataḥ) 진입한다.

III.118[a-b] tena kuṇḍalinī tasyāḥ suṣumnāyā mukhaṃ dhruvam |
III.118[c-d] jahāti tasmāt prāṇo 'yaṃ susūmnāṃ vrajati svataḥ || [197]

【해설】

본 게송에서 '각성된 꾼달리니'는 '쁘라나'로 대체되고 있다. 각성되기 이전의 잠재적인 에너지로서의 꾼달리니는 '둘둘 말려 있다는 의미에서' 꾼달리니로 표현되지만 각성된 후엔 쁘라나로 대체된다. 수슘나로 진입하는 주체는 쁘라나이고 바로 이 쁘라나, 즉 아빠나와 불(소화의 불)과 결합되어 질적인 변화를 겪은 쁘라나이다. 따라서 꾼달니리가 수슘나로 진입한다는 것은 하나의 비유이고 정확한 표현은 『하타의 등불』에서 표현된 대로, 쁘라나가 수슘나로 진입하고 상승하는 주체이다.

월광 이렇게 해서, 즉 꾼달리니가 위로 조금씩 이끌림으로써 그 고결한 수슘나의 입구, 즉 진입 통로에서 완전히 떠난다. 길을 나섰으므로 이 쁘라나 바유는 저절로, 즉 본성적으로 수슘나 속으로 진입한다, 들어간다. [이 말은] '꾼달리니[가 각성됨]으로써 [쁘라나가] 수슘나의 입구에서 지체하지 않고(prāgeva) 떠났기 때문에'라는 의미이다.

tenordhvākarṣaṇena kuṇḍalinī tasyāḥ prasiddhāyāḥ suṣumnāyā

197 세 번째 구(pāda[c])는 아누쉬뚜브-쉴로까(Anuṣṭubh-Śloka)의 확장형인 마-비뿔라(Ma-vipulā)이다.

mukhaṃ praveśamārgaṃ dhruvaṃ niścitaṃ jahāti tyajati | tasmān mārgatyāgād ayaṃ prāṇavāyuḥ svataḥ svayam eva suṣumnāṃ vrajati gacchati | suṣumnāmukhāt prāgeva kuṇḍalinyā nirgatatvād iti bhāvaḥ || Hp-Jt. III.118, *p.* 117, *ll.* 1-4.

119

그러므로 편히 잠들어 있는 아룬드하띠(꾼달리니)를[198] 항상 자극해야 한다.
그녀가 [가볍게] 진동하기만 해도 요가수행자는 질병들에서 벗어나게 된다.
III.119$^{a\text{-}b}$ tasmāt saṃcālayen nityaṃ sukhasuptām arundhatīm |
III.119$^{c\text{-}d}$ tasyāḥ saṃcālanenaiva yogī rogaiḥ pramucyate ||

【해설】

그러므로 편히 잠들어 있는 아룬드하띠(꾼달리니)를 항상 자극해야 한다:

월광 샤띠 자극 [무드라]에 의해서 쁘라나가 수숨나로 진입할 수 있으므로, 따라서 편하게 잠든, 즉 편히 잠자는 그녀, 즉 편히 잠들어 있는 아룬드하띠 샤띠를 항상, 날마다 자극해야 한다, 정확히 자극해야 할 것이다.

yasmāc chakticālanena prāṇaḥ suṣumnāṃ vrajati tasmād sukhena suptā sukhasuptā tāṃ sukhasuptām arundhatīṃ śaktiṃ nityaṃ pratidinaṃ saṃcālayet samyak cālayet | Hp-Jt. III.119, *p.* 118, *ll.* 1-3.

---

198 아룬드하띠는 꾼달리니의 동의어이다. Hp. III.104를 참조.

그녀가 [가볍게] 진동하기만 해도:

월광 그 샥띠의 진동만으로도, 다시 말해서 [샥띠가] 단순히 움직이기만 해도 ….

tasyāḥ śakteḥ saṃcālanenaiva saṃcālanamātreṇa … Hp-Jt. III. 119, *p*. 118, *l*. 3.

120

샥띠를 움직이게 함으로써 그 요가수행자는 초능력을 지니게 된다.
여기에 무슨 많은 말이 더 필요하단 말인가? [그는] 유희하듯이 죽음을 극복한다.

III.120*a-b* yena saṃcālitā śaktiḥ sa yogī siddhibhājanam |
III.120*c-d* kim atra bahunoktena kālaṃ jayati līlayā ||

121

범행(梵行, brahmacarya)을 즐기고(rata) 언제나 '유익한 음식을 [먹고] 절식하며'
꾼달리를 수련하는 요가수행자들에게는 40일경에 성공의 증표가 나타난다.

III.121*a-b* brahmacaryaratasyaiva nityaṃ hitamitāśinaḥ |
III.121*c-d* maṇḍalād dṛśyate siddhiḥ kuṇḍalyabhyāsayoginaḥ ||

【해설】

유익한 음식을 [먹고] 절식하며:

소유복합어 'hitamitāśinaḥ'는 '이로운 음식을 적절히 먹는 자'를 의미하고[199] '꾼달리를 수행하는 요가수행자'(=꾼달리 자극 무드라를 수련하는 자)

를 수식한다.

월광 이로운 음식(hitam, pathyam)을 '[위장의] 1/4을 비우고' 섭취하며 꾼달리를 수련하는자, 즉 샥띠짤라나 [무드라]를 수련하는 바로 그 사람은 ….

hitaṃ pathyaṃ mitaṃ caturthāṃśavarjitam aśnātīti tasya kuṇḍalyabhyāsaḥ śakticālanābhyāsaḥ sa eva … Hp-Jt. III.121, *p*. 118, *ll*. 2-3.

40일경에:

월광 만달라로부터, 즉 40일 내에 ….

maṇḍalāc catvāriṃśaddinātmakād anantaraṃ. Hp-Jt. III.121, *p*. 118, *l*. 3-4.

122

꾼달리니를 자극한 후에 풀무 [꿈브하까]를 특별히 [수련]해야 한다.
항상 이와 같이 수련하는 요가 수행자에게 어찌 죽음의 공포가 있겠는가?

III.122$^{a\text{-}b}$ kuṇḍalīṃ cālayitvā tu bhastrāṃ kuryād viśeṣataḥ |
III.122$^{c\text{-}d}$ evam abhyasyato nityaṃ yamino yamabhīḥ kutaḥ ||

199 이로운 음식(hita)은 I.62-63송에서 설명되었고 절식(節食, mita)에 대해서는 I.58송에서 정의되었는데 절식은 '아주 부드럽고 달콤한 음식을 [위장의] ¼ 부분을 비워 둔 채 쉬바(Śiva)를 즐겁게 하기 위해 먹는 것'이다.

【해설】

꾼달리니를 자극한 후에 풀무 [꿈브하까]를 특별히 [수련]해야 한다:

월광 꾼달리니를 자극한 후에, 다시 말해서 샥띠짤라나 [무드라]를 한 후에는 지체하지 말고 풀무, 즉 풀무로 불리는 꿈브하까를 해야 한다.

kuṇḍalīṃ cālayitvā śakticālanaṃ kṛtvā | athānantaram eva bhastrāṃ bhastrākhyaṃ kumbhakaṃ kuryāt | Hp-Jt. III.122, *p.* 119, *ll.* 1-2.

어찌 죽음의 공포가 있겠는가:

월광 죽음의 공포, 즉 죽음에 대한 두려움이 있겠는가? 결코 없다는 의미이다. [이 말은] 요가수행자가 신체를 떠나는 것(죽는 것)은 [전적으로] 자신의 의지에 달려 있기 때문이라는 것을 의도하는 표현이다.

yamabhīr yamād bhayaṃ kutaḥ? na kuto 'pīty arthaḥ | yogino dehatyāgasya svādhīnatvād iti tātparyam || Hp-Jt. III.122, *p.* 119, *ll.* 3-4.

요가 수행자가 자신의 의지대로 신체를 떠날 수 있다는 것에 대해서는 III. 82 특히 IV.17에 대한 브라흐마난다의 해설을 참조.[200]

---

200 " … 오랜 시간동안 반복해서 삼매를 경험한 요가수행자는 [예지(豫智)로써 자신이] 죽을 시간을 먼저 알기 때문에 기(氣, vāyu)를 브라흐마란드흐라에 보냄으로써(nītvā) 시간을 정지시키고 또 자신의 의지대로 신체를 떠날 수 있다는 [의미이다]. (해당 원문 및 전후 맥락은 IV.17에 대한 해설을 참조.)

123

72,000 나디들의 오물을 청소하는데
꾼달리 수련(=샥띠짤라나 무드라)보다 더 좋은 방법이 있겠는가?
III.123[a-b] dvāsaptatisahasrāṇāṃ nāḍīnāṃ malaśodhane |
III.123[c-d] kutaḥ prakṣālanopāyaḥ kuṇḍalyabhyasanād ṛte ||

【해설】

72,000 나디(nāḍī)들:

'72,000개의 나디'라는 표현은 I.39, IV.18에서도 발견되는데 나디의 수에 대해서는 I.39송에 대한 대한 해설을 참조.

124

중앙의 나디(수슘나)는 요가수행자의 확고한 수련, 즉
체위와 호흡 수련, 무드라를 통해서 곧게(saralā) [서게] 될 것이다.
III.124[a-b] iyaṃ tu madhyamā nāḍī dṛḍhābhyāsena yogināṃ |
III.124[c-d] āsanaprāṇasaṃyāmamudrābhiḥ saralā bhavet ||

【해설】

중앙의 나디는 … 곧게 [서게] 될 것이다:

월광 바로 이 중앙의 나디, 즉 수슘나는 요가수행자들의 확고한 수련에 의해서, 다시 말해서 길상좌 등과 같은 아사나와 호흡수련(prāṇasaṃyāma, prāṇāyāma) 및 마하무드라를 비롯한 무드라와 같은 [확고한 수행에 의해] 곧게 서게 될 것이다.
iyaṃ madhyamā nāḍī suṣumnā yogināṃ dṛḍhābhyāsenāsanaṃ svāstikādiprāṇasaṃyāmaḥ prāṇāyāmo mudrā mahāmudrādikā taiḥ saralā ṛjvī bhavet || Hp-Jt. IV.124, *p.* 119, *ll.* 1-3.

하타요가의 조력자로서의 라자요가

125

수련할 때 니드라(=수면)에 빠지지 않고 삼매로 마음을 고정시킨 자들에게
루드라니(=샴브하비) 혹은 다른 무드라(운마니 등의 무드라)는 '지고한 경지'를 준다.

III.125^{a-b} abhyāse tu vinidrāṇāṃ mano dhṛtvā samādhinā |
III.125^{c-d} rudrāṇī vā parā mudrā bhadrāṃ siddhiṃ prayacchati ||

【해설】

루드라니(=샴브하비) 혹은 다른 무드라는:

월광 루드라니, 즉 삼브하비 무드라 혹은 다른 것, 즉 운마니 등[의 무드라는] 훌륭하고 완벽하게 요가를 완성시킨다, [요가의 완성으로] 이끈다. 이것으로 '하타요가의 조력자'로서의 라자요가가 설명되었다.

rudrāṇī śāṃbhavī mudrā vā athavā parānyā unmanyādikā, bhadrāṃ śubhāṃ siddhiṃ yogasiddhiṃ prayacchati dadāti | etena haṭhayogopakārako rājayogaḥ proktaḥ || Hp-Jt. III.125, *pp*. 119, *ll*. 3 ~ *p*. 120, *l*. 2.

126

라자요가 없이는 대지(아사나)도, 라자요가 없이는 밤(꿈브하까)도, 라자요가 없이는 다양한 무드라조차 빛을 발할 수 없다.

III.126^{a-b} rājayogaṃ vinā pṛthvī rājayogaṃ vinā niśā |
III.126^{c-d} rājayogaṃ vinā mudrā vicitrāpi na śobhate ||

【해설】

라자요가 없이는:

브라흐마난다는 여기서의 라자요가를 두 가지 의미로 해설하는데 하나는 '하타요가를 수련한 결과로 획득된 삼매의 경지'이고 다른 하나는 II.76에 대한 해설에서 설명된 '운마니와 샴브하비와 같은 명상적 무드라 혹은 베단따적 15지 요가 등'이다.(수행법으로서의 라자요가에 대해서는 II.76에 대한 해설을 참조.)

월광 라자요가는 '내적인 작용(마음)이 지멸된 후 아뜨만의 영역과 동일한 흐름을 취하게 된 무분별(無分別, nirvikalpaka)의 상태이다. 혹은 "하타[요가] 없이는 라자요가가 [성취되지 않는다.]"라는 이 말에서 암시되었던 '그 사다나 수련을 [의미하는데 바로 그 라자요가를] 결여한다면,
vṛttyantaranirodhapūrvakātmagocaradhārāvāhikanirvikalpakavṛttī rājayogaḥ | 'haṭhaṃ vinā rājayogaḥ'(II.76) ity atra sūcitas tatsādhanābhyāso vā taṃ vinā tam ṛte | Hp-Jt. III.126, *p.* 120, *ll.* 2-4.

대지(pṛthvī):

월광 '대지'(pṛthvī)라는 말은 '견고함'이라는 속성과 결부되므로 아사나를 의미하는데 그것(아나사)는 [라자요가 없이는] 빛나지 않는다, 다시 말해서 광채를 잃는다.
pṛthvīśabdena sthairyaguṇayogād āsanaṃ lakṣyate | tan na rājate na śobhate | Hp-Jt. III.126, *p.* 120, *l.* 4.

밤(niśā):

월광 라자요가가 없다면 마치 한밤중(夜)처럼 밤, 즉 꿈브하까는 빛날

수 없다. 일반적으로(prāyeṇa) 밤에는 사람이 돌아다니지 않기 때문에 [본 게송의] '밤'(niśā)이라는 말은 '쁘라나가 돌아다니지 않는 것을 특징으로 하는 꿈브하까'를 지칭한다.
rājayogaṃ vinā niśeva niśā kumbhako na rājate, niśāyāṃ prāyeṇa janasaṃcārābhāvāt | niśāśabdena prāṇasaṃcārābhāvalakṣaṇaḥ kumbhako lakṣyate | Hp-Jt. III.126, *p*. 120, *ll*. 5-7.

무드라조차:

월 광 라자요가 없이는 마하무드라 등과 같은 다양한 무드라들조차 혹은 여러 종류, 다양한 [무드라]조차 빛나지 않는다, 광채를 잃는다.
rājayogaṃ vinā mudrā mahāmudrādirūpā vicitrāpi vividhāpi vilakṣaṇāpi vā na rājate na śobhate | Hp-Jt. III.126, *p*. 120, *ll*. 7-8.

에필로그: 무드라 수련의 권유

127

호흡[과 관련된] 모든 수행법은 마음을 집중해서 올바르게 수련해야 한다.
지혜로운 자는(manīṣiṇā) 마음이 이곳 저곳에서 작용하지 않게끔 해야 한다.
III.127^{a-b} mārutasya vidhiṃ sarvaṃ manoyuktaṃ samabhyaset |
III.127^{c-d} itaratra na kartavyā manovṛttir manīṣiṇā ||

【해설】

호흡[과 관련된] 모든 수행법:

월광 호흡, 즉 바유[의 통제와 관련된] 모든 수행법, 즉 꿈브하까에 의거한 무드라 수행법은….

mārutasya vāyoḥ sarvaṃ vidhiṃ kumbhakamudrāvidhānaṃ … Hp-Jt. III.127, *p.* 120, *l.* 1.

128

이와 같은 10가지 무드라들이 아디나타 샴부(=śiva)에 의해 설해졌다.
이들(=무드라) 하나 하나는 '통제된 자'(요가수행자)에게 위대한 축복을 준다.

III.128^{a-b} iti mudrā daśa proktā ādināthena śaṃbhunā |
III.128^{c-d} ekaikā tāsu yamināṃ mahāsiddhipradāyinī ||[201]

【해설】

위대한 축복을 준다:

월광 축소술과 같은 초능력 혹은 독존을 이루게 해 주는 것이다.

aṇimādipradātrī kaivalyapradātrī vā || Hp-Jt. III.128, *p.* 121, *ll.* 4-5.

---

201 세 번째 구(pāda^{c})는 아누쉬뚜브-쉴로까(Anuṣṭubh-Śloka)의 확장형인 나-비뿔라(Na-vipulā)이다.

에필로그: 스승에 대한 칭송

129

전통에 입각해서 무드라의 가르침을 전수하는 자,
바로 그가 '신령스런 스승'이고 스바미이고 '육체를 지닌 신'(=눈으로 볼 수 있는 신)이다.
III.129$^{a\text{-}b}$ upadeśaṃ hi mudrāṇāṃ yo datte sāṃpradāyikam |
III.129$^{c\text{-}d}$ sa eva śrīguruḥ svāmī sākṣād īśvara eva saḥ ||

【해설】

전통에 의거해서:

월광 스승에서 제자로 대대로 이어지는 방식으로 전수된 [가르침]이 [바로] '전통에 입각한 가르침'이다.
guruparaṃparārūpād āgataṃ sāṃpradāyikam upadeśaṃ. Hp-Jt. III.129, *p.* 121, *l.* 2.

육체를 지닌 신:

월광 그 [스승]이 바로 '눈으로 볼 수 있는 [자재신]', 다시 말해서 지각할 수 있는 자재신이다. 그 [스승]은 자재신과 다를 바 없다는 의미이다.
sākṣāt pratyakṣa īśvara eva saḥ | īśvarābhinna eva sa ity arthaḥ | Hp-Jt. III.129, *p.* 121, *ll.* 4-5.

130

그의 말씀을 따르고 무드라 수련에 전념한 자는

축소술 등의 초능력들로써 시간을 속이게 된다.
III.130[a-b] tasya vākyaparo bhūtvā mudrābhyāse samāhitaḥ |
III.130[c-d] aṇimādiguṇaiḥ sārdhaṃ labhate kālavañcanam ||

【해설】

시간:

월광 시간, 즉 죽음을 ….
kālasya mṛtyor… Hp-Jt. III, *p*. 122, *l*. 5.

이상은 쉬리 스바뜨마라마가 저술한 『하타의 등불』 중 '무드라에 대한 가르침'으로 불리는 세 번째 가르침이다.
iti śrīsvātmārāmayogīndraviracitāyāṃ haṭhayogapradīpikāyāṃ mudrāvidhānaṃ nāma tṛtīyopadeśaḥ.[202]

---

202 브라흐마난다의 주석 『월광』(*Jyotsnā*) 제3장 콜로폰은 다음과 같다.
iti śrīsvātmārāmayogindraviracitāyāṃ haṭhayogapradīpikāyāṃ mudrāvidhānaṃ nāma tṛtīyopadeśaḥ.

▌제4장▌ 네 번째 가르침

삼매

Caturthopadeśaḥ: Samādhiḥ

네 번째 짜끄라(maṇipūracakra)에 대한 설명을 담은 채색 필사본 중 일부. 후대로 갈수록 짜끄라의 수는 점점 확대되는데 12짜끄라 체계에서 마니뿌라 짜끄라는 네 번째 짜끄라에 해당한다.

Ms. H.738 (Lahore Museum)

Haṭhapradīpikā. Woolner Collection(Punjab Univ. Library), Ms. Nr. 403, F.59r.
산스끄리뜨 필사본『하타의 등불』제IV장 중 일부

{sā śaktiś cā-}
1 litā yena sa mukto nātra saṃśayaḥ ‖ 80 ‖ dvāsaptati
2 sahasrāṇi nāḍīdvārāṇi paṃjare ‖ suṣumnā śāṃ-
3 bhavī śaktiḥ śeṣās tv eva nirarthakāḥ ‖ 81 ‖ su-
4 ṣumnāvāhini prāṇe sidhyaty eva manonmanī ‖ a-
5 nyathā vividhābhyāsā prayāsāyaiva yogināṃ ‖ 82
6 pavano badhyate yena pavanas tena badhyate ‖ manas tu
7 badhyate yena pavanas tena badhyate ‖ 83 ‖ hetu dvayaṃ

{그 꾼달리니를 깨운} 자는 해탈한다. 여기엔 의심할 것이 없다. 80.
몸 안엔 72,000개의 나디가 있는데 수슘나는
샴브하비의 힘을 지니지만 나머지는 별 쓸모가 없다. 81.
수슘나로 쁘라나가 흐를 때 비로소 마논마니(삼매)가 성취되지만
그 외의 다양한 행법은 수행자에게 피로만 줄 뿐이다. 82.
기가 고정되면 그로 인해 마음이 고정되고
마음이 고정되면 그로 인해 기(pavana)도 고정된다. 83.
{마음을 동요시키는} 두 가지 원인은 ….

귀경게

1

나다(nāda)와 빈두(bindu)와 깔라(kalā)를 본성으로 하는 스승, 쉬바에게 경배합니다.
항상 그에게(tatra) 몰입된 자는 청정한 경지에 도달한다.
IV.1^{a-b} namaḥ śivāya gurave nādabindukalātmane |[1]
IV.1^{c-d} nirañjanapadaṃ yāti nityaṃ tatra parāyaṇaḥ ||

【해설】

스승, 쉬바에게 경배합니다:

월 광 첫 번째와 두 번째, 세 번째 가르침(章)에서 [각각] 설명된 아사나, 꿈브하까, 무드라의 목표라 할 수 있는 라자요가(삼매)를 설명하고자 하는 스바뜨마라마는, '큰 일에는 마(魔)가 많이 끼기 마련'이고 여기서도 많은 난관이 생겨나기 때문에 그 장애물을 제거하기 위해 '쉬바와 다를 바 없는 스승'(śivābhinna-guru)에 대한 예경을 담은 귀경게를 "경배합니다"(namaḥ)로 [시작하는 단어 이하로] 표한다. "쉬바에게" [라는 말은] '즐거움을 본성으로 하는 자에게' 혹은 '자재신과 다를 바 없는 스승에게'[를 의미하는데], '쉬바와 스승이 동일하나는 점에 대해서는 다음과 같이 말해진 바 있다'(taduktam). "나타여! 세존이여! 스승의 모습으로 나타나신 쉬바에게 경배합니다."라고. [본 게송의] "스승에게"[라는 말은] '선생님에게' 혹은 '모든 존재들 속에 내재해 있는 스승에게', 다시 말해서 '모든 이의 스승인 쉬바, 즉 자재신에게'를 [의

---

1 첫 번째 구(pāda^{a})는 아누쉬뚜브-쉴로까(Anuṣṭubh-Śloka)의 확장형인 나-비뿔라(Na-vipulā)이다.

미한다]. 이 점에 대해선 『빠딴잘리의 수뜨라』(*Pātañjalasūtra*)가 "[그는(=자재신은)] 시간에 제약되지 않은 존재이므로 옛 사람들(선조들)의 스승이다."고 말한 바 있다. "경배합니다."라는 말은 '숙여서 절할지어다'[는 의미이다]. 어떤 쉬바에게 [경배해야 하는가]? 나다와 빈두와 깔라를 본성으로 하는 스승이다.

prathamadvitīyatṛtīyopadeśoktānām āsanakumbhakamudrāṇāṃ phalabhūtaṃ rājayogaṃ vivakṣuḥ svātmārāmaḥ śreyāṃsi bahuvighnānīti tatra vighnabāhulyasya saṃbhavāt tannivṛttaye śivābhinnagurunamaskārātmakaṃ maṅgalam ācarati - nama iti | śivāya sukharūpāyeśvarābhinnāya vā | tad uktam - "nasmste nātha bhagavañ[2] śivāya gururūpiṇe" iti | gurave deśikāya yad vā gurave sarvāntaryāmitayā nikhilopadeṣṭre śivāyeśvarāya | tathā ca pātañjalasūtram- "[sa] pūrveṣām api guruḥ kālenānavacchedāt"(YS. I.26) iti | namaḥ prahvībhāvo 'stu | kīdṛśāya śivāya? gurave nādabindukalātmane | Hp-Jt. IV. 1, *p*. 123, *ll*. 1-8.

나다(nāda)와 빈두(bindu)와 깔라(kalā)[3]를 본성으로 하는:

월광 '쇠 종(鐘) 소리와 같은' 울림(anuraṇana, 메아리)이 나다(秘音, nāda)이

2 bhagavañ] bhagavan. Hp-Jt^{Adyar}.

3 깔라(kalā)는 Hp에서 가장 번역하기 힘든 용어 중 하나이다. 일반적으로 이 용어는 '부분', '일부'를 의미하지만 샤이비즘이나 본서에서는 다른 의미로 사용되는데 본서에서는 문맥에 따라 '혀'(jihvā: III.33, 37)를 의미할 때도 있고 감로(소마의 감로. somakalā: III.45, 소마의 감로수 somakālajala: III.45)를 의미하지만 나다-빈두-깔라의 세트에서의 의미는 파악하기 힘들다. 까비라즈(Kaviraj:)는 샤이비즘에서의 깔라(나다-빈두-깔라 포함)에 대해 연구했지만 여기서의 '나다와 빈두와 깔라를 본성으로 하는 스승'과 어떤 관련을 맺을지는 모호하다. 브라흐마난다는 '나다-빈두-깔라'를 '옴(oṃ)과 관련된 비음명상(nādānusaṃdhāna)'과 관련시키고 있다. * 한편 유사한 형태의 단어인 kāla(시간)는 본서에서 모두 죽음(mṛtyu)을 의미한다.

다. 빈두는 '아누스바라에 뒤따라 일어나는 소리(dhvani)'이다. 깔라(kalā)는 나다의 일부분이다.[4] 이 세 가지를(tāḥ) 본질, 본성으로 하는 자에게 [라는 말은] '나다와 빈두와 깔라[와 같은 세 가지]를 본질로 하는 자에게'라는 의미이다.

kāṃsyaghaṇṭānirhrādavad anuraṇanaṃ nādaḥ | bindur anusvārottarabhāvīdhvaniḥ | kalā nādaikadeśaḥ, tā ātmā svarūpaṃ yasya sa tathā tasmai | nādabindukalātmanā vartamānāyety arthaḥ | Hp-Jt. IV. 1, *p*. 123, *ll*. 8-10.

항상 그에게(tatra) 몰입된 자는:

본 게송의 'tatra'는 쉬바 또는 스승을 의미하고 소유복합어 parāyaṇaḥ는 '몰입한 자'를 의미한다.

월광 '그에게'[라는 말은] '나다와 빈두와 깔라를 본성으로 하는 쉬바, 즉 스승에게'[를 의미하는데, 바로 그에게] 항상, 언제나 몰입된 자(者)란 '[쉬바에게] 몰입한 사람'[을 의미한다]. 이것으로 '비음 명상(nādānusaṃdhāna)이 [여기서의] 주제라는 것이 말해졌고 또 [본송의] 앞 구(句, 첫 번째 빠다)에 의해 '스승과 쉬바가 동일하다는 것'도 암시되었다.

tatra nādabindukalātmani śive gurau nityaṃ pratidinaṃ parāyaṇo 'vahitaḥ pumān | etena nādānusaṃdhānaparāyaṇa ity uktam | pūrvapādena guruśivayor abhedaś ca sūcitaḥ | Hp-Jt. IV.1, *p*. 123, *ll*. 10-12.

청정한 경지에 도달한다:

브라흐마난다는 '청정한 경지'를 '마야(māyā)의 부가물(upādhi)이 없는

---

4 'kalā nādaikadeśaḥ'를 '깔라는 나다와 동일하다'로 번역할 수도 있다.

최고의 브라흐만'으로 해설하는데 이것은 샹까라(Śaṅkara)의 불이론(advaita) 철학에 입각한 해설로 판단된다.[5] 샹까라에 따르면 마야(māyā)는 '참자아에 대한 무지(avidyā)'를 의미하고 '마야의 부가물(māyopādhi)'은 '참자아에 대한 무지로 인해 참자아로 오해된 신체나 감관, 지위, 나이 등과 같은 비본질적인 요소'를 의미한다. 샹까라에 따르면 참자아(ātman)에 대한 무지로 인해 사람들은 감관, 신체, 나이, 지위 등과 같은 비본질적인 부가물(upādhi)을 참자아(ātman)으로 착각하고 '나는 바라문이다', '나는 뚱뚱하다', '나는 서 있다', '나는 벙어리다'와 같은 표현을 하게 된다.[6] 샹까라에 따르면, 우빠니샤드의 말씀을 듣고 숙고하고 명상함으로써 '이와 같은 부가물이 제거된 상태의 순수의식(cit)'이 참자아(ātman)인데 바로 이 참자아는 브라흐만과 다르지 않다.

---

5 브라흐마난다의 사상적 배경이 불이론 베단따라는 점은 IV.61송 및 III.82송에 대한 해설에서 단적으로 드러난다. III.82에서 브라흐마난다는 저명한 베단따 학자인 비디야란야(Vidyāraṇya)를 존경의 복수형인 Vidyāraṇyaiḥ (*m.pl.Ins.*)로 표현한 바 있다.

6 샹까라의 『브라흐마경 주해』 서문에서 가탁(假託, adhyāsa)에 대해 논의했는데 그중에 다음과 같은 내용을 들 수 있다.
"그와 같이 '나는 뚱뚱하다', '나는 말랐다', '나는 [피부색이] 희다', '나는 서 있다', '나는 가고 있다', '나는 뛰어오른다'와 같은 신체의 속성을 [아뜨만에 가탁시킨다]. 마찬가지로 '나는 벙어리다', '외눈이다', '불능이다', '귀머거리이다', '장님이다'라고 감관의 속성을 [아-뜨만에 가탁시킨다]. 마찬가지로 욕망, 사고, 의심, 단정 등등의 내적 기관의 속성을 [아뜨만에 가탁시킨다]. 이와 같이 '나'라는 관념을 가진 것을 자신의 모든 행위의 증인(sākṣin)인 내아(內我, pratyagātman)에 가탁하고 반대로 모든 [행위의] 증인인 내아를 내적기관에 가탁시킨다."(tathendriyadharmān 'mūkaḥ kāṇaḥ, klībo, badhiro 'ndho 'ham iti, tathāntaḥkaraṇadharmān kāmasaṁkalpavicikitsā adhyavasāyādīn | evam ahaṁ pratyayinam aśeṣasvapracārasākṣiṇi pratyagātmany adhyasya taṁ ca pratyagātmānaṁ sarvasākṣinaṁ tadviparyayeṇāntaḥkaraṇādiṣv adhyasyati | BS-Śbh. 서문 (Ānss I, *pp.* 16-17.)

월광 '부정한 것'(añjana) [이라는 말은] 마야의 부가물(māyopādhi) [을 의미하고], 그것이 없어진 것이 청정한 것, 즉 순수한 것인데 요가 수행자들이 [그 청정한 곳에] 도달한다는 말은 '최고의 브라흐만에 도달하는 것', 다시 말해서 '[최고의 브라흐만을] 획득한다' [는 의미이다]. 이 점에 대해서는 [차후에 스바뜨마라마가] "비음명상을 통해 삼매에 든 자들의…"(IV.81) 등등의 [게송들]로써 언급할 것이다.

añjanaṃ māyopādhis tadrahitaṃ nirañjanaṃ śuddhaṃ, padyate gamyate yogibhir iti padaṃ brahma yāti prāpnoti | tathā ca vakṣyati - "nādānusaṃdhānasamādhibhājām"(Hp. IV.81) ityādinā || Hp-Jt. IV.1, *p*. 123, *ll*. 12-14.

삼매의 길

2

이제 지금부터 나는, 삼매의 길에 대해 말하고자 한다. [이것은 삼매에 이르게 하는 수단 중에서] 가장 뛰어난 것이고,
죽음을 파괴하는 것이고, 행복을 주는 것이고 또 브라흐만의 환희라는 궁극적인 [결과를] 주는 것이다.

IV.2$^{a\text{-}b}$ athedānīṃ pravakṣyāmi samādhikramam uttamam |
IV.2$^{c\text{-}d}$ mṛtyughnaṃ ca sukhopāyaṃ brahmānandakaraṃ param ||

【해설】

지금부터 … 설명하겠다:

월광 아사나와 꿈브하까 그리고 무드라를 설명한 것에 이어서 여기에선, 다시 말해서 바로 지금부터는 '제감'(pratyāhāra) [응념, 선정, 삼매] 등으로 구성된(-adirūpam) 삼매의 길에 대해 설명하고자 한다. [이 말은] '꼼꼼히 살펴서 친히 설명하겠다'는 맥락이다.
athāsanakumbhakamudrākathanānantaram idānīm asminn avasare samādhikramaṃ pratyāhārādirūpaṃ pravakṣyāmi prakarṣeṇa vivicya vakṣyāmīty anvayaḥ | Hp-Jt. IV.2, *p.* 124, *ll.* 1-3.

가장 뛰어난 것이고:

월광 삼매의 길은 어떤 것인가? 가장 뛰어난 것, 다시 말해서 '쉬리 아디나타가 설명했던 1250만(sapādakoṭi)[7] 개'나 되는 삼매의 기법들 중에서도 가장 뛰어난 것이다.
kīdṛśaṃ samādhikramam? uttamaṃ śrīādināthoktasapādakoṭi-samādhiprakāreṣūtkṛṣṭam | Hp-Jt. IV.2, *p.* 124, *ll.* 3-4.

죽음을 파괴하는 것이고 행복을 주는 것이고:

월광 [삼매에 들게 하는 이 기법]은 또 어떤 것인가? '죽음을 파괴하는 것이다', 다시 말해서 '죽음', 즉 '시간'을 없애고 정지시키는 것이다. [이 말은 수행자가] 자신의 의지대로(svecchayā) 신체를 떠날 수 있게 된다는 [의미이다]. [또한 이 기법은] 진리를 알게 해 주고 마음을 소멸시키고 또 훈습(vāsanā)을 없앰으로써 행복, 즉 '생해탈이라는 행복'을 주는 수단 내지는 [생해탈이라는 행복을] 얻게 해 주는 수단이기도 하다.

---

7 sapādakoṭi(12,500,000): koṭi(10,000,000)+pāda(¼, =2,500,000).

punaḥ kīdṛśam? mṛtyuṃ kālaṃ hanti nivārayatīti mṛtyughnaṃ svecchayā dehatyāgajanakaṃ tattvajñānodayamanonāśavāsanākṣayaiḥ sukhasya jīvanmuktisukhasyopāyaṃ prāptisādhanam | Hp-Jt. IV.2, *p.* 124, *ll.* 4-6.

최고 브라흐만의 환희를 주는 것:

월광 '삼매에 들게 하는 [이] 기법'은 또 어떤 것인가? [이 기법은] '브라흐만의 환희'라는 궁극적인 [결과]를 주는 것이다. [다시 말해서 이것은] 시동업(始動業, prārabdhakarma)[8]마저 소멸될 때 '개아와 브라흐만의 구별이 사라지고 절대적인 브라흐만의 환희에 도달한 상태라 할 수 있는 이신해탈(videhamukti)'을 이루게 해 주는 [수단]이다. 이 중에서 지멸 삼매(止滅三昧, nirodhasamādhi)에 의해 '상스까라를 포함한 모든 마음 작용'이 소멸될 때, 다시 말해서 [지멸 삼매에 의해] '적정과 열정과 미혹의 상태'가 소멸될 때, [그땐] "현자는 살아 있으면서도 즐거움과 슬픔에서 벗어난다."라는 등등으로 천계서(天啓書, 우빠니샤드)에서 설명된 대로 '절대 불변이라는 자신의 본성에 확주한 상태라 할 수 있는 생해탈'이 일어난다. 하지만 '최고의 해탈'(paramamukti)은 '시동업에 대한 향유(享有)'가 끝날 때 [다시 말해서] '내적 감관의 속성들이 원래 상태(=원질)로 귀멸(歸滅)함으로써(pratiprasavena) [신체나 감관 등 비본질적인] 부가물 같은 것이 완전히 소멸될 때' [그때] '절대적인 자신의 본성'에 확주하게 되고 [신체와 감관, 지위 등과 같은 비본질적인 부가물들이] 원래의 자리로 귀멸한 상태이다. "활동하거나 지멸하려는 삼매의 상스까라들은 의근(意根, manas)으로 귀멸하고, 의근은 아상(我想, asmitā)으로, 아상은 통각(統覺, mahat)으

8 시동업(prārabdhakarma): 이미 작동하고 있는 업. 해탈을 하더라도 신체 등 이미 작동했던 업은 그 업력이 다할 때까지 지속된다. 전통적으로 시동업은 '도공이 물레를 돌리지 않아도, 원심력을 소진할 때까지 회전판이 계속 돌아가게 하는 힘'으로 비유된다.

로, 통각은 승인(勝因, pradhāne = 원질)으로 [귀멸한다].”[9]라고 [말해진 대로] ‘마음의 속성들’은 각자 자신의 근원으로 귀멸한다, 환몰한다, 다시 말해서 ‘자신의 근원’에서 소멸된다.

punaḥ kīdṛśam? paraṃ brahmānandakaraṃ prārabdhakarmakṣaye sati jīvabrahmaṇor abhedenātyantikabrahmānandaprāptirūpavidehamuktikaram | tatra nirodhasamādhinā cittasya sasaṃskārāśeṣavṛttinirodhe śāntaghoramūḍhāvasthānivṛttau “jīvann eva hi vidvān harṣaśokābhyāṃ vimucyate” ityādiśrutyuktanirvikārasvarūpāvasthitirūpā jīvanmuktir bhavati | paramamuktis tu prārabdhabhogānte 'ntaḥkaraṇaguṇānāṃ pratiprasavenaupādhikarūpātyantikanivṛttāv[10] ātyantikasvarūpāvasthānaṃ pratiprasavasiddham | vyutthānanirodhasamādhisaṃskārā manasi līyante | mano 'smitāyām asmitā mahati mahān pradhāna iti cittaguṇānāṃ pratiprasavaḥ pratisargaḥ svakāraṇe layaḥ | Hp-Jt. IV.2, *p*. 124, *ll*. 6-13.

월 광 “생해탈자의 행동에서 ‘나는 바라문이다, 나는 사람이다.’라는 등등의 세속적인 언행을 목도할 수 있으므로 [생해탈자 역시] ‘마음, [신체, 지위] 등에 의한 부가물’(附加物, 비본질적인 요소)[11]에 제한된 상태가 될 수밖에 없고 따라서 마치 식초가 들어간 우유가 [변질]되듯이 [그와 같이 마음 따위의 부가물로 인해 생해탈

---

9 브라흐마난다가 인용한 구절의 출처는 명확지 않지만 바짜스빠띠 미쉬라(Vācaspati Miśra)의 *Tattvavaiśāradī*. IV.43 말미에도 유사한 내용이 인용된 바 있다.

“kṛtakaraṇīyatayā puruṣārthaśūnyānāṃ yaḥ pratiprasavaḥ svakāraṇe pradhāne layas teṣāṃ kāryakāraṇātmakānāṃ guṇānāṃ vyutthānasamādhinirodhasaṃskārā manasi līyante mano 'smitāyām asmitā liṅge liṅgam aliṅga iti”. *Tattvavaiśāradī*. IV.43.

10 °venopādhi°] °vena upādhi°. Hp-Jt[Adyar].

11 부가물에 대해서는 IV.1에 대한 해설을 참조.

자의] 본성도 소멸할 것이다."고 반문할지 모르겠다. [하지만 이에 대해 우리들은] "그렇지 않다."고 [답할 것이다].

그 이유는 유상삼매(有想三昧, saṃprajñātasamādhi)에서 체험했던 '아뜨만에 대한 상스까라'와 '지멸(止滅) 상스까라'는 그 당시에는 '참된 것'이기 때문이다. 그리고 [바로] 그 두 가지('아뜨만에 대한 상스까라'와 '지멸의 상스까라')에 의해 '[마음의] 활동에서 생긴 상스까라'는 마치 불에 탄 씨앗처럼 [발아할 수 없게] 되기 때문에[12] [삼매에서 깨어난 후에 생해탈자가 하는] '개별적인 일상적인 언행'이 [그의] 진면목이 아니라는 것은 자명하기 때문이다. 그 이유는 '[허깨비같이] 허망한 어떤 것'이 [실제로 존재하는 어떤 것을] 변형시킬 순 없기 때문이다. 하지만 [허깨비가 아니라 실제의] 식초(amla)에 의해 우유가 '시큼한 우유'(dadhi)로 변하는 것은 사실이기 때문에 [식초의 비유는] 적절한 예(dṛṣṭānta)가 아니다. 마치 수정(sphaṭika)이 장미꽃 근처에 감으로써 비본질적인 붉은색을(aruṇimā) 취하는 것처럼 그와 같이 '나는 바라문이다'와 같은 인간의 세속적 언행은 '내적 감관과 같은 비본질인 것이 덧붙여진 것'일 뿐 진실한 것이 아니다. 장미꽃을 치운다면 수정이 원래의 [투명한] 모습으로 남아 있듯이 [그와 같이] '내적 감관의 모든 활동'이 사라졌다면 그 사람(생해탈자)은 자신의 본성에 확주하게 될 뿐이지 '[생해탈자로서의 본성이] 소멸되는 것'은 아니다.[13]

---

12 이와 유사한 내용은 YS. I.50에서 발견된다. "그것(무사등지에서 발현되는 지혜)에서 생겨난 상스까라는 다른 상스까라를 억제한다."(tajjaḥ saṃskāro 'nyasaṃskārapratibandhī.) 뷔야사(Vyāsa)는 이 부분을 다음과 같이 해설한다. "'삼매(무사등지)에서 발현된 지혜'에서 생겨난 상스까라는 '[마음] 활동이 남긴 상스까라의 성향'을 억제한다. [지혜의 상스까라에 의해] 활동적 상스까라가 제압되었으므로 [활동적인] 상스까라에서 생기는 관념은 [더 이상] 존재하지 않게 된다. 관념이 소멸된 상태로 머무는 것이 삼매이다." (samādhiprajñāprabhavaḥ saṃskāro vyutthānasaṃskārāśayaṃ bādhate | vyutthānasaṃskārābhibhavāt tatprabhavāḥ pratyayā na bhavānti | pratyayānirodhe samādhir upatiṣṭhate | YSbh. I.50.)

nanu jīvanmuktasya vyutthāne brāhmaṇo 'haṃ manuṣyo 'ham ityādivyavahāradarśanāc cittādibhir aupādhikabhāvajananād amlena dugdhasyeva svarūpacyutiḥ syād iti cen na | saṃprajñātasamādhāv anubhūtātmasaṃskārasya nirodhasaṃskārasya ca tadānīṃ sattvāt | tābhyāṃ ca vyutthānasaṃskarasya dagdhabījakalpatvād vyutthānavyavahārasyātāttvikatvaniścayāt | atāttvikānyathābhāvasya vikāritvāprayojakatvāt | amlena dugdhasya dadhibhāvas tu tāttvika iti dṛṣṭāntavaiṣamyāc ca | puruṣasya tv antaḥkaraṇopādhiko 'haṃ brāhmaṇa ityādivyavahāraḥ sphaṭikasya japākusumasaṃnidhānopādhir aruṇimeva na tāttvikaḥ | japākusumāpagame sphaṭikasya svasvarūpasthitivad antaḥkaraṇasya sakalavṛttinirodhe svasvarūpāvasthitir acyutaiva puruṣasya || Hp-Jt. IV.2, *p*. 124, *ll*. 14-22.

삼매의 동의어

3-4

라자요가, 삼매, 운마니, 마논마니,

---

13 "장미꽃을 치운다면 수정이 원래의 [투명한] 모습으로 남아 있듯이 [그와 같이] '내적 감관의 모든 활동'이 사라졌다면 그 사람(생해탈자)은 자신의 본성에 확주하게 될 뿐이지 '[생해탈자로서의 본성이] 소멸되는 것'은 아니다."는 브라흐마난다의 해설은 빠딴잘리의 『요가경』 <삼매품>의 세 번째 경문 "그때(마음의 작용이 지멸되었을 때) '보는 자'(순수정신)는 자신의 본성에 확주한다."(tadā draṣṭuḥ svarūpe 'vathānam)와 같은 맥락으로 이해할 수 있다. 원문 및 뷔야사(Vyāsa)의 해설은 정승석(2010)을 참조.

불멸성, 라야, 진리, 공-불공(空-不空), 최고의 경지,
그와 같이 무심지(無心地), 불이(不二), 자존(自存: 의존하는 바 없이 존재함), 무구(無垢),
생해탈, 본연의 상태, 제사위(第四位)[14]는 [모두] 동의어(同義語, ekavācaka)들이다.
IV.3^{a-b} rājayogaḥ samādhiś ca unmanī ca manonmanī |
IV.3^{c-d} amaratvaṃ layas tattvaṃ śūnyāśūnyaṃ paraṃ padam ||
IV.4^{a-b} amanaskaṃ tathādvaitaṃ nirālambaṃ nirañjanam |
IV.4^{c-d} jīvanmuktiś ca sahajā turyā cety ekavācakāḥ || [15]

삼매에 대한 정의

5

마치 소금이 물에 동일하게 골고루(yogataḥ) 섞이듯이
그와 같이 '아뜨만과 마음이 하나가 된 것'이 삼매라고 불려진다.
IV.5^{a-b} salile saindhavaṃ yadvat[16] sāmyaṃ bhajati yogataḥ |
IV.5^{c-d} tathātmamanasor aikyaṃ samādhir abhidhīyate ||

---

14 제사위(第四位)에 대해서는 Hp. I.3, IV.48에 대한 해설을 참조.

15 세 번째 구(pāda^{c})는 아누쉬뚜브-쉴로까(Anuṣṭubh-Śloka)의 확장형인 나-비뿔라(Na-vipulā)이다.

16 본 게송은 yathā - tathā 구문이지만 첫 번째 구(pāda^{a})에서 yathā(∪ —) 대신 yadvat(— —)가 사용된 것은 아누쉬뚜브-쉴로까 운율을 맞추기 위해서이다. 7번째 음절은 장음(guru)이어야 하기 때문이다.

【해설】

5-7송은 고락샤의 것으로 알려진 『식별의 태양』(*Vivekamārtaṇḍa*. 162-164)에서도 발견되는데 여기서의 삼매는 불이론 베단따의 철학에 입각한 삼매 개념으로 파악된다.

브라흐마난다는 제5, 6, 7송이 삼매를 설명한다고 해설한 후[17] 제5송과 제6송에서 설명된 삼매를 유상삼매(有想三昧), 라야요가 등으로 규정하고[18] 제7송에서 설명된 삼매를 무상삼매, 무종자삼매, 라자요가로 해설한다.[19]

6

쁘라나가 사라지고 마음 작용이 사라졌을 때의
일미성(一味性, 단일성)이 삼매라고 일컬어진다.

IV.6$^{a\text{-}b}$ yadā saṃkṣīyate prāṇo mānasaṃ ca pralīyate |
IV.6$^{c\text{-}d}$ tadā samarasatvaṃ ca samādhir abhidhīyate ||

---

17 "세 게송(제5, 6, 7송)은 삼매에 대해 말한다." (tribhiḥ samādhim āha. Hp-Jt. IV.5 *p*. 125, *l*. 1.)

18 "위에서의 두 게송(제5, 제6송)은 유상삼매(saṃprajñātaḥ samādhir)를 설명한 것이다. … 유상[삼매], 유소연(有所緣)[三昧], 종자(種子)[三昧], 라야(laya) 이 말들은 유상[삼매]의 동의어로 알려져 있다."(uktābhyāṃ dvābhyām ślokābhyāṃ saṃprajñātaḥ samādhir uktaḥ | … | saṃprajñātaḥ sālambanaḥ sabījo layaḥ — ete saṃprajñātasya prasiddhāḥ paryāyāḥ || Hp-Jt. IV.6, *p*. 126, *ll*. 4-8.)

19 브라흐마난다는 4, 5, 6송의 삼매를 빠딴잘리의 삼매관에 대입시켜 해설하는데 이 해설은 하타요가의 삼매를 다소 평면화시키는 것으로 보인다. 그 이유는 스바뜨마라마와 브라흐마난다 자신이 강조했듯이 '브라흐마란드흐라에서 호흡이 소멸됨으로써 마음도 소멸된 상태'는 유상삼매라기보다는 최고의 삼매, 라자요가, 무상삼매이기 때문이다.

【해설】

『하타의 등불』에 따르면 삼매를 성취하는 방법은 두 가지로 파악되는데 첫 번째는 '제감-응념-선정으로 이어지는 심화 과정 속에서 마음을 마음으로써 없애는 것'이고 두 번째는 호흡을 없앰으로써 '호흡과 불가분의 관계에 있는 마음'을 저절로 소멸시키는 방법이다.[20] 이 중에서 하타요가의 방법은 후자이다. 하타요가는 호흡을 소멸시킴으로써 마음을 소멸시키는 방법을 취하는데[21] 여기서 말하는 '호흡의 소멸'이란 말 그대로 호흡이 소실되어 없어지는 것이 아니라 쁘라나가 수슘나로 진입하고 상승해서 정수리의 브라흐마란드흐라에 고정되는 것을 의미한다. 쁘라나가 정수리의 브라흐마란드흐라에 도달하기 위한 전제 조건이 '꾼달리니를 각성시키는 것'인데[22] 본서와 『월광』에 따

---

20 '호흡과 마음의 불가분적인 관계'에 대해서는 아래의 21-28송을 참조.

21 이 점은 제IV장 전체에서 발견되며 특히 14-23송에서 반복적으로 설명된다. 브라흐마난다는 오직 호흡을 소멸시킴으로써만 마음을 소멸시킬 수 있다고 말하는데 대표적인 예는 다음과 같다.
"쁘라나가 소멸되지 않고 마음이 소멸되지 않는다면 어떠한 방법, 즉 백 가지의 방법으로도 해탈을 성취할 수 없다는 의미이다. 이 점에 대해 『요가비자』는 다음과 같이 말한 바 있다. "수없이 토론한다고 해서 마음을 정복할 수 있는 것이 아니다. 마음을 정복하는 방법은 오직 쁘라나를 정복하는 것뿐이다."(원문은 IV.15에 대한 해설을 참조.)
"'쁘라나와 마음을 소멸시키지 않고서는 해탈이 성취될 수 없다.'고 말해졌다. [쁘라나를 소멸시키는 방법과 마음을 소멸시키는 방법] 중에서 [본 송은] '쁘라나를 소멸시킴으로써 마음도 소멸시킬 수 있으므로' 그것(쁘라나)을 소멸시키는 방법(tal-laya-rīti)에 대해 [첫 단어인] '배운 후에'(jñātvā)라는 [말 이하에서] 말한다."(원문 IV.16에 대한 해설을 참조.)

22 꾼달리니를 각성시키는 수행법이 제III장에서 설명된 마하무드라 등 '들숨 후 그 숨을 최대한 참은 상태'(꿈브하까, =뿌라까 쁘라나야마)에서 실행되는 무드라(mudrā)들이다. 제III에서 설명되었듯이 꾼달리니를 각성시킬 수 없거나 수슘나를 활성화시키지 못하는 수행은 아무런 쓸모가 없는 것이고

르면 '각성되기 이전의 잠재적 에너지로서의 꾼달리니'는 꾼달리니 혹은 꾼달리라는 단어로 표현되지만 각성된 이후에는 '쁘라나'(prāṇa)라는 단어로 표현된다. 이 점에서 '각성된 꾼달리니의 형질(形質)'이 정액과 같은 액체가 아니라 기체(氣體), 즉 쁘라나라는 것을 알 수 있는데 바로 이 쁘라나가 상승하는 통로가 수슘나(suṣumnā)이다. 꾼달리니가 각성된 후 쁘라나가 수슘나로 진입하고 상승해서 마침내 정수리의 브라흐마란드흐라에 도달할 때 쁘라나와 마음이 소멸하고 삼매가 성취된다는 것을 보여 주는 예문들은 다음과 같다.

"위대한 샥띠, 즉 꾼달리니가 완전히 각성된다면, [다시 말해서 꾼달리니가] 잠에서 완전히 깨어난다면 쁘라나, 즉 바유는 '공(śūnya)에서', 즉 '브라흐마란드흐라(브라흐만의 동굴)에서' 소멸한다. 다시 말해서 [쁘라나는 브라흐마란드흐라에서] 소멸하게 된다. '쁘라나의 소멸'이란 쁘라나가 [브라흐마란드흐라에서] '미동조차 하지 않는 것'이다." (원문은 IV.10에 대한 해설을 참조.)

"쁘라나와 아빠나가 결합될 때 꾼달리니가 각성한다. 꾼달리니가 각성된 후 쁘라나는 수슘나를 통해 브라흐마란드흐라로 간다. 그곳에 도달할 때 '마음의 고정'(=삼매)이 이루어진다. '마음이 고정될 때' 곧바로 '아뜨만에 대한 직접적인 자각'이 일어난다는 의미이다." (원문은 I.48에 대한 해설을 참조.)

"쁘라나가 수슘나로 흐르고 마음이 허공 속으로 들어갈 때 그때 요가를 아는 자의 모든 업들은 뿌리째 뽑힌다."(Hp. IV.12.)

(III.1) 단지 피곤함만 줄 뿐(IV.20)이다.

"[쁘라나가 수숨나로 진입하고 상승한 후 정수리에 있는] 브라흐마란드흐라에 '머무는 것'(sthita)이 쁘라나의 소멸이다."(원문은 III.75송에 대한 해설을 참조.)

"쁘라나를 … '가운데 나디'(수슘나)로 상승시킴으로써 브라흐마란드흐라, 즉 정수리의 공간에 채워야 한다 … 쁘라나가 브라흐마란드흐라에 머무는 것(nirodha)이 [쁘라나의] 소멸(laya)이다. 쁘라나가 소멸될 때(prāṇalaye jāte) 마음 역시 소멸된다 … 쁘라나들이 [모두] 소멸될 때 마음은 소멸하고 열반이 남겨진다 … [이와 같이] 쁘라나와 마음이 소멸될 때 … 아뜨만에 대한 직접적인 체험(ātmasākṣātkāra)이 생긴다. 그때, 인간은 살아 있으면서도 해탈하게 된다." (전체 번역과 원문은 IV.16에 대한 해설을 참조.)

쁘라나가 사라지고:

월광 호흡을 정복한 요가 수행자가 꿈브하까를 수련할 동안 꿈브하까(들숨 후 그 숨을 최대한 참는 것)에 의해 기(氣, prāṇa), 즉 '몸 안에서 돌고 있는 바람'(śarīrāntarvartī vāyu)이 고정된 상태를 '호흡의 소멸'이라 한다.

jitaprāṇasya yoginaḥ kumbhakakāle prāṇaḥ śarīrāntarvartī vāyuḥ kumbhakena niruddhavṛttikaḥ prāṇaḥ kṣīṇa ity ucyate. Hp-Jt. IV.6, *p.* 125, *ll.* 1-3.

마음작용(mānasam)이 사라질 때:

월광 아뜨만에 머물고 있는 마음이 '아뜨만의 형상과 하나가 된 상태'가 [마음의] 소멸이다.

ātmani sthitasya manasa[23] ātmākāratā layaḥ. Hp-Jt. IV.6, *p.* 125, *l.* 4.

그때의 일미성(一味性, 합일)이 삼매이다:

월광 "그때", 즉 그 시점(쁘라나가 소멸되고 마음이 소멸될 때)에서의 일미성(一味性, samarasatva), 즉 단일성(ekākāratva)이 [삼매이다]. [이 상태는] 아뜨만에 머물고 있던 마음이 아뜨만의 형상으로 바뀜으로써(pariṇāmena) [마음 그 자체가] 아뜨만의 형상과 하나가 된(합일된) 상태이다. 이것은 마치 장미꽃 근처에 있는 수정(水晶, sphaṭikamaṇi)이 장미꽃 색을 띠게 되는 것과 같다. 이 점에 대해 '빠딴잘리의 수뜨라'는 "마음 작용이 지멸되었을 때, 투명한 보석처럼 인식주체, 인식도구, 인식대상 중 [하나에 의식이] 머물고 그것에 착색되는 것(tad-añjanatā)이 등지(等持, samāpattiḥ, = samādhi)이다."(YS. I.41) [고 말한 바 있다]. [한편, 본 게송의 세 번째 구(pāda°)에] 'ca'(그리고)라는 단어가 있으므로 '일미성'은 '확고부동함'(sthairya)도 포함한다고 할 수 있는데 이 점에 대해서는 『빠딴잘리의 수뜨라에 대한 주석』이 "마음이 동요함으로써 산란해진 상태는 요가의 관점에서는 삼매로 간주되지 않는다."(YSbh. I.1)고 말한 바 있다. 지금까지 설명한 대로 '마음이 아뜨만의 형상(ātmākāra)을 취함으로써 확고부동해진 상태'가 삼매로 일컬어졌다는 의미이다.

tadā tasmin kāle samarasatvam ekākāratvaṃ manasaś cātmani[24] sthitasyātmākārapariṇāmenātmākāratvam[25] | japākusumavasthasya sphaṭikamaṇer japākusumākāratvavat | tathā ca pātañjalaṃ sūtram "kṣīṇavṛtter abhijātasyeva maṇer grahītṛgrahaṇagrāhyeṣu tatsthatadañjanatā samāpattiḥ" (YS. I.41) iti | cakāreṇa samarasatvasya sthairyaṃ samuccīyate | ata eva pātañjalabhāṣye "vikṣipte cetasi vikṣepopasarjanībhūtaḥ samādhir na yogapakṣe vartate" (YSbh. I.1) ity uktam | itthaṃ

---

23 manasa] manasaḥ. Hp-Jt[Adyar].

24 cātmani] ca ātmani. Hp-Jt[Adyar].

25 sthitasyātmākāra°] sthitasya ātmākāra°. Hp-Jt[Adyar].

cātmākāramanovṛtteḥ sthirībhāvaḥ samādhir abhidhīyata ity arthaḥ | Hp-Jt. IV.6, *pp*. 125, *ll*. 4 ~ *p*. 126, *l*. 4.

7

그리고 개아와 최고아의 합일이라는 동일성,
즉 모든 분별이 소멸된 상태가 삼매라고 말해졌다.
IV.7[a-b] tatsamaṃ ca dvayor aikyaṃ jīvātmaparamātmanoḥ |
IV.7[c-d] pranaṣṭasarvasaṃkalpaḥ samādhiḥ so 'bhidhīyate ||

【해설】

본 게송에서 정의된 삼매는 9-11세기 문헌인 『요가야가발꺄』의 삼매 정의(samādhiḥ samatāvasthā jīvātmaparamātmanoḥ | YoY. X.2[a-b])와 유사하다.

개아와 최고의 합일이라는 그 동일성이:

월 광 '개아'(個我, jīva)는 '내적 감관에 결박된 순수 의식'(=신체나 감관 등의 부가물에 제한된 순수의식)이고 최고아(最高我, paramātman)는 '존재-의식-환희(saccidānanda)로 정의되는 것'이고 [또] '시 · 공간과 물질의 제약이 없는 순수의식(caitanya)'인데 이 둘(개아와 최고아)의 합일, 즉 동일성이 [삼매이다].
jīvātmāntaḥkaraṇopahitaṃ[26] caitanyam, paramātmā saccidānandalakṣaṇam, deśakālavastuparicchedaśūnyaṃ caitanyaṃ, tayor aikyam abhedaḥ | Hp-Jt. IV.7. *p*. 126, *ll*. 1-3.

최고아(paramātman)는 인간의 본질이라 할 수 있는 참 자아(ātman)를 의미하고 개아(jīvātman)는 '참 자아에 신체, 감관, 의식, 지위 등의 비본질적

26 jīvātmāntaḥ°] jīvātmā antaḥ°. Hp-Jt[Adyar].

요소가 결합된 일상적 자아(jīva)'를 의미한다.[27]

분별:

월광 '선정에 든 자'와 '선정 상태' 그리고 '선정의 대상' 등과 같은 모든 분별들 ….
sarve dhyātṛdhyānadhyeyādirūpāḥ saṃkalpāḥ, Hp-Jt. IV.7. *p.* 126, *l.* 4.

브라흐마난다는 이 단계를 『요가경』의 무종자삼매와 동일시한다.

월광 이 상태가 [이른바] 요가 문헌에서 널리 알려진 삼매, 즉 무종자 삼매(無種子三昧)로 일컬어진 것, 즉 [무종자 삼매]로 설명된 것이다. 그와 같이 빠딴잘리의 수뜨라는 "그것(억제하는 잠재력)마저도 지멸될 때 '모든 것이 지멸되었으므로'(sarvanirodhāt) [이 상태는] 종자 없는 삼매(無種子三昧)이다."(YS. I.51)고 말한 바 있다. 이것으

27 샹까라 이후의 불이론 베단따(advaitavedānta)는 '순수의식이고 무한한 아뜨만'이 개아(jīva)로 나타나는 이유에 대해 논의하는데 대표적인 이론이 한정설(限定說, avachedavāda)과 반영설(反映說, 혹은 映像說, pratibimbavāda)이다. 한정설은 비묵따뜨만(Vimuktātman, 1200년경)의 『이쉬따싯드히』(*Iṣṭasiddhi*)에서 설명된 이론인데 한정설에 따르면 마치 무한하고 편재하는 허공이 빈 물병과 같은 제한적인 그릇에 있을 경우 물병 크기로 제한되듯이 그와 같이 아뜨만도 무명이나 업, 신체, 감관 등과 같은 부가물(upādhi)에 의해 제한적인 개아(個我)로 보인다는 것이다. 반영설은, 쁘라까샤뜨만(Prakāśātman, 1200년경)의 『빵짜빠디까비바라나』(*Pañcapādikāvivaraṇa*)에서 설명되었는데 이 이론에 따르면 태양이 물이나 거울에 반사되듯이 그와 같이 아뜨만도 무명(無明)에 의해 반사되어 개아로 나타난다는 것이다.
* 『빵짜빠디까비바라나』(*Pañcapādikāvivaraṇa*)는 '샹까라의 직제자로 알려진 빠드마빠다(Padmapāda)의 『빵짜빠디까』에 대한 해설서'이고, 빠드마빠다의 『빵짜빠디까』는 '샹까라의 『브라흐마경 주해』 중 서문(가탁에 대한 논의)와 첫4경문'에 대한 해설서이다.

로서 무상삼매(無想三昧, asaṃprajñātaḥ samādhiḥ)가 설명되었는데 그것의 참된 의미는 '선정에 든 자, 선정 상태, 선정의 대상' 등으로 구별되지 않는 상태가 무상[삼매]라는 것이다. 무상[삼매], 무소연[삼매], 무종자[삼매], 라자요가, 지멸과 같은 이 [용어]들은 널리 알려진 '무상[삼매]의 동의어들'이다.[28]

sa[29] yogaśāstraprasiddhaḥ samādhir[30] nirbījaḥ samādhir[31] abhidhīyate kathyate | tathā ca pātañjalaṃ sūtraṃ "tasyāpi nirodhe sarvanirodhān nirbījaḥ samādhiḥ"(YS. I.51) iti | anenāsaṃprajñātaḥ samādhir uktaḥ | anvarthaś cāyam, na kim api samyag dhyātṛdhyānadhyeyatvādinā prajñāyate 'sminn ity[32] asaṃprajñātaḥ | asaṃprajñāto nirālambo nirbījo rājayogo nirodhaś caite 'saṃprajñātasya[33] prasiddhāḥ paryāyāḥ || Hp-Jt. IV.7, *p*. 126, *ll*. 5-10.

---

28 빠딴잘리 요가에서 무상삼매과 무종자삼매는 비록 분류 체계를 달리하지만 대체적으로 무종자삼매를 무상삼매보다 상위의 것으로 파악되고 있다. 위 주석에서 알 수 있듯이 브라흐마난다는 라자요가와 무상삼매와 무종자삼매를 동일시한다. 브라흐마난다에 따르면 라자요가와 무상삼매는 '심작용뿐만 아니라 종자까지 모두 소멸된 일체지멸(sarvavṛttinirodha)'이므로 무종자 삼매와 다를 바 없기 때문이다.
"라자요가는 모든 작용의 지멸을 특징으로 하는 무상요가(무상삼매)이다."(rājayogaś ca sarvavṛttinirodhalakṣaṇo 'saṃprajñātayogaḥ | Hp-Jt. I.1, *p*. 2, *l*. 19.)

29 sa] saḥ. Hp-Jt[Adyar].

30 samādhir] samādhiḥ. Hp-Jt[Adyar].

31 samādhir] samādhiḥ. Hp-Jt[Adyar].

32 ity] iti. Hp-Jt[Adyar].

33 caite 'saṃprajñātasya] caite asaṃprajñātasya. Hp-Jt[Adyar].

스승의 중요성

8

라자요가의 위대함을 그 누가 진정으로 알겠는가?
지혜와 해탈, 부동심과 초능력은 스승의 가르침에 의해 획득된다.

IV.8$^{a\text{-}b}$ rājayogasya māhātmyaṃ ko vā jānāti tattvataḥ |
IV.8$^{c\text{-}d}$ jñānaṃ muktiḥ sthitiḥ siddhir guruvākyena labhyate ||

【해설】

누가 진실로 아는가:

월 광 어느 누구도 알지 못한다는 의미이다. '라자요가의 위대함'을 온전하게 표현하는 것은 불가능할지라도 부분적으로나마 [라자요가의 위대함에 대해] "지혜가"라는 [단어로 시작하는 세 번째와 네 번째 구(pāda$^{c\text{-}d}$)에서] 말한다.

na ko 'pi jānātīy arthaḥ | tattvato vaktum aśakyatve 'py ekadeśena rājayogaprabhāvam āha - jñānam iti | Hp-Jt. IV.8, *p*. 127, *ll*. 2-3.

지혜와 해탈, 부동심과 초능력은 스승의 말씀에 의해 획득된다:

월 광 지혜란 '자신의 본질(svasvarūpa)을 직접적으로 체험하는 것'이고, 해탈은 이신해탈(離身解脫)을 의미하며, 부동심은 '변치 않는 자신의 본성에 확주한 상태의 생해탈(生解脫)'이고, 초능력은 축소술 등[을 의미하는데], [이 네 가지]는 스승의 말씀을 통해서, 즉 스승의 가르침에 의해 획득된다.

jñānaṃ svasvarūpāparokṣānubhavo muktir videhamuktiḥ sthitir nirvikārasvarūpāvasthitirūpā jīvanmuktiḥ siddhir aṇimādir guruvākyena guruvacasā labhyate | Hp-Jt. IV.8, *p*. 127, *ll*. 3-5.

브라흐마난다는 지혜를 '자신의 본질을 직접적으로 체험하는 것'으로 해설하는데 이것은 '존재와 인식을 동일시하는 샹까라의 불이론 베단따 철학'에 입각한 해설이다. 샹까라에 따르면 '아뜨만에 대한 참된 앎'은 듣거나 보고서 아는 경험적 앎을 의미하는 것이 아니라 '자기 자신이 아뜨만이 되는 것'이고 따라서 '참된 앎'(인식)과 '존재'는 동일할 수밖에 없다. 브라흐마난다가 해설한 '지혜'(jñāna) 역시 '주관과 대상이 결합된 인식'(눈으로 사물을 봄으로써 생기는 인식)을 의미하는 것이 아니라 '자기 자신이 바로 아뜨만으로 되는 것', 즉 '아뜨만을 직접적으로 체험하는 것'을 의미한다.(IV.9, 15에 대한 해설을 참조.) 한편, '지혜'를 중요시하고 또 '지혜와 직접적인 체험'을 동일시하는 사상의 일반적인 경향은 생해탈을 인정한다는 것인데[34] 브라흐마난다 역시 이신해탈(videhamukti)을 최고의 해탈(paramamukti, IV.2, 8에 대한 해설을 참조.)로 보지만 생해탈(jīvanmukti)을 인정하고 있다.(IV.2, 4, 8, 9, 57, 110, 112에 대한 브라흐마난다의 해설을 참조.)

9

참된 스승의[35] 자비 없이는 세속적 향락을 버리기 어렵고 진리를 통찰하는 것도 어려우며

---

34 스바뜨마라마는 라자요가, 삼매, 불이, 생해탈, 제사위를 동의어로 나열한다.
"라자요가, 삼매, 운마니, 마논마니, 불멸성, 라야, 진리, 공-불공(空-不空), 최고의 경지, 무심지(無心地), 불이(不二), 자존(自存: 의존하는 바 없이 존재함), 무구(無垢), 생해탈, 본연의 상태, 제사위(第四位)는 [모두] 동의어(同義語, ekavācaka)들이다." Hp. IV.3-4.

35 참된 스승에 대해서는 앞의 III.129를 참조.

본연의 상태(sahajāvasthā)를 얻기도 힘들다.
IV.9^{a-b} durlabho viṣayatyāgo durlabhaṃ tattvadarśanam ǀ
IV.9^{c-d} durlabhā sahajāvasthā sadguroḥ karuṇāṃ vinā ǁ

【해설】

진리를 통찰하는 것도 어려우며:

월광 '진리를 통찰하는 것', 즉 '아뜨만을 직접적으로 체험하는 것'도 어렵다.
tattvadarśanam ātmāparokṣānubhavo[36] durlabham ǀ Hp-Jt. IV. 9, *p*. 127, *l*. 3.

브라흐마난다에 따르면 '진리를 통찰하는 것'은 이성으로 진리를 이해하는 것이 아니라 '자기 자신이 진리가 되는 것' 즉, '자기 자신이 아뜨만으로 되는 것'을 의미한다.(앞의 8송 및 15송에 대한 해설을 참조.)

본연의 상태(sahajāvasthā, =turyāvasthā):
브라흐마난다는 본 송에서의 '본연의 상태'를 『만두꺄 우빠니샤드』에 언급된 제사위(turyāvasthā)와 동일시하고 또 IV.11에 대한 주석에서는 생해탈 상태와 동일시한다.

월광 본연의 상태는 제사위(第四位)이다.[37]
sahajāvasthā turyāvasthā ǀ Hp-Jt. IV.9, *p*. 127, *l*. 3.

---

36 °bhavo ⌋ °bhavaḥ. Hp-Jt^{Adyar}.
37 제사위(第四位)에 대해서는 Hp. I.3, IV.48에 대한 해설을 참조.

쁘라나의 소멸과 해탈

10

다양한 아사나들과 꿈브하[까]들[38] 그리고 다양한 행법(=무드라)들에 의해[39]
위대한 샥띠(꾼달리니)가 각성된다면[40] 쁘라나는 '공'(브라흐마란드흐라)[41]에서 소멸한다.
IV.10^{a-b} vividhair āsanaiḥ kumbhair vicitraiḥ karaṇair api |
IV.10^{c-d} prabuddhāyāṃ mahāśaktau prāṇaḥ śūnye pralīyate ||

【해설】

다양한 꿈브하[까]들과 다양한 행법들(무드라)에 의해서:

---

38 브라흐마난다는 본송의 꿈브하(kumbha)를 꿈브하까(kumbhaka)로 해설한다.(kumbhaih kumbhakaiḥ | Hp-Jt. IV.10, *p.* 127, *l.* 2.) 스바뜨마라마가 kumbhakair로 표현하지 않고 kumbhair로 표기한 것은 아누쉬뚜브-쉴로까 운율을 고려했기 때문이다. 10^{a}의 운율은∪∪—— ∪———(1st. pāda) ∪——∪∪—∪— (2nd. pāda)로 7번째와 8번째 음절인 kumbhaiḥ는 ——으로서 6번째의 단음절(—)과 함께 ∪——의 야-가나(ya-gaṇa)를 형성할 수 있지만 3음절의 kumbhakaiḥ가 될 경우 9음절로 음절을 초과하게 된다. 물론 여분의 1음절은 다음 빠다로 이어질 수 있고 그 경우 마지막 단어 api대신 ca를 사용해서 운율을 맞출 수 있다. 하지만 그 경우 두 번째 빠다(2nd. pāda)의 6번째 음절이 단음절(∪)로 되는 —∪—— ∪∪—∪형식(사-가나, sagaṇa)이 되어 자-가나(jagaṇa, ∪—∪)를 이루지 못하게 된다.

39 2음절의 무드라(mudraiḥ, ——)로 표현되지 않고 3음절의 karaṇaiḥ로 된 것은 아누쉬뚜브-쉴로까 운율의 자가나(ja-gaṇa,∪∪—)을 고려한 것이다.

40 prabuddhāyāṃ(*Pp. sg.Lo*)과 mahāśaktau(*f.sg.Lo*)는 절대 처격(*Loc.ab*)이다.

41 쁘라나의 종착지로서의 '공'(śūnya)은 브라흐만의 동굴(브라흐마란드흐라)과 동의어이다.

월광 '다양하게'[라는 말은] '한 가지 이상의 방법'[을 의미하고] '아사나들에 의해서'[라는 말은] '맛첸드라 등등의 자세들로써'[라는 뜻이다]. '다수의 것들로써'[라는 말은] '다양한 방법들로써'[를 의미하고] '꿈브하들에 의해서'[라는 말은] '꿈브하까들에 의해서'라는 [뜻이다]. '다수의'라는 [말은] '까마귀의 눈동자와 같은 방식으로'(kāka-akṣi-golaka-nyāyena) 두 가지 [수행법]이 결합된 것[을 의미한다]. '다양한 것들에 의해서'[라는 말은] '여러 가지 수행법에 의해서'[를 의미하고], '행법들(무드라들)에 의해서'[라는 말은] 하타[요가]를 완성하는 데 탁월한 수단인 '마하무드라 등등의 [무드라들]에 의해서'[라는 의미이다].

vividhair anekavidhair āsanair matsyendrādipīṭhair vicitrair nānāvidhaiḥ kumbhaih kumbhakaiḥ । vicitrair iti kākākṣigolakanyāyenobhayatra saṃbadhyate । vicitrair anekaprakārakaiḥ karaṇair haṭhasiddhau prakṛṣṭopakārakair mahāmudrādibhir, Hp-Jt. IV.10, *p.* 127, *ll.* 1-3.

위대한 샥띠(꾼달리니)가 각성된다면 쁘라나는 '공'(브라흐마란드흐라)에서 소멸한다:

월광 위대한 샥띠, 즉 꾼달리니가 완전히 각성된다면, [다시 말해서 꾼달리니가] 잠에서 완전히 깨어난다면 쁘라나, 즉 바유는 '공(śūnya)에서', 즉 '브라흐마란드흐라(브라흐만의 동굴)에서' 소멸한다. 다시 말해서 [쁘라나는 브라흐마란드흐라에서] 소멸하게 된다. '쁘라나의 소멸'이란 쁘라나가 [브라흐마란드흐라에서] '미동조차 하지 않는 것'이다.

mahāśaktau kuṇḍalinyāṃ prabuddhāyāṃ gatanidrāyāṃ satyāṃ prāṇo vāyuḥ śūnye brahmarandhre pralīyate pralayaṃ prāpnoti । vyāpārābhāvaḥ prāṇasya pralayaḥ । Hp-Jt. IV.10, *p.* 127, *ll.* 3-5.

본 게송은 '꾼달리니가 각성된 후 쁘라나가 브라흐마란드흐라에서 소멸하는 것'에 대해서만 언급하지만 '각성된 꾼달리니'는 반드시 중앙의 나디, 즉 수슘나로 진입하고 상승한 이후에 브라흐마란드흐라에 도달하게 된다. 브라흐마난다는 IV.16송에서 다음과 같이 말한다.

"바유, 즉 쁘라나를 가운데로 다시 말해서 '가운데 나디'(수슘나)로 상승시킴으로써 브라흐마란드흐라, 즉 정수리의 공간에 채워야 한다, 즉 완벽하게 고정시켜야 한다. 쁘라나가 [수슘나로 상승한 후 정수리의] 브라흐마란드흐라에 머무는 것(nirodha)이 [쁘라나의] 소멸(laya)이다."[42]

위 인용문 및 IV.10송에 대한 해설에서 알 수 있듯이 『하타의 등불』과 『월광』은 '꾼달리니가 각성된 이후의 시점부터는 더 이상 꾼달리니를 꾼달리니로 표현하지 않고 쁘라나로 표현하는데' 바로 이 쁘라나가 브라흐마란드흐라에 도달해서 고정되는 것이 '쁘라나의 소멸'이다. 여기서 말하는 쁘라나의 소멸은 '말 그대로의 소멸'이 아니라 쁘라나가 모두 정수리의 브라흐마란드흐라로 들어가는 것, 다시 말해서 삥갈라와 이다로 순환하던 쁘라나가 수슘나로 진입하고 상승해서 브라흐마란드흐라에 모인 것을 의미한다.[43] 쁘라나가 브라흐마란드흐라에 도달하는 것이 쁘라나의 소멸이고, 바로 이와 같이 쁘라나가 소멸할 때 '쁘라나와 함께 작용하는 마음'도 소멸됨으로써 삼매가 성취된다는 것이[44] 스바뜨마라마의 입장이다.

---

42 Hp. IV.16에 대한 해설을 참조.

43 "[쁘라나가 수슘나로 진입하고 상승한 후 정수리에 있는] 브라흐마란드흐라에 '머무는 것'(sthita)이 쁘라나의 소멸이다."(Hp. III.75송에 대한 해설을 참조.)
"쁘라나의 소멸이란 [쁘라나가] 브라흐마란드흐라에서 움직이지 않고 고정된 것이다."(Hp. IV.15송에 대한 해설을 참조.)

44 "쁘라나가 [수슘나로 상승한 후 정수리의] 브라흐마란드흐라에 머무는 것이 [쁘라나의] 소멸이다. 쁘라나가 소멸될 때 마음 역시 소멸된다."(Hp.

11

샥띠(꾼달리니)를 각성시키고 모든 행위를 버린
요가수행자에게는 저절로 '본연의 상태'가 일어난다.
IV.11^a-b utpannaśaktibodhasya tyaktaniḥśeṣakarmaṇaḥ |
IV.11^c-d yoginaḥ sahajāvasthā svayam eva prajāyate ||

【해설】

본 게송의 'utpannaśaktibodhasya'(샥띠를 각성시킨 자)와 'tyaktaniḥśeṣakarmaṇaḥ'(모든 행위를 버린 자)는 소유복합어로 요가수행자(yoginaḥ)를 수식한다.

샥띠(꾼달리니)를 각성시키고:

월광 샥띠의 각성을 이룬 자, 즉 꾼달리니를 각성시킨 그 사람은….
utpanno jātaḥ śaktibodhaḥ kuṇḍalinībodho yasya tasya | Hp-Jt. IV.11, *p.* 128, *l.* 1.

모든 행위를 버린 요가수행자에게는 … '본연의 상태'가 일어난다:
브라흐마난다는 '모든 행위를 버리는 것'의 의미를 '업의 소멸'이나 '일상적 행위를 멈추는 것'으로 해설하지 않고 아사나 → 꿈브하까 → 제감과 응념 → 선정과 유상삼매 → 최고의 이욕 혹은 장기간의 유상삼매를 통해 신체, 쁘라나, 감관, 의근, 통각의 작용이 차례대로 소멸되는 것으로 해설한다.[45]

IV.16송에 대한 해설을 참조.) 또한 Hp. IV.14-15, IV.23이하를 참조.
45 도표화하면 다음과 같다.

월 광 아사나를 수련함으로써 신체적인 움직임이 사라졌을 때는 쁘라나와 감관이 작용한다. 꿈브하까에 의해 쁘라나가 통제될 때는 쁘라나와 감관의 작용이 사라지고 의근(意根, manas)이 활동한다. 제감(감관의 철수)과 응념(한 대상에 대한 집중) 그리고 선정(禪定)과 유상삼매(有想三昧) [의 단계로 진행되는 명상]을 통해 '심리적인 작용'(mānasikavyāpāra)이 없어질 때는 통각(統覺, buddhi)이 활동한다. [하지만] "진실로 이 뿌루샤는 [어떤 것과도] 결합하지 않기 때문에"(『브리하다란야까 우빠니샤드』IV.3.15)와 같은 천계서의 말씀대로 '청정한 뿌루샤'(śuddhaḥ puruṣaḥ)는 전변하지 않는 자이고 [반면] 전변하는 것은 '순질(純質)을 본성으로 하는(sattvaguṇātmikā) 통각(buddhi)'이다. [바로 이] '통각(buddh)의 활동'[조차] 최고의 이욕(paravairāgya)에 의해서 혹은 오랫동안 유상[삼매]를 수련함으로써 완전히 소멸할 때 '절대불변이라는 자신의 본성'에 확주하게 된다. 바로 그것이 본연의 상태이고 제사위(第四位)이고 생해탈인데 [바로 그 경지는 샥띠를 각성시키고 모든 행위를 버린 자에게] 저절로, 다시 말해서 별도로 노력하지 않을 지라도 일어난다, 현현한다.

āsanena kāyikavyāpāre tyakte prāṇendriyeṣu vyāpāras tiṣṭhati | kumbhakena prāṇanirodhe prāṇendriyavyāpāre tyakte manasi vyāpāras tiṣṭhati | pratyāhāradhāraṇādhyānasaṃprajñātasamādhibhir mānasikavyāpāre tyakte buddhau vyāpāras tiṣṭhati | 'asaṅgo hy ayaṃ puruṣaḥ'(Bṛhad-Up. IV.3.15) iti

아사나의 수련	신체적 활동이 소멸	쁘라나, 감관이 활동
꿈브하까의 수련	쁘라나의 활동이 소멸	의근(manas)이 활동
제감, 응념, 선정, 유상삼매의 수련	심리적 활동 (mānasika)이 소멸	통각(buddhi)이 활동
최고의 이욕과 장기간의 유상삼매의 수련	통각의 활동이 소멸	자신의 본성에 확주함

śruter apariṇāmī śuddhaḥ puruṣaḥ sattvaguṇātmikā pariṇāminī buddhir iti | paravairāgyeṇa dīrghakālasaṃprajñātābhyāsena-iva vā buddhivyāpāre parityakte nirvikārasvarūpāvasthitir bhavati saiva sahajāvasthā turyāvasthā jīvanmuktiḥ svayam eva prayatnāntaraṃ vinaiva prajāyate prādurbhavati | Hp-Jt. IV.11, *p.* 128, *ll.* 2-9.

12

쁘라나가 수슘나로 흐르고[46] 마음이 허공 속으로 들어갈 때 그때 요가를 아는 자의 모든 업들은 뿌리째 뽑힌다.

IV.12$^{a\text{-}b}$ suṣumnāvāhini[47] prāṇe śūnye viśati[48] mānase |
IV.12$^{c\text{-}d}$ tadā sarvāṇi karmāṇi nirmūlayate yogavit ||

【해설】

쁘라나가 수슘나로 흐르고 마음이 허공 속으로 들어갈 때:

월광 쁘라나, 즉 바유가 수슘나 속으로, 다시 말해서 '가운데 나디'로 흘러들어가고 [또] 마음, 즉 내적 감관이 허공, 즉 '공간과 시간과 물질적 제약을 초월한 브라흐만' 속으로 들어갈 때….

prāṇe vāyau suṣumnāvāhini madhyanāḍīpravāhiṇi sati mānase '

---

46 수슘나는 꾼달리니가 각성된 후에 활성화되는 특별한 나디로 '각성된 꾼달리니'가 상승하는 유일한 통로이다. 따라서 '쁘라나가 수슘나로 흐른다.'는 말은 '각성된 꾼달리니가 수슘나로 상승한다.'와 동일한 것으로 파악된다. 『하타의 등불』과 주석서 『월광』은 '각성되기 이전의 잠재된 에너지'를 '둘둘 말려진 것'(꾼달리니)으로 표현하지만 일단 각성된 후에는 '쁘라나'라는 단어로 표현하는데, 바로 이 사실에서 '각성된 꾼달리니'의 형질이 정액과 같은 액체가 아니라 쁘라나라는 것을 알 수 있다.

47 vāhini(-in. *sg.Lo.*).

48 *Pp. sg.Lo.*

ntaḥkaraṇe śūnye deśakālavastuparicchedahīne brahmaṇi vaśati sati[49] ⋯ Hp-Jt. IV.12, *p*. 128, *ll*. 1-2.

그때 요가를 아는 자의 모든 업들은 뿌리째 뽑힌다:

월광 그때, 즉 그 순간 '요가를 아는 자', 다시 말해서 '마음 작용을 지멸시킨 자'[50]에게는 모든 업, 즉 시동업(始動業)[51]들이 사라진다, 즉 뿌리째 뽑힌다.

tadā tasmin kāle yogavic cittavṛttinirodhajñaḥ sarvāṇi karmāṇi samārabdhāni nirmūlāni karoti nirmūlayati | Hp-Jt. IV.12, *p*. 128, *ll*. 2-4.

13

'움직이는 것이든 움직이지 않는 것이든' [자신의] 입에 떨어진 세상 만물을 [모두 삼켜 버리는] 바로 그 '시간'(=죽음)조차 정복해 버린 '불멸자인(amarāya) 당신(tubhyam)'께 경배합니다.

IV.13^{a-b} amarāya namas tubhyaṃ so 'pi kālas tvayā jitaḥ |
IV.13^{c-d} patitaṃ vadane yasya jagad etac carācaram ||

---

49 vaśati와 sati는 모두 현재분사(*Pp.*) 단수 처격(*sg.Lo.*)으로 절대처격(*Loc.ab.*)을 이룬다.

50 'cittavṛttinirodhajñaḥ'는 문자적으로 '심작용(心作用)의 지멸(止滅)을 아는 자'를 의미하지만 문맥상 '모든 심작용을 없애 버린 자' 혹은 '무상삼매에 든 자'를 의미한다.

51 본 게송의 samārabdhāni는 prārabdhakarma(시동업, 始動業, Hp. III.82, Hp-Jt. IV.2, 13)와 같은 의미로 파악된다. 시동업에 대해서는 IV.2에 대한 해설을 참조.

【해설】

불멸자인 당신께 경배합니다:

월광 삼매를 성취함으로써 시동업(始動業)조차 정복했으므로 '시간(죽음)을 정복한 자'인 [그] 요가수행자에 대해 [본 게송은] "불멸자에게"(amarāya)[로 시작하는 단어 이하에서] 경배를 표한다.
samādhyabhyāsena prārabdhakarmaṇo 'py abhibhavāj jitakālaṃ yoginaṃ namaskaroti —amarāyeti | Hp-Jt. IV.13, *p.* 129, *ll.* 1-2.

14

마음이 동일성을 획득하고 숨이 가운데(수슘나)로 흐를 때
그때 아마롤리, 바즈롤리, 사하졸리 [무드라]가 성취된다.
IV.14[a-b] citte samatvam āpanne vāyau vrajati[52] madhyame |
IV.14[c-d] tadāmalolī vajrolī sahajolī prajāyate[53] ||

【해설】

마음이 동일성을 획득하고 숨이 가운데로 흐를 때:

월광 마음, 즉 내적 감관이 동일성[을 획득할 때], 다시 말해서 '[마음이] 명상해야 할 대상의 형상으로 변모해서 흐르는 상태에 도달

---

52 citte samatvam āpanne vāyau vrajati madhyame는 2개의 절대구이다.
* citte(*sg.Lo.*), āpanne (ā√pat. *Ppt. sg.Lo.*).
vāyau(*sg.Lo.*), vrajati (√vraj. *Pp. sg.Lo.*), madhyate(*sg.Lo.*).

53 세 번째 구(pāda[c])는 아누쉬뚜브-쉴로까(Anuṣṭubh-Śloka)의 확장형인 마-비뿔라(Ma-vipulā)이다.
한편, 마지막 구(pāda[d]) 동사가 3인칭 복수형 prajāyante(pra√jan)가 아니라 3인칭 단수 prajāyate로 된 것은 인접한 명사의 수(數)와 일치시켜 짝수 구(pāda) 5-6-7음절의 운율(jagaṇa: ∪—∪)을 맞추기 위한 것으로 보인다.

할 때, [즉 '그 경지에] 도달할 때' [그리고] 기(氣, vāyu), 즉 쁘라나가 가운데 [나디], 즉 수슘나 [나디] 속으로 흐를 때[와 같은 두 가지가] '마음 동일성'(=삼매)의 원인이다.
citte 'ntaḥkaraṇe samatvaṃ dhyeyākāravṛttipravāhavattvam āpanne prāpte sati vāyau prāṇe madhyame suṣumnāyāṃ vrajati satīti cittasamatve hetuḥ | Hp-Jt. IV.14, *p*. 129, *ll*. 2-4.

그때 아마롤리, 바즈롤리, 사하졸리 [무드라]가 성취된다.

월광 그때, 즉 [마음이 평정심을 획득하고 쁘라나가 수슘나 속으로 흐를] 때 비로소 앞에서(제3장에서) 설명했던 아마롤리, 바즈롤리, 사하졸리 [무드라]가 완성된다. [이 말은] '쁘라나를 정복하지 못한 자'와 '마음을 정복하지 못한 자'는 [세 무드라를] 완성할 수 없다는 의미이다.
tadā tasmin kāle 'maroly[54] vajrolī sahajolī ca pūrvoktāḥ prajāyante | nājitaprāṇasya na cājitacittasya siddhyantīti bhāvaḥ || Hp-Jt. IV.14, *p*. 129, *ll*. 4-5.

브라흐마난다의 해설에 따르면 누구나 바즈롤리 무드라를 성공할 수 있는 것이 아니라 쁘라나를 정복하고 마음을 정복한 자만이 성공할 수 있는 것이다.[55] 여기서 쁘라나를 정복한다는 것은 '쁘라나를 소멸

---

54 kāle 'maroly] kāle amarolī. Hp-Jt[Adyar].

55 브라흐마난다는 III.86송에 대한 해석 말미에서도 다음과 같이 말한 바 있다.
"그 후 미지근한 물을 요도로 끌어올리는 것을 연습해야 한다. 물을 끌어올리는 데 성공했다면 앞에서 설명된 게송의 방법대로 정액을 위로 끌어올리는 것을 연습해야 한다. 정액을 끌어올리는 데 성공했다면 바즈롤리 무드라는 완성된다. [하지만] 이것(=바즈롤리 무드라)은 '쁘라나를 정복한 사람만이'(jitaprāṇasyaiva) 성공할 수 있을 뿐이며 다른 사람은 불가능하다. '케짜리 무드라[에 성공하고] 쁘라나를 정복하는 것'이라는 두 가지가 성취

시키는 것', 다시 말해서 쁘라나를 수슘나로 끌어올려 정수리의 브라흐마란드흐라에 고정시키는 것을 의미한다. 쁘라나가 소멸될 때, 다시 말해서 쁘라나가 브라흐마란드흐라에 머물 때 '쁘라나와 함께 작용하는 마음'[56] 역시 소멸된다.

쁘라나의 소멸과 마음의 소멸

15

쁘라나조차 살아 움직이고 마음이 소멸되지 않는 한
어떻게 지혜가 마음에서 일어날 수 있겠는가?
쁘라나와 마음을 소멸시킨
사람은 해탈을 얻는다. 그것 외엔 어떤 방법으로도 불가능하다.

IV.15[a] jñānaṃ kuto manasi saṃbhavatīha tāvat
IV.15[b] prāṇo 'pi jīvati mano mriyate na yāvat |
IV.15[c] prāṇo mano dvayam idaṃ vilayaṃ nayed yo
IV.15[d] mokṣaṃ sa gacchati naro na kathaṃ cid anyaḥ ||

【해설】

본 송의 운율은 14음절로 된 바산따띨라까(Vasantatilakā: — — ∪ — ∪ ∪ ∪ —

되었을 때 [바즈롤리 무드라]는 올바르게 이루어진다." (원문은 III.86송에 대한 해설을 참조.)

56 쁘라나와 마음의 불가분적 관계는 IV.23-25송을 비롯해서 21-30송에서 발견된다.

∪ ∪—∪ — —)이다.

본 송은 쁘라나를 소멸시킴으로써 마음을 소멸시킬 수 있다는 하타요가 특유의 방법론이 천명된 게송이다. 여기서 '쁘라나의 소멸'이란 말 그대로 쁘라나가 소실되거나 없어진 것이 아니라 '쁘라나가 수슘나로 상승해서 정수리의 브라흐마란드흐라에 머무는 것'을 의미한다.[57] '쁘라나가 살아 있다.'는 것은 쁘라나가 수슘나로 진입하지 못한 상태, 즉 '이다와 삥갈라로 움직이는 상태'(일상적인 삶을 유지하는 상태)를 의미한다. 쁘라나의 소멸이란 '이다와 삥갈라로 교차하며 생명활동을 유지하던 쁘라나가 모두 수슘나로 진입해 버렸으므로 쁘라나가 두 나디로 흐르지 않는 것'을 의미하는데 '쁘라나가 수슘나로 진입하는 시점은 꾼달리니가 각성된 이후'이다.

한편, 제IV장 21-25송에서 설명되듯이 하타요가는 '쁘라나와 마음을 함께 움직이는 하나의 세트'로 보고 '쁘라나가 소멸되면 마음도 소멸한다.'는 입장에서 쁘라나의 소멸에 수행의 초점을 두고 있다. 다시 말해서 하타요가의 기법은 '마음을 마음으로 소멸시키는 방법'이 아니라 '쁘라나를 소멸시킴으로써 마음을 소멸시키는 기법'을 취한다고 할 수 있다. 이 점은 특히 샴브하비 무드라를 설명하는 IV.36송에 대한 해설에서 명확히 드러나는데 브라흐마난다는 다음과 같이 말한다. "마음을 소멸시키기 위해서 본 게송은 '[마음과 함께 작용하는] 쁘라나를 소멸시키는 수단이라 할 수 있는 무드라'를 설명하고자[58] "내적

57 본 게송에 대한 해설 및 IV.6, 10, 15, 16, III.75에 대한 해설을 참조.

58 마음이 소멸된 상태가 삼매인데 하타요가 특유의 방법론은 '마음과 세트로 작용하는 쁘라나'가 소멸될 때 마음도 소멸된다는 입장에서 쁘라나를 소멸시키는 데 주안점을 두고 있다. '쁘라나의 소멸'이란 쁘라나가 수슘나로 상승해서 정수리의 브라흐마란드흐라에 머무는 것을 의미한다. 쁘라나

표적에”(antarlakṣyam) [로 시작하는 첫 단어 이하에서] 샴브하비 무드라 [의 방법]을 말한다.(원문은 IV.36에 대한 해설을 참조.)

브라흐마난다는 본 게송의 의미를 다음과 같이 해설한다.

월 광 [본 송은] 하타[요가]를 수련하지 않고서는 지혜와 해탈을 성취할 수 없다는 것에 대해서 ‘지혜’라는 [첫 단어 이하에서] 설명한다.

haṭhābhyāsaṃ vinā jñānaṃ mokṣaś ca na siddhyatīty āha - jñānam iti | Hp-Jt. IV.15, *p.* 129, *l.* 1.

쁘라나조차 살아 움직이는 한, 마음이 소멸되지 않는 한:

월 광 ‘조차’(api)라는 말이 있으므로 [쁘라나뿐만 아니라] 감각 기관들도 살아 있고 죽지 않았다[는 것을 의미한다] … ‘쁘라나가 살아 있다는 것’은 [쁘라나가] 이다(iḍā)와 뼁갈라(piṅgalā)라는 두 [나디] 속으로 흐르는 것[을 의미]하고, ‘감각 기관이 살아 있다는 것’은 감각 기관들이 각자 자신의 대상을 취하는 것을 [의미]하며[59] ‘마음이 살아 있다는 것’은 ‘[마음이] 다양한 대상의 형상으로 변형되는 것’이다.

apiśabdād indriyāṇi jīvanti na tu mriyante | … iḍāpiṅgalābhyāṃ vahanaṃ prāṇasya jīvanaṃ, svasvaviṣayagrahaṇam indriyāṇāṃ jīvanaṃ, nānāviṣayākāravṛttyutpādanaṃ manaso jīvanaṃ. Hp-Jt. IV.15, *p.* 129, *ll.* 2-4.

가 브라흐마란드흐라에 머물 때 삼매가 성취되므로 쁘라나를 브라흐마란드흐라로 끌어올리는 것이 하타요가 수행의 전부라 해도 과언이 아니다.

59 “감각 기관들이 각자 자신의 대상을 취하는 것”이란 일상적인 지각 행위, 즉 코(鼻)는 냄새(香)를 맡고, 혀(舌)는 맛(味)을, 눈(眼)은 형태(色)를, 신체(身)는 촉감(觸)을, 귀(耳)는 소리(聲)를 듣는 작용을 계속한다는 것을 의미한다.

어떻게 지혜가 발생할 수 있다는 것인가?:

월광 [쁘라나와 감관과 마음이 소멸되지 않는 한] 지혜, 즉 '아뜨만을 직접적으로 체험하는 것'이 어떻게 가능하겠는가? 결코 불가능하다. 그 이유는 '쁘라나와 감관과 마음의 활동'이 지혜[의 생성을] 가로막는 장애물이기 때문이다.[60] [반면], 쁘라나와 마음, 이 두 가지를 소멸시키고 없앤 요가수행자는 '궁극적 본성에 확주하는 것'으로 정의된 해탈을 얻는다, [해탈을] 획득한다.

jñānam ātmāparokṣānubhavaḥ kutaḥ saṃbhavati? na kuto 'pi | prāṇendriyamanovṛttīnāṃ jñānapratibandhakatvād iti bhāvaḥ | prāṇo manaḥ, idaṃ dvayṃ yo yogī vilayaṃ nāśaṃ nayet sa mokṣam ātyantikasvarūpāvasthānalakṣaṇaṃ gacchati prāpnoti | Hp-Jt. IV.15, *pp*. 129, *ll*. 5 ~ *p*. 130, *l*. 3.

쁘라나와 마음 이 두 가지의 소멸:

브라흐마난다는 쁘라나의 소멸을 '쁘라나가 브라흐마란드흐라에서 움직이지 않고 머무는 것'[61]으로 해설하고 마음의 소멸을 '마음이 다른 대상으로 옮겨가지 않는 것'으로 해설한다.

월광 쁘라나의 소멸이란 '[쁘라나가] 브라흐마란드흐라에서 움직이지 않고 고정된 것'이다. 마음의 소멸이란 [마음이] '명상해야 할 대상의 형상(ākāra)'을 취함으로써(dhyeyākārāveśāt) 여타의 다른 대상으로 옮겨가지 않는 것'이다.

---

60 쁘라나와 감관과 마음이 활동하는 한 지혜가 일어날 수 없다는 의미이다. 브라흐마난다는 쁘라나와 감관을 소멸시킴으로써 마음이 소멸될 때(삼매를 성취할 때) 아뜨만에 대한 지혜가 일어나고 말하는데, 여기서 아뜨만을 안다는 것은 자기 자신이 아뜨만이 되는 것을 의미한다. 이 점에 대해서는 IV.8 및 IV.15-16에 대한 해설을 참조.

61 이 점에 대해서는 III.75 및 IV.10에 대한 해설을 참조.

brahmarandhre nirvyāpārasthitiḥ prāṇasya layaḥ | dhyeyākārāveśād[62] viṣayāntareṇāpariṇamanaṃ manaso layo 'nyaḥ | Hp-Jt. IV.15, *p*. 130, *ll*. 3-4.

[그 외의] 다른 어떤 방법으로도 [해탈을 이룰 수] 없다:

월광 쁘라나가 소멸되지 않고 마음이 소멸되지 않는다면 어떠한 방법, 즉 백 가지의 방법으로도 해탈을 성취할 수 없다는 의미이다. 이 점에 대해 『요가비자』[63]는 다음과 같이 말한 바 있다. "수없이 토론한다고 해서 마음을 정복할 수 있는 것이 아니다. 마음을 정복하는 방법은 오직 쁘라나를 정복하는 것뿐이다."[64]

alīnaprāṇo 'līnamanāś ca kathaṃcid upāyaśatenāpi na mokṣaṃ prāpnotīty arthaḥ | tad uktaṃ yogabīje - "nānāvidhair vicārais tu na sādhyaṃ jāyate[65] manaḥ | tasmāt tasya jayopāyaḥ prāṇasya jaya eva hi ‖ " iti | Hp-Jt. IV.15, *p*. 130, *ll*. 4-8.

계속해서 브라흐마난다는 '초월의 길(siddhimārga)이라 할 수 있는 요가로써만 독존이라는 최고의 경지에 도달할 수 있고 요가 외의 어떤 방법으로도 지혜와 해탈을 얻을 수 없다.'고 말한 후 "최고의 아뜨만에

---

62 dhyeyākārāveśād] dhyeyākārāveśāt. Hp-Jt[Adyar].

63 『요가비자』(*Yogabīja*)는 고락샤나타의 것으로 귀속된 문헌인데 브라흐마난다가 인용한 게송은 델리본(1984)의 제74송에 해당한다.

64 호흡을 통제하는 것이 하타요가 수행의 요체라는 것은 브라흐마난다의 다음과 같은 해설에서 잘 드러난다.
"[하타요가 문헌이] '제감'을 비롯해서 [응념-선정-삼매]와 같은 용어들을 동원하지만 진짜로 말하고자 하는 것은 단지 '호흡수련'일 뿐이다. 이 점에 대해 『요가의 여의주』(*Yogacintāmaṇi*)는 다음과 같이 말한 바 있다. "단지 호흡수련이 점점 더 연장되는 [상태를], 수행 차제상 '제감, 응념, 선정, 삼매라는 말'로 표현했을 뿐이다." (원문 II.12에 대한 해설을 참조.)

65 jāyate (√ jan. *III.sg.*).

대한 요가를 수련함으로써 현자는 신을 알게 된 후 즐거움과 근심을 버리게 된다."[66] "아뜨만(참자아)의 본성이라는 등불에 비추어 브라흐만의 본성을 볼 때 불생(不生)이고, 불변(不變)이고 '[무명이 만들어 낸] 모든 요소들에서 청정한' 신(브라흐만)을 알게 되고 모든 속박에서 벗어난다."[67]를 비롯한 우빠니샤드의 말씀과 전승서, 역사, 뿌라나 문헌 등을 인용하면서 요가의 중요성과 필요성을 증명한다.

그 후 하나의 흥미로운 반론을 제시하는데 그것은 "그대가 바로 브라흐만이다."(tat tvam asi)와 같은 위대한 말씀(대성구)을 듣는 것만으로도 올바른 지혜가 일어남에도 불구하고 '힘들기 이를 데 없는(atiśrama) 요가를 고달프게(prayāsa) 수련해야만 하는 이유가 무엇인가'에 대한 것이다.[68] 이에 대한 브라흐마난다의 답변은 "그대가 바로 브라흐만이다"는 위대한 말씀도 '올바른 인식 수단 중 하나'이지만 추리(anumāna)에 의거한 것이라는 것이다.[69]

---

66 "adhyātmayogādhigamena devaṃ matvā dhīro harṣaśokau jahāti"(Kaṭh-Up. II. 12).

67 "yadātmatattvena tu brahmatattvaṃ dīpopameneha yuktaḥ prapaśyet | ajaṃ dhruvaṃ sarvatattvair viśuddhaṃ jñātvā devaṃ mucyate sarvapāśaiḥ || (Śvet-Up. II.15).

68 "'그대가 바로 그것(=브라흐만)이다'(tat tvam asi) 등과 같은 [우빠니샤드의] 말씀을 [들음]으로써도 '직접적인 바른 인식'이 생겨나는데 무엇 때문에 아주 고단한 수행이라 할 수 있는 요가를 힘들게 수행하는가라고 반문한다면,"(nanu tat tvam asyādivākyair apy aparokṣapramā saṃbhavatīti kim artham atiśramasādhye yoge prayāsaḥ kāryaḥ | Hp-Jt. IV.15, *p*. 133, *ll*. 18-19.)

69 "[답하길] 말씀[을 들음으로써] 생겨난 지혜는 직접적인 것이고 [따라서 그것을] 그릇된 인식수단이라 할 순 없다. 왜냐하면 '그대가 바로 그것이다'라는 등의 말씀에서 생겨난 지혜는 직접적인 것이기 때문이고 또 직접적인 대상을 지닌 것이기 때문이고 또 마치 '눈(眼)과 항아리(瓶)[가 접촉하는 것]과 같은 현량(現量, 직접지각)'처럼 추리(anumāna)도 바른 인식 수단이기 때문이다."(na ca vākyajanyajñānasyāparokṣatve pramāṇāsaṃbhava iti

브라흐마난다는 요가에 의해 지혜를 얻을 수 있다는 것에 대해 장황하게 논의한 후 또 다른 반론으로 '자나까(Janaka) 등은 요가를 수련하지 않고서도 무한한 지혜와 해탈을 얻으므로 요가만이 지혜와 해탈을 일으킬 수 있다고 말하는 이유가 무엇인가?'[70]라는 반론을 소개한다. 이에 대해서 브라흐마난다는 '그들은 전생(前生, pūrvajanma)에 수련했던 요가에서 생긴 잠세력으로 지혜를 얻었다.'[71]고 답하고 '전생에서 수련한 요가 공덕'(pūrvajanmānuṣṭhitayogābhyāsapuṇyatāratamya)에 따라 히란야가르브하, 바시쉬타, 나라다 등은 '태어날 때부터 성자'(janmasiddha)였다고 답한다.[72] 마지막으로 브라흐마난다는 '오직 바라문(brāhmaṇa)만이 해탈을 얻을 수 있다.'고 말한 후[73] '요가수행자는 설사 요가에 실패했을지라도 슈드라 등등의 출생 순서를 따르지 않는다.'[74]고 마무리함으

---

vācyam | tattvamasyādivākyajanyaṃ jñānam aparokṣam, aparokṣaviṣayakatvāt, cākṣuṣaghaṭādipratyakṣavad ity anumānasya pramāṇatvāt | na ca viṣayagatāparokṣatvasya durnirūpatvād dhetvasiddhir iti vācyam | Hp-Jt. IV.15, *p.* 133, *ll.* 19-22.)

70 nanu janakādīnāṃ yogam antareṇāpy apratibaddhajñānamokṣayoḥ śravaṇāt kathaṃ yogād evāpratibaddhajñānaṃ mokṣaś ceti cet, Hp-Jt. IV.15, *p.* 139, *ll.* 12-13.

71 teṣāṃ pūrvajanmānuṣṭhitayogajasaṃskārāj jñānaprāptir iti purāṇādau śrūyate | Hp-Jt. IV.15, *p.* 139, *ll.* 13-14.

72 "이 점에 대해서는 뿌라나를 비롯한 여러 문헌이 히란야가르브하(Hiraṇyagarbha), 바시쉬타(Vasiṣṭha), 나라다(Nārada), 사나뜨꾸마라(Sanatkumāra), 바마데바(Vāmadeva), 슈까(Śuka) 등은 태어날 때부터 성자였다고 말한 바 있다."(tathāhi | hiraṇyagarbhavasiṣṭhanāradasanatkumāravāmadevaśukādayo janmasiddhā ity eva purāṇādiṣu śrūyante | Hp-Jt. IV.15, *p.* 140, *ll.* 3-4.)

73 브라흐마난다는 바라문만이 해탈을 얻을 수 있다는 『가루다뿌라나』(*Garuḍapurāṇa*)의 세 게송을 차례대로 인용한 후 '슈드라(śūdra), 바이쉬야(vaiśya) 등과 같은 순서대로 출생해서 마침내 요가 수행자가 된 후에 해탈을 성취할 수 있다.'고 말한다.

74 "요가수행자들은 실패했을지라도 슈드라 [→ 바이쉬야 → 끄샤뜨리야 →

로써 요가가 지혜와 해탈의 수단이라는 것을 천명한다.

16

언제나 적절한 장소에 거주한 후 [스승으로부터] 수슘나를 정확하게 여는 법을 배워서 숨을 가운데(수슘나 나디)로 흐르게 해서 [정수리의] 브라흐마란드흐라에서 없애야 한다.

IV.16[a-b] jñātvā suṣumnā sadbhedaṃ kṛtvā vāyuṃ ca madhyagam |[75]

IV.16[c-d] sthitvā sadaiva susthāne brahmarandhre nirodhayet ||

【해설】

본 게송의 원문은 맛첸드라의 것으로 알려진『달의 시선』(*Candrāvalokana*, 30)과 동일하다.[76]

본 송에 대한 브라흐마난다의 해설에서 '쁘라나를 소멸시킴으로써 해탈을 얻을 수 있다.'는 하타요가 특유의 입장이 재차 천명되고 있다. 브라흐마난다에 따르면 쁘라나의 소멸은 '쁘라나를 수슘나로 끌어올

바라문] 등으로 이어지는 단계를 밟지 않는다. [이 점에 대해선] '요가에 실패한 자들은, 고결하고 영광스런 가문에 태어난다. 혹은 [현명한] 요가수행자의 [가문에 태어난다].'(BG. VI. 41-42)와 같은 바가바뜨의 말씀이 있으므로 충분히 [증명되었다]."(yoginas tu bhraṣṭasyāpi na śūdrādikramaḥ | "śucīnāṃ śrīmatāṃ gehe yogabhraṣṭho 'bhjāyate | athavā yogināṃ eva || (BG. VI.41-42)" ityādibhagavadvacanād ity alam || Hp-Jt: IV.15, *p.* 140, *ll.* 15-18.)

75 첫 번째 구(pāda[a])는 아누쉬뚜브-쉴로까(Anuṣṭubh-Śloka)의 확장형인 마-비뿔라(Ma-vipulā)이다.

76 부이(Bouy: 1994, p. 14)는『하타의 등불』IV.16, 54송이『달의 시선』에서 인용된 것으로 본다.

려 정수리의 브라흐마란드흐라에 고정시키는 것'을 의미한다.(아래의 마지막 해설을 참조.)

먼저 브라흐마난다는 본 송의 취지를 다음과 같이 해설한다.

월광 "쁘라나와 마음을 소멸시키지 않고서는 해탈이 성취될 수 없다." 고 말해졌다. [쁘라나를 소멸시키는 방법과 마음을 소멸시키는 방법] 중에서 [본 송은] '쁘라나를 소멸시킴으로써 마음도 소멸시킬 수 있으므로 그것(쁘라나)을 소멸시키는 방법(tal-laya-rīti)'에 대해 [첫 단어인] "배운 후에"(jñātvā)라는 [단어 이하로] 설명한다.

prāṇamanasor layaṃ vinā mokṣo na sidhyatīty uktam | tatra prāṇalayena manaso 'pi layaḥ sidhyatīti tallayarītim āha - jñātveti | Hp-Jt. IV.16, *p.* 140, *ll.* 1-2.

적절한 장소에 거주한 후(sthitvā sadaiva susthāne):

월광 [이 말은] "선정(善政)이 이루어지는 곳, 덕을 갖춘 곳 …"(Hp. I.12) 등등으로 설명된 그런 장소에 머물고서, 즉 거처를 마련하고서 내지는 '거주한 후에'라는 뜻이다.

"surājye dhārmike deśe"(Hp.I.12) ityādyuktalakṣaṇe sthitvā sthitiṃ kṛtvā vasatiṃ kṛtvety arthaḥ | Hp-Jt. IV.16, *p.* 141, *ll.* 1-2.

수슘나를 정확하게 여는 법을 배운 후:

월광 수슘나, 즉 가운데 나디를 정확하게 여는 법, 즉 올바르게 관통시키는 방법을 익힌 후, 다시 말해서 스승의 말씀을 통해 체득한 후,

suṣumnā madhyanāḍī tasyāḥ sadbhedaṃ śobhanaṃ bhedana-prakāraṃ jñātvā gurumukhād viditvā. Hp-Jt. IV.16, *p.* 141, *ll.* 2-3.

숨을 가운데(수숨나 나디)로 흐르게 해서 [정수리의] 브라흐마란드흐라에서 없애야 한다:

월광 바유, 즉 쁘라나를 가운데로 다시 말해서 '가운데 나디'(수숨나)로 상승시킨 후 브라흐마란드흐라, 즉 정수리의 공간 속에 채워야 한다, 즉 완벽하게 고정시켜야 한다. 쁘라나가 [수숨나로 상승한 후 정수리의] 브라흐마란드흐라에 모이는 것(nirodha)이 [쁘라나의] 소멸(laya)이다.[77] 쁘라나가 소멸될 때(prāṇalaye jāte) 마음 역시 소멸된다. 이 점에 대해 『바시쉬타』는 "수행을 통해 쁘라나들이 [모두] 소멸될 때 마음은 소멸하고 열반[의 상태]가 남겨진다." 고 말한 바 있다. [이와 같이] 쁘라나와 마음이 소멸될 때 [비로소] 수행의 특별한 본질이라 할 수 있는 삼매가 수반하는 [경지, 즉] '내적 감관으로 파기될 수 없는' 아뜨만에 대한 직접적인 체험(ātmasākṣātkāra)이 일어난다.[78] 그때, 인간은 살아 있으면서도 해탈하게 된다.

vāyuṃ prāṇaṃ madhyagaṃ madhyanāḍīsaṃcāriṇaṃ kṛtvā brahmarandhre mūrdhāvakāśe nirodhayen nitarāṃ ruddhaṃ kuryāt । prāṇasya brahmarandhre nirodho layaḥ prāṇalaye jāte mano 'pi līyate । taduktaṃ vāsiṣṭhe "abhyāsena parispande prāṇānāṃ kṣayam āgate । manaḥ praśamam āyāti nirvāṇam avaśiṣyate ॥" iti । prāṇamanasor laye sati bhāvanāviśeṣarūpasamādhisahakṛtenā-ntaḥkaraṇenābādhitātmasākṣātkāro bhavati tadā jīvann eva muktaḥ puruṣo bhavati ॥ Hp-Jt. IV.16, *p.* 141, *ll.* 3-9.

---

77 '쁘라나의 소멸'에 대해서는 IV. 15송에 대한 해설을 참조.

78 불이론 베단따에 따르면 아뜨만을 올바르게 아는 것은 '자기 자신이 아뜨만을 직접적으로 체험하는 것', 즉 자기 자신이 아뜨만이 되는 것을 의미하는데 이것은 절대적으로 완벽한 지혜이고 따라서 이 지혜를 파기할 수 있는 것은 없다. 아뜨만을 직접적으로 체험함으로써 얻은 지혜가 궁극적인 것이고 따라서 다른 것에 의해서도 파기될 수 없다는 것은 III.53송에 대한 해설에서도 언급되었다.

쁘라나의 소멸과 죽음의 정복

17

태양(삥갈라)과 달(이다)은 '낮과 밤으로 구성된 시간'을 만든다.
수숨나는 시간을 먹는 자이다. 이것은 비밀로 전해져 온 것이다.
IV.17$^{a\text{-}b}$ sūryācandramasau dhattaḥ[79] kālaṃ rātriṃdivātmakam |
IV.17$^{c\text{-}d}$ bhoktrī suṣumnā kālasya guhyam etad udāhṛtam ‖ [80]

【해설】

본 게송의 후반부(pāda$^{c\text{-}d}$)는 『맛첸드라상히따』(*Matsyendrasaṃhitā*) IV.44^{ab}와 동일하다.

태양과 달은(sūryācandramasau):

병렬복합어 "sūryācandramasu"(태양과 달)에서 sūrya(태양)는 남성 명사이지만 sūryā로 되어 있는데 브라흐마난다는 그것을 '아낭'(ānAṄ)으로 해설한다.[81]

월광 쁘라나가 소멸될 때 시간(죽음)이 정복된다는 것에 대해 [본 게송의 첫 단어(병렬복합어)인] "태양과 달은"이라는 말[로 시작한다]. 'sūryācandramasau' [이라는 복합어]는 태양(sūrya)과 달(candramas)

79 dattaḥ. (√dā. *III.du*).

80 세 번째 구(pāda^{c})는 아누쉬뚜브-쉴로까(Anuṣṭubh-Śloka)의 확장형인 마-비뿔라(Ma-vipulā)이다.

81 '아낭'(ānAṄ)은 병렬복합어의 첫 번째 구성 요소의 마지막 모음 a가 'ā'로 대체되는 것을 의미한다.

을 의미하는데 [첫 단어인 sūrya가 sūryā로 된 이유는] "신격(devatā)의 [이름으로 구성된] 병렬[복합어]의 경우 역시 [ānAṄ이 병렬복합어의 선행하는 요소의 마지막 모음을 대체한다]"(Pāṇ. VI.3.26)는 '아낭'(ānAṄ)이 [적용된 것이다].

prāṇalaye kālajayo bhavatīty āha - sūryācandramasāv iti | sūryaś ca candramāś ca sūryācandramasau | "devatādvandve ca"(Pān. VI.3.26) ity ānaṅ | Hp-Jt. IV.17, *p.* 141, *ll.* 1-2.

낮과 밤으로 구성된 시간을 만든다:

월광 "rātriṃdivam"[이라는 병렬복합어]는 '낮'(rātri)과 '밤'(diva)을 [의미]하는데, [rātri가 rātriṃ으로 된 이유는] "acatura … [등의 복합어의 파생에 taddhita 접사 aC가 nipātana를 통해서 첨가된다.]"에 의한 불규칙형이다. 낮과 밤을 본성, 자성으로 하는 그것이 '낮과 밤으로 구성된 것'(rātriṃdivātamakas. BahVr.)인데, 바로 그것, 즉 '낮과 밤으로 구성된' 시간(kāla, samaya)을 [태양과 달이] 만든다. 다시 말해서 '[태양과 달이 낮과 밤으로 구성된 시간을] 창조한다, 구성한다.

rātriś ca divā ca rātriṃdivam | 'a-catur-a …'(Pāṇ. V.4.77) ityādinā nipātitaḥ | rātriṃ divam[82] ātmā svarūpaṃ yasya sa rātriṃdivātmakas taṃ rātriṃdivātmakaṃ kālaṃ samayaṃ datto vidhattaḥ kurutaḥ | Hp-Jt. IV.17, *p.* 141, *ll.* 3-5.

수슘나는 시간을 먹는 자이다:

월광 수슘나, 즉 사라스바띠 [강]은, 태양(삥갈라)과 달(이다)이 만든 '낮과 밤으로 구성된 시간'을 먹는 자, 삼키는 자, 없애는 자이다.

suṣumnā sarasvatī kālasya sūryācandramobhyāṃ kṛtasya rātriṃdivātmakasya samayasya bhoktrī bhakṣikā vināśikā |

82 divam] divaṃ. Hp-Jt[Adyar].

Hp-Jt. IV.17, *p.* 141, *ll.* 5-6.

이것은 비밀로 전해져 온 것이다:

월광 이것은 비밀(guhyam, rahasyam)로 전해진 것(udāhṛtam, kathitam)이다. 그 의미는 다음과 같다. [쁘라나는] 60분[83] 동안 태양(오른쪽 나디, 삥갈라)으로 흐르고 60분 동안은 달(왼쪽 나디, 이다)로 흐른다. [쁘라나가] 태양으로 흐를 때를 주간(晝間, 낮)이라고 하고 달로 흐를 때를 야간(夜間, 밤)이라고 말해졌다.[84] [그러므로 요가수행자에겐] 120분[85] 안에 '주간과 야간(낮과 밤)으로 이루어진 시간'(즉 하루)이 존재한다. [따라서] '일상적인(세속적인) 하루(晝夜, laukika-ahorātra-madhye = 24시간)' 속에 '요가수행자들은 12주야(12일, dvādaśāhorātra)로 구성된 시간사(kālavyavahāra)가 있는 셈'이 된다. 생명체의 수명 개념은 이와 유사하게 [낮과 밤의 하루 단위로] 있다. [하지만] 수슘나를 따라 [상승한] 바유가 [정수리의] 브라흐마란드흐라에서 소멸될 땐 '낮과 밤으로 구성된 시간'이 존재하지 않기 때문에[86] "수슘나가 시간을 먹는 자이다."고 말해졌다. 바유가 브라흐마란드흐라에서 용해되어 [머물고 있는] 시간만큼 요가수행자의 수명은 연장된다. 오랜 시간동안 반복해서 삼매를 경험한 요가수행자는 [예지(豫智)로써 자신이] 죽을 시간을 먼저 알기 때문에 기(氣, vāyu)를 브라흐마란드흐라에 보냄으로써(nītvā)[87] 시간

---

83 sārdhaṃ ghaṭikādvayam: 12분+24분+24분=60분.

84 브라흐마난다의 해설에 따르면 쁘라나가 삥갈라(오른쪽 코에서 시작하는 나디)에서 흐르는 것은 낮으로, 이다(왼쪽 코에서 시작하는 나디)로 흐르는 것은 밤으로 비유된다. 이 점에 대해서는 『하타의 등불』 IV.42송을 참조.

85 pañcaghaṭikā: 1 ghaṭikā =24분, 5 ghaṭikā=120분.

86 쁘라나가 삥갈라(태양)으로 흐를 때가 낮(주간)이고 이다(달)로 흐르 때가 밤(야간)인데 쁘라나가 수슘나로 진입하고 브라흐마란드흐라에 도달할 때는 낮과 밤이 없어지고 따라서 시간은 존재하지 않게 된다는 의미이다.

87 nītvā. (√nī (1) *Ger.*).

을 정지시키고 또 자신의 의지대로 신체를 떠날 수 있다는 것이다.[88]

etad guhyaṃ rahasyam udāhṛtaṃ kathitam | ayaṃ bhāvaḥ | sārdhaṃ ghaṭikādvayaṃ sūryo vahati sārdhaṃ ghaṭikādvayaṃ candro vahati | yadā sūryo vahati tadā dinam ucyate | yadā candro vahati tadā rātrir ucyate | pañcaghaṭikāmadhye rātriṃdivātmakaḥ kālo bhavati | laukikāhorātramadhye yogināṃ dvādaśāhorātrātmakaḥ kālavyavahāro bhavati | tādṛśakālamānena jīvānām āyurmānam asti | yadā suṣumnāmārgeṇa vāyur brahmarandhre līno bhavati tadā rātriṃdivātmakasya kālasyābhāvād uktaṃ bhoktrī suṣumnā kālasyeti | yāvad brahmarandhre vāyur līyate tāvad yogina āyur vardhate | dīrghakālābhyastasamādhir yogī pūrvam eva maraṇakālaṃ jñātvā brahmarandhre vāyuṃ nītvā kālaṃ nivārayati svecchayā dehatyāgaṃ ca karotīti || Hp-Jt. IV.17, *pp.* 141, *ll.* 7 ~ *p.* 142. *l.* 4.

꾼달리니의 각성과 수슘나로의 진입

18

[인간의] 몸 안에는 72,000개의 나디(nāḍī)라는 관(管)이 있다. [그중에서] 수슘나 [나디]는 샴브하비의 힘을 지니지만[89] 나머지

88 요가수행자가 자신의 의지대로 신체를 떠날 수 있다는 언급은 III.82, 122송에 대한 해설에서도 발견된다.

89 브라흐마난다는 "수슘나는 샴브하비의 힘을 지니지만"의 의미를 다음과 같이 해설한다.

suṣumnā madhyā nāḍī śāṃbhavī śaktir asti | śaṃ sukhaṃ bhavaty asmād bhaktānām iti śaṃbhur īśvaras tasyeyaṃ śāṃbhavī, dhyānena śaṃbhuprāpakatvāt | śaṃbhor āvirbhāvajanakatvād vā śāṃbhavī | yad vā śaṃ sukharūpo bhavati tiṣṭhatīti śaṃbhur ātmā tasyeyaṃ śāṃbhavī | cidabhivyaktisthānatvād

것들은 별 의미가 없다.[90]

IV.18^{a-b} dvāsaptatisahasrāṇi nāḍīdvārāṇi pañjare |

IV.18^{c-d} suṣumnā śāṃbhavī śaktiḥ śeṣās tv eva nirarthakāḥ ||

【해설】

몸 안에는 72,000개의 나디라는 관(管)이 있다:

나디는 경락(經絡)과 유사한 개념인데 나디의 수는 문헌에 따라 조금씩 다르지만(I.39에 대한 해설을 참조) 『하타의 등불』과 『월광』은 72,000개로 해설한다. 72,000개의 나디 중에서 중요한 것은 '달'로 상징되는 왼쪽 통로인 이다(iḍā), '태양'으로 상징되는 오른쪽 통로인 삥갈라(piṅgalā) 그리고 삥갈라와 이다의 중앙에 있는 수슘나(suṣumnā)인데 이 중에서도 가장 중요한 것은 수슘나이다. 수슘나가 가장 중요한 이유는 '각성된 꾼달리니'(=질적 변화를 겪은 쁘라나)가 상승하는 통로이기 때문이다.[91] 수

---

dhyānenātmasākṣātkārahetutvāc ca | Hp-Jt. IV.18, *p.* 142, *ll.* 3-6. "수슘나, 즉 중앙의 나디는 샴브하비의 힘을 지닌다. 샴브하비[라는 말은], '그에게 귀의한 자들에게 샴(śam), 즉 행복(sukha)을 주는 자인 샴브후(śaṃbhu), 즉 이쉬바라에서 유래한 것이다. 그 이유는 [샴브하비가] 선정에 의해 샴브후(이슈바라)로 이끌어 주기 때문이다. 혹은 샴브후(이슈바라)를 현현하게 해 주기 때문에 샴브하비이다. 또는 샴(śam), 즉 '행복으로 이루어진 자'가 샴브후(śambhu), 즉 아뜨만인데 샴브하비[라는 말이 여기서 유래한다]. 그 이유는 [샴브하비가] 순수의식을 현현시키는 처소이기 때문이고 또 명상에 의해 '아뜨만을 직접적으로 체험하게 해 주는 동인'이기 때문이다." (이 부분에 대한 번역엔 자신이 없음을 밝힌다.)

90 수슘나는 '각성된 꾼달리니'가 상승하는 통로이다. 꾼달리니가 각성된 후 그녀(쁘라나)가 수슘나로 진입하고 상승할 때 삥갈라와 이다 등 나머지 나디는 활동하지 않는다.

91 "꾼달리니가 각성된 후 쁘라나는 수슘나 속으로 들어가기 때문에 두 통로(두 나디)에는 쁘라나가 없기 때문이다."
kuṇḍalibodhe sati suṣumnāyāṃ praviṣṭe prāṇe dvayoḥ puṭayoḥ prāṇaviyogāt |

슘나의 중요성은 여러 문헌에서 발견된다.

"세 가지(이다와 삥갈라와 수슘나) 중에서도 오직 하나 수슘나가 중요한 것으로 요긴드라가 사랑하는 것이다."(tisṛṣv ekā suṣumṇaiva mukhyā yogīndravallabhā | Śs. II.16^a-b^.)

"그중에서도 해탈의 길로 … 가장 중요한 것은 … 수슘나이다."(tāsu mukhyatama … muktimārge suṣumṇā … VaS. II.24.)

딴뜨라 문헌도 수슘나의 중요성을 언급하는데 엘리아데는 다음과 같이 말한 바 있다.

"가운데의 길을 유지해라, 왼쪽과 오른쪽은 덫이다.'(Guṇḍari의 *Caryāpad.* 4) … '왼쪽과 오른쪽은 함정이다.'(Caryā. 32. Srahapāda: 이와 관련된 내용은 박치(P. C. Bagchi의 *Studies in the Tantras*, p. 61 이하를 참조.)" Eliade: 1969, p. 240.

월광 몸 안에는, 다시 말해서 마치 새장처럼 혈관(śirā)과 뼈(asthi)들로 구성된 인체 안에는 '2를 더한 70', 즉 72개 다시 말해서 '72를 곱한 1000개'(=72,000)나 되는 나디들[통로들, 관(管)들], 즉 '바유가 흐르는 통로들'이 있다.

pañjare pañjaravac chirāsthibhir baddhe śarīre dvābhyām adhikā saptatir[92] dvāsaptatir[93] dvāsaptatisaṃkhyākāni sahasrāṇi nāḍīnāṃ śirāṇāṃ dvārāṇī vāyupraveśamārgāḥ santi | Hp-Jt. IV.18, *p.* 142, *ll.* 1-3.

Hp-Jt. III.12. (*p.*76, *ll.*19-20.)

이 내용이 뜻하는 것은 '꾼달리니가 오직 수슘나와 작용할 뿐'이고 이다와 삥갈라와 무관하다는 것이다. 한편, 이다와 삥갈라(혹은 달과 태양)로 숨이 흐른다는 것은 꾼달리니가 각성되지 않고 또 수슘나가 활성화되지 않았다는 것을 의미한다.

92 saptatir] saptatiḥ. Hp-Jt^Adyar^.

93 dvāsaptatir] dvāsaptatiḥ. Hp-Jt^Adyar^.

나머지 것들은 별 의미가 없다:

월광 나머지 [나디]들, 즉 이다와 삥갈라 등등은 별 의미가 없다 … 그 이유는 앞에서 설명했던 [수슘나와 같은] 목적성이 없기 때문이다.[94]

śeṣā iḍāpiṅgalādayas tu nirarthakā eva … pūrvoktaprayojanābhāvāt ‖ Hp-Jt. IV.18, *p*. 142, *ll*. 6-8.

19

응집된 바유는[95] 불과 함께 '꾼달리를 각성시킨 후'
[아무런] 걸림 없이 수슘나 속으로 들어갈 것이다.
IV.19$^{a\text{-}b}$ vāyuḥ paricito yasmād agninā saha kuṇḍalīm |
IV.19$^{c\text{-}d}$ bodhayitvā suṣumnāyāṃ praviśed anirodhataḥ ‖

【해설】

본송은 닷따뜨레야의 『요가샤스뜨라』(*Yogaśāstra*) 108송과 동일하다.

응집된 바유는 … 꾼달리니를 각성시킨 후 … 수슘나로 들어갈 것이다:

월광 [무드라] 수행을 통해서 바유가 응집되었을 때 [응집된 그 바유]는 아그니, 즉 소화의 불(jaṭharāgni)과 함께 꾼달리니 샥띠를 각성

94 이다와 삥갈라를 비롯한 모든 나디들은 인간의 생명 활동을 유지시켜 주는 활동적인 나디이지만 수슘나는 꾼달리니가 각성된 이후에 활성화되는 특별한 나디이다. 수슘나가 활성화되었다는 것은 '꾼달리니가 각성되었다는 것'을 의미하는데 바로 이 수슘나는 '각성된 꾼달리니'(질적 변화를 겪은 쁘라나)가 정수리의 브라흐마란드흐라로 상승하는 통로가 된다. 수슘나가 활성화되었을 때 이다와 삥갈라의 기능은 정지된다.

95 '응집된 바유'(vāyuḥ paricitaḥ)는 '쁘라나와 아빠나가 결합된 상태의 바유'를 의미한다.

시킨 후 제약 없이, 아무런 걸림 없이 수슘나 속으로, 즉 사라스바띠 강으로 들어갈 것이다. 바유를 수슘나로 진입시키는 것을 목표로 삼아 수련해야 한다는 의미이다.
yasmāt paricito 'bhyasto vāyus tasmād agninā jaṭharāgninā saha kuṇḍalīṃ śaktiṃ bodhayitvā, anirodhato 'pratibandhāt suṣumnāyāṃ sarasvatyāṃ praviśet, vāyoḥ suṣumnāpraveśārtham abhyāsaḥ kartavya ity arthaḥ | Hp-Jt. IV.19, *p*. 141, *ll*. 1-3.

20

빠라나가 수슘나 속으로 진입[하고 상승한 이후]에만 마논마니(삼매)가 성취된다.
하지만 여타의 수행법들은 요가수행자들에게 피로만 줄 뿐이다.
IV.20[a-b] suṣumnāvāhini prāṇe siddhyaty eva manonmanī |
IV.20[c-d] anyathā tv itarābhyāsāḥ prayāsāyaiva yoginām ||

【해설】

쁘라나가 수슘나 속으로 진입[하고 상승한 이후]에만 마논마니(삼매)가 성취된다:

월광 오직 쁘라나가 수슘나로 진입[하고 상승한 이후]에만 마논마니, 즉 운마니 상태가 성취된다.
prāṇe suṣumnāvāhini sati manonmanī unmanyavasthā siddhyaty eva | Hp-Jt. IV.20, *p*. 143, *ll*. 1-2.

하지만 여타의 수행법들은 … 피로함만 줄 뿐이다:

월광 하지만 다른 방법, 즉 쁘라나를 수슘나로 진입시킬 수 없는 여타의 수행법들, 즉 수슘나 외의 나디에 의거한 수행법들은 요가수행자들에게 단지 고단함, 피로만 줄 뿐이라는 의미이다.
anyathā prāṇe suṣumnāvāhiny asati tv[96] itarābhyāsāḥ suṣumnetaranāḍyabhyāsāḥ yogināṃ yogābhyāsināṃ prayāsāyaiva śramāyaiva bhavantīty arthaḥ ‖ Hp-Jt. IV.20, *p.* 143, *ll.* 2-3.

마음과 훈습, 기의 관계

21

기(氣, pavana)가 고정되면 그로 인해 마음도 고정된다.
그리고 마음이 고정되면 그로 인해 기(pavana)도 고정된다.
IV.21$^{a\text{-}b}$ pavano badhyate yena manas tenaiva badhyate |
IV.21$^{c\text{-}d}$ manaś ca badhyate yena pavanas tena badhyate ‖

【해설】

월 광 기(pavana), 즉 쁘라나 바유를 통제함으로써, [다시 말해서] 오직 [기를] 고정시킴으로써 요가수행자는 마음을 고정시킬 수 있고 [또] 마음을 고정시킴으로써 기를 묶을 수 있다. 마음과 쁘라나 중에서 '어느 하나'(ekatare)가 묶인다면 둘 다 고정된다는 의미이다.
yena yoginā pavanaḥ prāṇavāyur badhyate baddhaḥ kriyate tenaiva yoginā mano badhyate yena mano badhyate, tena pavano badhyate | manaḥpavanayor ekatare baddhe ubhayaṃ baddhaṃ bhavatīty arthaḥ ‖ Hp-Jt. IV.21, *p.* 143, *ll.* 1-3.

---

96 tv] tu. Hp-Jt[Adyar].

22

마음을 [동요시키는] 두 가지 요인은 훈습(薰習)과 기(氣, samīraṇa)이다.
둘 중 하나가 소멸하면 나머지 둘도 모두 소멸한다.
IV.22$^{a\text{-}b}$ hetudvayaṃ tu cittasya vāsanā ca samīraṇaḥ |
IV.22$^{c\text{-}d}$ tayor vinaṣṭa[97] ekasmiṃs[98] tau dvāv api vinaśyataḥ[99] ||

【해설】

본 게송은 말린슨(Mallinson: 2011a)이 새롭게 발굴한 필사본(*Gorakṣaśataka*, Ms. No. R. 7874) 제9송에서도 발견된다.

마음을 [동요시키는] 두 가지 요인은 훈습(薰習)과 기(氣, samīraṇa)이다:

월광 마음을 동요시키는 두 가지 원인, 즉 두 가지 동인이 있는데 그것이 무엇인지에 대해 말한다. [바로 그 두 가지 요소는] 훈습(薰習, vāsanā), 즉 '촉진시키는 것으로 불리는 잠세력(saṃskāra)'과 기(氣, samīraṇa), 즉 쁘라나 바유이다.
cittasya pravṛttau hetudvayaṃ kāraṇadvayam asti kiṃ tad ity āha | vāsanā bhāvanākhyaḥ saṃskāraḥ samīraṇaḥ prāṇavāyuś ca. Hp-Jt. IV.22, *p*. 143, *ll*. 1-2.

둘 중 하나가 소멸하면 나머지 둘도 모두 소멸한다:

월광 훈습(薰習)이 소멸하면 기와 마음이 소멸하고, 기가 소멸하면 마음과 훈습이 소멸하고, 마음이 소멸하면 기와 훈습이 소멸한다.

---

97 vinaṣṭe. *sg.Lo.*
98 ekasmiṃs ⌋ ekasmin. Hp^{Adyar}.
99 vinaśyataḥ (vi√naś. *III.du.*).

이 점에 대해 『요가바시쉬타』는 다음과 같이 말했다.

"라마여, 마음[이 작용하는] 원인은 '쁘라나의 진동'과 '훈습'이다.[100] 둘 중에서 하나만 소멸해도 [나머지] 둘도 소멸한다."

[그 반대의 경우에 대해 바시쉬타는] 다음과 같이 배제적으로(vyatirekeṇa) 말했다.

"마음이 소멸되지 않는 한 훈습은 소멸되지 않는다. 훈습이 사라지지 않는 한 마음은 소멸되지 않는다. [여기에는] 의심할 것이 없다. 진리를 알지 못하는 한 마음(citta)은 소멸되지 않고 마음(citta)을 없애지 않는 한 결코 진리를 통찰할 수 없다. 훈습이 소멸되지 않는 한 어떻게 진리를 얻을 수 있겠는가? 진리를 체득하지 못하는 한 훈습은 소멸되지 않는다. …"

vāsanākaṣaye samīraṇacitte kṣīṇe bhavataḥ ǀ samīraṇe kṣīṇe cittavāsane kṣīṇe bhavataḥ ǀ citte kṣīṇe samīraṇavāsane kṣīṇe bhavataḥ ǀ taduktaṃ vāsiṣṭhe "dve bīje rāma cittasya prāṇaspandanavāsane ǀ ekasmiṃś ca tayor naṣṭe kṣipraṃ dve api naśyataḥ ǁ" tatraiva vyatirekeṇoktam "yāvad vilīnaṃ na mano na tāvad vāsanākṣayaḥ ǀ na kṣīṇā vāsanā yāvac cittaṃ tāvan na śāmyati ǁ na yāvat tattvavijñānaṃ na tāvac cittasaṃkṣayaḥ ǀ yāvan na cittopaśamo na tāvat tattvavedanam ǁ yāvan na vāsanānāśas tāvat tattvāgamaḥ kutaḥ ǀ yāvan na tattvasaṃprāptir na tāvad vāsanākṣayaḥ ǁ … ǁ" Hp-Jt. IV.22, *pp*. 143, *ll*. 4 ~ *p*. 144, *l*. 4.

23

마음이 소멸하는 곳으로 쁘라나가 소멸하고,
쁘라나가 소멸하는 곳으로 마음도 소멸한다.

100 prāṇaspandanavāsane(*du. No.*). 한편 '쁘라나의 진동(prāṇaspandha)이라는 표현은 IV.41송에 대한 브라흐마난다의 해설에서 발견된다.

IV.23^{a-b} mano yatra vilīyeta pavanas tatra līyate |
IV.23^{c-d} pavano līyate yatra manas tatra vilīyate ||

【해설】

월 광 마음이 소멸되는 바로 그곳으로 기(氣, pavana)가 소멸하고, 기가 소멸되는 바로 그 곳으로 마음이 소멸한다는 맥락이다.

yatra yasminn ādhāre mano vilīyate pavanas tatra tasminn ādhāre līyate | yatra yasminn ādhāre pavano līyate tatra tasminn ādhāre mano vilīyata[101] ity anvayaḥ | Hp-Jt. IV.23, *p.* 144, *ll.* 1-3.

24

마치 우유와 물처럼 마음과 기(māruta)는
혼합되어 함께 작용한다.
기가 움직이는 곳에서 마음이 활동하고,
마음이 움직이는 곳에서 기가 활동한다.[102]

---

101 vilīyate (vi√lī. *III.sg.*).

102 본 게송은 인드라바즈라(pāda$^{a, b}$)와 우뻰드라바즈라(pāda$^{c, d}$)가 혼용된 우빠자띠 운율로 작성되었다. 우뻰드라바즈라로 작성된 세 번째 빠다는 yatra(~하는 곳) tatra(그곳) 구문이지만 운율 때문에 yatra 대신 yatah가 사용되었다. yato maru …는 ∪－∪∪으로 우뻰드라바즈라 운율을 맞출 수 있지만 yatra maru…의 경우에는 －∪∪∪으로 운율을 유지할 수 없기 때문이다. 따라서 여기서의 yatas는 장소의 의미인 yatra로 해석해야 할 것으로 판단된다.
원인 또는 이유의 관계절을 이끄는 yatas와 장소의 관계절을 이끄는 yatra의 의미상의 차이는 적지 않은 것으로 판단되는데 그것은 yatas 구문이 이 게송의 의미를 '마음이 움직일 때 기가 움직이고 또 기가 움직일 때 마음이 움직인다.'로 한정하는 것에 반해 yatra 구문은 '마음이 가는 곳에 쁘라나가

IV.24[a] dugdhāmbuvat saṃmilitāv ubhau tau
IV.24[b] tulyakriyau mānasamārutau hi |
IV.24[c] yato marut tatra manaḥ pravṛttir
IV.24[d] yato manas tatra marut pravṛttiḥ ||

【해설】

본 송의 운율은 11음절의 인드라바즈라와 우뻰드라바즈라가 혼용된 우빠자띠(Upajāti)이다. 이 중에서 첫 번째와 두 번째 구(pāda[a, b])는 인드라바즈라(−−∪ −−∪ ∪−∪ −−)이고 세 번째와 네 번째 구(pāda[c, d])는 우뻰드라바즈라(∪−∪ −−∪ ∪−∪ −−)인데 이와 같은 구조의 우빠자띠는 재차 라마(Rāmā)로 불린다.

본 송(24송)과 25송은 『무심의 요가』(*Amanaskayoga*) II.27-28송과 동일하다.

기(氣)가 움직이는 곳에서 마음이 활동하고 마음이 움직이는 곳에서 기가 활동한다:

월광 기(marut), 즉 쁘라나가 활동하는 그곳에서 마음도 활동한다, 즉 마음이 작용한다. [또한] 마음이 활동하는 [바로] 그곳에서 바유가 활동한다는 의미이다. 이 점에 대해 『요가바시쉬타』는 다음과 같이 말했다. "마치 꽃과 향기처럼(kusumāmodavat), 마치 참깨와 기름이 혼합되어 있듯이 인간에게는 기(prāṇa)와 마음(cetasī)이 본질적으로 항상 결합되어 있다. [그 결합을] 없앰으로써(vināśena) 해탈로 불리는 최상의 결과를 얻어야 한다."

yasmiṃś[103] cakre marud vāyuḥ pravartate tatra yasmiṃś[104]

가고, 기가 움직이는 곳으로 마음도 움직인다.'는 의미까지 포함할 수 있기 때문이다.

cakre manaḥpravṛttir[105] manasaḥ pravṛttir bhavati । yato yasmiṃś[106] cakre manaḥ pravartate tatra yasmiṃś[107] cakre marutpravṛttiḥ[108] vāyoḥ pravṛttir bhavatīty arthaḥ । tad uktaṃ vāsiṣṭhe "avinābhāvinī nityaṃ jantūnāṃ prāṇacetasī । kusumāmodavan miśre tilataile iva sthite । kurutaś ca vināśena kāryaṃ mokṣākhyam uttamam ॥ " iti ॥ Hp-Jt. IV.24, *pp*. 144, *ll*. 4 ~ *p*. 145, *l*. 7.

25

그중에서(마음과 기 중에서) 하나가 소멸할 때 다른 것도 소멸하고
하나가 활동할 때 다른 것도 활동한다.
양자가 활동할 때 모든 감각 기관이 활동하고
양자가 소멸할 때 해탈의 경지가 성취된다.
IV.25[a] tatraikanāśād aparasya nāśa
IV.25[b] ekapravṛtter aparapravṛttiḥ ।
IV.25[c] adhvastayoś[109] cendrayavargavṛttiḥ
IV.25[d] pradhvastayor mokṣapadasya siddhiḥ ॥

【해설】

본 송의 운율은 11음절의 인드라바즈라(Indravajrā: ——∪ ——∪ ∪—∪ ——)이다.

---

103 yasmiṃś ⌋ yasmin. Hp-Jt^Adyar.
104 yasmiṃś ⌋ yasmin. Hp-Jt^Adyar.
105 manaḥpravṛttir ⌋ manaḥpravṛttiḥ. Hp^Adyar.
106 yasmiṃś ⌋ yasmin. Hp-Jt^Adyar.
107 yasmiṃś ⌋ yasmin. Hp-Jt^Adyar.
108 marutpravṛttir ⌋ marutpravṛttiḥ. Hp^Adyar.
109 adhvasta (a√dhvaṃs. *Ppt. sg.No.*); adhvastayoḥ. *Ppt. du.Lo.*

그중에서 하나가 소멸함으로써 다른 것도 소멸하고… :

월광 마음(mānasa)과 기(māruta) 중에서 [어느] 하나, 즉 마음이나 기 중에서 [어느 하나가] 사라지고 소멸될 때 다른 것, 즉 기 혹은 마음도 사라지고 소멸한다. '마음'이든 '기'이든 어느 하나가 활동하거나 작용할 때 다른 것, 즉 기 혹은 마음도 활동하고 움직인다. '마음 작용'과 '기' 양자가 활동하고 소멸되지 않을 때 감관들이 활동한다. 다시 말해서 감관들은 각자 자신의 대상에서 작용한다. [하지만] 양자가 소멸될 때 해탈의 경지, 즉 해탈로 불리는 경지가 성취된다. '양자가 소멸할 때 뿌루샤가 자신의 본성에 확주하기 때문'이라는 의미이다.

"기(pavana)를 소멸시키는 것은 육지(六支)요가(ṣaḍaṅgayoga) 등을 수련함으로써도(niṣevaṇena) 가능하지만 마음을 소멸시키는 것은 스승의 은총 덕분에 눈을 깜빡이는 것보다 더 쉽다." 이것은 『요가비자』(*Yogabīja*)의 원-게송(오리지널 게송)에 덧붙여진 게송이다.[110]

tatra tayor mānasamārutayor madhye ekasya mānasasya mārutasya vā nāśāl layād aparasyānyasya mārutasya mānasasya vā nāśo layo bhavati | ekapravṛtter ekasya mānasasya

110 본 송에 대한 브라흐마난다의 해설 중 "yogabīje mūlaślokasyāyam uttaraḥ ślokaḥ"의 의미는 다소 모호하다. 억지로 '이것은 『요가비자』 본송의 결론적인 게송이다.'로 파악할 수도 있지만 아마도 이 부분은 '비록 이 게송이 『요가비자』의 오리지널 게송이 아니라 후대에 삽입된 것이지만 여기서 인용할 가치가 있으므로 인용했다는 것'을 밝히는 것으로 파악된다. 이지만 여기서 인용할 가치가 있으므로 인용했다는 것'을 밝히는 것으로 파악된다. (브라흐마난다가 원문에 대한 비평 작업을 병행했다는 점에 대해서는 본서 제1부 1장 II 및 I.12, III.53, 66, 91, 99, IV.25송을 참조.)
한편 브라흐마난다가 인용한 원문은 델리(1985)본(本) 『요가비자』(*Yogabīja*)에서는 발견되지 않고 '버치(Birch, 2006)가 편집한 『무심의 요가』(*Amanaskayoga*)' II.29송의 원문(tatrāpi sādhyaḥ pavanasya nāśaḥ ṣaḍaṅgayogādiniṣevaṇena | manovināśas tu guruprasādān nimeṣamātreṇa susādhya eva)과 거의 일치한다(밑줄 표시된 곳은 다름).

mārutasya vā pravṛtter vyāpārād aparapravṛttir aparasya mārutasya mānasasya vā pravṛttir vyāpāro bhavati | adhvastayor alīnayor mānasamārutayoḥ sator indriyavargavṛttir indriyasamudāyasya svasvaviṣaye pravṛttir bhavati | pradhvastayoḥ pralīnayos tayoḥ sator mokṣapadasya mokṣākhyapadasya siddhir niṣpattir bhavati | tayor laye puruṣasya svarūpe 'vasthānād ity arthaḥ | "tatrāpi sādhyaḥ pavanasya nāśaḥ ṣaḍaṅgayogādiniṣevaṇena | manovināśas tu guroḥ prasādān nimeṣamātreṇa susādhya eva ||" yogabīje mūlaślokasyāyam uttaraḥ ślokaḥ || Hp-Jt. IV.25, *p.* 145, *ll.* 1-10.

마음과 정, 기의 관계

26

수은(水銀)과 마음은 본질적으로 유동적이다.
수은을 고정시키고 마음을 묶는다면 이 세상에서 이루지 못할 것이 있겠는가?

IV.26[a-b] rasasya manasaś caiva cañcalatvaṃ svabhāvataḥ |
IV.26[c-d] raso baddho mano baddhaṃ kiṃ na siddhyati bhūtale ||

27

오, 빠르바띠여! 실신한 [수은과 기(vāyu)]는 질병을 없애고, 스스로 죽어 버린 [수은과 기는] 생명을 유지시키고
결박된 수은과 기는 '허공으로 날 수 있는 능력'(khecaratā)을 준

다.[111]

IV.27^a-b^ mūrcchito harate vyādhīn mṛto jīvayati svayam |
IV.27^c-d^ baddhaḥ khecaratāṃ dhatte raso vāyuś ca pārvati ||

【해설】

실신한 [수은과 기는] 질병을 없애고:

월광 특별한 약초를 섞음으로써 [수은이] 움직이지 않게 된 것이 '수은의 기절'이고 꿈브하까의 정점에서 날숨이 사라진 것이 '바유의 기절'이라고 말해졌다. … 기절한 수은(rasa, pārada)과 [기절한] 바유(vāyu, prāṇa)는 [수행자의] 질병(vyādhi, roga)들을 없앤다, 파괴한다.

oṣadhiviśeṣayogena gatacāpalo raso mūrcchitaḥ | kumbhakānte recakanivṛttau vāyur mūrcchita ity ucyate | … mūrcchito rasaḥ pāradaḥ, vāyuḥ prāṇaś ca vyādhīn rogān harate nāśayati | Hp-Jt. IV.27, *p*. 146, *ll*. 1-4.

스스로 죽어 버린 [수은과 기는] 생명을 유지시키고:

월광 '수은이 재(灰)로 변해 버린 것'이 [수은의] 죽음이고 '바유가 브라흐마란드흐라에서 용해되는 것'이 [바유의] 죽음이다. "스스로" [라는 말은] 저절로, 다시 말해서 '자신의 힘으로써'라는 것을 의미한다. 생명을 유지시킨다[는 말은] 오랫동안 살게 해 준다는 것[을 의미한다].

bhasmībhūto rasaḥ, brahmarandhre līno vāyuś ca mṛtaḥ svayam ātmanā svasāmarthyenety arthaḥ | jīvayati dīrghakālaṃ jīvanaṃ karoti | Hp-Jt. IV.27, *p*. 146, *ll*. 4-5.

---

111 본 게송은 인용문이지만 출처는 명확치 않다.

결박된 수은과 기는 '허공으로 날수 있는 능력'을 준다:

월광 [연금술과 같은] 특별한 방법으로 [수은을 알약처럼] 둥글게 만든 것이 '수은을 묶는 것'이고, [바유를] 특별한 방법으로 잡아서 미간 등에 고정하는 것이 '바유를 묶는 것'이다. [그렇게 되면] '허공으로 날 수 있는 능력' 즉 허공으로 날 수 있는 힘을 얻는다, [그런 능력이] 생긴다는 의미이다.[112]

kriyāviśeṣeṇa guṭikākārakṛto raso baddhaḥ, bhrūmadhyādau dhāraṇāviśeṣeṇa dhṛto vāyuś ca baddhaḥ, khecaratām ākāśagatiṃ dhatte vidhatte karotīty arthaḥ | Hp-Jt. IV.27, *p.* 146, *ll.* 5-7.

28

마음이 고정되면 기(氣)가 고정되고 그로 인해(=기가 고정됨으로써) 정(精, bindu)도 고정될 것이다.

---

112 계속해서 브라흐마난다는 '요소가 풍(vāyu)'이고, '야(ya)'라는 글자가 종자이고, 이쉬바라가 신격으로 표현되는 미간에 '마음과 결합된(cittānvita) 기(prāṇa)'를 고정시키고 '120분(5 ghaṭikā: 1 ghaṭikā =24분) 동안 그 상태를 유지한다면 허공으로 날 수 있다'는 『고락샤샤따까』(*Gorakṣaśataka*, GoŚ)의 한 게송을 인용한다.

tad uktaṃ gorakṣaśatake (72) -
yadbhinnāñjanapuñjasaṃnibham idaṃ vṛttaṃ bhruvor antare |
tattvaṃ vāyum ayaṃ yakārasahitaṃ yatreṣvaro devatā |
prāṇaṃ tatra vilāpya pañcaghaṭikaṃ cittānvitaṃ dhārayet |
eṣā khe gamanaṃ karoti yamināṃ syād vāyavī dhāraṇā ||

아디야르(Adyar)의 교정본은 이 게송의 출처를 *Gorakṣaśataka* 72송으로 밝히고 있는데, 이 게송은 까이발야담마본 GoŚ의 72송과 일치하고 『고락샤빠드핫띠』(*Gorakṣapaddhati*) II.57송과도 일치한다. 하지만 이 게송은 브릭스 본(Briggs: 1938)의 GoŚ에선 발견되지 않는다. * 브릭스는 200개의 게송으로 이루어진 『고락샤빠드핫띠』의 전반부 100송을 GoŚ로 간주한다.

정이 고정된다면 언제나 활력[이 넘치고] 신체는 강건해진다.
IV.28^{a-b} manaḥ sthairye sthiro vāyus tato binduḥ sthiro bhavet |
IV.28^{c-d} bindusthairyāt sadā sattvaṃ piṇḍasthairyaṃ prajāyate ||

【해설】

마음이 고정되면 기가 고정되고 그로 인해 정도 고정될 것이다:

월광 마음이 고정된다면 바유(vāyu), 즉 기(氣, prāṇa)가 고정되고 바유가 고정될 때 빈두(bindu), 즉 정(精, vīrya)도 고정될 것이다.
manasaḥ sthairye sati vāyuḥ prāṇaḥ sthiro bhavet | tato vāyusthairyād bindur vīryaṃ sthiro bhavet | Hp-Jt. IV.28, *p.* 147, *ll.* 1-2.

정이 고정된다면 언제나 활력이 [넘치고] 신체는 강건해진다:

월광 정이 고정됨으로써 언제나 활력, 즉 힘[을 얻게 되고] 신체는 안정된다, 즉 신체가 강건해진다.
bindoḥ sthairyāt sadā sattvaṃ balaṃ piṅḍasthairyaṃ dehasthairyaṃ prajāyate || Hp-Jt. IV.28, *p.* 147, *ll.* 2-3.

29

감각 기관들의 주인은 마음이고 마음의 주인은 기(氣, māruta)이며, 기의 주인은 라야(laya)인데 그 라야는 나다(秘音, nāda)에 의존한다.
IV.29^{a-b} indriyāṇāṃ mano nātho mano nāthas tu mārutaḥ |
IV.29^{c-d} mārutasya layo nāthaḥ sa layo nādam āśritaḥ ||

【해설】

감각 기관들의 주인은 마음이고 … 나다에 의존한다:

월광 귀(耳)를 비롯한 감각 기관들의 주인, 즉 [감관이] 활동하게끔 하는 것은 마음(manas), 즉 내적 감관이다. 마음의 주인, 즉 마나스의 주인은 기(māruta), 즉 쁘라나이다. [바로 이] '기', 즉 '쁘라나'의 주인은 라야(laya), 즉 '마음의 소멸'이다. 그 라야, 즉 마노라야(마음의 소멸)는 나다(nāda, 秘音)에 의존한다. [라야가 나다에 의존한다는 말은] '마음이 나다(비음) 속으로 소멸한다(līyate)'는 의미이다.
indriyāṇāṃ śrotrādīnāṃ mano 'ntaḥkaraṇaṃ nāthaḥ pravartakaḥ | manonātho manaso nātho mārutaḥ prāṇaḥ | mārutasya prāṇasya layo manovilayo nāthaḥ | sa layo manolayo[113] nādam āśrito nāde mano līyata ity arthaḥ || Hp-Jt. IV.29, *p*. 147, *ll*. 1-3.

30

바로 이것(마음 소멸)을 해탈이라고 하지만 다른 학파에서는 [해탈이] 아니라고 한다.
마음과 기(prāṇa)가 소멸할 때 형언할 수 없는 환희가 발생한다.
IV.30$^{a\text{-}b}$ so 'yam evāstu mokṣākhyo māstu vāpi matāntare |
IV.30$^{c\text{-}d}$ manaḥprāṇalaye kaścidānandaḥ saṃpravartate ||

【해설】

형언할 수 없는 환희가 발생한다:

월광 어떻게도 표현할 수 없는 환희가 발생한다, 완전하게 발생한다.

113 manolayo ⌋ manolayaḥ. Hp-Jt^{Adyar}.

언어로 표현할 수 없는 환희가 일어날 때는 생해탈의 즐거움만 이 있을 뿐이라는 의미이다.
kaścid anirvācya ānandaḥ saṃpravartate samyak pravṛtto bhavati | anirvācyānandāvirbhāve jīvanmuktisukhaṃ bhavaty eveti bhāvaḥ || Hp-Jt. IV. 30, p. 147, *ll.* 3-4.

라야(Laya)

31

날숨과 들숨이 사라지고, [감관들이 각자 자신의] 대상을 취하지 않고,
[신체적] 활동이 소멸되고 [마음이] 고정될 때 라야(laya)가 요가수행자들에게 일어난다.
IV.31^{a-b} pranaṣṭaśvāsaniśvāsaḥ pradhvastaviṣayagrahaḥ |
IV.31^{c-d} niśceṣṭo nirvikāraś ca layo jayati yoginām ||

【해설】

31송과 32송은 버치(Birch, Jason: 2012)가 편집한 『무심의 요가』(*Amanaskayoga*) II.21-22송과 동일하다.

본 송의 1~3구가 마지막 구의 laya를 수식하는 것으로 볼 수도 있지만[114] 여기서는 1~3구를 조건문으로 번역했다.

114 "날숨과 들숨이 사라지고 [감관들이 각자 자신의] 대상을 취하지 않고, [신체적] 활동이 소멸되고 [마음이] 고정된 라야(laya)가 요가수행자들에게 일

들숨과 날숨:

월광 밖에 있는 바유가 안쪽으로 들어오는 것이 들숨이고, 안쪽에 있는 바유가 밖으로 나가는 것이 날숨이다.

bāhyavāyor antaḥ praveśanaṃ śvāso 'ntaḥsthitasya[115] vāyor bahirniḥsaraṇaṃ niśvāsaḥ | Hp-Jt. IV.31, *p*. 147, *ll*. 2-3.

라야(laya)가 요가수행자들에게 일어난다:

월광 요가수행자들에게 라야, 즉 '내점 감관의 작용(마음의 작용)이 명상해야 할 대상의 형상으로 바뀐 상태'가 일어난다.

yogināṃ layo 'antaḥkaraṇavṛtter dhyeyākārāpattir jayati sarvotkarṣeṇa vartate || Hp-Jt. IV.31, *p*. 148, *ll*. 1-2.

32

생각이 모두 소멸되고 [신체적] 작용이 완전히 사라질 때
'자기 자신은 지각할 수 있지만 언어로는 무엇인지조차 규정할 수 없는' 라야가 [수행자에게] 일어난다.
IV.32$^{a\text{-}b}$ ucchinnasarvasaṃkalpo niḥśeṣāśeṣaceṣṭitaḥ |
IV.32$^{c\text{-}d}$ svāvagamyo layaḥ ko 'pi jāyate vāgagocaraḥ ||

【해설】

생각이:

월광 모든 생각들, 즉 마음이 전변한 것들이….

sarve saṃkalpā manaḥpariṇāmā … Hp-Jt. IV.32, *p*. 148, *l*. 1.

어난다."

115 śvāso 'ntaḥ°] śvāsaḥ antaḥ°. Hp-Jt^{Adyar}.

'자기 자신은 지각할 수 있지만 언어로는 무엇인지조차 규정할 수 없는' 라야가 [수행자에게] 일어난다:

월광 그와 같이 '자기 스스로는 자각할 수 있지만' 다시 말해서 '자기 스스로는 자각할 수 있지만' 언어를 넘어선 [라야], 다시 말해서 '딱히 무엇이라 규정할 수도 없는 라야'가 요가 수행자들에게 일어난다, 현현한다.

tathā svenaivāvagantuṃ boddhuṃ śakyaḥ svāvagamyo[116] vācām agocaro viṣayaḥ ko 'pi vilakṣaṇo layo[117] jāyate yogināṃ prādurbhavati | Hp-Jt. IV.32, *p*. 148, *ll*. 3-4.

33

시선이 향하는 곳(=브라흐만)으로 '오대(五大)와 오근(五根)을 지탱하는 것'(무명)은 소멸한다.

[다시 말해서] 그것(무명)과 생명체들의 샥띠, 이 둘은 '정의될 수 없는 것'(브라흐만)으로 용해된다.

IV.33$^{a\text{-}b}$ yatra dṛṣṭir layas tatra bhūtendriyasanātanī[118] |

IV.33$^{c\text{-}d}$ sā śaktir jīvabhūtānāṃ dve alakṣye layaṃ gate ||

【해설】

본 송은 맛첸드라나타(Matsyendranātha)의 것으로 알려진 『까울라갸나니르나야』(*Kaulajñānanirṇaya*)[119]의 III.2^{cd}-3^{ab}송 또는 『달의 시선』(*Candrāvalokana*) 제9송을 인용한 것으로 보인다.

---

116 svāvagamyo] svāvagamyaḥ. Hp-Jt^{Adyar}.

117 layo] layaḥ. Hp-Jt^{Adyar}.

118 sanātanī를 f.sg.No.로 파악했다.

119 박치 박사(Bagchi: 1934, pp. 25-27)는 언어적인 측면에서 *Kaulajñānanirṇaya*가 11세기 이전에 성립되었다고 주장한다.

월광 '그곳'이란 시선이 향하는 대상인 브라흐만[을 의미하는데] 바로 그곳으로(브라흐만으로) '내적 감관의 작용'(마음의 활동)은 소멸된다. 지(地) 등의 [오대(五大)] 요소와 귀(耳) 등의 [다섯] 감각 기관들(五根)을 영속시키는 것은 바로 인중유과론(因中有果論, satkāryavāda)에서의 무명(無明, avidyā)이다. 그 이유는 [인중유과론에 따르면], [원인이라 할 수 있는] 무명(avidyā) 속에 결과가 있기 때문이다. 생명체들의, 다시 말해서 숨을 쉬는 존재들의 '샥띠'와 '무명'은 '정의될 수 없는 브라흐만' 속에서 귀멸한다. [본 게송에] '요가 수행자들의 경우에는'이라는 말을 보충해야 한다.

yatra yasmin viṣaye brahmaṇi dṛṣṭir antaḥkaraṇavṛttis tatraiva layo bhavati | bhūtāni pṛthivyādīni, indriyāṇi śrotrādīni sanātanāni śāśvatāni yasyāṃ sā satkāryavāde 'vidyāyāṃ kāryajātasya sattvāt | jīvabhūtānāṃ prāṇināṃ śaktir avidyā, ime dve alakṣye brahmaṇi layaṃ gate yogināṃ iti śeṣaḥ || Hp-Jt. IV.33, *p.* 148, *ll.* 1-5.

34

사람들이 "라야, 라야"를 운운하는데 라야의 본성은 무엇인가? 훈습(vāsanā)이 다시금 발생하지 않기 때문에 라야는 '대상에 대한 기억이 없어진 것'이다.

IV.34[a-b] layo laya iti prāhuḥ kīdṛśaṃ layalakṣaṇam |
IV.34[c-d] apunarvāsanotthānāl layo viṣayavismṛtiḥ ||

【해설】

월광 "라야, 라야"라고 많은 사람들이 말한다. [본 게송은] "라아의 특성, 라야의 본성은 무엇인가?"라는 질문을 먼저 던진 후 라야의 본성에 대해 "다시금 … 발생하지 않는다"(apunar)라는 [말 이하에서] 설명한다. 다시금 훈습이 발생하기 않기 때문에, 즉 재차 훈습이 일어나지 않기 때문에 '대상에 대한 기억'이 사라진다. 다시 말해서 '소리 등등의 대상들' 내지는 '명상해야 할 형상과 같은 대상'에 대한 기억이 없어지는 것이 라야이다. 즉 '라야라는 말의 의미'라는 뜻이다.

layo laya iti prāhur vadanti bahavaḥ | layasya lakṣaṇaṃ layasvarūpaṃ kīdṛśam iti praśnapūrvakaṃ layasvarūpam āha - apunar iti | apunar vāsanotthānāt punar vāsanotthānābhāvād viṣayavismṛtir viṣayāṇāṃ śabdādīnāṃ dhyeyākārasya viṣayasya vā vismṛtir layo layaśabdārtha ity arthaḥ || Hp-Jt. IV.34, p. 148, *ll.* 1-4.

샴브하비 무드라(Śāṃbhavīmudrā)

35

베다와 논서, 뿌라나는 마치 매춘부들처럼 [만인이 공유하는 것이지만]
오직 하나, 샴브하비 무드라만이 귀부인처럼 보호되었다.

IV.35[a-b] vedaśāstrapurāṇāni sāmānyagaṇikā iva |
IV.35[c-d] ekaiva śāṃbhavīmudrā guptā kulavadhūr iva ||

【해설】

35-36송은 『무심의 요가』(*Amanaskayoga*) II.9-10송에서도 발견되는 유명한 게송이다.

베다와 논서, 뿌라나는 … :

월광 4 베다와 6 논서 그리고 18 뿌라나는 매춘부, 즉 창부들과 같다. 많은 사람들이 취할 수 있기 때문이다. 오직 샴브하비 무드라만이 귀부인, 즉 명문가의 여인처럼 보호되었다. 특출한 남자만이 접근할 수 있기 때문이다.

vedāś catvāraḥ śāstrāṇi ṣaṭ purāṇāny aṣṭādaśa sāmānyagaṇikā iva veśyā iva | bahupuruṣagamyatvāt | ekā śāmbhavī mudraiva kulavadhūr iva kulastrīva guptā | puruṣaviśeṣagamyatvāt | Hp-Jt. IV.35, p. 149, *ll.* 1-3.

36

내적 표적에 [의식을] 두고, 외부로 향한 시선이 깜빡임을 떠난 바로 이것이 베다와 논서(論書)에서 비밀로 감추어진 샴브하비 무드라이다.

IV.36$^{a\text{-}b}$ antarlakṣyaṃ bahir dṛṣṭir nimeṣonmeṣavarjitā |
IV.36$^{c\text{-}d}$ eṣā sā śāṃbhavī mudrā vedaśāstreṣu gopitā ||

【해설】

본 송의 원문은 『무심의 요가』(*Amanaskayoga*, II.10)와 동일하고 36송과 37송은 맛첸드라의 것으로 알려진 『달의 시선』(*Candrāvalokana*) 1-2송[120]과 동일하다.

---

120 부이(Bouy: 1994, p. 14)에 따르면 이 문헌은 아직 출판되지 않았으며 첸나이의 주정부 도서관에 그란타(grantha) 문자로 된 3개의 필사본(MD. 4344, 4345, MT. 2831(d))이 있고 아디야르(Adyar)의 도서관에도 1개의 그란타 사본이 있다. 부이에 따르면 이 문헌은 이쉬바라와 맛첸드라의 대화로 구성된 단편(전체 80게송)이고 성립 시기는 약 1450년경인데 『요가꾼달리 우빠니샤드』와 겹치는 게송도 발견된다.

샴브하비 무드라는 물라드하라짜끄라에서 브라흐마란드흐라에 이르는 짜끄라 중 자신이 선호하는 짜끄라에 의식을 집중한 상태에서 눈을 깜빡이지 않는 것이다. 브라흐마난다에 따르면 눈을 깜빡이지 않는다는 말은 '마음이 명상해야 할 대상의 형상을 취하게 된 상태에 도달한 상태'를 의미한다.

내적 표적에 [의식을] 두고:

월광 마음을 소멸시키기 위해서 본 게송은 '[마음과 함께 작용하는] 쁘라나를 소멸시키는 수단이라 할 수 있는 무드라'를 설명하고자[121] "내적 표적에"(antarlakṣyam) [로 시작하는 첫 단어 이하에서] 샴브하비 무드라[의 방법]을 말한다. '내부에'[라는 말은] '아드흐라(물라드하라 짜끄라)에서 시작해서 브라흐마란드흐라에 이르는 짜끄라 중에서 자신에게 끌리는 [한 개의] 짜끄라'[를 의미하는데 그곳에] '의식'(antaḥkaraṇa)을 집중해야 한다.

cittalayāya prāṇalayasādhanībhūtāṃ mudrāṃ vivakṣus tatra śāṃbhavīṃ mudrām āha - antarlakṣyam iti | antaḥ, ādhārādibrahmarandhrānteṣu cakreṣu madhye svābhimate cakre lakṣyam antaḥkaraṇavṛttiḥ | Hp-Jt. IV.36. *p.* 149, *ll.* 1-3.

외부로 향한 시선이 깜빡임(nimeṣonmesa)을 떠난 것:

월광 외부, 즉 신체 밖의 장소에 시선, 즉 눈을 둔다. 어떤 형태로 시선을 두어야 하는가? [눈을] 깜빡이지 않는 것이다. [눈을 깜빡이

---

121 마음이 소멸된 상태가 삼매인데 하타요가 특유의 방법론은 '마음과 세트로 작용하는 쁘라나'가 소멸될 때 마음도 소멸된다는 입장에서 쁘라나를 소멸시키는 데 주안점을 두고 있다. '쁘라나의 소멸'이란 쁘라나가 수슘나로 상승해서 정수리의 브라흐마란드흐라에 머무는 것을 의미한다. 쁘라나가 브라흐마란드흐라에 머물 때 삼매가 성취되므로 쁘라나를 브라흐마란드흐라로 끌어올리는 것이 하타요가 수행의 전부라 해도 과언이 아니다.

지 않는다는 말은] 눈을 감는 것, 즉 '눈꺼풀을 붙이는 것'(pakṣmasaṃyoga) 그리고 눈을 뜨는 것, 즉 '붙인 눈꺼풀을 떼는 것'이라는 두 행위가 배제된, 결여된 것이다. '마음이, 명상해야 할 대상의 형상을 취할 때'(dhyeyākārāveśe) 눈은 깜빡이지 않게 된다.
bahir dehād bahiḥ pradeśe dṛṣṭiḥ cakṣuḥ saṃbandhaḥ | kīdṛśī dṛṣṭiḥ? nimeṣonmeṣavarjitā nimeṣaḥ pakṣmasaṃyogaḥ, unmeṣaḥ pakṣmasaṃyogaviśleṣaḥ tābhyāṃ varjitā rahitā[122] cittasya dhyeyākārāveśe nimeṣonmeṣavarjitā dṛṣṭir bhavati | Hp-Jt. IV.36, *p*. 149, *ll*. 3-5.

베다와 샤스뜨라에서 보호된 :

월광 리그 등의 베다에서 그리고 상캬와 빠딴잘라 등의 논서들에서 감추어진, 보호된 것이다.
vedeṣv[123] ṛgādiṣu śāstraṣu sāṃkhyapātañjalādiṣu gopitā rakṣitā || Hp-Jt. IV.36, *p*. 149, *ll*. 7-8.

37

요가 수행자의 마음(citta)과 기(pavana)가 내적 표적에 몰입될 때, [그리고] 시선을 고정시켜서 바깥쪽 아래를 볼지라도 [사물을] 보지 못할 때
샴브하비 무드라가 이루어진다. 그것이 스승의 은총으로 이루어질 때
'텅 빈 것으로도 충만한 것으로도 정의될 수 없는' 진실된 경지인 '샴브후'(Śambhu)가 현현한다.
IV.37*a* antarlakṣyavilīnacittapavano yogī yadā vartate

122 varjitā, rahitā는 모두 현재분사(*Pp.*) *sg. Ins.*로 분석된다.
123 vedeṣv] vedeṣu. Hp-Jt[Adyar].

IV.37[b] dṛṣṭyā niścalatārayā bahiradhaḥ paśyann apaśyann api |
IV.37[c] mudreyaṃ khalu śāṃbhavī bhavati sā labdhā prasādād guroḥ
IV.37[d] śūnyāśūnyavilakṣaṇaṃ sphurati tat tattvaṃ padaṃ śāṃbhavam ||

【해설】

본 송의 운율은 19음절로 구성된 샤르둘라비끄리디따(Śārdūlavikrīḍita: ———∪∪—∪—∪∪∪—æ——∪——∪—)이다.

요가 수행자의 마음(citta)과 기(pavana)가 내적 표적에 몰입할 때:

월광 그때 그 상태에서 내면의, 즉 아나하따의 연꽃(아나하따 짜끄라) 등등의 [짜끄라]에 [다시 말해서] 속성을 지닌 이쉬바라가 구체화된 것과 같은 그 표적에 혹은 '그대가 그것이다'와 같은 말씀이 지시하는 개아와 이쉬바라의 불가분성 혹은 '내가 브라흐만이다'와 같은 말씀의 본체인 '브라흐만' [이라는 표적] 속으로 마음(citta)과 기(pravana), 즉 마나스(manas)와 기(māruta)가 몰입된 그와 같은 수행자가 될 때.

yadā yasyām avasthāyām antaḥ, anāhatapadmādau yal lakṣyaṃ saguneśvaramūrtyādikaṃ tat tvam asyādivākyalakṣyaṃ jīveśvarābhinnam ahaṃ brahmāsmīti vākyārthabhūtaṃ brahma vā tasmin vilīnau viśeṣeṇa līnau cittapavanau manomārutau yasya sa tathā yogī vartate | Hp-Jt. IV.37, *pp.* 149, *ll.* 1 ~ *p.* 150, *l.* 2.

시선을 고정시켜서 바깥쪽 아래를 볼지라도 [사물을] 보지 못할 때 :

월광 '시선을 고정시켜서'[라는 말은] 동공, 즉 눈이 움직이지 않고 정지된 것과 같은 [상태를 의미하는데] 그 상태에서 시선이 외부, 즉 신체 바깥을 볼지라도 다시 말해서 눈이 [외부 사물과] 접촉하고 있을지라도 [사물을] 보지 못할 때, 다시 말해서 [눈을 뜨고는 있지만] 외부 사물을 인식하지 않은 상태로 머물게 될 때….
niścalatārayā niścalā sthirā tārā kanīnikā yasyāṃ tādṛśyā dṛṣṭyā bahir dehād bahiḥpradeśe paśyann api cakṣuḥsaṃbandhaṃ kurvann apy[124] apśyan bāhyaviṣayagrahaṇam akurvan vartat a[125] āste | Hp-Jt. IV.37, *p.* 150, *ll.* 2-5.

그것이 스승의 은총으로 이루어질 때:

월광 [세 번째 구의] **'khalu'**(실로)는 허사이다. 이와 같이 설명된 샴브하비 무드라, 즉 '번뇌를 봉인하므로 샴브하비로 불리는 그 무드라'를 스승, 즉 영적인 안내자의 은총을 통해 습득한다면, 다시 말해서 '즐거움을 동반한 선의로써' 얻는다면,
khalv iti vākyālaṃkāre | iyam uktā śāṃbhavīmudrā śāmbhavīnāmikā mudrayati kleśān iti mudrā, guror deśikasya prasādāt prītipūrvakād anugrahāl labdhā prāptā cet … Hp-Jt. IV.37, *p.* 150, *ll.* 5-7.

'텅 빈 것으로도, 충만한 것으로도 정의될 수 없는' 진실된 경지인 '샴브후'가 현현한다:

월광 "경지"[라는 것]은 '텅 빈 것으로도 텅 비지 않은 것으로도 정의될 수 없는 자신의 본성'을 의미하는데 [자신의 본성을 '텅 빈 것으로도 텅 비지 않은 것으로도 정의할 수 없는 이유'는 다음과 같다]. '명상해야 할 대상의 형상으로 몰입된 상태'는 참으로 존재하는 것이므로 '텅 빈 것'(śūnya)으로 정의될 수 없고 그럼에도 불구하고 그 상태는 '사물을 지각하는 것이 아니기 때문에'(bhānābhāvāt) '텅 비지 않은 것'(aśūnya=가득찬 것)으로도 정의될 수 없

124 apy] api. Hp-Jt^Adyar.
125 vartata] vartate. Hp-Jt^Adyar.

다. [이와 같이 텅 빈 것으로도 텅 비지 않은 것으로도 정의될 수 없는 바로 그] 실재, 즉 진실한 본체가 [스승의 은총으로] 현현한다, 드러난다.

padam ātmasvarūpaṃ śūnyāśūnyavilakṣaṇaṃ dhyeyākāravṛtteḥ sadbhāvāc chūnyavilakṣaṇaṃ tasyā api bhānābhāvād aśūnyavilakṣaṇaṃ tattvaṃ vāstavikaṃ vastu sphurati pratīyate | Hp-Jt. IV.37, *p*. 150, *ll*. 8-10.

38

쉬리샴브하비 [무드라]와 케짜리 [무드라]의 경우 [시선을 두는] 위치(avasthā)와 [의식을 집중해야 할] 지점(dhāma)은 다르지만 '[순수]의식과 환희를 본성으로 하는 공에서(śūnye)' 마음 소멸의 환희가 일어난다[는 점에서는 동일하다].

IV.38[a-b] śrīśāṃbhavyāś ca khecaryā avasthādhāmabhedataḥ |
IV.38[c-d] bhavec cittalayānandaḥ śūnye citsukharūpiṇi ||

【해설】

샴브하비와 케짜리 [무드라]의 경우 [시선을 두는] 위치와 [의식을 집중해야 할] 지점은 다르지만:

월광 샴브하비를 수련할 때는 시선(dṛṣṭi)을 [신체] 밖의 외부에 두고, 케짜리를 수련할 때는 시선을 미간에 둔다. 샴브하비에서는 심장(hṛdaya)이 수련 지점이고 케짜리에서는 미간(bhrūmadhya)이 [수련] 지점이다.

… chāṃbhavyāṃ bahir dṛṣṭyā avasthitaḥ khecaryāṃ bhrūmadhyadṛṣṭyāvasthitiḥ | śāṃbhavyāṃ hṛdayaṃ bhāvanādeśaḥ, khecaryāṃ bhrūmadhya eva deśaḥ | Hp-Jt. IV.38, *p*. 150, *ll*. 2-4.

공에서(śūnye) **마음 소멸의 환희가 일어난다는 점은 동일하다:**

월광 '공(空)에서' [라는 말은] '시 · 공간과 물질적 제약이 없는 [브라흐만]에서' 혹은 '유사성과 차이점에 의거한 동일성이나 차별성이 없는 [아뜨만]에서' [를 의미하는데 말하자면 그것은 '[순수] 의식과 환희를 본성으로 하는 것 속' 내지는 '의식과 환희를 본성으로 하는 아뜨만 속에서'[를 의미하는데 바로 그곳에서] 마음-소멸의 환희가 일어날 것이다. 신령스러운 샴브하비와 케짜리 [무드라]는 상태와 위치, 형태와 방법이라는 측면에서는 다르지만 '마음 소멸의 환희를 얻는다'는 결과적 측면에서는(phalāṃse) 다르지 않다는 뜻이다.

··· śūnye deśakālavastuparicchedaśūnye sajātīyavijātīyasvagatabhedaśūnye vā citsukharūpiṇi cidānandasvarūpiṇy ātmani cittalayānando bhavet syāt | śrīśāṃbhavīkhecaryor avasthādhāmarūpasādhanāṃśe bhedo[126] na tu cittalayānandarūpaphalāṃśa iti bhāvaḥ || Hp-Jt. IV.38, *pp.* 150, *ll.* 4 ~ *p.* 151, *l.* 3.

운마니 무드라(Unmanīmudrā)[127]

39

두 눈동자를 빛(코끝)에 고정한 후 양 눈썹을 약간 추켜올려라. 앞에서의 방법대로 마음을 집중한다면, 곧 운마니 삼매 상태에

126 bhedo] bhedaḥ. Hp-Jt^{Adyar}.

127 "[이제] 운마니 무드라에 대해 말한다." (unmanīmudrām āha. Hp-Jt. IV.39, *p.* 151, *l.* 1.)

든다.

IV.39^{a-b} tāre jyotiṣi saṃyojya kiṃcid unnamayed bhruvau |
IV.39^{c-d} pūrvayogaṃ mano yuñjann unmanīkārakaḥ kṣaṇāt ||

【해설】

39-40송은 버치(Birch, Jason: 2012)가 편집한 『무심의 요가』(*Amanaskayoga*) II.8, 11송과 동일하다.

두 눈동자를 빛에:

브라흐마난다는 본 게송의 '빛'을 '코끝'(콧등)으로 해설하는데 '두 눈동자를 코끝에 둔다.'는 것은 아래의 41송에서 알 수 있듯이 '콧등'에 시선을 두거나 혹은 '코에서 12앙굴라(20-24cm) 떨어진 곳'에 시선을 두는 것을 의미한다.

월광 두 눈동자를, 즉 두 눈의 동공을 빛에(jyotiṣi), 다시 말해서 두 눈동자를 코끝에(nāsāgre) ….

tāre netrayoḥ kanīnike jyotiṣi tārayor nāsāgre … Hp-Jt. IV.39, *p*. 151, *ll*. 1-2.

양 눈썹을 약간 추켜올려라:

월광 양 눈썹을 약간, 조금 위쪽으로 추켜올려라.

bhruvau kiṃcit svalpam unnamayed ūrdhvaṃ namayet, Hp-Jt. IV.39, *p*. 151, *ll*. 2-3.

앞에서의 방법대로:

월광 앞에서, 즉 앞에서 설명된 [샴브하비 무드라의 방법대로] "[의식을] 내적인 표적에 두고 시선을 밖에 둔다."와 같은 방법을 취한 상태에서….
pūrvaḥ pūrvoktaḥ 'antarlakṣyaṃ bahirdṛṣṭiḥ' ity ākārako yogo yuktir yasmin… Hp-Jt. IV.39, *p*. 151, *ll*. 3-4.

40

어떤 사람들은 '아가마라는 그물'에 의해, 어떤 사람은 '니가마의 번잡함'에, 또 어떤 사람들은 '논리'에 현혹되어 있다. 그들은 결코 '초월의 방법'(tārakam, =운마니 무드라)을 알지 못한다.

IV.40[a-b] kecid āgamajālena kecin nigamasaṃkulaiḥ |
IV.40[c-d] kecit tarkeṇa muhyanti naiva jānanti tārakam ||

【해설】

브라흐마난다는 본 송에서 언급된 '어떤 사람들'을 순서대로 ① 샤스뜨라와 딴뜨라 등을 아는 사람들(śāstrātantrādividaḥ), ② 베다를 아는 사람들(vaidikā), ③ 바이쉐시까 등(vaiśeṣikādayaḥ, 승론학파 등)으로 해설한다.

41

눈을 반쯤 뜨고, 마음을 고정시키고, 시선을 코끝에 고정시키며, 몸을 움직이지 않음으로써 '태양과 달'(candra-arka)마저 소멸시킨 자는
'빛을 본성으로 하고, 모든 것의 씨앗이고, 일체이고, [스스로] 빛나는 자이고, 최고의 존재, 진실, 그 경지, 최고의 실재'에 도달한다. 여기에 더 이상 덧붙일 말이 있겠는가.

IV.41[a] ardhonmīlitalocanaḥ sthiramanā nāsāgradattekṣaṇaś
IV.41[b] candrārkāv api līnatām upanayan nispandabhāvena yaḥ |
IV.41[c] jyotīrūpam aśeṣabījam akhilaṃ dedīpyamānaṃ paraṃ

IV.41[d] tattvaṃ tatpadam eti vastu paramaṃ vācyaṃ kim atrādhikam ||

【해설】

본 송의 운율은 19음절로 구성된 샤르둘라비끄리디따(Śārdūlavikrīḍita: ———∪∪—∪—∪∪∪—æ——∪——∪—)이다. 본 게송의 원문은 『달의 시선』(*Candrāvalokana*) 3송과 동일하다.

시선을 코끝에 고정시키며[128]:

브라흐마난다는 '시선을 코끝에 두는 것'의 의미를 말 그대로 '콧등을 응시하는 것' 또는 '코에서 약 24cm정도 떨어진 곳을 응시하는 것'으로 해설한다.

월 광 '코의(nāsāyāḥ, nāsikāyāḥ) 등에(agre), 다시 말해서 코의 등에 [시선을 두거나]' 혹은 '코에서 12앙굴라(20-24cm)에 이르는 곳에 두 눈을 두는 것, 즉 향하게 하는 것'이 '시선을 코끝에 둔 자'[의 의미]이다. [한편, 코에서 12앙굴라 거리에 시선을 두는 것과 관련해서] 바시쉬타는 다음과 같이 말한 바 있다. "코끝에서 12앙굴라 거리에 있는 청정한 공간으로 의식(saṃvit)과 시선(dṛś)이 소멸될 때 쁘라나의 진동(prāṇaspanda)은 소멸된다."라고.

nāsāyā nāsikāyā agre 'grabhāge nāsikāyāṃ dvādaśāṅgulaparyante vā datte prahite īkṣaṇe yena sa nāsāgradattekṣaṇaḥ | tathāha vasiṣṭhaḥ - "dvādaśāṅgulaparyante nāsāgre vimale 'mbare | saṃviddṛśoḥ praśāmyantyoḥ prāṇaspando nirudhyate

128 ardhonmīlitalocanaḥ, sthiramanā, nāsāgradattekṣaṇaś는 모두 소유복합어로 분석된다.

‖ ” iti | Hp-Jt. IV.41, *p*. 152, *ll*. 3-7.

몸을 움직이지 않음으로써 태양과 달 마저 소멸시킨 자는:
여기서 태양은 삥갈라 나디를 의미하고 달은 이다 나디를 의미하고 '태양과 달을 소멸시키는 것'은 삥갈라와 이다 나디에 있던 쁘라나를 수슘나로 보낸다는 것을 의미한다.[129]

월광 신체와 감관과 마음이 고정될 때 쁘라나의 활동도 멈춘다는 의미이다. 이 점에 대해선 이미 "마음이 소멸하는 곳…"(IV.23) 등등으로 앞에서 설명되었는데, [바로 그와 같은] 특성을 구비한 요가 수행자는 …

… kāyendriyamanasāṃ niścalatvena prāṇasaṃcāram api stambhayann ity arthaḥ | tad uktaṃ prāk 'mano yatra vilīyet' (IV.23) ityādipūrvoktaviśeṣaṇasaṃpanno yogī … Hp-Jt. IV.41, *p*. 152, *ll*. 10-13.

빛을 본성으로 하고, 모든 것의 씨앗이고, 일체이고, 빛나는 자, 최고의 존재, 실재…에 도달한다. 여기에 더 이상 덧붙일 말이 있겠는가:

이 부분에 대한 브라흐마난다의 해설을 요약하면, '빛을 본성으로 하는 것'이란 '마치 빛처럼 만물을 비추는 자'를 의미하고 '모든 것의 씨앗'(aśeṣabīja)은 '만물의 원인'을 의미한다. '일체'(akhila)는 '편재하는 자'를 의미하고 '빛나는 자'는 '스스로 빛나는 자'를 의미하며 '최고의 존재'는 '신체와 감관과 마음의 증인(sākṣin)'을 의미한다. '실재'는 '우연적인 것이 아닌 본질적인 것'을 의미하고 '그 경지'란 '이것, 저것으로

129 이 점에 대해서는 아래의 IV.42송에 대한 해설을 참조.

표현될 수 없는 단계'를 의미하며 '최고'는 '가장 뛰어난 것'을 의미하고, 마지막의 '실재'는 '아뜨만의 본성'을 의미한다.[130] 브라흐마난다는 다음과 같은 말로 본 송에 대한 해설을 마무리한다.

월광 [이 말은] '운마니(삼매)의 상태에서 요가수행자가 자신의 본성에 확주하게 된다'는 의미이다. 여기에 덧붙여야 할 말이 더 있겠는가? 실재를 체험하지 못한 다른 이에게 더 말할 것이 없다는 뜻이다.

unmanyavasthāyāṃ svasvarūpāvasthito yogī bhavatīty arthaḥ | atrādhikaṃ kiṃ vācyam | aparaṃ vastu na prāpontīty atra kiṃ vaktavayam ity arthaḥ || Hp-Jt. IV.41, *p.* 152, *ll.* 16-18.

42

낮에 링가를 숭배해서는 안 되며 밤에 [링가를] 숭배해서도 안 된다.[131]
반드시 낮과 밤을 없앤 후에 링가를 숭배해야 한다.

IV.42$^{a\text{-}b}$ divā[132] na pūjayel liṅgaṃ rātrau caiva na pūjayet |
IV.42$^{c\text{-}d}$ sarvadā pūjayel liṅgaṃ divārātrinirodhataḥ ||

---

130 이 중에서 브라흐마난다가 '허공 등을 만물의 원인'으로 간주했던 것은 '허공에서 만물이 전변되어 나오는 것을 설명하는' 『찬도갸 우빠니샤드』 등을 염두에 둔 것으로 보이고, '최고의 존재'를 '증인'으로 해설한 것 역시 아뜨만을 '인식의 증인'으로 보는 우빠니샤드와 샹까라의 베단따 철학에 의거한 해설로 보인다.

131 낮은 태양, 즉 삥갈라 나디로 숨이 흐르는 상태이고 밤은 달, 즉 이다 나디로 숨이 흐르는 상태를 의미한다. 쁘라나가 삥갈라와 이다에서 활동한다는 것은 꾼달리니가 각성되지 않았고 또 '각성된 꾼달리니'(=질적인 변화를 겪은 쁘라나)가 수슘나로 진입하지 못했다는 것을 의미한다.

132 divā: 불변화사(*indec.*).

【해설】

본 게송은 14세기 문헌인 아디나타(Ādinātha)의 『케짜리의 지혜』(*Khecarīvidyā*) III.19송과 거의 동일하다.[133]

낮에 링가를 숭배해서는 안 되며 밤에 숭배해서도 안 된다: 브라흐마난다에 따르면 링가는 아뜨만을 의미하고 아뜨만을 숭배한다는 것은 '아뜨만을 명상하는 것'을 의미한다. 여기서 낮(晝間)은 '쁘라나가 삥갈라(태양, 오른쪽 나디)로 흐를 때'를 의미하고 밤(夜間)은 쁘라나가 이다(달, 왼쪽 나디)로 흐르는 것을 의미한다. 브라흐마난다에 따르면 쁘라나는 60분 동안 삥갈라로 흐르고 60분 동안 이다로 흐르면서 인간의 생명 활동을 유지하는데[134] 쁘라나가 두 나디로 흐른다는 것은 아직 수슘나가 활성화되지 않았다는 것 내지는 '기가 수슘나 외의 나디들에서 활동하는 것'을 의미한다. 쁘라나가 이다와 삥갈라에서 작용한다는 것은 쁘라나가 살아 있고 감관과 마음도 동요하는 상태를 의미하고 반대로 낮과 밤을 없앤다는 것은 '쁘라나가 수슘나로 진입해서 브라흐마란드흐라로 상승하고 있는 상태 내지는 브라흐마란드흐라에 머무는 것'을 의미한다. 스바뜨마라마는 '쁘라나가 브라흐마란드흐라에 머무는 것'을 쁘라나의 죽음으로 표현하고 바로 이 쁘라나가 죽을 때 마음의 활동도 죽는 것으로 표현한다. 수슘나는 꾼달리니가 각성된 이후에 활성화되는데 '이다와 삥갈라가 살아 있다는 것

---

133 말린슨의 교정본(Mallinson: 2007)에 따르면 *Khecarīvidyā*, III.19송은 다음과 같다.

na divā pūjayel liṅgaṃ na rātrau ca maheśvari |
sarvadā pūjayel liṅgaṃ divārātrinirodhataḥ || III.19.

134 이 점에 대해서는 IV. 17에 대한 브라흐마난다의 해설을 참조.

은 아직 쁘라나가 수슘나로 진입하지 못했다는 것 또는 꾼달리니가 각성되지 않았다는 것'을 의미하고 반면 수슘나가 활성화되었다는 것은 '이다와 뻥갈라의 기능이 정지되었다는 것'을 의미한다.

월 광 낮(晝)은 '[쁘라나가] 태양으로 흐를 때'[를 의미하고] 링가는 '만물의 원인인 아뜨만'[을 의미]한다. [아뜨만이 만물의 근원이라는 것은] "이 아뜨만에서 허공이 생겼다"(『따잇띠리야 우빠니샤드』 II.1) 등등으로 천계서(우빠니샤드)에 설해져 있기 때문이다.[135] [바로 그 링가(아뜨만)를 낮에] 숭배해서는 안 된다, [즉 쁘라나가 태양으로 흐를 때] 수련해서는 안 된다. [여기서] '아뜨만을 숭배하는 것'[이란 말]은 [아뜨만에 대해] 명상하는 것(dhyāna)[을 의미]한다. … 그리고 밤에, 즉 [쁘라나가] 달로 흐를 때 [링가를] 숭배해서도 안 된다, [다시 말해서 쁘라나가 달로 흐를 때] 명상해서도 안 된다. 그 이유는 태양과 달이 활동할 때는 마음이 안정되지 않기 때문이다. [이 점에 대해선 이미 앞에서] "기가 움직이면 마음도 동요한다."고 언급한 바 있다.

divā sūryasaṃcāre liṅgaṃ sarvakāraṇam ātmānaṃ | "etasmād ātmana ākāśaḥ saṃbhūtaḥ"(Taitt-up. II.1.1) ityādiśruteḥ | na

---

135 Tait-up. II.1은 '아뜨만에서 허공이 생기고 허공에서 바람이 생기고 바람에서 불이, 불에서 물이, 물에서 흙이, 흙에서 초목이, 초목에서 곡식이, 곡식에서 사람이 생긴다.'고 말하는데 브라흐마난다는 이 구절에 의거해서 '아뜨만을 만물의 근원'으로 해설한다. Tait-up. II.1에 의거해서 '아뜨만을 만물의 근원'으로 해설하는 관념론은 8세기의 샹까라에서 처음 발견된다. "'그러므로 실로 이 아뜨만으로부터 허공이 생겼다.' '오직 아뜨만으로부터 이 일체가 [생긴다.]' '아뜨만으로부터 이 생기(生氣)가 생겼다.'와 같이 모든 베단따(우빠니샤드)는 '아뜨만을 [세계의] 원인'으로 본다."("tasmād vā etasmād ātmana ākāśaḥ saṁbhūtaḥ" (Tait-Up. II.1) iti "ātmana evedaṁ sarvam"(Chānd-Up. 26.1) iti "ātmana eṣa prāṇo jāyate"(Praś-Up. 3.3) iti cātmanaḥ kāraṇatvaṁ darśayanti sarve vedāntāḥ | BS-Śbh. I.1.10.)

pūjayen na[136] bhāvayet | dhyānam eva ātmapūjanam | … | rātrau candrasaṃcare ca naiva pūjayen naiva bhāvayet | candrasūryasaṃcāre cittastairyābhāvāt "cale vāte calaṃ cittam" (Hp. II.2) ity uktatvāt | Hp-Jt. IV.42, *p*. 153, *ll*. 1-8.

언제나 낮과 밤을 없앤 후에 링가를 숭배해야 한다:

'낮과 밤을 없앤 후에' 라는 말은 쁘라나가 삥갈라(낮)와 이다(밤)으로 흐르지 않게 하는 것, 다시 말해서 '쁘라나가 수슘나 속으로 흐르게 한 후에'라는 의미이다.

월광 "낮과 밤을 통제한 후에"[라는 말은] '태양과 달을 통제한 후에' [라는 뜻인데 'nirodhataḥ'는] 절대 분사 접미사인 ya를 대체하는 제5격(*Ab.*), [다시 말해서] 제5격을 나타내는 '-as'(tasil)이다. [낮과 밤을 통제한 후에] 언제나, 항상 링가, 즉 아뜨만을 숭배해야 한다, 즉 수련해야 한다. 태양과 달(낮과 밤)이 통제될 때, 다시 말해서 쁘라나가 수슘나 속으로 들어갈 때 마음이 안정되기 때문이다. 이 점에 대해선 "바유가 수슘나 속으로 들어간 후에 마음이 안정된다."고 말해진 바 있다.

divārātrinirodhataḥ sūryacandrau nirudhya | lyablope pañcamī | tasyāstasil | sarvadā sarvasmin kāle liṅgam ātmānaṃ pūjayed bhāvayet | sūryacandrayor nirodhe kṛte suṣumnāntargate prāṇe manaḥ sthairyāt | tad uktaṃ "suṣumnāntargate vāyau manaḥsthairyaṃ prajāyate" iti || Hp-Jt. IV.42, *p*. 153, *ll*. 9-12.

136 pūjayen na] pūjayet na. Hp-Jt^{Adyar}.

케짜리 무드라(Khecārīmudrā)[137]

43

이제 케짜리가 [설명된다].

왼쪽과 오른쪽 나디[138]에 있던 기(māruta)가 가운데(=수슘나)로 흐를 때

그곳에서 케짜리 무드라가 확립된다. 여기에 대해서는 의심의 여지가 없다.

atha khecarī

IV.43$^{a\text{-}b}$ savyadakṣiṇanāḍīstho madhye carati[139] mārutaḥ |

IV.43$^{c\text{-}d}$ tiṣṭhate khecarī mudrā tasmin sthāne na saṃśayaḥ ||

【해설】

왼쪽과 오른쪽 나디에 있던 기(māruta)가 가운데로 흐를 때 그곳에서 케짜리 무드라가 확립된다:

왼쪽 나디는 이다(iḍā) 나디를 의미하고 오른쪽 나디는 삥갈라(piṅgalā) 나디를 의미하는데 기(māruta)가 좌우의 이다와 삥갈라 나디로 흐른다는 것은 아직 꾼달리니가 각성되지 않았고 또 수슘나가 활성화되지 않았다는 것을 의미한다. 반면 기(māruta, =prāṇa)가 가운데 나디, 즉 수슘

137 『하타의 등불』 III.32-54에서 설명된 케짜리 무드라는 '혀'를 이용해서 감로의 소실을 방지하는 데 초점을 둔 것이고 여기서의 케짜리는 명상적인 무드라이다.

138 왼쪽 나디는 이다(iḍā) 나디를 의미하고 오른쪽 나디는 삥갈라(piṅgalā) 나디를 의미한다.

139 carati (√car. *Pp., sg.Lo.*).

나로 흐른다는 것은 이다와 삥갈라에 있던 쁘라나가 수슘나로 진입하고 상승한다는 것을 의미한다.

월 광 왼쪽과 오른쪽 나디에 있던, 다시 말해서 '왼쪽과 맞은편(오른쪽)의 나디'에 있던 기(氣, māruta), 즉 바유가 가운데로 흐를 때, 다시 말해서 [바유가] 가운데(=수슘나)로 흐를 때 그곳, 그 지점에서 케짜리 무드라가 확립된다, 확고해진다. "[여기서의 동사 tiṣṭhate는] [자신의 의도를] 드러내거나(prakāśana) 중재자를 언급할(stheya-ākhyā) 경우, 어근 sthā의 [아뜨마네빠다 동사 접미어를 취한다]"는 것으로서의 아뜨마네빠다(爲自態)이다.
savyadakṣiṇanāḍīstho vāmataditaranāḍīstho māruto vāyur yatra madhye carati yasmin madhyapradeśe gacchati tasmin sthāne tasmin pradeśe khecarī mudrā tiṣṭhate sthirā bhavati |
'prakāśanastheyākhyayoś ca'(Pāṇ. I.3.23) ity ātmanepadam |
Hp-Jt. IV.43, *p.* 153, *ll.* 1-4.

44

이다와 삥갈라 사이에 있는 공(śūnya)이 기(氣, anila)를 모두 마셔 버린다면
그곳에서 케짜리 무드라가 확립된다. 이것은 틀림없는 진실이다.
IV.44[a-b] iḍāpiṅgalayor madhye śūnyaṃ caivānilaṃ graset |
IV.44[c-d] tiṣṭhate khecarī mudrā tatra satyaṃ punaḥ punaḥ ||

【해설】

이다와 삥갈라 사이에 있는 공(空, śūnya)은 수슘나 나디를 의미하지만 여기서는 문맥상 미간으로 파악되고 따라서 '공이 기를 모두 마신다.'는 말은 '쁘라나가 미간에 도달하는 것'으로 파악된다.

월 광 이다와 삥갈라, 즉 왼쪽 나디와 오른쪽 나디 사이에 있는 그 공(śūnya), 즉 허공이라는 자가 기(氣, anila), 즉 쁘라나 바유를 마신다면[이라는 의미이다]. '쁘라나가 공(śūnya) 속에서 고정되는 것'이 '[쁘라나를] 마신다는 말'[의 의미]이다. 그곳, 즉 그 공(śūnya) 속에서 케짜리 무드라가 확립된다.

iḍāpiṅgalayoḥ savyadakṣiṇanāḍyor madhye yac chūnyaṃ khaṃ kartr[140] anilaṃ prāṇavāyuṃ yatra graset | śūnye prāṇasya sthirībhāva eva grāsaḥ | tatra tasmiñ[141] śūnye khecarī mudrā tiṣṭhate | Hp-Jt. IV.44, *p*. 154, *ll*. 1-3.

45

태양과 달 사이에 있는 '의존하지 않는 것'(자존적인 것) [즉] '허공 짜끄라'(미간)[142] 속에 [쁘라나가] 고정된 그 무드라의 이름이 케짜리이다.

IV.45$^{a\text{-}b}$ sūryācandramasor madhye nirālambāntare punaḥ[143] |
IV.45$^{c\text{-}d}$ saṃsthitā vyomacakre yā sā mudrā nāma khecarī ||

【해설】

태양과 달 사이에 있는, '의존하지 않는 것':

월 광 '태양과 달 사이에', 즉 이다와 삥갈라 가운데에 있는 '자존적인 것' 그 속에 있는 공간, 그곳에.

sūryācandramasor iḍāpiṅgalayor madhye nirālambaṃ yadan-

140 kartr ⌋ kartṛ. Hp-Jt[Adyar].

141 tasmiñ ⌋ tasmin. Hp-Jt[Adyar].

142 'vyomacakra'(허공 짜끄라)는 미간을 지칭한다.

143 '다시'라는 단어는 게송[의 운율을] 채우기 위한 [허사(虛飼)이다]. (punaḥ pādapūraṇe | Hp-Jt. IV.45, *p*. 154, *l*. 7.)

taram avakāśas tatra | Hp-Jt. IV.45, *p*. 154, *ll*. 1-2.

허공 짜끄라 속에:

월광 허공은 텅 빈 것[을 의미하고] 짜끄라(cakra)는 덩어리(전체)[를 의미한다]. 눈썹 사이(미간)에 모든 공간들이 결합하기 때문이다. 이 점에 대해서는 "다섯 통로가 결합된 곳"[144]이라고 앞에서(III.53) 언급된 바 있다.

vyomnāṃ khānāṃ cakre samudāye | bhrūmadhye sarvakhānāṃ samanvayāt | tad uktaṃ "pañcasrotaḥ samanvitam"(III.53) iti | Hp-Jt. IV.45, *p*. 154, *ll*. 2-3.

46

소마로부터 생성된 [감로의] 물줄기는 '몸을 지닌 쉬바'[145]의 연인이다.
비견할 수 없고 신령스러운 수슘나에 [그 감로를] 뒷문에서 채워야 한다.

IV.46$^{a\text{-}b}$ somād yatroditā dhārā sākṣāt sā śivavallabhā |
IV.46$^{c\text{-}d}$ pūrayed atulāṃ divyāṃ suṣumnāṃ paścime mukhe ||

【해설】

소마로부터:

월광 소마로부터, 즉 [구개 입구에 있는] 달로부터….

---

144 다섯 통로란 삥갈라, 이다 등의 다섯 나디를 의미한다. "다섯 개의 통로란 이다(iḍā) 등등의 통로들…."(pañca yāni srotāṃsīḍādīnāṃ … Hp-Jt. III.52, *p*. 92, *l*. 18.)

145 여기서의 '몸을 지닌 쉬바(Śiva)'란 '눈에 보이는 쉬바'로 수행자 자신 혹은 스승을 의미한다.

somāc candrād … Hp-Jt. IV.46, *p.* 154, *l.* 1.

수슘나에 [그 감로를] 뒷문에서 채워야 한다:

수슘나의 뒷문을 채운다는 것은 '혀를 뒤집어 넣는 것'을 의미하고 다음 송에서 설명될 '수슘나의 앞문을 채우는 것'은 쁘라나(=각성된 꾼달리니)를 수슘나로 밀어넣는 것을 의미한다.[146]

월광 … 모든 나디들 중에서도 으뜸인 수슘나에, [그 감로를] 뒷문에서 채워야 한다. '혀로써(jihvayā) [뒷문을 채워라]'는 말을 보충해야 한다.[147]

… sarvanāḍyuttamāṃ suṣumnāṃ paścime mukhe pūrayet | jihvayeti śeṣaḥ || Hp-Jt. IV.46, *p.* 154, *ll.* 3-4.

47

그리고 앞 [문]에서 채운다면 진정한 케짜리가 될 것이다.
케짜리 무드라만 수련할지라도 운마니(=삼매)가 일어난다.

IV.47$^{a\text{-}b}$ purastāc caiva pūryeta niścitā khecarī bhavet |
IV.47$^{c\text{-}d}$ abhyastā khecarī mudrāpy unmanī saṃprajāyate ||

【해설】

수슘나의 앞문은 회음부, 즉 물라드하라 짜끄라에 있는 수슘나의 입

146 수슘나의 앞문이 아래에 있고 뒷문이 위에 있다는 것을 '인간은 거꾸로 자라는 나무'(카타-우빠니샤드)라는 비유에 비추어 이해할 수 있다.

147 수슘나의 앞문(IV.47을 참조)은, '각성된 꾼달리니'(쁘라나)가 진입하는 회음 쪽을 의미하고 뒷문은 '혀를 뒤집어 넣어 막아야 하는 두개공'이다. 여기서 '혀로 뒷문을 채운다는 것'은 케짜리 특유의 방법인, '혀를 뒤집어 두개공에 넣는 것'을 의미한다.

구를 의미한다. 수슘나의 앞문을 채운다는 것은 '각성된 꾼달리니'(쁘라나)를 수슘나로 진입시키는 것을 의미한다. 이것은 케짜리 무드라가 꾼달리니의 각성과 상승 과정을 포함한다는 것을 의미한다. 따라서 케짜리와 같은 명상적인 무드라를 실행할 수 있는 전제 조건은 수슘나를 활성화시키는 것, 즉 쁘라나(꾼달리니)를 각성시켜 수슘나로 진입시키는 것이라 할 수 있다.

앞 [문]에서 채울 때 진정한 케짜리가 될 것이다:

월광 앞[문에서] 채워야 한다. '쁘라나를 수슘나에'라는 말을 보충해야 한다. 그렇게 될 때 확고한, 즉 의심할 바 없이 케짜리, 다시 말해서 케짜리로 불리는 무드라가 이루어질 것이다. 하지만 만약 쁘라나로 [수슘나의] 앞[문]을 채우지 않고 단지 혀로써 뒷[문]만 채운다면 그러면 멍청한 상태가 될 뿐이고, 케짜리가 확립되지 않는다는 의미이다.

purastāc caiva pūrvata eva pūryeta | suṣumnāṃ prāṇeneti śeṣaḥ | yadi tarhi niścitāsaṃdigdhā khecarī khecaryākhyā mudrā bhaved iti | yadi tu purastāt prāṇena na pūryeta jihvāmātreṇa paścimataḥ pūryeta tarhi mūḍhāvasthājanikā na niścitā khecarī syād iti bhāvaḥ | Hp-Jt. IV.47, *pp*. 154, *ll*. 1 ~ *p*. 155, *l*. 1.

케짜리 무드라만 수련할지라도 운마니가 일어난다:

월광 케짜리 무드라만 수련할지라도 운마니가 일어난다. 마음이 '명상해야 할 대상의 형상(ākāra)을 취했기 때문에'(dhyeyākārāveśāt) [저절로] 제사위(第四位)가 일어난다는 의미이다.

khecarīmudrāpy abhyastā satī unmanī saṃprajāyate cittasya dhyeyākārāveśāt turyāvasthā bhavatīty arthaḥ || Hp-Jt. IV.47, *p*. 155, *ll*. 1-2.

48

양 눈썹 가운데(미간)에 있는 '쉬바의 자리'에서 마음은 용해된다. 그것을 목표인 제사위(第四位)로 알아야만 한다. 그 경지에서는 죽음이 없다.

IV.48$^{a\text{-}b}$ bhruvor madhye śivasthānaṃ manas tatra vilīyate |
IV.48$^{c\text{-}d}$ jñātavyaṃ tat padaṃ turyaṃ tatra kālo na vidyate ||

【해설】

양 눈썹 가운데에 있는 '쉬바의 자리'에서 마음은 용해된다:

월광 '양 눈썹 가운데', 즉 미간에 쉬바의 자리[가 있다]. … 바로 그곳, 즉 쉬바에게 마음은 용해된다.

bhruvor madhye bhruvor antarāle śivasthānaṃ … | tatra tasmiñ[148] śive mano līyate | Hp-Jt. IV.48, *p*. 155, *ll*. 1-2.

그것을 제사위(第四位):

월광 그것, 즉 '마음이 소멸된 상태'는 제사위(第四位)의 경지, 다시 말해서 '깨어 있는 상태(覺醒位), 꿈꾸는 상태(夢眠位), 깊은 숙면 상태(睡眠位)'보다 [뛰어난 단계인] '네 번째 상태로 불리는 것'(第四位, 뚜리야)으로 알아야만 한다.[149]

tac cittalayarūpaṃ turyaṃ padaṃ jāgratsvapnasuṣuptibhyaś caturthāvasthākhyaṃ jñātavayam | Hp-Jt. IV.48, *p*. 155, *ll*. 3-4.

죽음이 없다:

월광 그곳, 즉 그 경지에서는 시간, 즉 죽음이 존재하지 않는다. 혹은,

---

148 tasmiñ] tasmin. Hp-Jt^{Adyar}.

149 사위설(四位說)에 대해서는 제I장 3송에 대한 해설을 참조.

태양과 달이 사라졌으므로[150] 수명을 앗아가는 시간이 모두 없어졌다는 의미이다. 이 점에 대해서는 [이미 앞의 IV장 17송에서] "수슘나가 시간을 먹는 자이다."고 말한 바 있다.

tatra tasmin pade kālo mṛtyur na vidyate | yad vā sūryācandrayor nirodhād āyuḥ kṣayakārakaḥ kālaḥ samayo na vidyata ity arthaḥ | tad uktam - 'bhoktrī suṣumnā kālasya'(IV.7) iti || Hp-Jt. IV.48, *p*. 155, *ll*. 4-6.

49

요가 니드라에 들 때까지 케짜리를 수행해야 한다.
요가 니드라에 든 자에게 시간(죽음)은 결코 존재하지 않는다.

IV.49[a-b] abhyaset khecarīṃ tāvad yāvat syād yoganidritaḥ |
IV.49[c-d] saṃprāptayoganidrasya kālo nāsti kadācana ||

【해설】

요가 니드라:

여기서의 요가 니드라는 수면이나 졸음을 의미하는 것이 아니라 '마음 활동'(心作用, cittavṛtti)과 상스까라까지 모두 소멸된 경지를 의미하는데 브라흐마난다는 요가를 'cittavṛttinirodhaḥ'(마음 작용의 지멸)가 아니라 'sarvavṛttinirodha'(일체 작용의 지멸)로 해설한다.[151]

---

150 태양은 쁘라나가 삥갈라(piṅgalā)로 흐르는 것을 의미하고 달은 쁘라나가 이다(iḍā)로 흐르는 것을 의미하며, 태양과 달이 사라졌다는 것은 쁘라나가 수슘나로 진입한다는 것을 의미한다. 이 점에 대해서는 IV.17에 대한 브라흐마난다의 해설을 참조.

151 yogaḥ sarvavṛttinirodhaḥ saiva nidrā yoganidrāsya saṃjātā iti yoganidritaḥ tādṛśaḥ syāt | Hp-Jt. IV.49, *p*. 155, *ll*. 1-3.

50

마음의 대상을 없앤 후 어떤 것조차도 생각하지 않는다면
그는 마치 안과 밖이 모두 공기[로 채워진] 항아리처럼 확고하게 머문다.

IV.50^{a-b} nirālambaṃ manaḥ kṛtvā na kiṃcid api cintayet |
IV.50^{c-d} sa bāhyābhyantare vyomni ghaṭavat tiṣṭhati dhruvam ||

【해설】

마음의 대상을 없앤 후 어떤 것조차도 생각하지 않는다면:

월 광 [그 수행자가] 토대를 여읜 후, 즉 마음의 대상을 없앤 후에 '어떤 것조차도 생각하지 않는다면' [이라는 말은] 케짜리 무드라 상태에서 일어나는 [생각들], 심지어 [명상 속에서 떠오르는] '브라흐만의 형상에 대한 사유마저도 완전한 이욕으로써 떨쳐낸다면' 이라는 의미이다.

yo nirālambam ālambanaśūnyaṃ manaḥ kṛtvā kiṃcid api na cintayet khecarīmudrāyāṃ jāyamānāyāṃ brahmākārām api vṛttiṃ paravairāgyeṇa parityajed ity arthaḥ | Hp-Jt. IV.50, *p.* 155, *ll.* 1-3.

안과 밖이 모두 공기[로 채워진] 항아리처럼 그는 확고히 머문다:

월 광 마치 허공에 놓인 항아리가 바깥이나 안쪽 [모두] 공기로 채워져 있듯이 그와 같이 케짜리의 상태에서는 '의존할 토대가 소멸되었기 때문에' 요가수행자는 [온통] '브라흐만으로 채워진 상태'로 머문다는 의미이다.

yathākāśe ghaṭo bahir antaś cākāśapūrṇo bhavati tathā khecaryām ālambanaparityāgena yogī brahmaṇā pūrṇas tiṣṭhatīty arthaḥ || Hp-Jt. IV.51, *p.* 156, *ll.* 1-3.

51

외부의 호흡이 소멸되듯이 그와 마찬가지로 [몸] 안[에 있는 호흡도 소멸한다].[152] 여기엔 의심할 바 없다.
기(氣)는 마음과 함께 '자신의 자리'(브라흐마란드흐라)에서 고정된다.
IV.51^{a-b} bāhyavāyur yathā līnas tathā madhyo na saṃśayaḥ |
IV.51^{c-d} svasthāne sthiratām eti pavano manasā saha ||

【해설】

외부의 호흡이 소멸되듯이 … 몸[안에 있는 호흡도 소멸한다]:

월광 케짜리 상태에서는 외부에 있는 바유, 즉 '몸 밖에 있는 바유'가 [몸] 안쪽으로 들어오지 않기 때문에 소멸되듯이 그와 같이 '내부', 즉 '신체 안에서 돌아다니는 바유'도 소멸된다. 숨이 밖으로 나가지 않기 때문이다.
bāhyo dehād bahirbhavo vāyur yathā līno bhavati khecaryām | tasyāntaḥpravṛtty abhāvāt | tathā madhye dehamadhyavartī vāyur līno bhavati | tasya bahiḥpravṛttyabhāvāt | Hp-Jt. IV.51, *p*. 156, *ll*. 1-3.

기(氣)는 마음과 함께 '자신의 자리'(브라흐마란드흐라)에서 고정된다:
브라흐마난다는 '자신의 자리'를 정수리의 브라흐마란드흐라로 해설한다.

월광 브라흐마란드흐라에서 기(pavana, prāṇa)는 마음(manas, citta)와 함께

152 '몸 안에 있는 바유가 소멸된다는 것'은 IV.51^{c-d}에서 설명된 대로 쁘라나가 브라흐마란드흐라에 머무는 것을 의미한다. 아래의 각주 참조.

고정된다, 다시 말해서 [수행자는 부동성을] 성취한다.
brahmarandhraṃ tatra manasā cittena saha pavanaḥ prāṇaḥ sthiratāṃ niścalatām eti prāpnoti ‖ Hp-Jt. IV.51, *p.* 156, *ll.* 4-5.

52

그와 같이 '바유가 흐르는 통로'(수슘나)로 밤낮으로 수행한다면 수행을 통해 바유가 소멸하고 바로 그곳으로 마음도 소멸된다.

IV.52^{a-b} evam abhyasyatas tasya vāyumārge divāniśam |
IV.52^{c-d} abhyāsāj jīryate vāyur manas tatraiva līyate ‖

【해설】

그와 같이 바유가 흐르는 통로(수슘나)로:

월광 그와 같이 [즉, 앞에서] 설명된 방법으로 바유가 흐르는 길, 즉 쁘라나의 통로에서, 다시 말해서 '수슘나 속에서'라는 의미이다.
evam uktaprakāreṇa vāyumārge prāṇamārge suṣumnāyām ity arthaḥ | Hp-Jt. IV.52, p. 156, *l.* 1.

바유가 소멸하고 바로 그곳으로 마음도 소멸된다:

월광 그곳으로 바유, 즉 쁘라나가 소멸된다, 사라진다, 용해된다는 의미이다. 바로 그곳, 즉 바유가 소멸하는 바로 그곳으로 마나스, 즉 마음도 용해되고 소멸된다는 의미이다.[153]
yatra yasminn ādhāre vāyuḥ prāṇo jīryate kṣīyata līyata ity arthaḥ | tatraiva vāyor layādhiṣṭhāne manaś cittaṃ līyate

---

153 바유(또는 쁘라나)가 소멸한다는 것은 바유가 소실되어 없어진다는 것이 아니라 모든 바유가 브라흐마란드흐라로 상승한 상태 혹은 '바유가 수슘나를 통해 정수리의 브라흐마란드흐라로 가기 때문에 이다와 삥갈라에는 바유가 없다'는 의미이다. IV.10-15송에 대한 해설을 참조.

jīryata ity arthaḥ ॥ Hp-Jt. IV.52, *p*. 156, *ll*. 2-4.

53

[달에서 흘러나온] 감로들을 발바닥과 정수리까지 채운다면
위대한 몸과 엄청난 활력과 체력을 갖추게 된다.
이상으로 케짜리를 설명하였다.

IV.53$^{a\text{-}b}$ amṛtaiḥ plāvayed deham ā pādatalamastakam ।
IV.53$^{c\text{-}d}$ siddhyaty eva mahākāyo mahābalaparākramaḥ ॥
iti khecarī

【해설】

감로들을 발바닥과 정수리까지 채운다면:

월광 감로들로써, 즉 공동(suṣira)에서 흘러내리는 감로들로써 발바닥과 정수리에 ['채운다면'이라는 말]에서 '**pādatalamastakam**'(발바닥과 정수리) [이라는 병렬복합어는] "생명체(prāṇin), 악기(tūrya), 적(senā)의 구성 요소로서의 병렬복합어는 [단수를 취한다.]"는 [빠니니의 규정에 의거한] 단수(單數, *Sg*.)형이다. [게송 전반부의 의미는] 발바닥과 정수리까지, 다시 말해서 발바닥에서 정수리에 이르는 [온몸을 감로로] 채운다면, 흠뻑 젖게 한다면 [이라는 의미이다].

amṛtaiḥ suṣiranirgataiḥ pādatalaṃ ca mastakaṃ ca pādatalamastakam । 'dvandvaś ca prāṇītūryasenāṅgānām'(Pāṇ. II.4.2) ity ekavadbhāvaḥ । pādatalamastakam abhivyāpyety ā pādatalamastakaṃ deham āplāvayed āplāvitaṃ kuryāt । Hp-Jt. IV.53, *pp*. 156, *ll*. 1 ~ p. 157, *l*. 1.

샤띠(Śakti) 명상

54

샤띠 안에 마음을 두고, 마음 안에 샤띠(=꾼달리니)를 둔 후에 마음으로써 마음을 관찰한 후 지고의 경지를 유지해야 한다.

IV.54$^{a\text{-}b}$ śaktimadhye manaḥ kṛtvā śaktiṃ mānasamadhyagām |
IV.54$^{c\text{-}d}$ manasā mana ālokya dhārayet paramaṃ padam ||

【해설】

본 게송은 맛첸드라나타의 것으로 알려진 『달의 시선』(*Candrāvalokana*, 25)과 동일하다.[154]

샤띠 안에 마음을 두고, 마음 안에 샤띠를 둔 후에:

월광 샤띠, 즉 꾼달리니 속에 마음을 두고서[라는 말은] '그녀(샤띠)에게 마음을 집중함으로써 마음을 샤띠(=꾼달리니)의 형상으로 만들고 난 후에'라는 뜻이다. 샤띠를 마음속에 두고서[라는 말은], '샤띠에 대한 명상에 몰입함으로써 샤띠와 마음을 완벽하게 합일시킨 후에'[라는 뜻인데], 말하자면 '꾼달리를 각성시키고서'라고 할 수 있다. [그 이유는] "불(소화의 불)과 기(氣)와 마음(manas)이 결합함으로써 [잠들어 있는 여신, = 잠들어 있는 꾼달리니가] 각성된다."[155]고 고락샤가 말했기 때문이다.

śaktiḥ kuṇḍalinī tasyā madhye manaḥ kṛtvā tasyāṃ mano

154 부이(Bouy: 1994, p. 14)는 『하타의 등불』 IV.16, 54송이 『달의 시선』에서 인용된 것으로 본다.

155 브라흐마난다가 인용한 게송은 『고락샤빠드하띠』(*Gorakṣapaddhati*. GoP) 제1장 49$^{a\text{-}b}$에 해당한다.

dhṛtvā tadākāraṃ manaḥ kṛtvety arthaḥ | śaktiṃ mānasamadhyagāṃ kṛtvā | śaktidhyānāveśāc chaktimanasor atyantaikyaṃ kṛtvā tena kuṇḍalīṃ bodhayitveti yāvat | "prabuddhā vahniyogena manasā marutā saha" iti gorakṣokteḥ | Hp-Jt. IV.54, *p*. 157, *ll*. 1-4.

마음으로써 마음을 관찰한 후:

월광 '마음으로(manasā), 즉 내적 감관으로(antaḥkaraṇena) 마음을(manaḥ) 관찰함으로써'[라는 말은] '마음으로(manasā) 통각을(buddhiṃ) 관찰함으로써 [마음을] 정지시킨 후에'라는 뜻이다.
manasāntaḥkaraṇena mana[156] ālokya buddhiṃ manasāvalokanena[157] sthirīkṛtyety arthaḥ | Hp-Jt. IV.54, *p*. 157, *ll*. 4-5.

55

그대는 허공(브라흐만)에 아뜨만을 두고, 아뜨만 속에 허공을 두어야 한다.
모든 것을 허공(=브라흐만)화하고서 어떤 것도 생각해서는 안 된다.

IV.55[a-b] khamadhye kuru cātmānam ātmamadhye ca khaṃ kuru |
IV.55[c-d] sarvaṃ ca khamayaṃ kṛtvā na kiṃcid api cintayet ||

---

156 mana] manaḥ. Hp-Jt[Adyar].
157 manasāvalokanena] manaso 'valokanena. Hp-Jt[Adyar].

【해설】

허공에 아뜨만을 두고:

월광 마치 허공처럼 충만한 브라흐만이 '허공'(kham)인데 그대는 그 브라흐만 속에 아뜨만, 즉 '자신의 참된 본성'을 두어야 한다. ['아뜨만을 허공에 두고' 라는 말은] '브라흐만이 곧 나이다'(brahmāham)라는 마음을 품어야 한다는 의미이다.
kham iva pūrṇaṃ brahma khaṃ tanmadhye ātmānaṃ svasvarūpaṃ kuru | brahmāham iti bhāvayety arthaḥ | Hp-Jt. IV.55, *p.* 157, *ll.* 1-2.

아뜨만 속에 허공을 두어야 한다:

월광 그대는 아뜨만, 즉 '자신의 참된 본성' 속에 허공, 즉 '충만한 브라흐만'을 [채워야 한다]. ['아뜨만에 허공을 두어야 한다'는 말은] '내가 바로 브라흐만이다'(ahaṃ brahma)라는 마음을 품어야 한다는 의미이다.
ātmamadhye svasvarūpe ca khaṃ pūrṇaṃ brahma kuru| ahaṃ brahmeti ca bhāvayety arthaḥ | Hp-Jt. IV.55, *p.* 157, *ll.* 2-3.

모든 것을 허공(브라흐만)화하고서 어떤 것도 생각해서는 안 된다:

월광 '모든 것이 허공(=브라흐만)으로 이루어졌다는 것'을 알고서, 다시 말해서 '[자기 자신은 물론이고 세상 만물이 모두] 브라흐만이라는 것'을 자각한 후엔 어떤 것도 생각해서는 안 된다. 심지어 '내가 브라흐만이다'는 명상(dhyāna)조차 완전히 포기해야 한다는 의미이다.
sarvaṃ ca khamayaṃ kṛtvā brahmamayaṃ vibhāvya kim api na cintayet | ahaṃ brahmeti dhyānam api parityajed ity arthaḥ || Hp-Jt. IV.55, *p.* 157, *ll.* 3-4.

56

[이 상태는] 마치 허공에 놓인 '텅 빈 항아리처럼' 안쪽도 비어 있고 바깥쪽도 비어 있고
또 바닷물 속에 있는 '채워진 항아리처럼' 안쪽도 채워져 있고 바깥쪽도 채워져 있다.
IV.56[a-b] antaḥ śūnyo bahiḥ śūnyaḥ śūnyaḥ kumbha ivāmbare |
IV.56[c-d] antaḥ pūrṇo bahiḥ pūrṇaḥ pūrṇaḥ kumbha ivārṇave ||

【해설】

안쪽도 비어 있고 바깥쪽도 비어 있고:

월 광 이와 같이 정(定, samāhita, 삼매)의 본성에 확주하는 것에 대해 "안쪽이 비었고"라는 [말 이하에서] 말한다. 안쪽, 즉 마음엔 아무것도 없다. [그 상태에서는] 브라흐만 외에 별개로 작용하는 것(vṛtti)이 없기 때문에 이원성은 없다. 바깥, 즉 마음 밖의 외부 세계 또한 텅 비어 있다. [브라흐만 외에] 두 번째의 것은 지각되지 않기 때문이다.
evaṃ samāhitasya svarūpe sthitim āha - antaḥśūnya iti | antaḥ, antaḥkaraṇe śūnyaḥ | bramātiriktavṛtter abhāvād dvitīyaśūnyaḥ | bahir antaḥkaraṇād bahir api śūnyaḥ | dvitīyādarśanāt | Hp-Jt. IV.56, *pp*. 157, *ll*. 1 ~ *p*. 158, *l*. 1.

안쪽도 채워져 있고 바깥쪽도 채워져 있다:

월 광 마치 바다, 대양에 있는 항아리, 물병이 [안쪽과 바깥쪽] 모두 물로 채워져 있듯이 그와 같이 삼매에 든 요가수행자는 [온통] 브라흐만으로 채워진다는 의미이다.
arṇave samudre kumbho ghaṭo yathā sarvato jalapūrṇo bhavaty evaṃ samādhiniṣṭho yogī brahmapūrṇo bhavatīty arthaḥ | Hp-Jt. IV.56, *p*. 158, *l*. 4-5.

57

외부[의 대상]을 생각해서는 안 되며 내적인 대상을 생각해서도 안 된다.
모든 사유를 버리고서 어떠한 것도 생각해서는 안 된다.
IV.57[a-b] bāhyacintā na kartavyā tathaivāntaracintanam |
IV.57[c-d] sarvacintāṃ parityajya na kiṃcid api cintayet ||

【해설】

모든 사유를 버리고서, 어떠한 것도 생각해서는 안 된다:

월광 외적인 것이든 내적인 것이든 일체의 생각을 버리고서 어떠한 것도 생각해서는 안 된다. 최고의 이욕에 의거해서 '아뜨만의 형상을 떠올리는 것'조차(ātmākāravṛttim api) 버려야 한다. 그것마저 버릴 때 자신의 본성에 확주한 자, 즉 생해탈자가 된다는 의미이다. sarvacintāṃ bāhyābhyantaracintanaṃ parityajya kiṃcid api na cintayet paravairāgyeṇātmākāravṛttim api parityajet | tattyāge svarūpāvasthitirūpā[158] jīvanmuktir bhavatīti bhāvaḥ || Hp-Jt. IV.57, *p*. 158, *ll*. 4-6.

58

세상 만물은 오직 '표상일 뿐'이고 '생각이 꾸며 낸 것일 뿐'이다.
마음에 드러난 것(manovilāsa)도 '표상일 뿐'이고 '생각이 꾸며 낸 것일 뿐'이다.
오. 라마여! 그대는, '표상일 뿐인 것'에 대한 [그릇된] 생각을 떨

158 svarūpāvasthitirūpā: 소유복합어.

치고 무분별에
의지한 후 절대적인 적정(寂靜, śānti)을 얻을지어다.
IV.58[a] saṃkalpamātrakalanaiva jagatsamagraṃ
IV.58[b] saṃkalpamātrakalanaiva manovilāsaḥ |
IV.58[c] saṃkalpamātramatim utsṛja nirvikalpam
IV.58[d] āśritya niścayam avāpnuhi rāma śāntim ||

【해설】

본 송의 운율은 14음절로 된 바산따띨라까(Vasantatilakā: ——∪ —∪∪ ∪— ∪ ∪—∪ ——)이다.

본 게송은 『요가바시쉬타』(*Yogavāsiṣṭha*)와 14세기 베단따의 관념론 철학을 반영하고 있다. 문맥상 본 게송의 saṃkalpa는 nirvikalpa의 반대말로 vikalpa(분별)의 동의어인데 여기서는 saṃkalpa를 '표상'(表象)으로 번역하였다. 여기서의 표상은 '물자체(物自體, *Ding an sich*)가 아니라 의식에 나타난 상(像)' 내지는 '마음이 꾸며 낸 것'을 의미한다. 본 게송의 요지는 눈에 보이는 세계가 물자체가 아니라 '마음이 투영된 것'에 불과하고 또 기쁨이나 즐거움, 소망하는 것과 같은 심리적 세계 역시 진실한 것이 아니라 표상이고 마음이 꾸며 낸 것에 불과하다는 것이다.

세상 만물은 오직 '표상일 뿐'이고 '생각이 꾸며 낸 것(racana)일 뿐이다:

월 광 외부의 사물과 심리적 요소[가 실재한다는] 통념을 버릴 때 적정(寂靜, śānti)이 일어난다는 것에 대해 본 게송은 "saṃkalpa"라는 [단어로 시작하는] 바시쉬타의 말씀을 증거로 제시한다. '분별'(saṃkalpa), 즉 '마음이 꾸며 내는 작용'(mānasiko vyāpāraḥ)이 바로 'saṃkalpamātra'라는 [복합어의 의미]인데 눈에 보이는 세상 만물은 단지 '마음의 조작', 다시 말해서 '[심리적으로] 꾸며 낸 것일 뿐이다. [이 말은] 외부 세계가 [있는 그대로가 아니라] '오직 마음이 꾸며 낸 것'(唯心造, manomātrakalpita)이라는 의미이다. bāhyābhyantaracintāparityāge śāntiś ca bhavatīty atra vasiṣṭhavākyaṃ pramāṇayati - saṃkalpeti । saṃkalpo mānasiko vyāpāraḥ sa eva saṃkalpamātraṃ tasya kalanaiva racanaivedaṃ dṛśyamānaṃ samagraṃ jagat । bāhyaprapañco manomātrakalpita ity arthaḥ । Hp-Jt. IV.58, *p*. 158, *ll*. 1-3.

마음에 드러난 것(manovilāsa)도 '표상일 뿐'이고 '생각이 꾸며 낸 것(racana)일 뿐'이다:

월광 마음, 즉 심리적으로 드러난 것, 다시 말해서 다양한 이미지로 드러난 생각 이를테면 '[뭔가를] 원하거나 즐거움이나 안락함, 부족함 등등과 같은 종류'로 드러난 것 [역시] 표상일 뿐이고 마음이 꾸며 낸 것일 뿐이다. [이 말은 외부 세계뿐만 아니라] 마음속에서 벌어지는 세계(mānasaḥ prapañcaḥ, 심리적 작용) 역시 '표상일 뿐(saṃkalpamātra)'이고 '생각이 꾸며 낸 것(racana)일 뿐'이라는 의미이다. manaso mānasasya vilāso nānāviṣayākārakalpanā āśāmodakasaudhavāṭikādikalpanārūpo vilāsaḥ saṃkalpamātrakalanaiva । mānasaḥ prapañco 'pi saṃkalpamātra racanaivety arthaḥ । Hp-Jt. IV.58, *pp*. 158, *ll*. 4 ~ *p*. 159, *l*. 2.

'표상일 뿐'이고 '생각이 꾸며 낸 것(racana)에 불과한 것'을 떨치고

월광 표상에 불과한 것, 다시 말해서 '[눈에 보이는] 외부 세계와 마음속에서 벌어지고 있는 세상 만물'에 대한 망상, 즉 '[눈에 보이는 세상과 마음의 세상이] 진실할 것이라는 생각'을 그대는 버려라, 떨쳐라.
saṃkalpamātre bāhyābhyantaraprapañce yā matiḥ satyatvabuddhis tām utsṛja tyaja । Hp-Jt. IV.58, *p*. 159, *l*. 2.

무분별에 의지한 후 절대적인 적정(寂靜, śānti)을 얻을지어다.

'부분별에 의지하고서'라는 말은 '무분별삼매(無分別三昧, nirvikalpasamādhi)를 얻음으로써'로 이해할 수도 있는데 브라흐마난다는 '무분별에 의지하고서'의 의미를 '아뜨만을 응념과 선정과 삼매 등과 같은 명상 수행의 대상으로 삼는 것'으로 해설한다.

월 광 그렇다면 무엇을 해야 할지에 대해 여기에서는 "무분별" (nirvikalpa) [이라는 단어 이하에서] 말한다. '한정된 견해'가 분별(分別, =망상)이다. 아뜨만을 행위자로, [업보를] 받는 자로, 즐거움과 고통을 느끼는 주체[로 생각하는 것이 분별(망상)이고][159] 그리고 유사성과 상이성에 의거한 [아뜨만에 대한] 차별상 및 [아뜨만이] 장소나 시간과 사물에 제한[되었다는] 망상같은 것이 [분별이다].

오. 라마여, 그대는 [분별을] 버리고, 무분별[적 존재인] 아뜨만에 의지해서, 다시 말해서 [오직 아뜨만을] '응념(應念, dhāraṇā) [선정, 삼매] 등' [의 수행] 대상으로 삼고서 절대적이고 확고한, 최고의 적정(寂靜, śānti)을 얻어라. 그 후에 그대는 행복 또한 획득할 것이다. 이 점에 대해 바가바뜨(=끄리쉬나)께서는 "수행하지 않은 자에게는 적정(寂靜, śānti)이 일어나지 않을 것이고, 적정을 얻지 못한 자가 어찌 행복을 [얻을 수] 있겠는가?"(『바가바드기따』, II.66)

---

159 샹까라의 베단따에 따르면 아뜨만을 행위자로, 업보를 받는 자로, 즐거움과 고통을 느끼는 주체로 생각하는 것은 망상이다. 사람들은 태어날 때부터 감관이나 신체, 지위, 느낌 등을 자아로 오해해서 자신이 고통을 겪거나 행위하는 자로 오해하지만 이것은 '감관, 신체 등과 같은 비본질적인 요소를 아뜨만에 가탁(假託)함으로써' 일어나는 망상이다. 가탁된 요소가 제거된 참자아로서의 아뜨만은 볼 수도 느낄 수도 없고 늘어나거나 줄어들거나 오고 가는 것도 아니며 언어로도 표현할 수 없는 것이다. 반면 신체와 감관, 지위 등은 모두 아뜨만에 거짓되이 달라붙은 비본질적 요소, 즉 부가물(附加物, upādhi)이다. 부가물에 대해서는 IV.1-2송에 대한 해설(각주)을 참조.

라고 배제적으로(vyatirekena) 말한 바 있다.
tarhi kiṃ kartavyam ity ata āha - nirvikalpeti | viśiṣṭaḥ kalpo vikalpaḥ | ātmani kartṛtvabhoktṛtvasukhitvaduḥkhitvasajātīya-vijātīyasvagatabhedadeśakālavastuparicchedakalpanārūpaḥ, tasmān niṣkrānto nirvikalpa[160] ātmā tam āśritya dhāraṇādiviṣayaṃ kṛtvā he rāma niścayam asaṃdigdhaṃ śāntiṃ paramoparatim avāpnuhi | tataḥ sukham api prāpsyasīti bhāvaḥ | tad uktaṃ bhagavatā vyatirekeṇa | "na cābhāvayataḥ śāntir aśāntasya kutaḥ sukham"(BG. II.66) iti || Hp-Jt. IV.58, *p.* 159, *ll.* 3-8.

59

장뇌(樟腦, *camphor*)가 불에 녹고 소금이 물에 녹듯이
그와 같이 마음은 실재(實在, =아뜨만)로 다가가면서 그 속으로 용해된다.
IV.59^{a-b} karpūram anale yadvat saindhavaṃ salile yathā |
IV.59^{c-d} tathā saṃdhīyamānaṃ ca manas tattve vilīyate ||

60

'알아야 할 것'과 '알려진 것' 그리고 '아는 것'도 [모두] '마음 [일 뿐]'이라고 말해졌다.
'아는 것'(인식 작용)과 '알아야 할 것'(인식 대상)이 [마음과] 함께 소멸될 때 '두 번째의 길'(=이원성)은 없다.
IV.60^{a-b} jñeyaṃ sarvaṃ pratītaṃ ca jñānaṃ ca mana ucyate |
IV.60^{c-d} jñānaṃ jñeyaṃ samaṃ naṣṭaṃ nānyaḥ panthā dvitīyakaḥ ||

---

160 nirvikalpa] nirvikalpaḥ. Hp-Jt^{Adyar}.

【해설】

월광 마음이 소멸할 때 이원성(dvaita)도 사라진다는 것을 [다음의] 세 게송(60~63송)에서 말한다.
manaso vilaye jāte dvaitam api līyata ity āha tribhiḥ. Hp-Jt. IV.60. *p*. 159, *l*. 1.

'알아야 할 것'과 '알려진 것' 그리고 '아는 것'은 [모두] '마음[일 뿐]'이라고 말해졌다:

월광 '알아야 할 것', 즉 '알 수 있는 것' 그리고 '알려진 것', 즉 '이해된 것' 그리고 '아는 것'과 같은 이 모든 것이 '마음'이라고 말해졌다. 일체 만물은 '마음이 꾸며 낸 것일 뿐(唯心造, manaḥkalpanāmātra)이기 때문에' 마음이라는 단어로 표현되었다.
sarvaṃ sakalaṃ jñeyaṃ jñānārhaṃ pratītaṃ ca jñātaṃ ca jñānaṃ ca idaṃ sarvaṃ mana ucyate | sarvasya manaḥkalpanāmātratvān manaḥśabdenocyate | Hp-Jt. IV.60, *p*. 159, *ll*. 1-3.

'아는 것'(인식 작용)과 '알아야 할 것'(인식 대상)이 [마음과] 함께 소멸될 때 '두 번째의 길'(=이원성)은 없다:

월광 '아는 것'(인식 작용)과 '알아야 할 것'(인식 대상)이 마음과 함께 [모두] 소멸된다면, 다시 말해서 마음과 함께(manasā sārdham) 소멸한다면 그때는 이원성, 즉 두 번째의 것, 다시 말해서 마음의 대상은 존재하지 않는다. 이원성이 소멸한다는 결과를 얻게 된다는 의미이다.
jñānaṃ jñeyaṃ ca samaṃ manaso vilaye manasā sārdhaṃ naṣṭaṃ yadi tarhi dvitīyako[161] dvitīya eva dvitīyakaḥ panthā manoviṣayo nāsti | dvaitaṃ nāstīti phalitārthaḥ || Hp-Jt. IV.60,

---

161 dvitīyako] dvitīyakaḥ. Hp-Jt^{Adyar}.

p. 159, *ll.* 3-5.

61

움직이는 것이든 움직이지 않는 것이든 이 세상 만물은 '마음에 의해서 나타난 것'(표상)이다.[162]
왜냐하면 마음이 소멸된 후엔 이원성은 결코 지각되지 않기 때문이다.
IV.61^{a-b} manodṛśyam idaṃ sarvaṃ yatkiṃcit sacarācaram |
IV.61^{c-d} manaso hy unmanībhāvād dvaitaṃ naivopalabhyate ||

【해설】

움직이는 것이든 움직이지 않는 것이든 이 세상 만물은 '마음에 의해서 나타난 것'(표상)이다:

월광 움직이는 것과 움직이지 않은 것을 포함한 세상 만물은 '마음에 의해 드러난 것' 즉 '마음으로 드러난 것'이다. [이 말은 세상 만물이] '단지 마음이 꾸며 낸 것일 뿐'(唯心造, manaḥsaṃkalpamātra)이라는 의미이다. 마음이 꾸며 낼 때 [세상 만물은] 지각되지만 그것(마음이 꾸며 내는 작용)이 없을 때는 지각되지 않으므로 세상 만물은 미혹(迷惑)일 뿐이다. 미혹은 [실물이 아니라] '단지 마음으로 있는 것(pratītika)'과 관련되기 때문이다. [이러한 관점은] 불교도의 사상을 따르는 것이 아니다. 왜냐하면 [우리는 불교와 마찬가지로 세상 만물을 미혹으로 여기지만] '[바로 그] 미혹의 토대로서의 브라흐만 [만큼]은 여실한 존재라는 것'을 [우리는] 인정하

162 브라흐마난다는 'manodṛśyam'을 '마음에 의해 드러난 것'(*TatPu. Ins.*)으로 분석하며, 그 의미를 '모든 것은 마음이 꾸며 낸 것에 불과하다'로 해설한다.

기 때문이다.
sacarācaraṃ yaj jagat tat sarvaṃ manodṛśyaṃ manasā dṛśyam | manaḥsaṃkalpamātram ity arthaḥ | manaḥkalpanāsattve pratītes tad abhāve cāpratīter bhrama eva sarvaṃ jagat | bhramasya prātītikaśarīratvāt | na ca bauddhamataprasaṅgaḥ | bhramādhiṣṭhānasya brahmaṇaḥ satyatvābhyupagamāt | Hp-Jt. IV.61, *p.* 160, *ll.* 2-6.

본 게송은 『요가바시쉬타』(*Yogavāsiṣṭha*)와 14세기 베단따의 관념론 철학을 담고 있는데 흥미로운 것은 브라흐마난다가 '만물은 마음이 꾸며낸 표상(分別)일 뿐이라는 사상'이 불교의 것이 아니라고 해설한 부분이다. 17세기의 브라흐마난다가 불교의 유식(唯識, vijñaptimātra) 사상을 인지하고 있었다는 것은 흥미롭지만 그의 해설은 샹까라 이후의 일반적인 경향대로 불교를 허무론(śūnyavāda)으로 간주하는 한계에서 벗어나지 못한 것으로 보인다. 브라흐마난다가 본 송의 관념론을 불교사상이 아니라 하타요가나 베단따를 비롯한 바라문의 철학으로 해설하는 것은 '세상은 미혹일 뿐이지만 그 근저에 있는 브라흐만이라는 여실한 존재를 인정한다는 점'에서 불교의 허무론과 다르다는 입장을 반영한 것으로 파악된다.[163]

---

163 샹까라(Śaṅkara)를 포함한 8세기 이후의 베단따 철학자들은 예외 없이 불교를 허무론(śūnyavāda)로 파악하는데 17세기의 브라흐마난다도 이 범주에서 벗어나지 않는다. 브라흐마난다의 해설은 '세상 만물은 마음이 꾸며 낸 것이므로 허망하지만 바로 그 허망성의 토대로서의 브라흐만은 진실하다'는 베단따의 입장을 반영한다. '새끼줄을 뱀으로 착각하는 비유'에서 알 수 있듯이 베단따 철학은 '뱀은 허망하지만, 뱀이라는 미혹의 토대인 새끼줄은 실재이고' 그와 같이 세상 만물은 가현(假現)한 뱀처럼 허망한 것이지만 '허망함의 근저에 있는 새끼줄' 즉, 브라흐만은 영원히 참되게 존재한다는 입장을 취한다.

마음이 소멸된 후엔 이원성은 결코 지각될 수 없기 때문이다:

월광 마음이 소멸된 후(unmanībhāvād), 즉 [마음이 용해되어] 사라진 후엔 이원성, 차별상은 결코 지각되지 않는다, 인식되지 않는다. 왜냐하면 이원성과 같은 미혹을 일으키는 원인인 '마음의 조작'이 없기 때문이다. [본송의 세 번째 구에 있는] 'hi'(왜냐하면)는 이유와 관련된 불변화사이다.

manasa unmanībhāvād vilayād dvaitaṃ bhedo[164] naivopalabhyate naiva pratīyate | dvaitabhramahetor manaḥsaṃkalpasyābhāvāt | hīti hetāv avyayam || Hp-Jt. IV.61, *p.* 160, *ll.* 6-7.

62

'알아야 할 것'(인식 대상)이 완전히 사라졌으므로 '심리적 작용'(mānasa)도 소멸한다.
마음이 소멸될 때 독존의 상태가 남겨진다.

IV.62$^{a\text{-}b}$ jñeyavastuparityāgād vilayaṃ yāti mānasam |
IV.62$^{c\text{-}d}$ manaso vilaye jāte kaivalyam avaśiṣyate ||

【해설】

'알아야 할 것'(인식 대상)이 완전히 사라졌으므로 '심리적인 작용'도 소멸한다:

월광 '알아야 할 것'(jñeyam) [이라는 말은] '움직이거나 움직이지 않는 일체의 사물' 내지는 눈에 보이는 것, 즉 지각되는 것[을 의미하는데] 그것이 모두 사라졌기 때문에, 다시 말해서 이름과 형태'(名色)로 이루어진 만물이 소멸되었기 때문에 '심리적인 작용'(mānasa, 심적인 활동)은 소멸하게 되고 '존재-의식-환희(sat-cit-

---

164 bhedo」bhedaḥ. Hp-Jt[Adyar].

ānanda)를 본성으로 하는 아뜨만'의 형상만 있게 된다.
jñeyaṃ jñānaviṣayaṃ yad vastu sarvaṃ carācaraṃ yad dṛśyaṃ tasya parityāgān nāmarūpātmakasya tasya parivarjanād mānasaṃ vilayaṃ yāti saccidānandarūpātmākāraṃ bhavati | Hp-Jt. IV.62, *p*. 160, *ll*. 1-3.

마음이 소멸될 때 독존의 상태가 남겨진다:

월광 마음이 소멸될 때 독존, 즉 '유일성을 본성으로 하는 상태인 독존'이 남게 된다. '불이(不二, advitīya)의 아뜨만이라는 본성'만이 남겨진다는 의미이다.
manaso vilaye jāte sati kaivalyaṃ kevalasyātmano bhāvaḥ kaivalyam avaśiṣyate | advitīyātmasvarūpam eva śiṣṭaṃ bhavatīty arthaḥ || Hp-Jt. IV.62, *p*. 160, *ll*. 3-4.

63

이와 같은 다양한 수행법들은, 옛 스승, 위대한 영혼의 소유자들이 확고한 자신의 체험에 의거해서 설명했던 삼매의 방법들이다.
IV.63$^{a\text{-}b}$ evaṃ nānāvidhopāyāḥ samyak svānubhavānvitāḥ |
IV.63$^{c\text{-}d}$ samādhimārgāḥ kathitāḥ pūrvācāryair mahātmabhiḥ || [165]

【해설】

삼매의 방법:

월광 맛첸드라 등등의 옛 스승들에 의해 '마음 작용의 지멸이라는 삼매'의 방법들, 즉 [삼매를] 얻게 해 주는 방편들이 설명되었다.

---

165 세 번째 구(pāda[c])는 아누쉬뚜브-쉴로까(Anuṣṭubh-Śloka)의 확장형인 브하-비뿔라(Bha-vipulā)이다.

pūrvācāryā matsyendrādayas taiḥ samādheś cittavṛttinirodhasya mārgāḥ prāptyupāyāḥ kathitāḥ | Hp-Jt. IV.63, *p.* 160, *ll.* 3-4.

64

수슘나에게, 꾼달리니에게, 달에서 생겨난 감로에게,
마논마니에게 그리고 순수 의식을 본질로 하는 위대한 샥띠인 당신께 경배합니다.

IV.64$^{a\text{-}b}$ suṣumnāyai kuṇḍalinyai sudhāyai candrajanmane | [166]
IV.64$^{c\text{-}d}$ manonmanyai namas tubhyaṃ mahāśaktyai cidātmane ||

【해설】

수슘나에게, 꾼달리니에게, 달에서 생겨난 감로에게:

월광 '수슘나에게'라는 말은 '가운데 나디'에게[를 의미하고] '꾼달리니에게'(kuṇḍalinyai)라는 말은 '아드하라 샥띠에게'[를 의미하고] '달, 즉 눈썹 가운데(미간)에서 생겨난 그 물줄기에게'라는 말은 '감로에게'[를 의미한다].

suṣumnā madhyanāḍī tasyai kuṇḍalinyā[167] ādhāraśaktyai candrād bhrūmadhyasthāj janma yasyās tasyai sudhāyai pīyūṣāya … Hp-Jt. IV.64, *p.* 161, *ll.* 1-3.

마논마니에게:

월광 마논마니에게, 즉 제사위(第四位)에게.

manonmanyai turyāvasthāyai. Hp-Jt. IV.64, *p.* 161, *l.* 3.

---

166 첫 번째 구(pāda^{a})는 아누쉬뚜브-쉴로까(Anuṣṭubh-Śloka)의 확장형인 라-비뿔라(Ra-vipulā)이다.

167 kuṇḍalinyā 」 kuṇḍalinyai. Hp^{Adyar}.

비음명상(Nādānusaṃdhāna, Nādopāsana)

65

참된 실재를 자각할 능력이 없는 어리석은 사람들조차 할 수 있는 것이라고 고락샤나타께서 말씀하신 비음명상에 대해 [지금부터] 설명한다.

IV.65$^{a\text{-}b}$ aśakyatattvabodhānāṃ mūḍhānām api saṃmatam |
IV.65$^{c\text{-}d}$ proktaṃ gorakṣanāthena nādopāsanam ucyate ||

【해설】

비음명상은 65-102송까지 설명된다. 비음명상은 '내면에서 들리는 소리'라 할 수 있는 '나다'(nāda)를 명상하는 것인데 여기서의 '나다'는 북을 치듯이 부딪쳐서 들리는 소리가 아니라 '부딪치지 않고(an-āhata) 울리는 소리', 즉 비음(秘音)이다.[168] 비음은 파도와 천둥과 같은 큰 소리에서 점차 줄어들어 종, 피리소리로 변하고 마지막엔 방울, 비나(vīṇā)와 같은 작은 소리로 들리며(IV.85-86) 마침내 '들리지 않는 소리'로 바뀌게 된다. 비음명상의 목표는 '다양하고 미세한 비음을 듣는 것이 아니라 비음마저 소멸시키는 것'(IV.98, 100-101, 106)이고, 비음이 소멸될 때 '비음에 묶인 마음'도 소멸된다(IV.89, 98).

한편 스바뜨마라마는 본서의 구성대로 하타요가의 지분을 아사나, 호흡, 무드라, 삼매와 같은 네 가지로 언급했을 뿐이지만 브라흐마난다는 삼매의 수행법 중 하나인 비음명상이 응념, 집지, 선정, 무상 삼매와 같은 내지칙을 포함하는 것으로 해설한 바 있다.[169]

---

168 여기서는 나다 또는 문맥에 따라 비음(秘音)으로 번역하였다.

어리석은 사람들조차:

월광 'api'(~조차) 라는 말이 있으므로 [비음명상은] 현명한 사람들에게도 [적합한 것으로] 알아야 한다.

apiśabdāt kim utādhītānām iti gamyate | Hp-Jt. IV.64. *p*. 161, *l*. 3.

비음명상을:

월광 나다, 즉 '아나하따(때려서 울리는 것이 아닌)의 소리'에 대한 명상(upāsana)을.

nādasyānāhatadhvaner upāsanam … Hp-Jt. IV.65. *p*. 161, *ll*. 4-5.

66

쉬리아디나타(쉬바)는 1250만 개[170]나 되는 '라야의 방법'들을 설명했다.
우리들은 [이와 같이 많은] 라야의 [기법]들 중에서도 비음명상이라는 이 하나를 가장 중요하다고 생각한다.

IV.66^a-b^ śrīādināthena sapādakoṭilayaprakārāḥ kathitā jayanti |
IV.66^c-d^ nādānusaṃdhānakam ekam eva manyāmahe mukhyatamaṃ layānām ||

---

169 "하타[요가]는 뒤에서 설명할 '아사나, 다양한 꿈브하까, 무드라로 불리는 행법, 비음(秘音)명상'(I.56)이라는 네 가지 지분으로 구성되어 있다. 제감(制感, pratyāhāra)에서 시작에서(ādi) 삼매(samādhi)로 끝나는 [4가지 지분]들은 비음명상에 포함된다. 그중에서(하타요가의 지분들 중에서) 아사나(āsana)가 첫 번째 지분이기 때문에(prathamāṅgatvāt) 아사나를 먼저 설명한다는 맥락이다." 원문은 I.17에 대한 해설을 참조.
브라흐마난다가 비음명상을 제감, 응념, 선정, 삼매 순으로 해설하는 부분은 IV.87-102송을 참조.

170 sapādakoṭi(12,500,000): koṭi(10,000,000), sa-pāda(¼, =2,500,000).

【해설】

본 송의 운율은 11음절의 인드라바즈라와 우뻰드라바즈라가 혼용된 우빠자띠(Upajāti)이다. 이 중에서 두 번째 구(pāda[b])는 우뻰드라바즈라(∪ — ∪ — — ∪ ∪ — ∪ — —)이고 나머지 구(pāda[a, c, d])는 인드라바즈라(— — ∪ — — ∪ ∪ — ∪ — —)인데 이와 같은 구조의 우빠자띠는 재차 바니(Vāṇī)로 불린다.

쉬리아디나타에 의해:

월광 쉬리아디나타에 의해서, 다시 말해서 쉬바에 의해서.
śrīādināthena śivena. Hp-Jt. IV.66, *p*. 162, *l*. 1.

비음명상[이라는] 한 가지:

월광 바로 이 비음명상법, 즉 '비음에 정신을 집중하는 것'만이.
ayaṃ tu nādānusaṃdhānakaṃ nādānucintanam eva … Hp-Jt. IV.66, *p*. 162, *l*. 3.

가장 중요한 것으로 생각한다:

월광 훌륭한 '라야의 기법들' 중에서도 가장 탁월한 것이기 때문에 그리고 고락샤가 애호했기 때문에 그리고 우리들도 좋아하는 것이기 때문에 비음명상 만큼은 반드시 수련해야 한다는 의미이다.
utkṛṣṭānāṃ layasādhanānāṃ madhye utkṛṣṭatamatvād gorakṣābhimatatvād asmad abhimatatvāc ca nādānusaṃdhānam evāvaśyaṃ[171] vidheyam iti bhāvaḥ ‖ Hp-Jt. IV.66, *p*. 162, *ll*. 5-6.

---

171 evāvaśyaṃ] eva avaśyaṃ. Hp-Jt[Adyar].

샴브하비 무드라와 병행하는 비음명상

67

해탈좌를 취한 요가수행자는 샴브하비 무드라를 실행한 후 정신을 집중해서 오른쪽 귀로 '내면에 있는 소리'(비음)를 들어야 한다.

IV.67$^{a\text{-}b}$ muktāsane sthito yogī mudrāṃ saṃdhāya śāṃbhavīm
IV.67$^{c\text{-}d}$ śṛṇuyād dakṣiṇe karṇe nādam antastham ekadhīḥ ‖

【해설】

해탈좌를 취한 요가수행자는 샴브하비 무드라를 실행한 후:

월광 샴브하비 무드라와 병행하는 비음명상법에 대해 "해탈좌에서"[로 시작하는 단어 이하에서] 설명한다. 해탈좌, 즉 달인좌를 취한 요가수행자는 "의식을 내적인 표적에 두고 시선을 밖으로 향하게 한다."(Hp. IV.36)는 등등으로 설명된 샴브하비 무드라를 실행한 상태에서 일념으로 다시 말해서 마음을 한곳에 집중한 상태에서 '오른쪽 귀로 수슘나 나디에서 들리는 비음(秘音, nāda)'을 들어야 한다.

śāṃbhavīmudrayā nādānusaṃdhānam āha - muktāsana iti । muktāsane siddhāsane sthito yogī śāṃbhavīṃ mudrām "antar lakṣyaṃ bahir dṛṣṭiḥ"(Hp. IV.36) ityādinoktāṃ saṃdhāya kṛtvā । ekadhīr ekāgracittaḥ san dakṣiṇe karṇe 'ntasthaṃ suṣumnānāḍyāṃ santam eva nādaṃ śṛṇuyāt । Hp-Jt. IV.67, *p.* 162, *ll.* 1-4.

산무키 무드라와 병행하는 비음명상

68

양쪽 귀와 두 눈과 두 코와 입을 [손가락으로] 막아야 한다.
'청정해진 수숨나의 길'에서 맑은 소리가 분명하게 들리게 된다.
IV.68[a-b] śravaṇapuṭanayanayugalaghrāṇamukhānāṃ nirodhanaṃ kāryam |
IV.68[c-d] śuddhasuṣumnāsaraṇau sphuṭam amalaḥ śrūyate nādaḥ ||

【해설】

본 송의 운율은 {12^a 18^b + 12^c 15^d } 마뜨라로 구성된 아리야(Āryā)의 확장형(vipulā)이다.

	a I	II	III	*b* IV	V	VI	VII	VIII
	∪∪∪∪	∪∪∪∪	∪ ∪ —	— ∪∪	— —	∪ — ∪	— —	—
	1 2 3 4	5 6 7 8	9 10 11-12	1-2 3 4	5-6 7-8	9 10-11 12	13-14 15-16	17-18

	c I	II	III	*d* IV	V	VI	VII	VIII
	— ∪∪	— —	∪∪ —	∪∪∪∪	— —	∪	— —	—
	1-2 3 4	5-6 7-8	9 10 11-12 æ	1 2 3 4	5-6 7-8	9	10-11 12-13	14-15

양쪽 귀와 두 눈과 두 코와 입을… :

브라흐마난다는 본 게송에서 설명된 비음명상을 '산무키 무드라에 의거한 비음명상법'으로 해설한다. '산무키 무드라'(ṣaṇmukhīmudrā)는 말 그대로 '두 눈, 두 귀, 두 콧구멍과 같은 여섯 출입구를 각각 두 엄지손가락과 두 집게손가락, 두 중지손가락과 같은 여섯 손가락으로 막는 것(封印, mudrā)'이다. 일곱 번째인 '입'(mukha)의 경우엔 입술을 다물면 되므로 별도로 언급되지 않았지만 브라흐마난다는 '입을 다문 상태에서 나머지 손가락들로 막는 것'(아래의 '손가락으로 막아야 한다'항목을 참조)으로 해설한다.

월 광 [본 송은] '여섯 출입구를 봉인하는 것'(산무키 무드라)과 병행하는 비음명상에 대해 "귀(śravaṇa)"라는 [첫 번째 단어 이하에서] 말한다. [여섯 출입구는] 두 귀와 양눈, 즉 한쌍의 눈과 같은 세트에 '코라는 말'이 지시하는 양 콧구멍, [그리고 마지막의] 입, 즉 발성 기관이다.
ṣaṇmukhīmudrayā nādānusaṃdhānam āha - śravaṇeti | śravaṇapuṭe nayanayor netrayugalaṃ yugmaṃ ghrāṇaśabdena ghrāṇapuṭe mukham āsyam | Hp-Jt. IV.68, *p.* 162, *ll.* 1-2.

손가락으로 막아야 한다:

월 광 이것(눈, 코, 귀, 입)들을 손가락으로 막아야 한다. 막는 방법은 [다음과 같이 설명된 바 있다]. "두 엄지 손가락으로 두 귀를, 두 집게 손가락으로 양 눈을, 그와 같이 양 콧구멍을, 다른 두 손가락으로 감관들을 막아야 한다."[172] [한편 바로 이 인용문의 마지막에] 'ca'(그리고)라는 단어가 있기 때문에 '그 외의 나머지 양 손가락으로 입을 막아야 한다'는 [행위도] 포괄한다.
teṣāṃ nirodhanaṃ karāṅgulibhiḥ kāryaṃ | nirodhanaṃ cetthām - "aṅguṣṭhābhyām ubhau karṇau tarjanībhyāṃ ca cakṣuṣī | nāsāpuṭau tathānyābhyāṃ pracchādya karaṇāni ca ||" iti | cakārāt tadanyābhyāṃ mukhaṃ pracchādyeti samuccīyate | Hp-Jt. IV.68, *p.* 163, *ll.* 1-5.

---

172 이 인용문의 출처는 명확하지 않다.

청정해진 수슘나의 길에서 … 들리게 된다:

월광 호흡수련에 의해 깨끗해진, 즉 불순물이 사라진 수슘나의 길에서, 즉 수슘나라는 통로 속에서 청정한 소리가 또렷하게, 분명하게 들리게 된다.

śuddhā prāṇāyāmair malarahitā yā suṣumnāsaraṇiḥ suṣumnāpaddhatis tasyām amalo nādaḥ sphuṭaṃ vyaktaṃ śrūyate ‖ Hp-Jt. IV.68, *p*. 163, *ll*. 5-6.

비음명상의 네 가지 단계

69

'시작', '확립', '축적',
'완성'은 모든 요가의 기법들에서 [경험되는] 네 가지 상태이다.[173]

IV.69^{a-b} ārambhaś ca ghaṭaś caiva tathā paricayo 'pi ca |
IV.69^{c-d} niṣpattiḥ sarvayogeṣu syād avasthācatuṣṭayam ‖

【해설】

본 송은 고락샤의 것으로 알려진 『아마라우그하쁘라보다』(*Amaraughaprabdha*, 45)와 비루빡샤(Virūpākṣa)의 『불멸의 성취』(*Amṛtasiddhi*, XIX.2)을 비롯해서 14세기 문헌인 『쉬바상히따』(*Śivasaṃhita*, III.31)에서도 발견된다.

173 브라흐마난다에 따르면 이 네 가지 단계는 모든 요가에서 공통적으로 발견되는 단계이다.

모든 요가의 기법들에서 … 네 가지 상태이다:

월광 이제 비음[명상]의 네 가지 상태들에 대해서 "시작"(ārambhaś ca)이라는 [첫 단어 이하에서] 말한다. [네 가지 상태는] 시작상태(ārambhāvasthā), 확립상태(ghaṭāvasthā), 축적상태(paricayāvasthā), 완성상태(niṣpattyavasthā)이다. 모든 요가들, 다시 말해서 샴브하비[무드라] 등등 '마음 작용을 지멸시키는 모든 기법들에는' [시작, 확립, 축적, 완성이라는] 네 가지 상태가 있다. [한편, a-b구(句)에서 있는] 'ca, caiva, tathā, api, ca와 같은 [다섯 접속사]들'은 운율을 맞추기 위한 허사(虛辭)들이다.

atha nādasya catasro 'vasthāḥ prāha - ārambhaś ceti | ārambhāvasthā ghaṭāvasthā paricayāvasthā niṣpattyavastheti[174] | sarvayogeṣu sarveṣu cittavṛttinirodhopāyeṣu śāṃbhavyādiṣv[175] avasthācatuṣṭayaṃ syāt | cacaivatathāpicāḥ pādapūraṇārthāḥ || Hp-Jt. IV.69, *p.* 163, *ll.* 1-4.

비음명상의 첫 번째 단계

70

시작 상태는 다음과 같다.
'브라흐마 결절'이 뚫어진다면 [심장의] 공간에서 환희가 일어나고 다양한 장신구 소리와 비슷한 '아나하따의 소리'(부딪쳐서 울리는 소리가 아닌 소리)가 몸에서 들리게 된다.

---

174 niṣpattyavastheti] niṣpattyavasthā iti. Hp-Jt[Adyar].
175 śāṃbhavyādiṣv] śāṃbhavyādiṣu. Hp-Jt[Adyar].

athārambhāvasthā
IV.70^a-b^ brahmagranther bhaved bhedo hy ānandaḥ śūnyasaṃbhavaḥ |
IV.70^c-d^ vicitraḥ kvaṇako dehe 'nāhataḥ śrūyate dhvaniḥ ||

【해설】

70-77송은 고락샤의 것으로 알려진 『아마라우그하쁘라보다』(*Amaraughaprabdha*) 45-53송과 거의 동일하다.

'브라흐마 결절'이 뚫어진다면:

월광 아나하따 짜끄라(anāhatacakra)에 작용하는 브라흐마 결절이 관통될 때, 다시 말해서 쁘라나야마를 수련함으로써 [브라흐마 결절]이 뚫어질 때 '그때'(tadā)라고 [본 게송에] 'yat-tat'(yadā와 tadā) [라는 관계사와 상관사]를 넣어서 이해해야 한다.
brahmagranther anāhatacakre vartamānāyā bhedaḥ prāṇāyāmābhyāsena bhedanaṃ yadā bhavet tadeti yattador adhyāhāraḥ | Hp-Jt. IV.70, *p*. 163, *ll*. 1-2.

결절(granthi)은 '각성된 꾼달리니, 즉 질적인 변화를 겪은 쁘라나'가 상승하지 못하게끔 가로막는 장애물이다. 결절에는 브라흐마 결절, 비쉬누 결절, 루드라 결절과 같은 세 가지가 있는데 이 결절들은 '수슘나로 진입한 후 각각의 짜끄라를 개화시키면서 정수리의 브라흐마란드흐라까지 상승하고자 하는 꾼달리니(=쁘라나)'의 진로를 방해한다. 일반적으로 브라흐마 결절은 회음부의 물라드하라 짜끄라에 있고, 비쉬누 결절은 가슴 근처의 아나하따 짜끄라에, 루드라 결절은 눈썹 사이의 아갸 짜끄라에 있는 것으로 알려져 있지만 브라흐마난다는 브라흐마 결절을 가슴(아나하따 짜끄라)에 있는 것으로 해설하고 비쉬누 결절을 목부분(비슛드하 짜끄라)에 있는 것으로 그리고 루드라 결절을 미간(아갸 짜끄라)에 있는 것으로 해설한다.[176]

환희가 공에서 일어난다:

월광 공에서, 즉 '심장의 공'에서 일어난다.

śūnye hṛdākāśe saṃbhavatīti. Hp-Jt. IV.70, *p.* 163, *l.* 3.

공(空, śūnya)은 세 가지가 있는데, 첫 번째는 '심장에 있는 공'이고 두 번째는 '목에 있는 공'이며 세 번째는 '미간에 있는 공'이다. '심장에 있는 공'은 '슈냐'(śūnya, 공)으로 불리고 '목에 있는 공'은 '아띠슈냐'(atiśūnya, 뛰어난 공)으로, '미간에 있는 공'은 '마하슈냐'(mahāśūnya, 위대한 공)으로 불린다. (아래의 71송에 대한 브라흐마난다의 해설을 참조.)

다양한 장신구 소리:

월광 다양한, 다종다양한 소리, 즉 장신구에서 나는 소리 그것이 '장신

---

176 이 점에 대해서는 IV.70, 73, 76송에 대한 해설을 참조.

70-76송에서 설명된 네 가지 단계와 결절, 비음, 공의 관계를 브라흐마난다의 해설에 따라 도표화하면 다음과 같다.

단계 avasthā	공	위치	짜끄라 cakra	결절 grantha	소리
시작 ārambha	공 śūnya	심장의 공간 hṛdaya	아나하따 anāhata	브라흐마 brahma	장신구 kvaṇaka
확립 ghaṭa	초월적 공 atiśūnya	목의 공간 kaṇṭha	중앙 madhya =viśuddha	비쉬누 viṣṇu	북 vimarda
축적 paicaya	위대한 공 mahāśūnya	미간의 공간 bhrūmadhya	아갸 ājñā	루드라 rudra	북 mardala
완성 niṣpatti	-	-	-	-	피리,비나 vaiṇava, vīṇā

구 소리'이다. 장신구가 [딸랑거리는] 소리와 유사하다는 의미이다.

vicitro nānāvidhaḥ kvaṇo bhūṣaṇaninadaḥ sa eva kvaṇakaḥ | bhūṣaṇaninadasadṛśa ity arthaḥ | Hp-Jt. IV.70, *p*. 163, *ll*. 4-5.

아나하따의 소리가 몸 안에서 들리게 된다:

월광 아나하따의 소리, 즉 '울리지 않은 소리'가 몸에서, 몸 안에서 들리게 된다.

anāhato dhvanir anāhato nirhrado dehe dehamadhye śrūyate … || Hp-Jt. IV.70, *p*. 164, *ll*. 1-2.

71

시작 상태에 [도달한] 요가 수행자는 [심장의] 공에(śūnye) [쁘라나와 환희심으로] 채워지고
초인적인 신체를 지니게 되고, 광채를 띠게 되고, 신성한 향기를 내며, 질병이 없어진다.

IV.71[a-b] divyadehaś ca tejasvī divyagandhas tv arogavān |
IV.71[c-d] saṃpūrṇahṛdayaḥ śūnya ārambhe yogavān bhavet ||

【해설】

본 게송의 saṃpūrṇahṛdayaḥ, divyadehaḥ, divyagandhaḥ는 모두 소유복합어로 요가수행자(yogavān, *m.sg.No.*)를 수식한다.

월광 '채워진 심장을 가진 자'란 '쁘라나 기(氣)로 채워진 심장을 가진 자'이다. 그와 같이 환희심으로 심장이 채워졌을 때 요가행자, 즉 요가 수행자는 신성한 [몸], 즉 미모와 매력과 활력을 구비한 신체를 구비한 자인 '초인간적인 신체를 지닌 자'[가 되고] ….

saṃpūrṇahṛdayaḥ prāṇavāyunā samyak pūrṇaṃ hṛdayaṃ yasya sa tathā ānandena pūrṇe hṛdaye yogavān yogī divyo rūpalāvaṇyabalasaṃpanno deho yasya sa divyadehaḥ ⋯ Hp-Jt. IV.71, *p*. 164, *ll*. 3-5.

[심장의] 공에:

월광 '심장의 공간', '청정한 공간(목)', '미간의 공간'은 요가수행자들에 의해 [각각] '공'(śūnya), '뛰어난 공'(atiśūnya), '위대한 공'(mahāśūnya)으로 불린다.

hṛdākāśaviśuddhyākāśabhrūmadhyākāśāḥ śūnyātiśūnyamahāśūnyaśabdair vyavahriyante yogibhiḥ ‖ Hp-Jt. IV.71, *p*. 164, *ll*. 2-3.

비음명상의 두 번째 단계

72

확립 상태는 다음과 같다.

두 번째 [상태]에서는 바유(=쁘라나)가 [나다와 빈두와] 합일한 후(ghaṭīkṛtya) 중앙(=비슛드하 짜끄라)으로 간다.

그때, 요가수행자는 아사나에 통달한 자가 되고 신과 동등할 정도로 현명한 자가 된다.

atha ghaṭāvasthā

IV.72$^{a\text{-}b}$ dvitīyāyāṃ ghaṭīkṛtya vāyur bhavati madhyagaḥ |

IV.72$^{c\text{-}d}$ dṛḍhāsano[177] bhaved yogī jñānī devasamas tadā ‖

【해설】

두 번째 [상태]에서는 바유(=쁘라나)가 [나다와 빈두와] 합일한 후 (ghaṭīkṛtya) 중앙(=비슛드하 짜끄라)으로 간다:

월광 두 번째인 확립 상태에서는 바유(vāyuḥ, prāṇaḥ)가 결합된 후에, 다시 말해서 아빠나가 아뜨만과 함께 나다와 빈두와 합일한 후에(ekīkṛtya) [수슘나를 따라 마침내] 중앙, 즉 목에 있는 중앙 짜끄라(madhyacakra, =비슛드하 짜끄라)로 간다. 중앙 짜끄라에 대해서는 [제III장에서] 잘란드하라반드하를 해설할 때 이미 "바로 이 중앙-짜끄라가 열여섯의 지탱처를 결합하는 것으로 알아야 한다."(Hp.III.73)고 설명된 바 있다. [본 게송의 전반부에] "~할 때(yadā) … 될 것이다(bhavet)."라는 의미를 보충해야 한다.[178]
dvitīyāyāṃ ghaṭāvasthāyāṃ vāyuḥ prāṇo[179] ghaṭīkṛtya, ātmanā sahāpānaṃ nādabindū caikīkṛtya madhayago madhyacakragataḥ kaṇṭhasthāne madhyacakram | taduktam atraiva jālaṃdharabandhe - 'madhyacakram idaṃ jñeyaṃ ṣoḍaśādhārabandhanam'(III.73) iti | yadā bhaved ity adhyārāḥ | Hp-Jt. IV.72, *p.* 164, *ll.* 1-4.

그때 요가수행자는 아사나에 통달한 자가 되고 신처럼 현명한 자가 된다:

월광 그때, 즉 [바유가] 이곳에 도달한다면 요기, 즉 요가 수행자는 '아사나가 확고해진 자', 다시 말해서 '아사나에 통달한 자'가 [되고] 현명한 자가 [된다]. [다시 말해서 그 요가수행자는] 앞일에

---

177 dṛḍhāsanaḥ (*BahVr.* 아사나에 통달한 자).

178 브라흐마난다의 해설에 따르면 첫 번째와 두 번째 구(pāda[a-b])를 다음과 같이 번역할 수 있다. "두 번째 [상태]에서 바유(=쁘라나)가 [나다와 빈두와] 합일한 후(ghaṭīkṛtya) 중앙(=비슛드하 짜끄라)으로 간다면."

179 prāṇo] prāṇaḥ. Hp-Jt[Adyar].

대해 현명하게 판단할 수 있으므로 신과 동등하고 [또] 아름다움과 매력을 더하게 되므로 신과 거의 유사해질 것이다.

tadāsyām avasthāyāṃ yogī yogābhyāsī dṛḍhamāsanaṃ yasya sa dṛḍhāsanaḥ sthirāsano jñānī pūrvāpekṣayā kuśalabuddhir devasamo rūpalāvaṇyādhikyād devatulyo bhavet | Hp-Jt. IV.72, *p.* 164, *ll.* 4-6.

73

비쉬누 결절이 뚫어진다면 최고의 환희가 약속된다.
'초월적인 공'(목의 공간)에서 우르르 거리는 북소리가 들린다.
IV.73$^{a\text{-}b}$ viṣṇugranthes tato bhedāt paramānandasūcakaḥ |
IV.73$^{c\text{-}d}$ atiśūnye vimardaś ca bherīśabdas tadā bhavet ||

【해설】

비쉬누 결절이 뚫어진 후:

월광 브라흐마 결절이 뚫어진 것에 이어서 [여기서는] 목에서 작용하는 비쉬누 결절이 뚫어진 후, 즉 꿈브하까[수련]에 의해 관통된 후엔….

brahmagranthibhedanānantaraṃ viṣṇugrantheḥ kaṇṭhe vartamānāyā bhedāt kumbhakair bhedanāt … Hp-Jt. IV.73, *p.* 165, *ll.* 1-2.

'초월적인 공'(목의 공간)에서 우르르 거리는 북소리가 들린다:

초월적인 공(atiśūnya)은 목 안의 공간을 의미한다.

월광 아띠슌야에서, 즉 목 안의 공간에서….

atiśūnye kaṇṭhāv ākāśe … Hp-Jt. IV.73, *p.* 165, *l.* 3.

비음명상의 세 번째 단계[180]

74

세 번째 상태에서는 공(미간)에서 북소리를 듣는 것으로 알아야 한다.
그때 [쁘라나는] '모든 초능력의 근원'인 '위대한 공'(=미간)에 도달한다.
IV.74$^{a\text{-}b}$ tṛtīyāyāṃ tu vijñeyo vihāyomardaladhvaniḥ |
IV.74$^{c\text{-}d}$ mahāśūnyaṃ tadā yāti sarvasiddhisamāśrayam ||

【해설】

공(미간)에서:

월광 허공에, 즉 눈썹 가운데의 공간에,
vihāyasi bhrūmadhyākāśe. Hp-Jt. IV.74, *p.* 165, *l.* 2.

[쁘라나는] 위대한 공에 도달한다:

월광 위대한 공, 즉 눈썹 사이의 공간(미간)으로 간다(yāti, gacchati). [본 송의 세 번째 구에 미간에 도달하는 주체인] "쁘라나(氣)"라는 [말을] 보충해야 한다.
mahāśūnyaṃ bhrūmadhyākāśaṃ yāti gacchati prāṇa iti śeṣaḥ || Hp-Jt. IV.74, *p.* 165, *ll.* 5-6.

---

180 축적 상태에 대해 "세 번째에서는"이라고 [시작하는] 두 게송(74-75송)과 [76송의] 절반(pāda$^{a\text{-}b}$)에서 언급된다.(paricayāvasthām āha sārdhadvābhyāmtṛtīyāyām iti | (Hp-Jt. IV.74, *p.* 165, *l.* 1.)

75

그때, 심리적인 즐거움을 초월한 본연적인 환희가 일어나고
질병, 고통, 늙음, 질병, 배고픔, 수면에서 벗어난다.

IV.75[a-b] cittānandaṃ tadā jitvā sahajānandasaṃbhavaḥ |
IV.75[c-d] doṣaduḥkhajarāvyādhikṣudhānidrāvivarjitaḥ ||

【해설】

심리적인 즐거움을 초월한 본연적인 환희가 일어나고:

'심리적인 즐거움'이란 '즐거움을 지각하는 것'을 의미하고 본연적인 환희는 '자기 자신이 환희(ānanda) 그 자체가 된 것'을 의미한다.

월광 '심리적인 즐거움'이란 '소리의 대상에 대해 내적 감관이 반응함으로써 생겨난 즐거움'인데 [그것을] 초월하고서, 즉 [그것을] 뛰어넘은 '본연적인 환희'가 생긴다. '본연적인 환희'란 '자신에게 내재된 본질적인 즐거움'인데 그것이 그에게 일어난다, 현현한다[는 의미이다].

cittānandaṃ nādaviṣayāntaḥkaraṇavṛttijanyaṃ sukhaṃ jitvābhibhūya sahajānandasaṃbhavaḥ sahajānandaḥ svābhāvikam ātmasukhaṃ tasya saṃbhava āvirbhāvaḥ, IV.75, *p*. 165, *ll*. 1-2.

비음명상의 네 번째 단계

76

'쉬바의 자리'(=미간)에 도달한 기(氣)가 루드라 결절을 관통한 후에

[완성 상태가 시작되는데], 완성 [상태]에서는 피리 소리와 비나 소리가 들린다.
IV.76$^{a\text{-}b}$ rudragranthiṃ yadā bhittvā śarvapīṭhagato 'nilaḥ |
IV.76$^{c\text{-}d}$ niṣpattau vaiṇavaḥ śabdaḥ kvaṇadvīṇākvaṇo bhavet ||

【해설】

'쉬바의 자리'(=미간)에 도달한 기(氣)가 루드라 결절을 관통한 후에 [완성상태가 시작되는데]:

월광 '[미간에 있는] 루드라 결절을 관통한 후, 다시 말해서 아갸 짜끄라(ājñācakra)에 있는 루드라 결절이 [파괴된 후], 쉬바(Śarva), 즉 이쉬바라(Īśvara)의 자리, 다시 말해서 [쉬바가] 머무는 미간(bhrūmadhya)에 기(anilaḥ, prāṇaḥ)가 도달할 때 그때부터 [완성 상태가 시작되는데] [본 게송의 후반부는] 완성 상태에 대해 "완성 단계에서"[라는 복합어 이하에서] 설명한다.
yadā rudraganthiṃ bhittvā, ājñācakre rudragranthiḥ śarvasyeśvarasya pīṭhaṃ sthānaṃ bhrūmadhyaṃ tatra gataḥ prāpto ' nilaḥ prāṇo bhavati tadā niṣpattyavasthām āha - niṣpattāv iti | Hp-Jt. IV.76, p. 166, *ll*. 1-3.

완성 [상태]에서는:

브라흐마난다에 따르면 74에서 76$^{a\text{-}b}$까지가 세 번째 단계를 설명하고 76$^{c\text{-}d}$는 네 번째 단계를 설명한다.[181] 브라흐마난다의 해설에 따르면 아갸 짜끄라에 있는 루드라 결절이 뚫어지는 것은 세 번째 단계이고 네 번째 단계인 완성단계는 '쁘라나가 브라흐마란드흐라에 도달할 때' 이루어진다.

181 이 점에 대해선 IV.74에 대한 해설을 참조.

월광 '완성에서는'[이라는 말은] '완성 상태에서는'[이라는 말이다]. 쁘라나가 [정수리의] 브라흐마란드흐라에 도달했을 때 완성 상태가 이루어진다.

nispattau nispattyavasthāyām | brahmarandhre gate prāṇe nispattyavasthā bhavati | Hp-Jt. IV.76, *pp.* 166, *ll.* 3-4.

하타요가의 목표로서의 라자요가

77

그때, 마음이 하나가 된 상태가 '라자요가로 불리는 것'이다. [라자요가를 성취한] 그 [요가수행자]는 [세계의] 창조주이자 파괴자가 [되고] 이쉬바라와 동등한 [존재가] 될 것이다.

IV.77[a-b] ekībhūtaṃ tadā cittaṃ rājayogābhidhānakam |

IV.77[c-d] sṛṣṭisaṃhārakartāsau yogīśvarasamo bhavet ||

【해설】

그때, 마음이 하나가 된 상태가 '라자요가로 불리는 것'이다:

월광 그때, 즉 그 상태에서 마음, 즉 내적 감관은 하나가 된다, 즉 한 덩어리가 된다. [한 덩어리라는 말은] 대상과 주관이 구별되지 않는 것을 비유하는 말이기 때문이다. 그 상태가 '라자요가로 불리는 것'인데 [소유복합어인] '라자요가로 불리는 것'의 의미는 '라자요가라는 명칭을 가진 것'이다. [본 송의 전체적인 의미는] '마음이 한곳에 집중된 상태(cittasyaikāgratā)가 바로 라자요가이다'는 뜻이다.

tadā tasyām avasthāyāṃ cittam antaḥkaraṇam ekībhūtam ekaviṣayībhūtam | viṣayaviṣayiṇor abhedopacārāt | tad rājayogābhidhānakaṃ rājayoga ity abhidhānaṃ yasya tad rājayogābhidhānakaṃ cittasyaikāgrataiva rājayoga ity arthaḥ | Hp-Jt. IV. 77, *p.* 166, *ll.* 1-3.

78

해탈이 있든 없든 여기에는 완전한 행복이 있다.
라야에서 생겨난 이 행복감은 라자요가를 통해 획득된다.
IV.78^{a-b} astu vā māstu vā muktir atraivākhaṇḍitaṃ sukham |
IV.78^{c-d} layodbhavam idaṃ saukhyaṃ rājayogād avāpyate ||

【해설】

브라흐마난다는 본 송과 79송의 의미를 이미 앞에서 설명했다고 말하고 해설을 생략하였다.[182]

79

라자요가(=삼매)를 알지 못하고 단지 하타만을 수행하는 사람들 [이 있는데]
나는 그들을 '헛수고 한 수행자들'이라 생각한다.
IV.79^{a-b} rājayogam ajānantaḥ kevalaṃ haṭhakarmiṇaḥ |
IV.79^{c-d} etān abhyāsino manye prayāsaphalavarjitān ||

---

182 "두 게송은 이미 앞에서 설명했다."(ubhau prāg vyākhyātau || Hp-Jt. 78-79, *p.* 166, *l.* 1.)

비음명상(Nādānusaṃdhāna)을 통한 라야(laya)

80

신속하게 운마니[상태]에 도달하고자 한다면 눈썹[사이의 공간, = 미간]에 정신을 집중해야 한다고 나는 생각한다.
[이 방법은] 지혜가 부족한 사람들도 라자요가의 경지를 성취할 수 있는 손쉬운 방법이다.
지혜를 갖춘 자에게는 '비음에서 생겨난 라야'가 신속하게 일어난다.

IV.80[a-b] unmanyavāptaye śīghraṃ bhrūdhyānaṃ mama saṃmatam |
IV.80[c-d] rājayogapadaṃ prāptuṃ sukhopāyo 'lpacetasām |
IV.80[e-f] sadyaḥ pratyayasaṃdhāyī jāyate nādajo layaḥ ||

【해설】

눈썹에 정신을 집중해야 한다:

월광 [여기서의] '눈썹에 대한 정신 집중'이란 '양 눈썹 가운데에 대한 집중', 다시 말해서 '눈썹 가운데(=미간)에 대한 명상'이다.
bhrūdhyānaṃ bhruvor dhyānaṃ bhrūmadhye dhyānaṃ … Hp-Jt. IV.80, *p*. 167, *l*. 2.

나의 견해이다:

월광 나의, 즉 스바뜨마라마의 생각이다.
mama svātmārāmasya saṃmatam … Hp-Jt. IV.80, *p*. 167, *l*. 2.

'비음에서 생겨난 라야'가 신속하게 일어난다:

월광 비음에서 생겨난 것, 즉 비음 [명상 수련]을 통해 일어난 소멸(lāyā)이란 '마음의 라야'(마음의 소멸)이다.

nādajaḥ, nādāj jāto layaś cittavilayaḥ. Hp-Jt. IV. 80, *p.* 167, *l.* 5.

81

비음명상을 통해서 삼매에 든
위대한 요가수행자들의 심장에서 부풀어 오르는,
유일하며 '언어로 표현될 수 없는' 환희,
그것을 오직 쉬리구루나타만이 알고 계신다.

IV.81[a] nādānusaṃdhānasamādhibhājāṃ
IV.81[b] yogīśvarāṇāṃ hṛdi vardhamānam |
IV.81[c] ānandam ekaṃ vacasām agamyaṃ
IV.81[d] jānāti[183] taṃ śrīgurunātha ekaḥ ||

【해설】

본 송의 운율은 11음절의 인드라바즈라(Indravajrā: ― ― ∪ ― ― ∪ ∪ ― ∪ ― ―)이다.

쉬리구루나타만이 알고 계신다:

월광 이 말은 오직 스승[의 가르침]에 의해서만 '비음명상의 환희'를 경험할 수 있다는 것을 암시한다.

etena nādānusaṃdhānānando gurugamya eveti sūcitam || Hp-Jt. IV.81, *p.* 167, *ll.* 5-6.

---

183 jānāti (√jñā. *III.sg.*).

비음명상의 진행 과정

82

현자는 양쪽 귀를 양손으로 막은 후 [내면에서] 들리는 소리에 마음을 집중해야 한다. 확고부동한 상태(第四位)에 들어갈 때까지.

IV.82[a-b] karṇau pidhāya hastābhyāṃ yaṃ śṛṇoti dhvaniṃ muniḥ |
IV.82[c-d] tatra cittaṃ sthirīkuryād yāvat sthirapadaṃ vrajet ||

【해설】

브라흐마난다는 82송부터 비음명상에 의거한 '제감', '응념', '선정을 통해 얻는 삼매'를 설명한다고 말한다.

월 광 비음명상을 통해서 제감 등의 순서로 이어지는 삼매에 대해 '양쪽 귀를'(karṇau)로 [시작하는 단어 이하]에서 말한다.
nādānusaṃdhānāt pratyāhārādikrameṇa samādhim āha - karṇāv ityādibhiḥ | Hp-Jt. IV. 82, *p*. 167, *l*. 1.

현자(muni)는:

월 광 현자, 즉 명상적인 성향의 요가수행자는,
munir mananaśīlo yogī, Hp-Jt. IV. 82, *p*. 167, *l*. 2.

양쪽 귀를 양손으로 막은 후:

월 광 '두 손으로써'라는 이 [말]에 의해서 [양쪽 귀를 막아야 하는 손가락이] 두 손의 엄지라는 것이 명시된다 … [이 말은] '두 엄지로 양 귓구멍을 막고 난 후에'라는 뜻이다.

hastābhyām ity anena hastāṅguṣṭhau lakṣyete | … | hastāṅguṣṭhau śrotravivarayoḥ kṛtvety arthaḥ | Hp-Jt. IV. 82, *pp*. 167, *ll*. 2 ~ *p*. 168, *l*. 1.

[내면에서] 들리는 소리에:

월광 소리, 즉 '부딪쳐서 나는 것이 아닌(an-āhata)', '소리 없는 소리'(niḥsvana)에….

yaṃ dhvanim anāhataniḥsvanaṃ śṛṇoty … Hp-Jt. IV.82, *p*. 168, *ll*. 1-2.

확고부동한 상태에 들어갈 때까지:

월광 확고부동한 단계, 즉 제사위(第四位, turya)로 불리는 [그 단계]에 도달할 때까지.

yāvat … sthirapadaṃ turyākhyaṃ gacchet | Hp-Jt. IV.82, *p*. 168, *l*. 3.

83

[비음명상]을 수련할 경우 이 비음(내면의 소리)이 외부의 소리를 덮는다.
[비음명상을 수련하는 그] 요가수행자는 보름 만에 '산란한 마음'을 모두 정복한 후 행복해진다.

IV.83$^{a\text{-}b}$ abhyasyamāno nādo 'yaṃ bāhyam āvṛṇute dhvanim | [184]
IV.83$^{c\text{-}d}$ pakṣād vikṣepam akhilaṃ jitvā yogī sukhībhavet || [185]

---

184 첫 번째 구(pāda^{a})는 아누쉬뚜브-쉴로까(Anuṣṭubh-Śloka)의 확장형인 마-비뿔라(Ma-vipulā)이다.

185 세 번째 구(pāda^{c})는 아누쉬뚜브-쉴로까(Anuṣṭubh-Śloka)의 확장형인 나-비뿔라(Na-vipulā)이다.

【해설】

보름 만에 '산란한 마음'을 모두 정복한 후 행복해진다:

월광 15일, 즉 보름 만에 모든(akhilam, sarvam) 산란심, 즉 '마음의 동요'를 정복하고서(jitvā, abhibhūya) 행복한 자, 즉 '아뜨만 속에서 즐거워하는 자'가 된다.
pakṣān māsārdhād akhilaṃ sarvaṃ vikṣepaṃ cittacāñcalyaṃ jitvābhibhūya[186] sukhī svānandī bhavet | Hp-Jt. IV.83, *p.* 168, *ll.* 3-4.

84

처음 수련할 때는 다양하고 큰 소리가 들리지만
수련이 진전되면서 점점 미세한 것을 듣게 된다.

IV.84$^{a\text{-}b}$ śrūyate prathamābhyāse nādo nānāvidho mahān |
IV.84$^{c\text{-}d}$ tato 'bhyāse vardhamāne śrūyate sūkṣmasūkṣmakaḥ || [187]

---

186 jitvābhibhūya] jitvā 'bhibhūya. Hp-Jt[Adyar].
187 세 번째 구(pāda[c])는 아누쉬뚜브-쉴로까(Anuṣṭubh-Śloka)의 확장형인 라-비뿔라(Ra-vipulā)이다.

다양한 종류의 비음(nāda)[188]

85

[비음명상을 시작하는] 초기에는 파도소리 · 천둥소리 · 큰북소리 · 심벌즈의 소리가 들린다.
중기에서는 북 · 소라고둥 · 종 · 뿔피리 등의 소리가 들린다.
IV.85$^{a\text{-}b}$ ādau jaladhijīmūtabherījharjharasaṃbhavāḥ ǀ
IV.85$^{c\text{-}d}$ madhye mardalaśaṅkhotthā ghaṇṭākāhalajās tathā ǁ

【해설】

초기에는:

월 광 [비음명상을 시작하는] 초기에, 즉 바유(氣)가 브라흐마란드흐라로 들어갈 때는.
ādau vāyor brahmarandhragamanasamaye. Hp-Jt. IV.85, *p*. 169, *ll*. 1-2.

중기에는:

월 광 중간 [단계], 즉 바유(氣)가 브라흐마란드흐라에 머물자마자 ….
madhye brahmarandhre vāyoḥ sthairyānantaraṃ … Hp-Jt. IV.85, *p*. 169, *ll*. 6-7.

---

188 『월광』: 다양한 종류의 비음에 대해 "초기에는" [으로 시작하는 다음의] 두 [게송]에서 말한다.(nānāvidhaṃ nādam āha dvābhyām - ādāv iti ǀ Hp-Jt. IV.85, *p*. 169, *l*. 1.)

86

하지만 마지막 단계에서는 방울 · 피리 · 비나 · 꿀벌[소리]와 같은 다양한 소리들이 몸의 안에서 들린다.

IV.86$^{a\text{-}b}$ ante tu kiṃkiṇīvaṃśavīṇābhramaranihṣvanāḥ |
IV.86$^{c\text{-}d}$ iti nānāvidhā nādāḥ śrūyante dehamadhyagāḥ ||

【해설】

마지막 단계에선:

월광 하지만 마지막 [단계], 즉 쁘라나가 브라흐마란드흐라에 많이 머물 때에는 ….

ante tu prāṇasya brahmarandhre bahusthairyānantaraṃ … Hp-Jt. IV.85, *p*. 169, *l*. 1.

비음명상의 세 단계: 제감

87

천둥이나 북소리와 같은 큰 소리를 들을지라도
'미세한 것보다 더 미세한' 비음에만 [정신을] 집중해야 한다.

IV.87$^{a\text{-}b}$ mahati śruyamāṇe 'pi meghabheryādike dhvanau |
IV.87$^{c\text{-}d}$ tatra sūkṣmāt sūkṣmataraṃ nādam eva parāmṛśet || [189]

189 세 번째 구(pāda^{c})는 아누쉬뚜브-쉴로까(Anuṣṭubh-Śloka)의 확장형인 브하-비뿔라(Bha-vipulā)이다.

비음명상의 세 단계: 응념

88

큰 소리에서 미세한 소리로, 혹은 미세한 소리에서 큰 소리로 [마음이] 옮겨다니지 않게 하고 [또] 마음이 여타의 대상으로 끌리지 않아야 한다.

IV.88$^{a\text{-}b}$ ghanam utsṛjya vā sūkṣme sūkṣmam utsṛjya vā ghane |
IV.88$^{c\text{-}d}$ ramamāṇam api kṣiptaṃ mano nānyatra cālayet ||

비음명상의 세 단계: 선정과 삼매

89

처음에는 이런 저런 소리에 마음이 끌리지만
오직 하나의 [비음]에 완전히 고정된 후에 비음과 함께 [마음도] 소멸한다.

IV.89$^{a\text{-}b}$ yatra kutrāpi vā nāde lagati prathamaṃ manaḥ |
IV.89$^{c\text{-}d}$ tatraiva susthirībhūya tena sārdhaṃ vilīyate ||

【해설】

월광 첫 번째 게송(제87송)은 '제감'을 [설명했고], 두 번째(88송)는 '응념'(한 대상에 대한 집중)을, 세 번째(89송)는 '선정에 의해 도달된 삼매'를 설명한 것이다.

atra pūrvavākyena pratyāhāro dvitīyena dhāraṇā tṛtīyena dhyānadvārā samādhir uktaḥ ‖ Hp-Jt. IV.89, *p.* 170, *ll.* 4-5.

비음명상에 의거한 제감(감관의 철수)

90

마치 꿀을 마시고 있는 벌이 [꽃의] 향기엔 관심 없듯이
그와 같이 [내면의] 비음에 고정된 마음은 결코 [다른] 대상을 추구하지 않는다.

IV.90$^{a\text{-}b}$ makarandaṃ pivan bhṛṅgo gandhaṃ nāpekṣate yathā |
IV.90$^{c\text{-}d}$ nādāsaktaṃ tathā cittaṃ viṣayān na hi kāṅkṣate ‖

91

발정난 대왕 코끼리처럼 '[감각의] 대상이라는 정원에서 돌아다니고 있는 마음'을
효과적으로 제어할 수 있는 것은 비음이라는 날카로운 갈고리이다.

IV.91$^{a\text{-}b}$ mano mattagajendrasya viṣayodyānacāriṇaḥ |
IV.91$^{c\text{-}d}$ samartho 'yaṃ niyamane ninādaniśitāṅkuśaḥ ‖ [190]

---

190 세 번째 구(pāda^{c})는 아누쉬뚜브-쉴로까(Anuṣṭubh-Śloka)의 확장형인 나-비뿔라(Na-vipulā)이다.

【해설】

비음이라는 날카로운 갈고리:

월광 비음, 즉 '아나하따의 소리'가 바로 날카로운 갈고리이다.
nināda evānāhatadhvanir eva niśitāṅgkuśaḥ. Hp-Jt. IV.91, *p.* 171, *ll.* 2-3.

월광 이상의 게송들(90-91)에 의해서 '감각기관들이 대상에서 철수하는 제감'(制感), [다시 말해서] "각자 자신의 대상을 향해 움직이는 눈 등의 [감관들]이 그 [대상]들에서 철수하는 것이 제감이라고 말해졌다."는 특성을 지닌 제감이 설명되었다.
etaiḥ ślokair[191] indriyāṇāṃ viṣayebhyaḥ pratyāharaṇaṃ pratyāhāraḥ - "caratāṃ cakṣurādīnāṃ viṣayeṣu yathākramam | yatpratyāharaṇaṃ teṣāṃ pratyāhāraḥ prakīrtitaḥ ‖" ity uktalakṣaṇaḥ pratyāhāraḥ proktaḥ ‖ Hp-Jt. IV.91, *p.* 171, *ll.* 3-7.

비음명상에 의한 응념(dhāraṇā)

92

비음이라는 오랏줄에 묶임으로써 동요하지 않게 된 마음은 마치 날개를 잃은 새처럼 더 한층 고정되는데 [그것이 비음명상에 의거한 응념]이다.
IV.92$^{a\text{-}b}$ baddhaṃ tu nādabandhena manaḥ saṃtyaktacāpalam |

191 ślokair] ślokaiḥ. Hp-Jt^{Adyar}.

IV.92^{c-d} prayāti sutarāṃ sthairyaṃ chinnapakṣaḥ khago yathā ||

【해설】

월광 본 송은 "쁘라나야마로 호흡을 [통제하고], 제감으로 감각기관을 통제한 후 청정한 토대에 마음을 고정시켜야 한다."[라고 설명된 수행 차제 중에서] "청청한 토대에 고정된 마음이 응념(應念)이다."라고 정의된 [바로 그] 응념에 대해 설명했다.

etena "prāṇāyāmena pavanaṃ pratyāhāreṇa cendriyam | vaśīkṛtya tataḥ kuryāc cittasthānaṃ śubhāśraye || " śubhāśraye cittasthāpanaṃ dhāraṇety uktalakṣaṇā dhāraṇā proktā || Hp-Jt. IV.92, *pp*. 171, *ll*. 6 ~ *p*. 172, *l*. 3.

비음명상에 의한 선정(禪定)

93

요가의 왕관을 원하는 자는 모든 상념을 버리고서 마음을 집중해서

오직 [내면에서 들리는] 비음에 몰입해야 한다.

IV.93^{a-b} sarvacintāṃ parityajya sāvadhānena cetasā |

IV.93^{c-d} nāda evānusaṃdheyo yogasāmrājyam icchatā ||

【해설】

모든 상념을 버리고서:

월광 모든, 즉 외부[의 사물]과 내적인 대상들에 대한 생각, 사유 그것

을 버리고서, 즉 포기한 후 ….

sarveṣāṃ bāhyābhyantaraviṣayāṇāṃ yā cintā citaanaṃ tāṃ parityajya tyaktvā … Hp-Jt. IV.93, *p*. 172, *ll*. 1-2.

오직 [내면에서 들리는] 비음에 몰입해야 한다.

월 광 오직 비음, 즉 '아나하따의 소리'(부딪치지 않고 울리는 소리)를 명상해야 한다, 정신을 집중해야 한다. [이 말은, 마음이] '비음(秘音, nāda)의 형상을 취한 상태로 지속되어야 한다.'는 의미이다. … 본 [게송]은, "선정(禪定)은 관념이 오직 한 대상에 고정된 것이다."(YS. III.2) 라고 설명된 특징을 지닌 선정을 설명한 것이다.

nāda evānāhatadhvanir evānusaṃdheyo 'nucintanīyaḥ | nādākāravṛttipravāhaḥ kartavya ity arthaḥ | … | tatra 'pratyayaikatānatā dhyānam'(YS. III.2) ity uktalakṣaṇaṃ dhyānam uktam || Hp-Jt. IV.93, *p*. 172, *ll*. 4-9.

비음명상에 의한 유상삼매

94

비음은 내면의 사슴을 잡는 그물과 같고
내면의 사슴을 죽이는 사냥꾼과 같다.

IV.94$^{a\text{-}b}$ nādo 'ntaraṅgasāraṅgabandhane vāgurāyate |
IV.94$^{c\text{-}d}$ antaraṅgakuraṅgasya vadhe vyādhāyate 'pi ca ||

【해설】

내면의 사슴을 죽이는 사냥꾼과 같다:

월광 마치 사냥꾼이 사슴을 그물로 묶은 후에 죽이듯이 그와 같이 비음(秘音)도 자신에게 묶인 마음을 살해한다는 의미이다.
yathā vyādho vāgurābaddhaṃ mṛgaṃ hanty evaṃ nādo 'pi svāsaktaṃ mano hantīty arthaḥ | Hp-Jt. IV.94, *p.* 172, *ll.* 5-6.

95

[비음은] '요가수행자의 내면에 있는 말(馬)'을 가두는 빗장과 같다.
따라서 요가수행자는 언제나 비음명상을 해야만 한다.
IV.95$^{a\text{-}b}$ antaraṅgasya yamino vājinaḥ parighāyate | [192]
IV.95$^{c\text{-}d}$ nādopāstir ato nityam avadhāryā hi yoginā ||

96

비음(nāda)이라는 유황(gandhaka)에 삼켜짐으로써 '유동성을 상실하고 결박된
마음이라는 수은'은 '의존할 바 없는 것으로 불리는 허공'(브라흐만)으로 간다.
IV.96$^{a\text{-}b}$ baddhaṃ vimuktacāñcalyaṃ nādagandhakajāraṇāt |
IV.96$^{c\text{-}d}$ manaḥpāradam āpnoti nirālambākhyakhe 'ṭanam ||

---

192 첫 번째 구(pāda^{a})는 아누쉬뚜브-쉴로까(Anuṣṭubh-Śloka)의 확장형인 나-비뿔라(Na-vipulā)이다.

【해설】

월광 마치 '결박된 수은(水銀)'이 허공으로 가듯이[193] '묶여진 마음'도 '브라흐만의 형상을 취한 흐름이 끊기지 않고 유지된다'는 의미이다.

yathā baddhaṃ pāradam ākāśagamanaṃ karoty[194] evaṃ baddhaṃ mano brahmākāravṛttipravāham avicchinnaṃ karotīty arthaḥ ‖ | Hp-Jt. IV.96, *p*. 173, *ll*. 6-7.

97

내면에 있는 뱀(=마음)은 비음을 듣고 난 후 곧바로 모든 것을 잊게 되고
[비음과] 하나가 되어 어디로도 도망가지 않는다.

IV.97*a-b* nādaśravaṇataḥ kṣipram antaraṅgabhujaṅgamaḥ |
IV.97*c-d* vismṛtya sarvam ekāgraḥ kutracin na hi dhāvati ‖

【해설】

내면의 뱀은 비음을 듣고 난 후… 도망가지 않는다:

월광 마음이 바로 뱀이다. 뱀은 배회하기 마련인 [동물]이고 또 소리를 좋아하기 때문에 마음이 뱀으로 비유되었다. [마음이라는 뱀은] 모든 것, 즉 일체를 망각한 후, 다시 말해서 '대상에 대한 기억을 잃어버린 후' 한 대상에 집중된다, 즉 [마음은] '비음의 형상을 취해서 흐르기 때문에' 다른 대상을 향해 흐르지 않는다, 즉 결코 [다른 대상을] 취하지 않는다[는 의미이다]. 선정[을 설명했던 93송] 이후부터 [지금까지의] 게송들은, … "오직 그(선정) 대상만이

193 결박된 수은과 마음의 비유는 IV.27송을 참조.
194 karoty] karoti. Hp^{Adyar}.

빛나고 마치 '자신의 본성이 없어진 것처럼 되는 것'이 삼매이다."라고 『빠딴잘리의 수뜨라』(*Pātañjalasūtra*)』가 말했던 특징을 지닌 [삼매], 즉 유상(有想)으로 정의된 삼매에 대해 설명하였다. mana eva bhujaṅgamaḥ sarpaś capalatvān nādapriyatvāc ca bhujaṅgamena rūpakaṃ manasaḥ | sarvaṃ viśvaṃ vismṛtya vismṛtiviṣayaṃ kṛtvaikāgro nādākāravṛttipravāhavān san kutrāpi viṣayāntare na hi dhāvati naiva dhāvanaṃ karoti | dhyānottaraiḥ ślokaiḥ … "tad evārthamātranirbhāsaṃ svarūpaśūnyam iva samādhiḥ"(YS. III.3) iti pātañjalasūtroktalakṣaṇaś ca saṃprajñātalakṣaṇaḥ samādhir uktaḥ || Hp-Jt. IV.97, *p*. 173, *ll*. 2 ~ *p*. 174, *l*. 5.

비음명상에 의한 무상삼매

98

장작에서 타오르는 불은 장작과 함께 꺼진다.
[그와 같이] 비음에서 움직이는 마음은 비음과 함께 소멸한다.
IV.98$^{a\text{-}b}$ kāṣṭhe pravartito vahniḥ kāṣṭhena saha śaṃyati |
IV.98$^{c\text{-}d}$ nāde pravartitaṃ cittaṃ nādena saha līyate ||

【해설】

비음명상은 다양한 비음을 듣는 것이 아니라 비음을 없앰으로써 '비음에 묶인 마음'을 소멸시키는 것이다.(IV.89, 98송을 참조.)

[그와 같이] 비음에서 움직이는 마음은 비음과 함께 소멸한다:

월광 [그와 같이] 비음에서 활동하는 마음은 비음과 함께 소멸된다. '라자스(動質)적 요소'(rājasa)와 '따마스(暗質)적 요소'(tāmasa)의 활동이 사라졌기 때문에 '사뜨바(純質, sattva)적 요소'와 잠세력(saṃskāra)이 남게 된다. 이 점에 대해 『마이뜨라야니야 우빠니샤드』의 만뜨라(VI.34)는 "마치 연료가 다한 불이 '자신의 근원'(svayoni)에서 소멸되듯이 그와 같이 활동을 다한 마음은 자신의 근원에서 소멸된다."라고 [말한 바 있다].

tathā nāde pravartitaṃ cittaṃ nādena saha līyate | rājasatāmasavṛttināśāt sattvamātrāvaśeṣaṃ saṃskāraśeṣaṃ ca bhavati | tatra ca maitrāyaṇīyamantraḥ "yathā nirindhano vahniḥ svayonāv upaśāmyati | tathā vṛttikṣayāc cittaṃ svayonāv upaśāmyati || " iti || Hp-Jt. IV. 98, *p*. 174, *ll*. 2-6.

99

화살을 조준하는 데 노련한 자라면, 종(鐘) 따위의 소리에 이끌리고 묶여진 '내적 감관'(마음)이라는 사슴을 살해하는 것 역시 수월할 것이다.

IV.99$^{a\text{-}b}$ ghaṇṭādinādasaktastabdhāntaḥkaraṇahariṇasya |

IV.99$^{c\text{-}d}$ praharaṇam api sukaraṃ syāc charasaṃdhānapravīṇaś cet ||

【해설】

본 송의 운율은 아리야(Āryā)의 일종인 우빠기띠(Upagīti)이다. 우빠기띠의 전체 마뜨라(mātrā) 수는 54(12^a 15^b + 12^c 15^d)이다.

a I	II	III	b IV	V	VI	VII	VIII
— —	∪—∪	— —	——	—∪∪	∪	∪ ∪ —	—
1-2 3-4	5 6-7 8	9-10 11-12 æ	1-2 3-4	5-6 7 8	9	10 11 12-13	14-15

c I	II	III	d IV	V	VI	VII	VIII
∪∪∪∪	∪∪∪∪	— —	∪∪—	— —	∪	— —	—
1 2 3 4	5 6 7 8	9-10 11-12 æ	1 2 3-4	5-6 7-8	9	10-11 12-13	14-15

살해하는 것 역시 수월할 것이다:

브라흐마난다는 '사슴을 살해하는 것'의 의미를 '기(氣, vāyu)를 수슘나로 끌어올려 브라흐마란드흐라에 고정시키는 것'으로 해설한다.

월 광 '살해하는 것 역시' [다시 말해서] 마치 화살로 [사슴을 살해]하듯이 날렵한 바유를 붙잡아 '수슘나를 통해서 [위로 끌어올려 정수리의] 브라흐마란드흐라에 고정시키는 것' 역시 … 수월할 것이다.

praharaṇaṃ hananam api śaravad drutagāmino vāyoḥ saṃdhānaṃ suṣumnāmārgeṇa brahmarandhre nirodhanam … sukhena kartuṃ śakyaṃ syāt ‖ Hp-Jt. IV. 99, *p*. 174, *ll*. 4-6.

100

'아나하따의 소리'(부딪치지 않고 울리는 소리, 秘音)는 지각되는(느낄 수 있는) 소리이다.
[하지만, 들어야 하고] 알아야 할 [소리는] 감추어진 소리인데,
[바로 그] '알아야 할 감추어진 소리'는 마음이다.
마음이 용해되는 곳이 바로 비쉬누[가 머무는] 최고의 처소이다.
IV.100[a-b] anāhatasya śabdasya dhvanir ya upalabhyate |

IV.100^{c-d} dhvaner antargataṃ jñeyaṃ jñeyasyāntargataṃ manaḥ |
IV.100^{e-f} manas tatra layaṃ yāti tad viṣṇoḥ paramaṃ padam ||

【해설】

마음이 소멸…:

월광 알아야 할 그곳으로 마음은 소멸한다. '최고의 이욕'(paravairāgya)에 의해 '모든 작용이 없어지고' 상스까라만 남게 된다.
tatra jñeye mano vilayaṃ yāti paravairāgyeṇa sakalavṛttiśūnyaṃ saṃskāraśeṣaṃ bhavati | Hp-Jt. IV. 100, *p.* 175, *ll.* 3-4.

101

소리가 들리는 한, 공간에 대한 상념이 남아 있다.
소리가 없어진 그 경지가 최고의 브라흐만, 최고의 아뜨만이라고 칭송되었다.
IV.101^{a-b} tāvad ākāśasaṃkalpo yāvac chabdaḥ pravartate |
IV.101^{c-d} niḥśabdaṃ tat paraṃ brahma paramātmeti gīyate ||

【해설】

소리가 들리는 한, 공간에 대한 상념이 남아 있다:

월광 소리, 즉 '아나하따의 소리'(부딪치지 않고 울리는 소리, 秘音)가 일어나는 한, 다시 말해서 [비음이] 들리는 한, 허공에 대한 상념이 있다.[195] 그 이유는 '소리는 공의 구나(속성)이기 때문'에 혹은 '속성(dharma)과 그 속성을 지닌 것(dharmin)'이라는 [이원적] 구별이 [남

---

195 공, 풍, 화, 수, 지의 주요 속성은 각각 촉감, 소리, 색, 맛, 냄새이다.
공(空)-소리(聲), 풍(風)-촉감(觸), 화(火)-색깔(色), 수(水)-맛(味), 지(地)-냄새(香).

아] 있기 때문이다.

yāvac chabdo 'nāhatadhvaniḥ pravartate śrūyate tāvad ākāśasya samyakkalpanaṃ bhavati | śabdasyākāśaguṇatvād guṇaguṇinor abhedād vā. Hp-Jt. IV.101, *p.* 175, *ll.* 1-2.

소리가 없어진 그 경지가 브라흐만, 최고의 아뜨만이라고 칭송되었다:

월 광 소리가 마음과 함께 소멸했기 때문에 '소리가 없어진 것', 즉 '소리를 결여한 그 경지'가 최고의 브라흐만, 즉 '최고의 브라흐만'이라는 단어로 표현해야 할 최고의 아뜨만으로 칭송되었다. 다시 말해서 [소리가 없어진] 경지가 최고의 아뜨만이라는 말로 설명되었다. [본 송의 의미는] '모든 작용'(sarvavṛtti)이 사라짐으로써 '자신의 본성에 확주하는 바로 그 [수행자]가' 최고의 브라흐만, 최고의 아뜨만이라는 두 단어로 표현되었다는 의미이다.

manasā saha śabdasya vilayān niḥśabdaṃ śabadarahitaṃ yat paraṃ brahma parabrahmaśabdavācyaṃ parāmātmeti gīyate paramātmaśabdena sa ucyate | sarvavṛttivilaye yaḥ svarūpeṇāvasthitaḥ sa eva parabrahmaparamātmaśabdābhyām ucyata iti bhāvaḥ | Hp-Jt. IV.101, *p.* 175, *ll.* 2-5.

102

'비음(nāda)과 같은 종류로 들리는 것'은 무엇이건 샥띠 그녀일 뿐이다.

마음이 사라지고 형상이 소멸된 그 [수행자]가 바로 최고의 자재신이다.

이상으로 비음명상이 [설명되었다].

IV.102$^{a\text{-}b}$ yatkiṃcin nādarūpeṇa śrūyate śaktir eva sā |

IV.102$^{c\text{-}d}$ yas tattvānto nirākāraḥ sa eva parameśvaraḥ ||

iti nādānusaṃdhānam

【해설】

'비음과 같은 종류로 들리는 것'은 … 샥띠 그녀일 뿐이다:

월광 비음과 같은 종류로, 즉 '아나하따의 소리'(부딪치지 않고 울리는 소리)로 들리는 것은 무엇이건 샥띠일 뿐이다.
nādarūpeṇānāhatadhvanirūpeṇa yatkiṃcic chrūyate ākarṇyate sā śaktir eva. Hp-Jt. IV.109, *p.* 175, *ll.* 1-2.

마음이 사라지고 형상이 소멸된 그 [수행자]가 바로 최고의 자재신이다:

본 게송의 요소(tattva)는 아래의 104송에서 언급되는 '마음'(citta)을 의미한다. 브라흐마난다는 본 게송의 의미를 다음과 같이 해설한다.

월광 그와 같이 형상이 없는 것, 즉 형상을 결여한 그가 바로 최고의 자재신이다. '일체의 작용'(sarvavṛtti)을 없애고 [오직] 자신의 본성에 확주하고 있을 뿐인 그 [수행자]가[196] 바로 아뜨만이라는 의미이다.
tathā nirākāra ākārarahitaḥ sa eva parameśvaraḥ sarvavṛttikṣaye svarūpāvasthito yaḥ sa ātmety arthaḥ | Hp-Jt. IV.102, *p.* 175, *ll.* 2-3.

브라흐마난다는 『하타의 등불』 IV.98-109송이 무상삼매(無想三昧)를 설명하는 것으로 해설한다.

월광 "장작에서 타오르는 불은…"(Hp. IV.98)으로 시작해서 [지금까지

196 '일체의 작용이 소멸되었으므로 자신의 본성에 머무는 자'의 의미를 빠딴잘리의 『요가경』 삼매품의 세 번째 경문 "그때(마음의 작용이 지멸되었을 때) '보는 자'(순수정신)는 자신의 본성에 확주한다."(tadā draṣṭuḥ svarūpe 'vathānam)와 같은 맥락으로 이해할 수 있다.

의] 게송들은 '라자요가의 또 다른 동의어인 무상삼매'를 설명한 것이다.

"kāṣṭhe pravartito vahniḥ …"(IV.98) ityādibhiḥ ślokai[197] rājayogāparaparyāyo 'saṃprajñātaḥ samādhir uktaḥ || Hp-Jt. IV.102, *p.* 176, *ll.* 1-2.

라자요가와 운마니

103

하타와 라야의 모든 기법들은 라자요가를 성취하기 위한 [수단]이다.
라자요가에 등정한 사람은 '시간을 속이는 자'가 된다.
IV.103$^{a\text{-}b}$ sarve haṭhalayopāyā rājayogasya siddhaye |
IV.103$^{c\text{-}d}$ rājayogasamārūḍhaḥ puruṣaḥ kālavañcakaḥ ||

【해설】

하타와 라야의 기법들은 모두 라자요가를 성취하기 위한 [수단]이다:

월광 "하타와 라야라는 기법들"이란 하타와 라야, 즉 '하타와 라야라는 두 가지' 수단을 의미한다. [이 중에서] 하타의 기법들은 아사나, 꿈브하까, 무드라로 구성된 것(rūpa)이고 라야의 기법들은 비음명상, 샴브하비 무드라 등이다. "[하타와 라야는] '마음의 모든 작용을 소멸시키는 것을 특징으로 하는 라자요가'를 성취하

197 ślokai] ślokaiḥ. Hp-Jt^{Adyar}.

기 위해서 또는 [오직 라자요가를] 획득하기 위해 설명된 것이다"는 말을 [본 게송에] 보충해야 한다.
haṭhaś ca layaś ca haṭhalayau tayor upāyā haṭhalayopāyā haṭhopāyā āsanakumbhakamudrārūpā layopāyā nādānusaṃdhānaśāṃbhavīmudrādayaḥ | rājayogasya manasaḥ sarvavṛttinirodhalakṣaṇasya siddhaye niṣpattaye proktā iti śeṣaḥ | Hp-Jt. IV.103, *p*. 176, *ll*. 1-3.

위의 해설에서 알 수 있듯이 브라흐마난다는 라자요가를 'sarvavṛttinirodha'로 해설하는데 유사한 용례는 I.1송과 IV.49송에 대한 해설에서도 발견된다.
"라자요가는 '모든 작용의 지멸'(sarvavṛttinirodha)을 특징으로 하는 무상(無想)요가(=무상삼매)이다."[198]
"요가는 '모든 작용을 지멸하는 것'(sarvavṛttinirodhaḥ)이다."[199]
여기서의 '모든 작용'(sarvavṛtti)은 심작용(cittavṛtti)뿐만 아니라 잠세력(saṃskāra)까지 지멸된 상태, 즉 '모든 것이 지멸된 상태'(sarvanirodha)를 의미한다.

'시간을 속이는 자'가 된다:

월광 [라자요가에 등정한] 그 사람이 시간을 속이는 자이다. [여기서] 시간은 죽음을 [의미하는데], '[그가 죽음을] 기만하고 정복한 것처럼 된다'는 말을 [본 게송에] 보충해야 한다.
yaḥ puruṣaḥ sa kālavañcakaḥ kālaṃ mṛtyuṃ vañcayati jayatīti tādṛśaḥ syād iti śeṣaḥ || Hp-Jt. IV.103, *p*. 176, *ll*. 4-5.

---

198 rājayogaś ca sarvavṛttinirodhalakṣaṇo 'saṃprajñātayogaḥ | Hp-Jt. I.1, *p*. 2, *l*. 19.
199 yogaḥ sarvavṛttinirodhaḥ … Hp-Jt. IV.49, *p*. 155, *l*. 1.

104

마음(tattva)은 씨앗이고, 하타는 밭이고, '욕심을 버리는 것'(이욕)은 물이다. 이 세 가지에 의해서 곧바로 운마니라는 여의수(如意樹: 소원을 모두 이루게 해 주는 나무, kalpalatikā)가 자란다.

IV.104$^{a\text{-}b}$ tattvaṃ bījaṃ haṭhaḥ kṣetram audāsīnyaṃ jalaṃ tribhiḥ |

IV.104$^{c\text{-}d}$ unmanī kalpalatikā sadya eva pravartate ||[200]

【해설】

마음은 씨앗이고, 하타는 밭이고, '욕심을 버리는 것'이 물이다:

월광 요소(tattva), 즉 마음(citta)이 씨앗이다. 그 이유는, [마음은] 전변함으로써 종자처럼 운마니 상태를 싹틔우기 때문이다. 하타, 즉 '쁘라나와 아빠나의 결합을 본질로 하는 쁘라나야마'(호흡 수련)는 밭이다. 마치 밭처럼 쁘라나야마(호흡 수련)에서 운마니라는 '여의수(如意樹)'가 생기기 때문이다. 무관심(audāsīnya), 즉 '최고의 이욕(離慾)'은 물(jala)이다. [물은] '운마니라는 여의수'(tasyāḥ)의 성장인이기 때문이다.

tattvaṃ cittaṃ bījaṃ bījavad unmanyavasthāṅkurākāreṇa pariṇamamānatvāt | haṭhaḥ prāṇāpānayor aikyalakṣaṇaḥ prāṇāyāmaḥ kṣetraṃ kṣetra iva prāṇāyāme[201] unmanīkalpalatikotpatter[202] audāsīnyaṃ paravairāgyaṃ jalaṃ tasyā utpattikāraṇatvāt | Hp-Jt. IV.104, *p.* 176, *ll.* 1-3.

---

200 세 번째 구(pāda^{c})는 아누쉬뚜브-쉴로까(Anuṣṭubh-Śloka)의 확장형인 나-비뿔라(Na-vipulā)이다.

201 prāṇāyāme] prāṇāyāma. Hp-Jt^{Adyar}.

202 °patter] °patteḥ. Hp-Jt^{Adyar}.

세 가지에 의해서 … 운마니라는 비밀스런 약초가 자란다:

월광 이 세 가지에 의해서 운마니, 즉 '무상(無想) [삼매]'의 상태라는 바로 그 여의수(如意樹), 다시 말해서 '원하는 것을 모두 이루게 하므로 [그렇게 불리는]' [그 비밀스런 나무가] 곧바로, 즉시에 자란다, 자라게 된다.

etais tribhir unmany asaṃprajñātāvasthā saiva kalpalatikā sakaleṣṭasādhanatvāt sadya eva śīghram eva pravartate pravṛttā bhavaty[203] utpannā bhavati ‖ Hp-Jt. IV.104, *p*. 176, *ll*. 4-6.

105

항상 비음명상을 수련한다면 쌓인 악업들이 소멸되고
마음과 기(氣)는 청정한 곳에서 완전히 소멸한다.
IV.105$^{a\text{-}b}$ sadā nādānusaṃdhānāt kṣīyante pāpasaṃcayāḥ |
IV.105$^{c\text{-}d}$ nirañjane vilīyete niścitaṃ cittamārutau ‖

【해설】

마음과 기는 청정한 곳으로 완전히 소멸한다:

월광 '마음과 기(氣)'(cittamārutau), 즉 마나스와 쁘라나(manaḥprāṇau)는 청정한 곳에서, 즉 속성을 결여한 '순수 의식' 속에서(caitanye) 확고히, 완전히 소멸할 것이다. 양자는 [순수 의식 속에서] 용해될 것이다.

nirañjane nirguṇe caitanye niścitaṃ dhruvaṃ cittamārutau manaḥprāṇau vilīyete vilīnau bhavataḥ ‖ Hp-Jt. IV.105, *p*. 176, *ll*. 2-3.

---

203 bhavaty] bhavati. Hp-Jt^{Adyar}.

운마니 상태의 여덟 가지 특징

브라흐마난다는 106송에서 113송까지의 여덟 게송이 '운마니 상태에 든 요가수행자의 상태를 설명하는 것'으로 해설한다.

월 광 운마니의 경지를 획득한 요가수행자들의 상태를 여덟 게송에서 말한다.
unmanyavasthāṃ prāptasya yoginaḥ sthitim āhāṣṭabhiḥ. Hp-Jt. IV.106, *p.* 177, *l.* 1.

106

소라고둥과 북소리는 더 이상 들리지 않는다.
운마니 상태에서 몸은 마치 나무처럼 단단하게 된다.
IV.106^{a-b} śaṅkhadundubhinādaṃ ca na śṛṇoti kadācana |
IV.106^{c-d} kāṣṭhavaj jāyate deha unmanyāvasthayā dhruvam ||

【해설】

운마니 상태에서 몸은 마치 나무처럼 단단하게 된다.

월 광 운마니 상태에서 신체는 마치 나무처럼 단단하게 된다. [이 말은] '마음이 소멸되었기 때문에 [신체가 마치 나무처럼 움직이지 않는다]'는 의미이다.
unmanyāvasthayā deho dhruvaṃ kāṣṭhavaj jāyate | niśceṣṭatvād ity arthaḥ || Hp-Jt. IV.106. *p.* 177, *ll.* 3-4.

107

'모든 상태'(五位)에서 벗어난 자, 모든 상념이 사라진 자
마치 죽은 상태로 있는 요가수행자, 그는 해탈한 사람이다. 여기에는 의심할 여지가 없다.
IV.107^{a-b} sarvāvasthā vinirmuktaḥ sarvacintā vivarjitaḥ |
IV.107^{c-d} mṛtavat tiṣṭhate yogī sa mukto nātra saṃśayaḥ ||

【해설】

모든 상태(五位)에서 벗어난 자:

본 게송은 베단따적 사위설(四位說)의 전통적인 맥락과 별개로 다섯 가지 의식 상태를 언급하는데 브라흐마난다는 '네 번째와 다섯 번째의 의식 상태'를 기절과 죽음으로 해설한다.[204]

월광 '깨어 있는 상태'(jāgrat, 覺醒位), '꿈꾸는 상태'(svapna, 夢眠位), '깊은 숙면 상태'(suṣupti, 睡眠位), '실신'(mūrcchā), '죽음'(maraṇa)으로 정의되는 '다섯 종류의 활동상태들'(五位)에서 완전하게 벗어난 자, 즉 [다섯 종류의 의식 상태가] 없어진 자…."
jāgratsvapnasuṣuptimūrcchāmaraṇalakṣaṇāḥ pañca vyutthānāvasthās tābhir viśeṣeṇa mukto rahitaḥ … Hp-Jt. IV.107, *p.* 177, *ll.* 1-2.

그는 해탈한 사람이다:

월광 제사위(第四位, turyāvasthā)에 들어간 그는 해탈자, 즉 '살아 있으면서 해탈한 사람'이다. '일체의 작용이 지멸되었을 때'(sakalavṛttinirodhe) [비로소] 아뜨만은 자신의 본성에 확주하기 때문이다. 이 점에

204 사위설(四位說)에 대해서는 제I장 3송에 대한 해설을 참조.

대해서는 『빠딴잘리의 수뜨라』가 "그때, 보는 자(=뿌루샤)는 자신의 본성에 확주한다."고 말한 바 있다.
turyāvasthāvān sa mukto jīvann eva muktaḥ | sakalavṛttinirodhe ātmanaḥ svarūpāvasthānāt | tad uktaṃ pātañjale sūtre "tadā draṣṭuḥ svarūpe 'vasthānam"(YS. I.3) iti | Hp-Jt. IV.107, *p*. 177, *ll*. 3-5.

108

삼매에 든 요가 수행자는 시간(죽음)에 삼켜지지 않고, 업에 속박되지 않고
어떠한 것에도 굴복되지 않는다.
IV.108^a-b^ khādyate na ca kālena bādhyate na ca karmaṇā |
IV.108^c-d^ sādhyate na sa kenāpi yogī yuktaḥ samādhinā ||

【해설】

108송과 109송은 고락샤의 것으로 알려진 『식별의 태양』(*Vivekamārtaṇḍa*. 168, 166)에서도 발견되는 유명한 게송이다.

삼매에 든 요가수행자는 시간에 삼켜지지 않고:

월광 삼매에 든 요가수행자는 '시간', 즉 '죽음'에 삼켜지지 않는다, 먹히지 않는다. [이 말은 삼매에 든 수행자가] 죽지 않는다는 의미이다.
samādhinā yukto yogī kālena mṛtyunā na khādyate na bhakṣyate na hanyata ity arthaḥ | Hp-Jt. IV.108, *p*. 177, *ll*. 1-2.

업에 속박되지 않고:

월광 선행이나 악행이 낳은 업에 속박되지 않는다. 다시 말해서 출생,

죽음 등에서 생겨난 것에 물들지 않는다. 이 점에 대해서는 『빠딴잘리의 수뜨라』의 삼매품(samādhiprakaraṇa)에 "그 결과 번뇌와 업이 소멸한다."고 언급된 바 있다.

karmaṇā kṛtena śubhenāśubhena vā na bādhyate janmamaraṇādijananena na kleśyate । tathā ca samādhiprakaraṇe pātañjalasūtram - "tataḥ kleśakarmanivṛttiḥ"(YS. IV.30) iti । Hp-Jt. IV.108, *p.* 177, *ll.* 2-4.

어떠한 것에도 굴복되지 않는다:

월광 타인에 의해서도 혹은 부적과 주문을 비롯한 어떤 것에 의해서도 굴복되지 않는다. [삼매에 든 수행자를] 정복하는 것이 불가능하다는 [의미이다].

kenāpi puruṣāntareṇa yantramantrādinā vā na sādhyate sādhayitum na śakyate ॥ Hp-Jt. IV.108, *p.* 177, *ll.* 4-5.

109

삼매에 든 요가행자는 냄새를 맡을 수 없으며, 맛을 보지 못하며, 형태를 보지 못하며, 감촉을 느끼지 못하며, 소리를 들을 수 없으며, 자기 자신도 타인도 지각하지 못한다.

IV.109$^{a\text{-}b}$ na gandhaṃ na rasaṃ rūpaṃ na ca sparśaṃ na niḥsvanam ।

IV.109$^{c\text{-}d}$ nātmānaṃ na paraṃ vetti yogī yuktaḥ samādhinā ॥

【해설】

자기 자신도, 타인도 지각하지 지각하지 못한다:

월광 [삼매에 든 수행자는] 자기 자신, 즉 자신의 몸도, 타인, 다시 말해서 다른 사람도 지각하지 못한다.

nātmānaṃ[205] dehaṃ na paraṃ puruṣāntaraṃ vettīti … Hp-Jt. IV.109, *p.* 177, *ll.* 4-5.

110

마음이 잠들어 있는 것도 아니고, 깨어 있는 것도 아니며, [뭔가를] 기억하고 있는 것도 아니고, 기억을 탈취당한 것도 아니며, [마음이] 소멸된 것도 아니고, 생성되지도 않는 바로 그가 해탈한 사람이다.

IV.110^a-b^ cittaṃ na suptaṃ no jāgrat smṛtivismṛtivarjitam | [206]
IV.110^c-d^ na cāstam eti nodeti yasyāsau mukta eva saḥ ||

【해설】

본 송은 말린슨(Mallinson: 2011a)이 새롭게 발굴한 필사본(*Gorakṣaśataka*, Ms. No. R. 7874) 7송과 동일하다.

브라흐마난다는 본 송의 의미를 다음과 같이 해설한다.

월광 [삼매에 든] 요가 수행자의 마음, 즉 내적 감관은 잠든 것이 아니다. [삼매의 상태에서는] '은폐하는 암질(暗質, tamas)'이 '3질(三質, triguṇa)로 구성된 내적 감관(=마음)'에 없기 때문이다. [반대로] 순질(純質, sattva)과 동질(動質, rajas)을 억누르고 모든 감관을 덮어 버리는 암질이 작용할 때는 '내적 감관(=마음)이 대상의 형상으로 전변하는 일이 없기 때문에' 그 [상태]를 '잠에 든 것'이라 말한다. [하지만 삼매에 든 수행자에게는 암질이 없으므로 삼매 상태는

205 nātmānaṃ] na ātmānaṃ. Hp-Jt^Adyar^.

206 첫 번째 구(pāda^a^)는 아누쉬뚜브-쉴로까(Anuṣṭubh-Śloka)의 확장형인 마-비뿔라(Ma-vipulā)이다.

잠에 든 것이 아니다.] 그렇다고 해서 [삼매에 든 요가 수행자의 마음이] 깨어 있는 것도 아니다. 감각 기관들이 [각자 자신의] 대상을 취하는 일도 없는 상태이기 때문이다. [삼매에 든 요가 수행자에게는] '기억'과 '망각', 즉 '기억하거나 잊어버리는 것' 이 두 가지도 없다. 작용의 유사성(vṛttisāmānya)이 없기 때문에 그리고 상기시키는 것(udbodhaka)이 없기 때문에 '기억'이 없는 것이고 [또] 기억에 순응하는(smṛtyanukūla) 상스까라가 없는 것은 아니기 때문에 '망각'도 없다. [삼매에 든 요가 수행자에게는] 소멸, 즉 파괴되는 상황도 일어나지 않는다. 상스까라의 잔존물로서의 마음은 남아 있기 때문이다. [그 수행자에겐] 생성, 즉 일어남도 없다. [이 상태에서는 마음] 활동이 일어나지 않기 때문이다. 바로 그가 해탈한 사람, 즉 생해탈자이다.

yasya yoginaś cittam antaḥkaraṇaṃ na suptam | āvarakasya tamaso 'bhāvāt triguṇe 'ntaḥkaraṇe yadā sattvarajasī abhibhūya samastakaraṇāvarakaṃ tama āvirbhavati tadāntaḥkaraṇasya viṣayākārapariṇāmābhāvāt tat suptam ity ucyate | no jāgrad indriyair arthagrahaṇābhāvāt | smṛtiś ca vismṛtiś ca smṛtivismṛtī tābhyāṃ varjitam | vṛttisāmānyābhāvād udbodhakābhāvāc ca smṛtivarjitam | smṛtyanukūlasaṃskārābhāvābhāvād vismṛtivarjitam | na cāstaṃ nāśam eti prāpnoti | saṃskāraśeṣasya cittasya sattvāt | nodety udbhavati | vṛttyanutpādanāt so 'sau mukta eva jīvanmukta eva || Hp-Jt. IV.110, *p.* 178, *ll.* 1-8.

111

삼매에 든 요가수행자는 추위와 더위를 느낄 수 없으며, 고통과 즐거움은 물론이고
명예도 없고 굴욕도 없다.

IV.111$^{a\text{-}b}$ na vijānāti śītoṣṇaṃ na duḥkhaṃ na sukhaṃ tathā[207] |

IV.111^{c-d} na mānaṃ nāpamānaṃ ca yogī yuktaḥ samādhinā ||

112

깨어 있을 때는 [의식이] 명료하되 마치 숙면에 든 것처럼 [고요히] 머물고 있는 자,
들숨과 날숨을 떠난 그는 의심할 바 없이 해탈한 사람이다.
IV.112^{a-b} svastho jāgradavasthāyāṃ suptavad yo 'vatiṣṭhate |
IV.112^{c-d} niḥśvāsocchvāsahīnaś ca niścitaṃ mukta eva saḥ ||

【해설】

본 송은 『무심의 요가』(*Amanaskayoga*) II.59송과 동일하다.

깨어 있을 때는 명료하되:

월광 '명료함'이란 내적 감관이 빛나는 것을 의미한다. [여기서] '명료함'이라는 말이 있기 때문에 나른함이나 기절 등[과 같은 상태]는 배제된다.
svasthaḥ prasannendriyāntaḥkaraṇaḥ | etena tandrāmūrcchādivyāvṛttiḥ | Hp-Jt. IV.112, *p.* 179, *ll.* 1-2.

마치 숙면에 든 것처럼:

월광 마치 잠에 든 것처럼, 즉 수면에 든 것처럼 신체나 감관의 활동이 사라진 상태로 머물고 있는, [다시 말해서 자신의 본성에] 확주한 요가 수행자가 된다[는 의미이다]. [여기서 동사] "avatiṣṭhate"는, "접두어 sam-, ava-, pra, -vi를 수반하는 [어근] sthā[는 아

207 "[여기서의] 'tathā'는 'ca'(그리고)를 의미한다."(tathā cārthe | Hp-Jt. IV. 111, *p.* 179, *l.* 1.)

뜨마네빠다(爲自態) 어미를 취한다]"는 것으로서의 위자태이다.
suptavat suptena tulyaṃ kāyendriyavyāpāraśūnyo yo yogī avatiṣṭhate sthito bhavati | "samavapravibhya sthaḥ"(Pāṇ. I.3.22) ity ātmanepadam | Hp-Jt. IV.112, *p.* 179, *ll.* 2-4.

들숨과 날숨을 떠난:

월광 들숨과 날숨을 떠난, 즉 외부에 있는 공기를 체내로 끌어들이는 들숨과 체내에 있는 공기를 밖으로 내보는 날숨과 같은 그 두 가지 [작용이] 없어진 상태로 머무는 것으로 이해해야 한다.
niśvāsocchvāsahīnaḥ[208] bāhyavāyoḥ koṣṭhe grahaṇaṃ niśvāsaḥ koṣṭhasthitasya vāyor bahir niḥsāraṇam ucchvāsas tābhyāṃ hīnaś cāvatiṣṭhata ity atrāpi saṃbadhyate | Hp-Jt. IV.112, *p.* 179, *ll.* 4-6.

해탈:

월광 그는 분명히, 의심할 바 없이 해탈한 사람, 즉 생해탈자(jīvanmukta)이다. 생해탈자의 본성에 대해 닷따뜨레야(Dattātreya)는 "니르구나-선정(禪定)을 성취한 자가 삼매를 수련한다면 12일 만에 삼매를 획득할 것이다. 그는 바유를 통제함으로써 현자가 되고 확고한 생해탈자가 될 것이다."라고 말한 바 있다.
sa niścitaṃ niḥsaṃdigdhaṃ mukta eva jīvanmukta eva tatsvarūpam uktaṃ dattātreyeṇa "nirguṇadhyānasampannaḥ samādhiṃ ca tato 'bhyaset | dinadvādaśakenaiva samādhiṃ samavāpnuyāt | vāyuṃ nirudhya medhāvī jīvanmukto bhaved dhruvam ||" (*Yogaśāstra*. 113-114^{a-b}) iti || Hp-Jt. IV.112, *p.* 179, *ll.* 6-10.

---

208 niśvāsocchvāsahīno ⌋ niśvāsocchvāsahīnaḥ. Hp-Jt^{Adyar}.

113

모든 무기로도, 모든 사람들의 힘으로도 삼매에 든 요가수행자를 살해할 수 없고
주문(mantra)과 부적(yantra)으로도 [그를] 붙들 수 없다.
IV.113^{a-b} avadhyaḥ sarvaśastrāṇām aśakyaḥ sarvadehinām |
IV.113^{c-d} agrāhyo mantrayantrāṇāṃ yogī yuktaḥ samādhinā ||

【해설】

본 송의 원문은 고락샤의 것으로 알려진 『식별의 태양』(*Vivekamārtaṇḍa*) 169송과 동일하다.

모든 무기로도:

월광 '모든 무기들의'이라는 말은 '구비하는 것과 관련된 제6격(*Ge.*)'으로 '모든 무기들로써'라는 의미이다.
sarvaśastrāṇām iti saṃbandhasāmānye ṣaṣṭhī | sarvaśastrair ity arthaḥ | Hp-Jt. IV.113, *p.* 179, *ll.* 1-2.

모든 사람들:

월광 '모든 사람들'이라는 말 역시 '구비하는 것과 관련된 제6격'(*Ge.*)이다. 모든 사람들이 힘을 합쳐도 [그를 살해하는 것이] 불가능하다는 의미이다.
sarvadehinām ity atrāpi saṃbandhamātravivakṣāyām ṣaṣṭhī | aśakyaḥ sarvadehibhiḥ[209] balena śakyo na bhavatīty arthaḥ | Hp-Jt. IV.113, *p.* 179, *ll.* 2-4.

---

209 sarvadehibhir] sarvadehibhiḥ. Hp^{Adyar}.

주문(mantra)과 부적(yantra)으로도 [그를] 붙들 수 없다:

월광 [뭔가에] 홀리게 하고, 죽게끔 하고, 굴복시키는 등등의 효과를 지닌 주문과 부적으로도 [삼매에 든 수행자를] 붙들 수 없다, 정복할 수 없다.

vaśīkaraṇamāraṇoccāṭanādiphalair mantrayantrair agrāhyo[210] vaśīkartum aśakyaḥ | Hp-Jt. IV. 113, *pp*. 179, *ll*. 4 ~ *p*. 180, *l*. 1.

에필로그

114

기(氣, māruta)가 중앙의 길(수슘나)로 흘러 [정수리의 브라흐란드흐라로] 들어가지 않는 한,
쁘라나-기를 고정시킴으로써 정(精)을 고정시키지 못하는 한,
명상 속에서 마음(tattva)이 '본연의 모습'을 취하지 않은 한
그러한 한 지혜를 운운하는 것은 모두 속임수와 헛소리를 지껄이는 것이다.

IV.114^a^ yāvan naiva praviśati caran māruto madhyamārge
IV.114^b^ yāvad bindur na bhavati dṛḍhaḥ prāṇavātaprabandhāt |
IV.114^c^ yāvad dhyāne sahajasadṛśaṃ jāyate naiva tattvaṃ
IV.114^d^ tāvaj jñānaṃ vadati tad idaṃ dambhamithyāpralāpaḥ ||

210 agrāhyo] agrāhyaḥ. Hp-Jt[Adyar].

【해설】

본 송의 운율은 17음절로 구성된 만다끄란따(Mandākrāntā: ― ― ― ―æ∪∪ ∪∪∪ ―æ―∪ ― ―∪― ―)이다.

브라흐마난다는 본 게송의 취지를 다음과 같이 해설한다.

월광 요가를 수련하지 않는 자들이 [운운하는] 앎을 비판하면서 오직 요가 수행자만이 지혜를 얻을 수 있다는 것에 대해 "~한"(yāvat)이라는 [단어 이하에서] 말한다.
ayoginām jñānam nirākurvan yoginām eva jñānam bhavatīty āha - yāvad iti | Hp-Jt. IV.114. *p*. 181, *ll*. 1-2.

기(氣)가 중앙의 길로 흘러 브라흐마란드흐라로 들어가지 않는 한:

월광 기(氣, māruta), 즉 쁘라나 바유가 '가운데 길 속으로'(madhyamārge, 中道), 다시 말해서 '수슘나 속으로' 흘러서 브라흐마란드흐라에 도달하지 못하는 한[211]
madhyamārge suṣumnāyāṃ caran gacchan mārutaḥ prāṇavāyuḥ yāvat yāvatkālaparyantaṃ na praviśati prakarṣeṇa brahmarandhraparyantaṃ na viśati | Hp-Jt. IV.114. *p*. 181, *ll*. 2-3.

쁘라나를 고정시킴으로써 정(精)을 고정시키지 못하는 한:

월광 꿈브하까에 의해 [쁘라나가] 안정될 때 빈두, 즉 정(精, vīrya)도 안정되고 고정되는데 그것을 이루지 못하는 [한 이라는 의미이다].

---

211 브라흐마난다는 이 부분을 '바유가 수슘나로 흐르지 못하는 한 [요가는] 완성되지 않는다는 뜻'으로 해설한다.(suṣumnāyām asaṃcaran vāyur asiddha ity ucyate | Hp-Jt. IV.114. *p*. 181, *ll*. 4-5.)

쁘라나, 즉 기(氣)가 고정될 때 정(精, bindu)도 고정된다는 것은 이미 앞에서 "마음이 안정될 때 기(vāyu)가 [안정되고], 따라서 정도 고정된다."(Hp. IV.28)고 말한 바 있다. 하지만 그 경지를 성취하지 못했다면 요가수행자는 [결코 요가를] 완성한 것이 아니다.
kumbhakena sthirīkaraṇād bindur vīryaṃ dṛḍhaḥ sthiro na bhavati prāṇavātasthairye bindusthairyam uktam atraiva prāk | "manaḥ sthairye sthiro vāyus tato binduḥ sthiro bhavet" iti | tadabhāve tv asiddhatvaṃ yoginaḥ | Hp-Jt. IV.114, *p.* 181, *ll.* 9-12.

명상 속에서 마음(tattva)이 '본연의 모습'을 취하지 않은 한:

월광 선정 속에서, 다시 말해서 '명상해야 할 대상으로 몰입된 상태'에서 '요소'(tattva), 즉 '마음(citta)'이 본연적인 상태를 [취하지 않는 한, 다시 말해서 마음이] 본연적인 모습이라 할 수 있는 '명상해야 할 대상의 형상을 취하는 흐름'을 취하지 않는 한, [그러한 상태가] 일어나지 않는 한[이라는 의미이다].
yāvat tattvaṃ cittaṃ dhyāne dhyeyacintane sahajasadṛśaṃ svābhāvikadhyeyākāravṛttipravāhavan naiva jāyate naiva bhavati, Hp-Jt. IV.114, *p.* 182, *ll.* 5-6.

그러한 한 지혜를 운운하는 것은 모두 속임수와 헛소리를 지껄이는 것이다:

월광 그러한 한 지혜를 운운하는 것 [다시 말해서 지혜를] 들먹이는 것은 어떤 것이건 속임수이고 헛소리를 지껄이는 것에 [불과]하다. 다시 말해서 속임수로 지혜를 운운하면서 "나는 세상에서 존경받아야 한다."고 생각하고서 헛소리를 지껄인다, 다시 말해서 거짓을 일삼는다. [이 말은], 사람들을 속인 후에 거짓을 지껄인다는 뜻이다. 기(氣, prāṇa)와 정(精, bindu), 마음(citta) [이 세 가지]를 정복하지 않으면 지혜가 생길 수 없으므로 [그들은 결코] 사바세계를 벗어날 수 없다. 이 점에 대해 『불멸의 성취』(*Amṛtasiddhi*)은 다음과 같이 말했다. "기(vāyu)가 동요하면 빈두(bindu)가 동요한다고 말해졌다. 빈두가 동요하면 마음(citta)이 동요한다. 빈두가 동요하고 마음이 동요하고 기가 동요할 때마다 세상은 창조되고 소멸한다. 이것은 틀림없는 진실이다."라고. [그리고] 『요가비자』(*Yogabīja*) 역시 다음과 같이 말한다. "마음(citta)이 소멸할 때 기(maruta) 또한 소멸한다. 하지만 그것을 이루지 못한 자에겐 경전도 존재하지 않고, 아뜨만에 대한 자각도 없고, 스승도 없고, 해탈도 없다." 이 말은 '요가수행자가 기(prāṇa)와 빈두(bindu)와 마음(manas)을 정복했을 때 오직 '지혜의 문을 통해'(하타요가를 통해) 해탈할 수 있다는 것을 암시한다.

tāvad yaj jñānaṃ śābdaṃ vadati kaścit tad idaṃ jñānakathanaṃ dambhamithyāpralāpar[212] dambhena jñānakathanenāhaṃ loke pūjyo bhaviṣyāmīti dhiyā mithyāpralāpo mithyābhāṣaṇaṃ dambhapūrvakaṃ mithyābhāṣaṇam ity arthaḥ । prāṇabinducittānāṃ jayābhāve jñānasyābhāvāt saṃsṛtir durvārā । tad uktam amṛtasiddhau - "calaty eṣa yadā vāyus tadā binduś calaḥ smṛtaḥ । binduś calati yasyāṅge cittaṃ tasyaiva cañcalam ॥ cale bindau cale citte cale vāyau ca sarvadā । jāyate mriyate lokaḥ satyaṃ satyam idam vacaḥ ॥" iti । yogabīje 'py uktam "cittaṃ pranaṣṭaṃ yadi bhāsate vai tatra pratīto maruto 'pi nāśaḥ । na vā yadi syān na tu tasya śāstraṃ nātmapratītir na gurur na mokṣaḥ ॥" iti । etena prāṇabindumanasāṃ jaye tu jñānadvārā yogino muktaḥ syād eveti sūcitam । Hp-Jt. IV.114, *p.* 182, *ll.* 13 ~ *p.* 183, *l.* 5.

계속해서 브라흐마난다는 '『바가바따뿌라나』(XI.20.6)가 지혜(jñāna), 행위

212 °lāpar] °lāpaḥ. Hp-Jt[Adyar].

(karma), 헌신(bhakti)라는 세 가지의 방편을 인정했으므로 요가만을 해탈의 수단이라 할 수 없다.'는 반론을 소개하고 답하는데 답변의 요지는 지혜와 행위와 헌신이라는 세 가지도 '유상삼매에 포함되고'(saṃprajñātasamādhāv antarbhāvaḥ) 따라서 이 세 가지도 팔지요가(aṣṭāṅgayoga)를 넘어선 별개의 것이 아니라는 것이다.

브라흐마난다는 마지막으로 "인간의 목표를 이루게 해 주는 수행법 중 어떤 것도 팔지요가(aṣṭāṅgayoga)를 넘어설 수 없다는 것이 정설이다."(evaṃ cāṣṭāṅgayogātiriktaṃ[213] kim api paramapuruṣārthasādhanaṃ nāstīti siddham ‖ Hp-Jt. IV.114, *p.* 185, *ll.* 17-18.)라고 말하면서 『하타의 등불』에 대한 해설을 끝맺는다.

『하타의 등불』은 불살생, 절식과 같은 야마와 니야마를 언급하기는 하지만 지분(支分, aṅga)으로 간주하지는 않았으므로 『하타의 등불』에서의 지분은 아사나(āsana), 쁘라나야마(prāṇāyāma), 무드라(mudrā), 삼매(samādhi)와 같은 네 가지뿐이다. 브라흐마난다 자신도 이 점을 잘 알고 있었음에도 불구하고 팔지요가를 칭송했던 것은 다소 의아스럽다. 하지만 브라흐마난다가 말하는 팔지요가는 빠딴잘리의 팔지요가가 아니라 '무드라가 포함되고 비음명상이 사실상 제감과 응념, 선정, 유상삼매와 무상삼매를 포괄하는 하타요가적 팔지요가'로 파악된다. 브라흐마난다는 I.17송에서 아사나, 쁘라나야마, 무드라, 비음명상[214]과 같

213 cāṣṭāṅga°] ca aṣṭāṅga°. Hp-Jt^{Adyar}.

214 『하타의 등불』은 아사나, 쁘라나야마, 무드라, 삼매와 같은 네 개의 장으로 구성되어 있는데 마지막 제IV장의 삼매는 샴브하비, 운마니 무드라와 같은 명상적인 무드라와 비음명상이라는 두 종류의 명상법이 설명된다. 브라흐마난다는 그중에서 비음명상이 제감, 응념, 선정, 유상삼매, 무상삼매를 포괄하는 것으로 해설한다.

은 하타요가의 네 가지 지분을 해설하면서 마지막의 비음명상(nādānusaṃdhāna)이 제감, 응념, 선정, 삼매(유상삼매, 무상삼매)를 포함하는 것으로 해설하고[215] 또 실제로 비음명상이 심화되고 완성되는 과정을 차례대로 제감(VI.90-91), 응념(IV.92), 선정(IV.93), 유상삼매(IV.94-97), 무상삼매(IV.98-102) 순으로 해설하였다. 따라서 브라흐마난다가 말한 팔지요가는 '무드라와 비음명상이 포함되고 야마와 니야마가 빠진 하타요가적 팔지요가'로 여덟 지분은 ① 아사나, ② 쁘라나야마, ③ 무드라, ④ 제감, ⑤ 응념, ⑥ 선정, ⑦ 유상삼매, ⑧ 무상삼매로 파악된다.[216]

---

215 "하타[요가]는 뒤에서 설명할 '아사나, 다양한 꿈브하까, 무드라로 불리는 행법, 비음(秘音)명상'(I.56)이라는 네 가지 지분으로 구성되어 있다. 제감(pratyāhāra)에서 시작에서(ādi) 삼매(samādhi)까지의 [지분]들은 비음명상에 포함된다." 원문은 Hp. I.17에 대한 해설을 참조.

216 한편 13-14세기 문헌인 닷따뜨레야의 『요가샤스뜨라』는 두 종류의 팔지요가를 언급하는데 첫 번째는 야갸발꺄(Yājñavalkya) 등이 알고 있는 팔지요가인데 내용은 빠딴잘리의 팔지요가와 동일하다. 닷따뜨레야가 언급한 두 번째 팔지요가는 까삘라(Kapila) 등이 수련했던 것으로 8종류의 무드라이다. 지금까지의 논의를 도표화하면 다음과 같다.

팔지요가의 지분	문 헌	비 고	
1야마, 2니야마, 3아사나, 4쁘라나야마, 5제감, 6응념, 7선정, 8삼매	YoŚ. 52-56	야갸발꺄 등의 팔지요가	YS와 동일
1마하무드라, 2마하반드하, 3케짜리, 4잘란드하라반드하, 5웃디야나반드하, 6물라반드하, 7비빠리따까라니, 8바즈롤리(8^1바즈롤리, 8^2사하졸리, 8^3아마롤리)	YoŚ. 57-62.	까삘라 등의 팔지요가	8무드라
1아사나, 2꿈브하까, 3무드라, 4비음명상(4^1제감, 4^2응념, 4^3선정, 4^4유상삼매, 4^5무상삼매)	Hp-Jt. I.17	비음명상이 제감, 응념, 선정, 삼매를 포함함	

『하타의 등불』 간기

월광 이상으로 쉬리사하자난다 가의 여의주(如意珠), 스바뜨마라마 요긴드라가 저술한 『하타의 등불』 중 '삼매에 대한 정의'로 불리는 네 번째 가르침을 맺는다.
iti śrīsahajānandasaṃtānacintāmaṇisvātmārāmayogīndraviracitāyāṃ haṭhayogapradīpikāyāṃ samādhilakṣaṇaṃ nāma caturthopadeśaḥ

『월광』의 당부

월광 아이의 엄마가 우유를 지키고 해로운 불을 멀리한다고 하듯이 부디 지혜로운 이는, 보잘것없는 내 말에서 유익한 것만 취할지어다.

grāhyam eva viduṣāṃ hitaṃ yato
bhāṣaṇaṃ mama yadapy asaṃskṛtam |
rakṣa gacchati payo 'nalāhitaṃ
hy amba ity abhihitaṃ śiśor yathā || 1 || [217]

217 본 게송의 운율은 11음절의 라토드핫따(Rothoddhatā: —∪—∪∪∪—∪—∪—)이다.

『월광』에 대한 찬탄

월광 브라흐마난다께서는 참된 의미를 밝히고 어둠을 없애는 이 『월광』(*Jyotsnā*)을 쉬바의 두 발에 바쳤다.

sadarthadyotanakarī tamastomavināśinī |
brahmānandena jyotsneyaṃ śivāṅghriyugale 'rpitā || 2 || [218]

『월광』의 간기

월광 이것으로 쉬리『하타의 등불』에 대한 브라흐마난다의 해설 『월광』 중에서 '삼매에 대한 해설'로 불리는 네 번째 가르침을 맺는다.

iti śrīhaṭhayogapradīpikāvyākhyāyāṃ brahmānandakṛtāyāṃ jyotsnābhidhāyāṃ samādhinirūpaṇaṃ nāma caturthopadeśaḥ ||

218 본 게송은 8음절의 아누쉬뚜브-쉴로까인데 전반부(pāda$^{a\text{-}b}$)는 나-비뿔라(na-vipulā)이고 후반부(pāda$^{c\text{-}d}$)는 기본형(pathyā)이다.

[부록 1] 『하타의 등불』이 인용한 게송[1]

문헌 약호

AmP.	*Amaraughaprabodha* of Gorakṣanātha
AmS.	*Amṛtasiddhi* of Virūpākṣanātha
AmY.	*Amanaskayoga*
CaA.	*Candrāvalokana* of Matyendranātha
GoŚ.	*Gorakṣaśataka* (Ms. No. R.7874)[2]
Hp.	*Haṭhapradīpika* of Svātmārāma
KhV.	*Khecarīvidyā* of Ādinātha
KjN.	*Kaulajñānanirṇaya* of Matyendranātha
KcT	*Kulacūḍāmaṇitantra*
LyV.	*Laghuyogavāsiṣṭha*
MaS.	*Matsyendrasaṃhitā*
ŚS.	*Śivasaṃhitā*
UG.	*Uttaragītā*
VaS.	*Vasiṣṭhasaṃhitā*
ViM.	*Vivekamārtaṇḍa* of Gorakṣanātha
YoB.	*Yogabīja*
YoŚ	*Yogaśāstra* of Dattātreya
YoV.	*Yogaviṣaya* of Mīnanātha
YoY	*Yogayājñavalkya*
ABS.	*Ahirbudhnyāsaṃhitā*
ŚaT.	*Śāradātilaka*
ŚsV.	*Śivasūtravimarśinī* of Kṣemarāja

1 Hp가 인용한 게송은 부이(Bouy, 1994)가 정리한 바 있고 이를 토대로 말린슨(Mallinson)이 초고의 부록에 수록한 바 있다. 여기서는 말린슨의 초고에 의거해서 본 번역의 저본인 Adyar본의 게송 번호로 바꾸었다.

2 이 필사본은 말린슨(Mallinson: 2011a)이 새롭게 발굴한 것이다.

제 I 장

Hp. I.11 ŚS. V.254

haṭhavidyā paraṃ gopyā yoginā siddhim icchatā ।
bhaved vīryavatī guptā nirvīryā tu prakāśitā ॥ 11

Hp. I.12^{cd} GoŚ. 32^{cd}

dhanuḥ pramāṇaparyantaṃ śilāgnijalavarjite । 12^{cd}

Hp. I.19 VaS. I.68, ŚT25.12, ABS. 31.40, YoY. III.3, ŚS. III.113

jānūrvor antare samyak kṛtvā pādatale ubhe ।
ṛjukāyaḥ samāsīnaḥ svastikaṃ tat pracakṣate ॥ 19

Hp. I.20 VaS. I.70 (YoY. III.5)

savye dakṣiṇagulphaṃ tu pṛṣṭhapārśve niyojayet ।
dakṣiṇe 'pi tathā savyaṃ gomukhaṃ gomukhākṛti ॥ 20

Hp. I.21 VaS. I.72 (YoY. III.8)

ekaṃ pādaṃ tathaikasmin vinyased ūruṇi sthiram ।
itarasmiṃs tathā coruṃ vīrāsanam itīritam ॥ 21

Hp. I.22 VaS. I.80 (^{ab}=ABS.31.35^{ab})

gudaṃ nirudhya gulphābhyāṃ vyutkrameṇa samāhitaḥ ।
kūrmāsanaṃ bhaved etad iti yogavido viduḥ ॥ 22

Hp. I.23 VaS. I.78 (ABS. 31.38)

padmāsanaṃ tu saṃsthāpya jānūrvor antare karau ।
niveśya bhūmau saṃsthāpya vyomasthaṃ kukkuṭāsanam ॥ 23

Hp. I.32[ab] YoŚ. 24[cd]

uttānaṃ śavavad bhūmau śayanaṃ tac chavāsanam | 32[ab]

Hp. I.35 VM.7

yonisthānakam aṅghrimūlaghaṭitaṃ kṛtvā dṛḍhaṃ vinyasen
meṇḍhre pādam athaikam eva hṛdaye kṛtvā hanuṃ susthiram |
sthāṇuḥ saṃyamitendriyo 'caladṛśā paśyed bhruvor antaraṃ
hy etan mokṣakapāṭabhedajanakaṃ siddhāsanaṃ procyate || 35

Hp. I.36 YoY. III.14, VaS. I.81

meṇḍhrād upari vinyasya savyaṃ gulphaṃ tathopari |
gulphāntaraṃ ca nikṣipya siddhāsanam idaṃ bhavet || 36

Hp. I.43 ŚS. V.47

nāsanaṃ siddhasadṛśaṃ na kumbhaḥ kevalopamaḥ |
na khecarīsamā mudrā na nādasadṛśo layaḥ || 43

Hp. I.44 ViM. 8

vāmorūpari dakṣiṇaṃ ca caraṇaṃ saṃsthāpya vāmaṃ tathā
dakṣorūpari paścimena vidhinā dhṛtvā karābhyāṃ dṛḍham |
aṅguṣṭhau hṛdaye nidhāya cibukaṃ nāsāgram ālokayed
etad vyādhivināśakāri yamināṃ padmāsanaṃ procyate || 44

Hp. I.45 YoŚ. 35, ŚS. III.102

uttānau caraṇau kṛtvā ūrusaṃsthau prayatnataḥ |
ūrumadhye tathottānau pāṇī kṛtvā tato dṛśau || 45

Hp. I.46 YoŚ. 36, ŚS. III.103

nāsāgre vinyased rājadantamūle tu jihvayā |

uttambhya cibukaṃ vakṣasy utthāpya pavanaṃ śanaiḥ || 46

Hp. I.48 VM 35B

kṛtvā saṃpuṭitau karau dṛḍhataraṃ baddhvā tu padmāsanaṃ
gāḍhaṃ vakṣasi saṃnidhāya cibukaṃ dhyāyaṃś ca tac cetasi |
vāraṃ vāram apānam ūrdhvam anilaṃ protsārayan pūritaṃ
nyañcan prāṇam upaiti bodham atulaṃ śaktiprabhāvān naraḥ || 48

Hp. $I.50^{ab}$-52^{ab} YoY. III.9-11a-b, VaS. $I.73$-75^{ab}

gulphau ca vṛṣaṇasyādhaḥsīvanyāḥ pārśvayoḥ kṣipet | 50^{ab}
dakṣiṇe savyagulphaṃ tu dakṣagulphaṃ tu savyake || 50^{cd}
hastau tu jānvoḥ saṃsthāpya svāṅgulīḥ saṃprasārya ca | 51^{ab}
vyāttavaktro nirīkṣeta nāsāgraṃ susamāhitaḥ || 51^{cd}
siṃhāsanaṃ bhaved etat pūjitaṃ yogipuṃgavaiḥ | 52^{ab}

Hp. $I.53^{ab}$ YoY. $III.12^{ab}$, VaS. $I.79^{ab}$

gulphau ca vṛṣaṇasyādhaḥ sīvanyāḥ pārśvayoḥ kṣipet | 53^{ab}

Hp. I.54 YoY. III.12c-f, VaS. I.79c-f

pārśvapādau ca pāṇibhyāṃ dṛḍhaṃ baddhvā suniścalam | 54^{ab}
bhadrāsanaṃ bhaved etat sarvavyādhivināśanam | 54^{cd}
gorakṣāsanam ity āhur idaṃ vai siddhayoginaḥ || 54^{ef}

Hp. I.57 ViM.37

brahmacārī mitāhārī tyāgī yogaparāyaṇaḥ |
abdādūrdhvaṃ bhavet siddho nātra kāryā vicāraṇā || 57

Hp. I.58 GoŚ. 12^{cd}-13^{ab}

susnigdhamadhur āhāraś caturthāṃśavivarjitaḥ |

bhujyate śivasaṃprītyai mitāhāraḥ sa ucyate || 58

Hp. I.61[ab] AmP44[cd]
vahnistrīpathisevānām ādau varjanam ācaret | 61[ab]

Hp. I.61[c-f] Gorakṣa의 문헌
varjayed durjanaprāntaṃ vahnistrīpathisevanam |
prātaḥsnānopavāsādikāyakleśavidhiṃ tathā || 61[c-f]

Hp. I.64 YoŚ. 40
yuvā vṛddho 'tivṛddho vā vyādhito durbalo 'pi vā |
abhyāsāt siddhim āpnoti sarvayogeṣv atandritaḥ || 64

Hp. I.65 YoŚ. 42c-43b
kriyāyuktasya siddhiḥ syād akriyasya kathaṃ bhavet |
na śāstrapāṭhamātrena yogasiddhiḥ prajāyate || 65

Hp. I.66 YoŚ. 46
na veṣadhāraṇaṃ siddheḥ kāraṇaṃ na ca tatkathā |
kriyaiva kāraṇaṃ siddheḥ satyam etan na saṃśayaḥ || 66

제 II 장

Hp. II.2 ViM. 71
cale vāte calaṃ cittaṃ niścale niścalaṃ bhavet |
yogī sthāṇutvam āpnoti tato vāyuṃ nirodhayet || 2

Hp. II.3 ViM. 72

yāvad vāyuḥ sthito dehe tāvaj jīvanam ucyate |
maraṇaṃ tasya niṣkrāntis tato vāyuṃ nirodhayet || 3

Hp. II.5 ViM. 76

śuddhim eti yadā sarvaṃ nāḍīcakraṃ malākulam |
tadaiva jāyate yogī prāṇasaṃgrahaṇe kṣamaḥ || 5

Hp. II.7 ViM. 77

baddhapadmāsano yogī prāṇaṃ candreṇa pūrayet |
dhārayitvā yathāśakti bhūyaḥ sūryeṇa recayet || 7

Hp. II.8 ViM. 79

prāṇaṃ sūryeṇa cākṛsya pūrayed udaraṃ śanaiḥ |
vidhivad kumbhakaṃ kṛtvā punaś candreṇa recayet ||

Hp. II.9[ab] YoŚ. 63[ab]

yena tyajet tena pītvā dhārayed atirodhataḥ | 9[ab]

Hp. II.9[cd] YoŚ. 61[cd]

recayec ca tato 'nyena śanair eva na vegataḥ || 9[cd]

Hp. II.10 ViM. 81

prāṇaṃ ced iḍayā piben niyamitaṃ bhūyo 'nyayā recayet
pītvā piṅgalayā samīraṇam atho baddhvā tyajed vāmayā |
sūryācandramasor anena vidhinābhyāsaṃ sadā tanvatāṃ
śuddhā nāḍigaṇā bhavanti yamināṃ māsatrayād ūrdhvataḥ || 10

Hp. II.14 ŚS. III.43

abhyāsakāle prathame śastaṃ kṣīrājyabhojanam |
tato 'bhyāse dṛḍhībhūte na tādṛṅ niyamagrahaḥ || 14

Hp. II.15 ViM. 101

yathā siṃho gajo vyāghro bhaved vaśyaḥ śanaiḥ śanaiḥ |
tathaiva sevito vāyur anyathā hanti sādhakam || 15

Hp. II.16-17 ViM.99-100(II.17[ab] = MaS. IV.23[cd]

prāṇāyāmena yuktena sarvarogakṣayo bhavet |
ayuktābhyāsayogena sarvarogasam udbhavaḥ || 16
hikkā śvāsaś ca kāsaś ca śiraḥ karṇākṣivedanāḥ |
bhavanti vividhā rogāḥ pavanasya prakopataḥ || 17

Hp. II.18 ViM. 102

yuktaṃ yuktaṃ tyajed vāyuṃ yuktaṃ yuktaṃ ca pūrayet |
yuktaṃ yuktaṃ ca badhnīyād evaṃ siddhim avāpnuyāt || 18

Hp. II.19[ab] YoŚ. 67[cd]

yadā tu nāḍī śuddhiḥ syāt tathā cihnāni bāhyataḥ | 19[ab]

Hp. II.20 ViM. 82

yatheṣṭaṃ dhāraṇaṃ vāyor analasya pradīpanam |
nādābhivyaktir ārogyaṃ jāyate nāḍiśodhanāt || 20

Hp. II.40 ViM. 73

yāvad baddho marud dehe yāvac cittaṃ nirākulam |
yāvad dṛṣṭir bhruvor madhye tāvat kālabhyaṃ kutaḥ || 40

Hp. II.45^{ab} GoŚ. 61^{cd}, YoB. 121^{cd}

pūrakānte tu kartavyo bandho jālaṃdharābhidhaḥ | 45^{ab}

Hp. II.45^{cd} GoŚ. 57^{cd}, YoB. 118^{ab}

kumbhakānte recakādau kartavyas tūḍḍiyānakaḥ || 45^{cd}

Hp. II.46 YoB. 123^{cd}-124^{ab}

adhastāt kuñcanenāśu kaṅṭhasaṃkocane kṛte |
madhye paścimatānena syāt prāṇo brahmanāḍigaḥ || 46

Hp. II.48^{cd} GoŚ. 34^{ab}

dakṣanāḍyā samākṛṣya bahihsthaṃ pavanaṃ śanaiḥ || 48^{cd}

Hp. II.50^{ab} cf. GoŚ. 35

kapālaśodhanaṃ vātadoṣaghnaṃ kṛmidoṣahṛt | 50^{ab}

Hp. II.50^{cd} GoŚ. 36^{ab}, YoB. 103^{cd}

punaḥ punar idaṃ kāryaṃ sūryabhedanam uttamam || 50^{cd}

Hp. II.51-53 GoŚ. 36^{cd}-39^{ab}

mukhaṃ saṃyamya nāḍībhyām ākṛṣya pavanaṃ śanaiḥ |
yathā lagati kaṇṭhāt tu hṛdayāvadhi sasvanam || 51
pūrvavat kumbhayet prāṇaṃ recayed iḍayā tathā |
śloṣmadoṣaharaṃ kaṇṭhe dehānalavivardhanam || 52
nāḍījalodarādhātugatadoṣavināśanam |
gacchatā tiṣṭhatā kāryum ujjāyyākhyaṃ tu kumbhakam || 53

Hp. II.57-58 GoŚ. 39^{cd}-41^{ab}

jihvayā vāyum ākṛṣya pūrvavat kumbhasādhanam |

śanakair ghrāṇarandhrābhyāṃ recayet pavanaṃ sudhīḥ || 57
gulmaplīhādikān rogāñ jvaraṃ pittaṃ kṣudhāṃ tṛṣām |
viṣāṇi śītalī nāma kumbhikeyaṃ nihanti hi || 58

Hp. II.59 GoŚ. 14 (ŚaT. 25.10[cd]+10[cd], ABS. 31.34)

ūrvor upāri saṃsthāpya śubhe pādatale ubhe |
padmāsanaṃ bhaved etat sarvapāpapraṇāśanam || 59

Hp. II.60-67 GoŚ. 41[cd]-49[ab].
* Hp. II.65-67 =YoB 110[cd]-112[cd]

samyak padmāsanaṃ baddhvā samagrīvodaraḥ sudhīḥ |
mukhaṃ saṃyamya yatnena prāṇaṃ ghrāṇena recayet || 60
yathā lagati hṛtkaṇṭhe kapālāvadhi sasvanam |
vegena pūrayec cāpi hṛtpadmāvadhi mārutam || 61
punar virecayet tadvat pūrayec ca punaḥ punaḥ |
yathaiva lohakāreṇa bhastrā vegena cālyate || 62
tathaiva svaśarīrasthaṃ cālayet pavanaṃ dhiyā |
yadā śramo bhaved dehe tadā sūryeṇa pūrayet || 63
yathodaraṃ bhavet pūrṇam anilena tathā laghu |
dhārayen nāsikāṃ madhyātarjanībhyāṃ vinā dṛḍham || 64
vidhivat kumbhakaṃ kṛtvā recayed iḍayānilam |
vātapittaśleṣmaharaṃ śarīrāgnivivardhanam || 65
kuṇḍalībodhakaṃ kṣipraṃ pavanaṃ sukhadaṃ hitam |
brahmanāḍīmukhe saṃsthakaphādyargalanāśanam || 66
samyaggātrasamudbhūtagranthitrayavibhedakam |
viśeṣeṇaiva kartavyaṃ bhastrākhyaṃ kumbhakaṃ tv idam || 67

Hp. II.71^cd YoY. VI.32^ab, VaS. III.28^cd

sahitaḥ kevalaś ceti kumbhako dvividho mataḥ || 71^cd

Hp. II.72^ab GoŚ. 30^ab, YoY. VI.32^cd, VaS. III.29^ab

yāvat kevalasiddhiḥ syāt sahitaṃ tāvad abhyaset | 72^ab

Hp. II.72^cd-73^ab YoY. VI.30^cd-31^ab, VaS. III.27^ab

recakaṃ pūrakaṃ muktvā sukhaṃ yad vāyudhāraṇam || 72^cd
prāṇāyāmo 'yam ity uktaḥ sa vai kevalakumbhakaḥ | 73^ab

Hp. II.73^cd-74^ab YoY. VI.33, YoŚ. 146-147, VaS. III.30

kumbhake kevale siddhe recapūrakavarjite || 73^cd
na tasya durlabhaṃ kiṃcit triṣu lokeṣu vidyate | 74^ab

Hp. II.76 ŚS. V.222

haṭhaṃ vinā rājayogo rājayogaṃ vinā haṭhaḥ |
na sidhyati tato yugmam ā niṣpatteḥ samabhyaset || 76

제III장

Hp. III.2 ŚS. IV.21

suptā guruprasādena yadā jāgarti kuṇḍalī |
tadā sarvāṇi padmāni bhidyante granthayo 'pi ca ||

Hp. III.5 ŚS. IV.22

tasmāt sarvaprayatnena prabodhayitum īśvarīm |
brahmadvāramukhe suptāṃ mudrābhyāsaṃ samācaret ||

Hp. III.6^{ab} ŚS. IV.23^{ab}

mahāmudrā mahābandho mahāvedhaś ca khecarī | 6^{ab}

Hp. III.10 AmP.29, AmS. 11.3(=AmP. 37^{ab})

pādamūlena vāmena yoniṃ saṃpīḍya dakṣiṇam |
prasāritaṃ padaṃ kṛtvā karābhyāṃ dhārayed dṛḍham ||

Hp. III.11-12 AmP. 31-32

kaṇṭhe bandhaṃ samāropya dhārayed vāyum ūrdhvataḥ |
yathā daṇḍahataḥ sarpo daṇḍākāraḥ prajāyate || 11
ṛjvībhūtā tathā śaktiḥ kuṇḍalī sahasā bhavet |
tadā sā maraṇāvasthā jāyate dvipuṭāśrayā || 12

Hp. III.14^{ab} AmP. 32^{ab}

abmahākleśādayo doṣāḥ kṣīyante maraṇādayaḥ | 14^{ab}

Hp. III.14^{cd} AmP. 32^{cd}, AmS. 11.9^{cd}

mahāmudrāṃ ca tenaiva vadanti vibudhottamāḥ || 14^{cd}

Hp. III.15-18 ViM. 60-63

candrāṅge tu samabhyasya sūryāṅge punar abhyaset |
yāvat tulyā bhavet saṃkhyā tato mudrāṃ visarjayet || 15
na hi pathyam apathyaṃ vā rasāḥ sarve 'pi nīrasāḥ |
api bhuktaṃ viṣaṃ ghoraṃ pīyūṣam iva jīryati || 16
kṣayakuṣṭhagudāvartagulmājīrṇapurogamāḥ |

tasya doṣāḥ kṣayaṃ yānti mahāmudrāṃ tu yo 'bhyaset || 17
kathiteyaṃ mahāmudrā mahāsiddhikarī nṛṇām |
gopanīyā prayatnena na deyā yasya kasyacit || 18

Hp. III.19^ab YoŚ. 132^cd

pārṣṇiṃ vāmasya pādasya yonisthāne niyojayet | 19^ab

Hp. III.20 AmP. 34

pūrayitvā tato vāyuṃ hṛdaye cubukaṃ dṛḍham |
niṣpīḍya yonim ākuñcya mano madhye niyojayet || 20

Hp. III.23^ab AmP. 35

ayaṃ tu sarvanāḍīnām ūrdhvagatinirodhakaḥ | 23^ab

Hp. III.24^cd AmP. 35^cd

triveṇīsaṃgamaṃ dhatte kedāraṃ prāpayen manaḥ || 24^cd

Hp. III.25 AmS, 13.3, 3,24^cd, AmP. 36, ŚS. VI.47^ab

rūpalāvaṇyasaṃpannā yathā strī puruṣaṃ vinā |
mahāmudrāmahābandhau niṣphalau vedhavarjitau || 25

Hp. III.26^ab cf. ŚS. IV.43^ab

mahābandhasthito yogī kṛtvā pūrakam ekadhīḥ | 26^ab

Hp. III.27^ab cf. ŚS. IV.43^cd

samahastayugo bhūmau sphicau saṃtāḍayec chanaiḥ | 27^ab

Hp. III.28 AmP. 41

somasūryāgnisaṃbandho jāyate cāmṛtāya vai ǀ
mṛtāvasthā samutpannā tato vāyuṃ virecayet ǁ 28

Hp. III.30[ab] AmP. 42[ab]

etat trayaṃ mahāguhyaṃ jarāmṛtyu vināśanam ǀ 30[ab]

Hp. III.30[cd] AmP. 43[ab]

vahnivṛddhikaraṃ caiva hy aṇimādiguṇapradam ǁ 30[cd]

Hp. III.31[ab] AmP. 42[cd]

aṣṭadhā kriyate caiva yāme yāme dine dine ǀ 31[ab]

Hp. III.31[ef] AmP. 43[cd]-44[ab]

samyak śikṣāvatām evaṃ svalpaṃ prathamasādhanam ǁ 31[ef]

Hp. III.32 ViM. 47

kapālakuhare jihvā praviṣṭā viparītagā ǀ
bhruvor antargatā dṛṣṭir mudrā bhavati khecarī ǁ 32

Hp. III.34-36 KhV. I.44-46

snuhīpatranibhaṃ śastraṃ sutīkṣṇaṃ snigdhanirmalam ǀ
samādāya tatas tena romamātraṃ samucchinet ǁ 34
tataḥ saindhavapathyābhyāṃ cūrṇitābhyāṃ pragharṣayet ǀ
punaḥ saptadine prāpte romamātraṃ samucchinet ǁ 35
evaṃ krameṇa ṣaṇmāsaṃ nityaṃ yuktaḥ samācaret ǀ
ṣaṇmāsād rasanāmūlaśirābandhaḥ praṇaśyati ǁ 36

Hp. III.39-41 ViM. 48-50

na rogo maraṇaṃ tandrā na nidrā na kṣudhā tṛṣā ।
na ca mūrcchā bhavet tasya yo mudrāṃ vetti khecarīm ‖ 39
pīḍyate na sa rogena lipyate na ca karmaṇā ।
bādhyate na sa kālena yo mudrāṃ vetti khecarīm ‖ 40
cittaṃ carati khe yasmāj jihvā carati khe gatā ।
tenaiṣā khecarī nāma mudrā siddhair nirūpitā ‖ 41

Hp. III.42 ViM. 50

khecaryā mudritaṃ yena vivaraṃ lambikordhvataḥ ।
na tasya kṣarate binduḥ kāminyāśleṣitasya ca ‖ 42

Hp. III.43 ViM. 53

calito 'pi yadā binduḥ saṃprāpto yonimaṇḍalam ।
vrajaty ūrdhvaṃ hṛtaḥ śaktyā nibaddho yonimudrayā ‖ 43

Hp. III.44 ViM. 125

ūrdhvajihvaḥ sthiro bhūtvā somapānaṃ karoti yaḥ ।
māsārdhena na saṃdeho mṛtyuṃ jayati yogavit ‖ 44

Hp. III.45 ViM. 130

nityaṃ somakalāpūrṇaṃ śarīraṃ yasya yoginaḥ ।
takṣakeṇāpi daṣṭasya viṣaṃ tasya na sarpati ‖ 45

Hp. III.46 ViM. 131

indhanāni yathā vahnis tailavartiṃ ca dīpakaḥ ।
tathā somakalāpūrṇaṃ dehī dehaṃ na muñcati ‖ 46

Hp. III.50 ViM. 128

cumbantī yadi lambikāgram aniśaṃ jihvārasasyandinī
sakṣārā kaṭukāmladugdhasadṛśī madhvājyatulyā tathā |
vyādhīnāṃ haraṇaṃ jarāntakaraṇaṃ śastrāgamodīraṇaṃ
tasya syād amaratvam aṣṭaguṇitaṃ siddhāṅganākarṣaṇam || 50

Hp. III.51 ViM 118

mūrdhnaḥ ṣoḍaśapatrapadmagalitaṃ prāṇād avāptaṃ haṭhād
ūrdhvāsyo rasanāṃ niyamya vivare śaktiṃ parāṃ cintayan |
utkallolakalājalaṃ ca vimalaṃ dhārāmayaṃ yaḥ piben
nirvyādhiḥ sa mṛṇālakomalavapuryogī ciraṃ jīvati || 51

Hp. III.54^{ab} KcT(ŚsV. II.5에 인용)

ekaṃ sṛṣṭimayaṃ bījam ekā mudrā ca khecarī | 54^{ab}

Hp. III.55 GoŚ. 58, YoB. 118^{cd}-119^{ab}

baddho yena suṣumnāyāṃ prāṇas tūḍḍīyate yataḥ |
tasmād uḍḍīyanākhyo ’yaṃ yogibhiḥ samudāhṛtaḥ ||

Hp. III.56-57 ViM. 42

uḍḍīnaṃ kurute yasmād aviśrantaṃ mahākhagaḥ |
uḍḍīyānaṃ tad eva syāt tatra bandho ’bhidhīyate || 56
udare paścimaṃ tānaṃ nābher ūrdhvaṃ ca kārayet |
uḍḍīyāno hy asau bandho mṛtyumātaṅgakesarī || 57

Hp. III.58-59 YoŚ. 141^{cd}-143^{ab}, YoB. 119^{cd}-121^{ab}

uḍḍīyānaṃ tu sahajaṃ guruṇā kathitaṃ sadā |
abhyaset satataṃ yas tu vṛddho ’pi taruṇāyate || 58
nābher ūrdhvam adhaś cāpi tānaṃ kuryāt prayatnataḥ |
ṣaṇmāsam abhyasen mṛtyuṃ jayaty eva na saṃśayaḥ || 59

Hp. III.61 ViM. 42

pārṣṇibhāgena saṃpīḍya yonim ākuñcayed gudam |
apānam ūrdhvam ākṛṣya mūlabandho 'bhidhīyate || 61

Hp. III.62 GoŚ. 52^{cd}-53^{ab} (=GoŚ. 75)

adhogatim apānaṃ vā ūrdhvagaṃ kurute balāt |
ākuñcanena taṃ prāhur mūlabandhaṃ hi yoginaḥ ||

Hp. III.63-64 YoŚ. 144-145, YoB. 116-117

gudaṃ pārṣṇyā tu saṃpīḍya vāyum ākuñcayed balāt |
vāraṃ vāraṃ yathā cordhvaṃ samāyāti samīraṇaḥ || 63
prāṇāpānau nādabindū mūlabandhena caikatām |
gatvā yogasya saṃsiddhiṃ yacchato nātra saṃśayaḥ || 64

Hp. III.65 ViM. 41

apānaprāṇayor aikyaṃ kṣayo mūtrapurīṣayoḥ |
yuvā bhavati vṛddho 'pi satataṃ mūlabandhanāt || 65

Hp. III.66-69 GoŚ. 53^{cd}-57^{ab}

apāna ūrdhvage jāte prayāte vahnimaṇḍalam |
tadānalaśikhā dīrghā jāyate vāyunā hatā || 66
tato yāto vahnyapānau prāṇam uṣṇasvarūpakam |
tenātyantapradīptas tu jvalano dehajas tathā || 67
tena kuṇḍalinī suptā saṃtaptā saṃprabudhyate |
daṇḍāhatā bhujaṅgīva niśvasya ṛjutāṃ vrajet || 68
bilaṃ praviṣṭeva tato brahmanāḍyantaraṃ vrajet |
tasmān nityaṃ mūlabandhaḥ kartavyo yogibhiḥ sadā || 69

Hp. III.70 YoŚ. 138

kaṇṭham ākuñcya hṛdaye sthāpayec cibukaṃ dṛḍham ।
bandho jālaṃdharākhyo 'yaṃ jarāmṛtyu vināśakaḥ ॥ 70

Hp. III.71-72 ViM. 45-46

badhnāti hi sirājālam adhogāminabhojalam ।
tato jālaṃdharo bandhaḥ kaṇṭhaduḥkhaughanāśanaḥ ॥ 71
jālaṃdhare kṛte bandhe kaṇṭhasaṃkocalakṣaṇe ।
na pīyūṣaṃ pataty agnau na ca vāyuḥ prakupyati ॥ 72

Hp. III.73[ab] YoV. 19[ab]

kaṇṭhasaṃkocanenaiva dve nāḍyau stambhayed dṛḍham । 73[ab]

Hp. III.79[ab] ViM. 135

ūrdhvanābher adhastālor ūrdhvaṃ bhānur adhaḥ śaśī । 79[ab]

Hp. III.79[cd]-81[ab] YoŚ. 146-147

karaṇī viparītākhyā guruvākyena labhyate ॥ 79[cd]
nityam abhyāsayuktasya jaṭharāgnivivardhinī । 80[ab]
āhāro bahulas tasya saṃpādyaḥ sādhakasya ca ॥ 80[cd]
alpāhāro yadi bhaved agnir dahati tatkṣaṇāt । 81[ab]

Hp. III.81[cd]-82[ef] YoŚ. 148[cd]-150[ab]

adhaḥśirāś cordhvapādaḥ kṣaṇaṃ syāt prathame dine ॥ 81[cd]
kṣaṇāc ca kiṃcidadhikam abhyasec ca dine dine । 82[ab]
valitaṃ palitaṃ caiva ṣaṇmāsordhvaṃ na dṛśyate । 82[cd]
yāmamātraṃ tu yo nityam abhyaset sa tu kālajit ॥ 83[ef]

Hp. III.83^{ab}-84^{ab} YoŚ. 152^{ab}-153^{ab}
(3.83^{ab} = ŚS. IV.79^{ab})

svecchayā vartamāno 'pi yogoktair niyamair vinā | 83^{ab}
vajrolīṃ yo vijānāti sa yogī siddhibhājanam || 83^{cd}
tatra vastudvayaṃ vakṣye durlabhaṃ yasya kasyacit | 84^{ab}

Hp. III.87^{cd}-88^{cd} YoŚ. 156^{cd}-157^{cd}
(3.88^{cd} = ŚS. IV.88^{ab}

calitaṃ ca nijaṃ bindum ūrdhvam ākṛṣya rakṣayet || 87^{cd}
evaṃ saṃrakṣayed binduṃ mṛtyuṃ jayati yogavit | 88^{ab}
maraṇaṃ bindupātena jīvanaṃ bindudhāraṇāt || 88^{cd}

Hp. III.89^{cd} ViM. 52^{ab}

yāvad binduḥ sthiro dehe tāvat kālabhyaṃ kutaḥ || 89^{cd}

Hp. III.105 ViM. 53^{ab}

uddhāṭayet kapāṭaṃ tu yathā kuñcikayā haṭhāt |
kuṇḍalinyā tathā yogī mokṣadvāraṃ vibhedayet || 105

Hp. III.106 ViM. 33

yena mārgeṇa gantavyaṃ brahmasthānaṃ nirāmayam |
mukhenācchādya tadvāraṃ prasuptā parameśvarī || 106

Hp. III.107 ViM. 39

kandordhve kuṇḍalī śaktiḥ suptā mokṣāya yoginām |
bandhanāya ca mūḍhānāṃ yas tāṃ vetti sa yogavit || 107

Hp. III.113 YoB. 92

ūrdhvaṃ vitastimātraṃ tu vistāraṃ caturaṅgulam |
mṛdulaṃ dhavalaṃ proktaṃ veṣṭitāmbaralakṣaṇam || 113

Hp. III.114 GoŚ. 59

sati vajrāsane pādau karābhyāṃ dhārayed dṛḍham |
gulphadeśasamīpe ca kandaṃ tatra prapīḍayet || 59

Hp. III.115 YoB. 125

vrajāsane sthito yogī cālayitvā ca kuṇḍalīm |
kuryād anantaraṃ bhastrāṃ kuṇḍalīm āśu bodhayet || 115

Hp. III.116 YoB. 94

bhānor ākuñcanaṃ kuryāt kuṇḍalīṃ cālayet tataḥ |
mṛtyuvaktragatasyāpi tasya mṛtyubhayaṃ kutaḥ || 116

Hp. III.117-118 GoŚ. 22^{cd}-24^{ab}

muhūrtadvayaparyantaṃ nirbhayaṃ cālanād asau |
ūrdhvam ākṛṣyate kiṃcit suṣumnāyāṃ samudgatā || 117
tena kuṇḍalinī tasyāḥ suṣumnāyā mukhaṃ dhruvam |
jahāti tasmāt prāṇo 'yaṃ susūmnāṃ vrajati svataḥ || 118

Hp. III.119 GoŚ. 26^{cd}-27^{ab}

tasmāt saṃcālayen nityaṃ sukhasuptām arundhatīm |
tasyāḥ saṃcālanenaiva yogī rogaiḥ pramucyate || 119

제IV장

Hp. IV.2 GoŚ. 63^{cd}-64^{ab}

athedānīṃ pravakṣyāmi samādhikramam uttamam |
mṛtyughnaṃ ca sukhopāyaṃ brahmānandakaraṃ param || 2

Hp. IV.5-7 ViM. 162-164

salile saindhavaṃ yadvat sāmyaṃ bhajati yogataḥ |
tathātmamanasor aikyaṃ samādhir abhidhīyate || 5
yadā saṃkṣīyate prāṇo mānasaṃ ca pralīyate |
tadā samarasatvaṃ ca samādhir abhidhīyate || 6
tatsamaṃ ca dvayor aikyaṃ jīvātmaparamātmanoḥ |
pranaṣṭasarvasaṃkalpaḥ samādhiḥ so 'bhidhīyate || 7

Hp. IV.8 AmY. II.5

rājayogasya māhātmyaṃ ko vā jānāti tattvataḥ |
jñānaṃ muktiḥ sthitiḥ siddhir guruvākyena labhyate || 8

Hp. IV.16 CaA. 30

jñātvā suṣumnā sadbhedaṃ kṛtvā vāyuṃ ca madhyagam |
sthitvā sadaiva susthāne brahmarandhre nirodhayet || 16

Hp. IV.17[cd] MaS. IV.44[ab]

bhoktrī suṣumnā kālasya guhyam etad udāhṛtam || 17[cd]

Hp. IV.19 YoŚ. 108

vāyuḥ paricito yasmād agninā saha kuṇḍalīm |
bodhayitvā suṣumnāyāṃ praviśed anirodhataḥ || 19

Hp. IV.22 GoŚ. 9

hetudvayaṃ tu cittasya vāsanā ca samīraṇaḥ |
tayor vinaṣṭa ekasmiṃs tau dvāv api vinaśyataḥ ||

Hp. IV.24-25 AmY. II.27-28

dugdhāmbuvat saṃmilitāv ubhau tau tulyakriyau mānasamārutau hi |

yato marut tatra manaḥ pravṛttir yato manas tatra marut pravṛttiḥ || 24
tatraikanāśād aparasya nāśa ekapravṛtter aparapravṛttiḥ |
adhvastayoś cendrayavargavṛttiḥ pradhvastayor mokṣapadasya siddhiḥ || 24

Hp. IV.31-32 AmY. II.21-22
pranaṣṭaśvāsaniśvāsaḥ pradhvastaviṣayagrahaḥ |
niścesṭo nirvikāraś ca layo jayati yoginām || 31
ucchinnasarvasaṃkalpo niḥśeṣāśeṣaceṣṭitaḥ |
svāvagamyo layaḥ ko 'pi jāyate vāgagocaraḥ || 32

Hp. IV.33 KjN. III.2[cd]-3[ab]
yatra dṛṣṭir layas tatra bhūtendriyasanātanī |
sā śaktir jīvabhūtānāṃ dve alakṣye layaṃ gate || 33

Hp. IV.35 AmY. II.9
vedaśāstrapurāṇāni sāmānyagaṇikā iva |
ekaiva śāṃbhavīmudrā guptā kulavadhūr iva || 35

Hp. IV.36 AmY. II.10(CaA 1)
antarlakṣyaṃ bahir dṛṣṭir nimeṣonmesavarjitā |
eṣā sā śāṃbhavī mudrā vedaśāstreṣu gopitā || 36

Hp. IV.37 CaA. 2
antarlakṣyavilīnacittapavano yogī yadā vartate
dṛṣṭyā niścalatārayā bahiradhaḥ paśyann apaśyann api |
mudreyaṃ khalu śāṃbhavī bhavati sā labdhā prasādād guroḥ
śūnyāśūnyavilakṣaṇaṃ sphurati tat tattvaṃ padaṃ śāṃbhavam || 37

Hp. IV.39　　　　　　AmY. II.8

tāre jyotiṣi saṃyojya kiṃcid unnamayed bhruvau |
pūrvayogaṃ mano yuñjann unmanīkārakaḥ kṣaṇāt || 39

Hp. IV.40　　　　　　AmY. II.11

kecid āgamajālena kecin nigamasaṃkulaiḥ |
kecit tarkeṇa muhyanti neva jānanti tārakam || 40

Hp. IV.41　　　　　　CaA. 3

ardhonmīlitalocanaḥ sthiramanā nāsāgradattekṣaṇaś
candrārkāv api līnatām upanayan nispandabhāvena yaḥ |
jyotīrūpam aśeṣabījam akhilaṃ dedīpyamānaṃ paraṃ
tattvaṃ tatpadam eti vastu paramaṃ vācyaṃ kim atrādhikam || 41

Hp. IV.42　　　　　　KhV. III.19

divā na pūjayel liṅgaṃ rātrau caiva na pūjayet |
sarvadā pūjayel liṅgaṃ divārātrinirodhataḥ || 42

Hp. IV.54　　　　　　CaA. 25

śaktimadhye manaḥ kṛtvā śaktiṃ mānasamadhyagām |
manasā mana ālokya dhārayet paramaṃ padam || 54

Hp. IV.55　　　　　　UG. I.9*cd*-10*ab*

khamadhye kuru cātmānam ātmamadhye ca khaṃ kuru |
sarvaṃ ca khamayaṃ kṛtvā na kiṃcid api cintayet || 55

Hp. IV.56　　　　　　LYV. VI.15.79

antaḥ śūnyo bahiḥ śūnyaḥ śūnyaḥ kumbha ivāmvare |
antaḥ pūrṇo bahiḥ pūrṇaḥ pūrṇaḥ kumbha ivārṇave || 56

Hp. IV.58 LYV. III.7.27

saṃkalpamātrakalanaiva jagatsamagraṃ
saṃkalpamātrakalanaiva manovilāsaḥ |
saṃkalpamātram atim utsṛja nirvikalpam
āśritya niścayam avāpnuhi rāma śāntim || 58

Hp. IV.61 AmY. II.79

manodṛśyam idaṃ sarvaṃ yatkiṃcit sacarācaram |
manaso hy unmanībhāvād dvaitaṃ naivopalabhyate || 61

Hp. IV.69 AmP. 44, AmS. 19.2, ŚS. III.31

ārambhaś ca ghaṭaś caiva tathā paricayo 'pi ca |
niṣpattiḥ sarvayogeṣu syād avasthācatuṣṭayam || 69

Hp. IV.70-77 AmP. 45-53

brahmagranther bhaved bhedo hy ānandaḥ śūnyasaṃbhavaḥ |
vicitraḥ kvaṇako dehe 'nāhataḥ śrūyate dhvaniḥ || 70
divyadehaś ca tejasvī divyagandhas tv arogavān |
saṃpūrṇahṛdayaḥ śūnya ārambhe yogavān bhavet || 71
dvitīyāyāṃ ghaṭīkṛtya vāyur bhavati madhyagaḥ |
dṛḍhāsano bhaved yogī jñānī devasamas tadā || 72
viṣṇugranthes tato bhedāt paramānandasūcakaḥ |
atiśūnye vimardaś ca bherīśabdas tadā bhavet || 73
tṛtīyāyāṃ tu vijñeyo vihāyomardaladhvaniḥ |
mahāśūnyaṃ tadā yāti sarvasiddhisamāśrayam || 74
cittānandaṃ tadā jitvā sahajānandasaṃbhavaḥ |
doṣaduḥkhajarāvyādhikṣudhānidrāvivarjitaḥ || 75
rudrāgranthiṃ yadā bhittvā śarvapīṭhagato 'nilaḥ |
niṣpattau vaiṇavaḥ śabdaḥ kvaṇadvīṇākvaṇo bhavet || 76

ekībhūtaṃ tadā cittaṃ rājayogābhidhānakam |
sṛṣṭisaṃhārakartāsau yogīśvarasamo bhavet || 77

Hp. IV.100　　　　　UG. I.42
anāhatasya śabdasya dhvanir ya upalabhyate |
dhvaner antargataṃ jñeyaṃ jñeyasyāntargataṃ manaḥ |
manas tatra layaṃ yāti tad viṣṇoḥ paramaṃ padam || 100

Hp. IV.108　　　　　ViM. 168
khādyate na ca kālena bādhyate na ca karmaṇā |
sādhyate na sa kenāpi yogī yuktaḥ samādhinā || 108

Hp. IV.109　　　　　ViM. 166
na gandhaṃ na rasaṃ rūpaṃ na ca sparśaṃ na niḥsvanam |
nātmānaṃ na paraṃ vetti yogī yuktaḥ samādhinā || 109

Hp. IV.110　　　　　GoŚ. 7
cittaṃ na suptaṃ no jāgrat smṛtivismṛtivarjitam |
na cāstam eti nodeti yasyāsau mukta eva saḥ || 110

Hp. IV.112　　　　　AmY. II.59
svastho jāgradavasthāyāṃ suptavad yo 'vatiṣṭhate |
niḥśvāsocchvāsahīnaś ca niścitaṃ mukta eva saḥ || 112

Hp. IV.113　　　　　ViM. 169
avadhyaḥ sarvaśastrānām aśakyaḥ sarvadehinām |
agrāhyo mantrayantrāṇāṃ yogī yuktiḥ samādhinā || 113

[부록 2] 『하타의 등불』 필사본 목록[1]

약호

!	: *sic.* (필사본에 기록된 그대로의 표기)
A.	: Akṣara(s) (한 행의 평균적인 아크샤라 숫자)
B.	: Bengali (벵갈리: 언어/ 문자)
B.S.	: Bengal Saṃvat
C.	: Complete(완벽: 사본의 구성)
C-A	: Commentary of Hp. (저자가 확인되지 않은 주석)
C-J	: Commentary of Hp. (브라흐마난다의 주석 *Jyotsnā*)
C-Y	: Commentary of Hp. (발라끄리쉬나의 주석 *Yogaprakāśikā*)
Comm.	: Commentary(주석서)
D.	: Devanagari (데바나가리: 문자)
F.	: Folio(s) (폴리오 수)
Gr.	: Grantha (그란타: 언어/ 문자)
G.	: Good Condition(좋음: 사본의 상태)
(H)	: Mūlamātra(=Haṭhapradīpikā)
Hp.	: Haṭha(yoga)pradīpikā
Ic.	: Incomplete (일부 소실 등으로 불완전한 사본)
L.	: Lines (각 폴리오의 평균적인 행, lines 숫자)
M.	: Malayalam (말라얄암: 언어/ 문자)

1 본 목록은 2009년 역자가 발표했던 논문을 정리한 것으로 Kaivalyadhama의 KDCYM(2005년 업데이트 판) 및 Kaivalyadhama의 Hp[4](pp.xxv-xxvii)에 의거한 260여 개의 필사본과 역자가 조사한 130여 개의 필사본 중 중복되는 것을 제외한 약 60여 사본을 새롭게 추가한 것이다.

Ms.	: Manuscript (사본)
N.	: Nandinagari (난디나가리: 언어/문자)
Nv.	: Newari (네팔: 언어/ 문자)
P.	: Paper (종이: 사본 재질)
P/D.	: Paper/Devanagari
P/G.	: Paper/Grantha
Pl.	: Palm Leaf (종려나무: 사본 재질)
Saṃvat	: Saṃvat
S=	: Scribe
Tl.	: Telugu (뗄루구: 언어/ 문자)
V.S.	: Vikram Saṃvat
Śr.	: Śaradī (샤라다: 언어/ 문자)
Śaka.	: Śaka력

Bn: 벵갈문자	Dr: 드라비다 문자	Gj: 구자라뜨 문자
Gr: 그란따 문자	Hn: 힌디 문헌	Mal: 말라얄람 문자
Mar: 마라띠	Nan: 난디나가리	Nr: 네와리 문자
Śd: 샤라다 문자	Te: 뗄루구 문자	

장소
소장기관(사본의 수)
번호 사본번호 사본명(저자/ 주석가)
재질/ 문자/ 크기/ 폴리오수/ 필사연대/ 기타

Ahmedabad
Lalbhai Dalpatbhai Bharatiya Sanskrit Vidyamandir (3)

1. 2778 Haṭhapradīpikā(Ātmārāma Yogīndra)
P/D/ 20.3×11.4/ 23F/13L/ 26A/ C/G/ Saṃvat 1764
2. 5207 Haṭhapradīpikā(Ātmārāma Yogīndra)
P/D/ 24.4×11.2/ 8F/ 20L/ 56A/ C/ Saṃvat 1756/ 손상
3. 6423 Haṭhapradīpikā(Ātmārāma Yogīndra)
P/D/ 24.5×10.8/ 10F/ 13L/ 36A/ C/G/ Saṃvat 1750

Ahmednagar
Sanatana Dharma Sabha(1)

4. 216/ 5 Haṭhayoga
P/D/ 22×10.5/ 35F/ 7L/ 30A/ C/G

Allahabad
Allahabad Museum(3)

5. 101(Bag. no. 159) Haṭhapradīpikā*
P/D 31F/
6. 338(Bag. no. 170) Haṭhayogapradīpikā*
P/D/ 23F

7. 543(Bag. no. 178) Haṭhapradīpikā*
P/D/ 19F

Allahabad
Ganganatha Jha Research Institute
(Ganganath Jha Kendriya Sanskrit Vidyāpitha) (3)

8. 4193-9 Haṭhayogapradīpikā(Svātmārāma)
P/M/ 30×13.5/ 13F/ 15L/ 42A/ C/G

9. 4193-10 Haṭhayogapradīpikā(Svātmārāma)
P/D/ 20×10/ F13(Ff.6-9)/ 10L/ 32A/ Ic/ Old

10. 9087-24 Haṭhayogapradīpikā(Svātmārāma)
P/M/ F22/ C/

Baroda
Library of Oriental Institute(5)

11. 822 Haṭhapradīpikā(Svātmārāma)
P/D/ 20F/ Ic/ 1st. Upadeśa

12[C-J] 1812 Haṭhapradīpikā Ṭīkā (Brahmānanda) (= *Jyotsnā*)
P/Ś/ 130F/ Saṃvat 1784/ Sc=Bhaṭṭa Nārāyaṇa

13. 13221(c) Haṭhapradīpikā(Svātmārāma)
PL/Gr/ 28F/ From 2nd Upadeśa onwards

14. 13457(b) Haṭhapradīpikā(Svātmārāma)
PL/N,Gr/ 18F/ 다른 Stotras가 포함됨.

15[C-J] 13636 Haṭhapradīpikā Ṭīkā(Brahmānanda) (= *Jyotsnā*)
P/D/ 87F/
이 사본은 KDCYM, p. 526에서 사본 번호가 12636으로 표기되어 있고 동 연구소에서 출판된 Hp(Kd),

p. 26은 이 사본이 Saṃvat 1931, Śaka 1976년에 필사된 것으로 기록하고 있다.

Baroda

The Maharajaḥ Gaekwad Central Library(1)

16[C-J] 354 Haṭhapradīpajyotsnā (= *Jyotsnā*)

Bikaner

Anup Sanskrit Library(3)

17[C-J] 2-56 Haṭhapradīpikā Ṭīkā
P/D/ 52F/ Saṃvat 1787/
Belongs to Maharaj Kunwar Joravar Singh,
Sc=Shrikriṣṇa Purohita
이 필사본은 브라흐마난다의 주석 『월광』이 함께 수록되었고 saṃvat 1787년(서기 1730년)에 필사되었다. 이 필사본은 현존하는 『월광』 필사본 중 가장 오래된 것으로 추정된다.

18. 5913 Svātmayogapradīpaprabodhini(Amarānanda Yogīndra) 14F/ Beginning wanting

19. 5914 Haṭhapradīpikā(Svātmārāma)
20F

Bikaner

Library of H.H. The Maharaja of Bikaner(1)

20. 1222 Haṭhapradīpikā(Svātmārāma)
P/D/ 34F/ 11L/

Calcutta

The Library of the Asiatic Society of Bengal(1)

21. G.10521. Haṭhapradīpikā(Svātmārāma)
P/D/ 6F/ Ic/ Saṃvat 1892/
전체 5장으로 구성되었다는 언급이 있다.

Calcutta

Calcutta Sanskrit College(1)

22. 766 Haṭhadīpikā(Svātmārāma)
P/D/ 24.3×10/ 20F/ 20L/ Saṃvat 1690

Calcutta

National Library

다수의 Hp. 사본이 있지만 확인되지 않음.
Kd.는 꼴까따(캘커타) 국립도서관에 보관된 필사본(No. TH321)을 언급하고 있다. Kd.에 따르면 이 사본이 필사된 연도는 Saṃvat 1868년이다.

Cambay

Śāntinātha Jain Bhandara(1)

23. Ⅲ-G-25 Haṭhapradīpikā(Svātmārāma)
P/D/ 11.6×2/ 19F/ 11L/ 32-42A/ C/ Saṃvat 1689

Darbhanga

Sanskrit University(10)

24. 27 Haṭhapradīpikā(Svātmārāma) P/D/ 13F

25.	28	Haṭhapradīpikā(Svātmārāma) P/D/ 74F
26.	29	Haṭhapradīpikā(Svātmārāma) P/D/ 6F
27.	30	Haṭhapradīpikā(Svātmārāma) P/D/ 15F
28.	31	Haṭhapradīpikā(Svātmārāma) P/D/ 7F
29.	77(6)	Haṭhayogapradīpikā(Svātmārāma) P/D/ 13F/ Ic.(F.11 missing)
30.	127(1)	Haṭhayogapradīpikā(Svātmārāma) P/D/ 74F/ Saṃvat 1947
31.	191(6)	Haṭhayogapradīpikā(Svātmārāma) P/D/ 6F/ Ic.
32.	337(8)	Haṭhayogapradīpikā(Svātmārāma) P/D/ 15F/ Ic(Ff.1-2 missing)
33.	347(14)	Haṭhayogapradīpikā(Svātmārāma) P/D/ 7F

Hoshiapur

Vishveshvarananda Vedic research Institute(12)

34.	1293	Haṭhayogapradīpikā(Svātmārāma) P/D/ 19F/ C/ Saṃvat 1911/ Printed
35[C-J]	1499(b)	Haṭhayogapradīpikā(Jyotsnāsahitā)(= *Jyotsnā*) P/D/ 65F/ G/G
36.	2019	Haṭhayogapradīpikā(Svātmārāma) P/D/ 16F/ C/ Saṃvat 1923/ Printed
37.	2080	Haṭhayogapradīpikā(Svātmārāma) P/D/ 16F/ Ic/ Printed
38.	2081	Haṭhayogapradīpikā(Svātmārāma) P/D/ 31F/ C/
39.	2082	Haṭhayogapradīpikā(Svātmārāma)

		P/D/ 6F/ Ic/ Saṃvat 1775/ Printed
40.	2089	Haṭhayogapradīpikā(Svātmārāma)
		P/D/ 18F/ C/ Printed
41.	2091	Haṭhayogapradīpikā(Svātmārāma)
		P/D/ 16F/ C/ Saṃvat 1923/ Printed
42.	4530	Haṭhayogapradīpikā(Svātmārāma)
		P/D/ 32F/ C/ Saṃvat 1888/ Printed
43.	4581	Haṭhayogapradīpikā(Svātmārāma)
		P/D/ 103F/ C/ Printed
44.	6065	Haṭhayogapradīpikā(Svātmārāma)
		P/D/ 33F/ C/ Old/ Printed
45.	6494	Haṭhayogapradīpikā Granthasaṇgraha
		P/Ś/ 249F/ C/ 20개의 다른 작품과 함께 포함/ 손상됨

Janmu
The Raghunath Temple Library
Shri Ranbir Sanskrit Research Institute(5)

46[C-A]	4373	Haṭhayogapradīpikābhāṣya(Śrīsaccidarāma)
		P/D(Hindi)/ 5F/ 19L/ 67A/ C/
47.	4378	Haṭhapradīpikā(Svātmārāma Yogīndra)
		P/D/ 36F/ 10L/ 27A/ 1818년
48.	4383	Haṭhapradīpikā(Svātmārāma Yogīndra)
		P/D/ 23F/ 10L/ 32A
49.	4392	Haṭhapradīpikā(Svātmārāma Yogīndra)
		P/D/ 46F/ 7L/ 23A/ Old
50.	4986	Haṭhayogapradīpikā(Svātmārāma Yogīndra)
		P/D/ 7F/ 15L/ 44A/ 1887년/ Contains 5 Chapters.

Jodhpur

Rajasthan Oriental Research Institute(56)

51.	629	Haṭhayogapradīpikā(Svātmarāma) P/D/ 35×16.6/ 23F/ 11L/ 32A/ C/ old.
52.	764	Haṭhayogapradīpikā(Svātmarāma Yogīndrā) P/D/ 27.7×12.5/ 12F/ 16L/ 38A/ C/ Saṃvat 1876
53.	952	Haṭhapradīpikā(Bhāvārthadīpikā)/ (Brajabhūṣaṇa Miśra Lāhorī) P/D/ 15.×29.5/ 66F/ 10L/ 42A/ C/G/ V.S.1897
54[C-A]	1448	Haṭhapradīpikā Vyākhyā P/D/ 10.5×15.8/ 193F/ 14L/ 16-20A/ C/ G/ V.S.1936/ 장소: Udayapura
55.	1802(1)	Haṭhapradīpikā(Svātmārāma) P/D/ 21.9×10.4/ 11F/ 14L/ 42A/ C/ 19세기
56.	2224	Haṭhapradīpa(Svātmārāma Yogīndra) P/D/ 11×24.2/ 6F/ 7L/ 18A/ C/ 18세기
57.	2225	Haṭhapradīpikā(Svātmārāma) P/D/ 15×35.5/ 34F/ 9L/ 43A/ C/ 18세기
58.	2226	Haṭhapradīpikā(Svātmārāma) P/D/ 13×27/
59.	1915(2227)	Haṭhapradīpikā(Svātmārāma) P/D/ 13×27/ 42F/ 19세기/ 10 Upadeśa
60[C-Y]	1915(2228)	Haṭhapradīpikā Vyākhyā(Yogaprakāśika) P/D/ 13×27/ 75F/ 11L/ 35A/ Ic(Ff.1-2, 22 missing)/ G/ 19세기/ Yogaprakāśikā by Bālakṛṣṇa/ 10 Upadeśa
61.	2229	Haṭhapradīpikā(Svātmārāma) P/D/ 11×25.5/ 46F/ 7L/ 23A/ C/G/ 19세기
62.	2230	Haṭhapradīpikā(Svātmārāma)

P/D/ 10.5×24/ 35F/ 7L/ 23A/ C/ Old/ V.S. 1683

63. 2231 Haṭhapradīpikā(Svātmārāma)
P/D/ 8.5×27/ 40F/ 6L/ 43A/ C/G/ 19세기

64. 2232 Haṭhapradīpikā(Svātmārāma)
P/D/ 18×36/ 8F/ 19L/ 62A/ C/G/ V.S. 1876

65. 2233 Haṭhapradīpikā(Svātmārāma)
P/D/ 11.5×24/ 46F/ 8L/ 26A/ C/G/ 19세기

66. 2234 Haṭhapradīpikā(Svātmārāma)
P/D/ 10×24.5/ 41F/ 7L/ 28A/ C/ G/ 19세기

67. 2235 Haṭhapradīpikā(Svātmārāma)
P/D/ 15×23/ 16F/ 14L/ 31A/ C/ G/ 18세기/
Sc= Bhavāniśaṇkara Daśapurā
장소: Udayapura/ Copied during the reign of Mahārāṇā Bhimasiṃha

68. 2236(A) Haṭhapradīpikā(Svātmārāma)
P/D/ 9.5×14.5/ 548F/16L/ C/G/ 18세기

69. 2236(B) Haṭhapradīpikā(Svātmārāma)
P/D/ 20×13/ 23F(Ff. 47-69)/ 21L/ 12A/ C/G/ 19세기

70 2237 Haṭhapradīpikā(Svātmārāma)
P/D/ 11.2×30.5/ 24F/9/ 46A/ C/ G/V.S. 1802/
장소: Mulatāna

71. 2238 Haṭhapradīpikā(Svātmārāma)
P/D/ 11.2×25.5/ 16F/ 12L/ 44A/ C/G/ 18세기

72. 2239 Haṭhapradīpikā(Svātmārāma)
P/D/ 11.5×25.5/ 9F/ 21L/ 51A/ C/G/ Old. V.S. 1795/
Gītāsāra in the beginning

73. 2240 Haṭhapradīpikā(Svātmārāma)
P/D/ 23×16/ 34F/ 11L/51A/ C/G/ 19세기

74. 2241 Haṭhapradīpikā(Svātmārāma)

P/D/ 10×23/ 19F/ 9L/ 37A/ Ic/G /19세기

75[C-J] 2242 Haṭhapradīpikā Ṭīkā(Brahmānanda)
P/D/ 16.5×32.5/ 119F/ 13L/ 41A/ C/ 18세기

76. 2785 Haṭhapradīpikā(Svātmārāma)
P/D/ 21×11/ 2F/ 10L/ 29A/ Ic/G/ 20세기

77. 3013 Haṭhapradīpikā(Svātmārāma)
P/D/ 24.3×10.9/ 25F/ 9L/ 36A/ C/ Saṃvat 1706/
Scb. Alakhānandayati of Avantipura

78. 3471 Haṭhapradīpikā(Svātmārāma)
P/D/ 24×10/ 25F/ 8L/ 31A/ Ic/G/ 19세기

79. 4567 Haṭhavidyā(Svātmārāma Yogīndra)
P/D/ 22.5×12/ 22F/ 11L/ 33A/ C/G/ 19세기

80. 5873 Haṭhapradīpikā(Svātmārāma)
P/D/ 26.8×15.2/ 26F/ 11L/ 25A/ C/ Saṃvat 1894

81. 6076 Haṭhapradīpikā(Svātmārāma)
P/D/ 31.5×13.7/ 27F/ 8L/ 35A/ C/ Saṃvat 1897/
Sc=Sītārāma

82. 6756 Haṭhayogapradīpikā(Svātmarāma Yogīndrā)
P/D/ 20.2×10.9/ 171F/ 9L/ 22A/ C/
Saṃvat 1765/
Sc= Tulārāma under the command of King
Jayasimhadeva/ contains 6 upadeśas(1553 verses)

83. 7757(1) Haṭhayogapradīpikā(Svātmarāma Yogīndrā)
P/D/ 12.8×11.2/ 9-15A/ C/ 56F/ Saṃvat 1850/
Sc= Bhāskara Bhaṭṭa of Kāśmira

84. 8056 Haṭhayogapradīpikā(Svātmarāma Yogīndrā P/ O
Sahajanārhta)
P/D/ 22.5×12/ 22F/ 11L/ 33A/ C/ Saṃvat 1850

85. 8656 Haṭhayogapradīpikā(Svātmarāma Yogīndrā P/ O

Sahajanārhta)
P/D/ 25.5×11.2/ 22F/ 10L/ 34A/ Ic.(F.3 missing)
Saṃvat 1844/ Sc= Nirmala Giri

86. 9588 Haṭhapradīpikā(Svātmārāma)
P/D/ 26.5×17.5/ 40F/ 10L/ 26A/
Ic(18, 21, 33F Missing)

87. 9732-56 Haṭhapradīpikā(Svātmārāma)
P/D/ 28×12.5/ 29F/ Saṃvat 1899/
Sc= Rāmadāsa,

88. 9732(2) Haṭhayogapradīpikā(Siddhānatamuktāvalī)
(Svātmāromopayogī)
P/D/ 17×12.5/ 29F/ Saṃvat 1899
Sc= Rāmadāsa,

89[C-A] 9732(3) Haṭhayogapradīpikā(Siddhānatamuktāvalī with ṭīkā)
(Svātmārama yogīndra)
P/D/ 17×12.5/ 75F/ 14L/ 25A/ Ic/ Saṃvat 1899
Sc= Motībhāsa guru

90[C-J] 11663 Haṭhapradīpikā Ṭīkā(Brahmānanda)
P/D/ 31×13.6/ 40F/ 9L/ 51A/ Ic/ 19세기

91. 11955 Haṭhapradīpikā(Svātmārāma)
P/D/ 22.4×9.4/ 23F/ 6L/31A/ Ic(F. 1, 7 Missing)/
18세기.

92. 14103 Haṭhapradīpikā(Svātmārāma)
P/D/ 30×12/ 17F/ 15L/ 40A/ C/ Saṃvat 1912/
Sc= Toṅka의 Nārāyaṇa Jośi

93. 14676(15)Haṭhapradīpikā(Svātmārāma)
P/D/ 21×12.8/ 44F/ 12L/ 22A/ C/ Saṃvat 1848/
40 multicoloured illustrations 포함됨

94. 16589 Haṭhapradīpikā(Svātmārāma)

P/D/ 14×9.5/ 74F/ 6L/ 10A/ C/ /18세기/ Ic(F. 1, 3, 4, 6, 13 Missing

95[C-J] 18552 Haṭhapradīpikā Ṭīkā(Brahmānanda)
P/D,R/ 25.6×12/ 50F/ 11L/ 35A/ C/ Saṃvat 1914/ Sc= Swāmi Madhusūdana

96[C-J] 21626 Haṭhapradīpikā with Ṭīkā(Brhmānanda)
P/D/ 30.5×14/ 88F/ 12L/ 43A/ C/ G/ 19세기/ 1st, F 손상

97[C-A] 23532 Haṭhapradīpikā Ṭīkā
P/D/ 30.5×14.5/ 10F/ 15L/ 48A/ C/ 20세기

98. 23709 Haṭhayogapradīpikā(Svātmarāma Yogīndrā)
P/D/ 30×12/ 43F/ Old. V.S.1724. F.22 missing

99. 26282/342Haṭhapradīpikā(Svātmārāma)
P/D/ 32.5×13/ 20F/ 11L/ 34A/ Ic/ 18세기

100. 27871/164Haṭhapradīpikā(Ātmārāma)
P/D/ 22.5×11/ 20F/ 11L/ 34A/ C/ 18세기

101. 29924 Haṭhapradīpikā(Svātmārāma Yogīndra)
P/D/ 24.3×11.6/ 13F/ 13L/ 37/A/ C/ Very Old. 17세기

102. 36224 Haṭhapradīpikā(Svātmārāma)
P/D/ 33×13.5/ 20F/ 10L/ 40A/ C/ Old. V.S. 1926/ 장소: Murāda Nagara

103. 36850 Haṭhapradīpikā(Svātmārāma)
P/D/ 25.2×12.7/ 39F/ 9L/ 26A/ C/G/ Śāka 1764/ 장소: Pañcavati Nasika

104[C-J] 38109(12)Haṭhapradīpikā with Ṭīkā(Brhmānanda)
P/D/ 20×10.5/ 7F(27-33)/ 15L/ 14A/ C/ G/ Old 20세기/ 손상됨

105[C-J] 34863 Haṭhapradīpikā with Ṭīkā(Brhmānanda)

P/D/ 16×8/ 33F/ 8L/ 30A/ C/ G/ V.S. 1977. 4장으로 구성/ Sc= Śivānanda Sarasvti

106[C-J] 32484 Haṭhapradīpikā with Ṭīkā(Brhmānanda)
P/D/ 21.5×9.5/ 11F/ 14L/ 41A/ C/ Old. 19세기/ 가볍게 손상

107[C-J] 36874(1) Haṭhapradīpikā with Ṭīkā(Brhmānanda)
P/D/ 30.×15/ 19F/ 21L/ 48A/ C/ Old. 19세기/ 심각하게 손상/ F19중복

Kurukshetra

Kurukshetra Visvavidyalaya(1)

108. 416 Haṭhapradīpikā(Ātmārāma) P/Ś

Lucknow

Lucknow University Library(1)

109. 4253 Haṭhapradīpikā(Ātmārāma) P/D

Madras

Government Oriental Manuscripts Library(14)

110. 4393 Haṭhayogapradīpikā(Svātmarāma Yogīndrā)
T/ 30F/ 6L/ C/ Begins on F1a of Ms, MGOL 4376. Contains 3 chapters.

111. 4394 Haṭhayogapradīpikā(Svātmarāma Yogīndrā)
31F/ 7L/ C/ Begins on F68a of Ms 673

112. 4395 Haṭhayogapradīpikā(Svātmarāma Yogīndrā)
G/ 50F/ 10/ Begins on F1a of Ms. MGOL 4362.

Contains 5 Chapters.

113. 4396 Haṭhayogapradīpikā(Svātmarāma)
Pl/ Tel/ 19.5×3.7/ 45F/ 7L/ C/손상됨.

114. D-4391 Haṭhapradīpikā(Svātmārāma Yogīndra)
P/D/ 6F/ 20L/ C/
Begins on F.238a of the MS. MGOL-4336

115. D-4392 Haṭhapradīpikā(Svātmārāma Yogīndra)
P/D/ 6F/ 8L/ Ic/ Begins on F.68a of the MS.
MGOL-4337

116. D-4393 Haṭhapradīpikā(Svātmārāma Yogīndra)*
G/

117. D-4395 Haṭhapradīpikā(Svātmārāma Yogīndra)
G/

118. D-4396 Haṭhapradīpikā(Svātmārāma Yogīndra)
T/

119. D-18885 Haṭhapradīpikā(Svātmārāma Yogīndra)

120. R-2831(c)Haṭhapradīpikā(Svātmārāma Yogīndra)

121[C-A] R-3841 Haṭhapradīpikā Ṭīkā
(Sahajānandasantānacintāmaṇi)
M/ 26.8×24/ 46F/ 20L/ C/ Malayālam Comm.

122. R-10223(a)Haṭhapradīpikā(Svātmārāma Yogīndra)

123. R-101160 Haṭhapradīpikā(Svātmārāma Yogīndra)

Madras

Adyar Library and Research Centre (7)

124. 350(c) Haṭhapradīpikā(Ātmārāma Yogīndra)
Pl/ Gr/ 36.5×3.5/ 23F/ 8L/ 52A/ C/ Old/ Sacred
Books of the Hindus and Adyar ..Series.

125.	841(b)	Haṭhapradīpikā(Svātmārāma) Pl/ Gr/ 43×3.2/ 2F/ 6L/ 50A/ Old/ Yogatārāvali로도 불려지고 샹까라짜르야의 것으로 말해짐
126.	66569	Haṭhayogapradīpikā(Svātmārāma) Pl/ Gr/ 25×3.5/ 13F/ 8L/ 36A/ C/G/ With Trans. SBH 15, 1915; TPH. Madras(2nd. ed) 1933. +MD. 4393.
127[C-A]	70326	Haṭhayogapradīpikā. with Telugu Comm.* PL/T. 21×3.5. 151F/ 7L/ 30A/ C/G/ Tel comm.
128.	73267	Haṭhayogapradīpikā(Svātmārāma) Pl/ Gr/ 48×3.5/ 27F/ 6L/ 48A/ C/G/
129.	75278	Haṭhapradīpikā(Svātmārāma) Pl/ Gr/ 47×3/ 3F/ 6L/ 64A/ C/ G/ Different from the one below. +MD. 4391
130[C-J]	PM-1431	Haṭhayogapradīpikā with Comm. Jyotsnā(Brahmānanda) P/D/ 30×13.5/ 91F/ 12L/ 50A/ C/G/ (1832년 경)/ THP, ibid. and also NSP, 1882.

Mumbai

University of Bombay(3)

131[C-J]	2023	Haṭhapradīpikā Ṭīkā(Brahmānanda) P/D/ 30×13.7/ 80F/ 18L/ 45A/ Śaka 1753
132.	2022	Haṭhapradīpikā(Svātmārāma) P/D/ 21.2×11.8/ 19F/ 11L/ 35A/ Śaka 1808
133.	2016	Haṭhapradīpikā(Svātmārāma) P/D/ 21.8×11.2/ 35F/ 10L/ 28A

Mumbai

The Library of the University of Bombay(1)

134. 795 Haṭhayogapradīpikā(Svātmārāma)
P/D/ 21.2×11.2/ 48F/ 7L/ 12A/ Saṃvat 1981

Nagpur

Nagpur University Library (1)

135. A-12-1456Haṭhayogapradīpikā(Svātmarāma)
P/D/ 22.5×11.2/ 15F/ C/ Śaka 1714

Nāsik

Sarvajanik Vācanālaya (1)

136. 19/469 Haṭhapradīpikā(Svātmārāma Yogīndra)
P/D/ 16.2×10/ 33F/ 11L/ 22A/ C/ Śaka1628/
Contains 5 Chapters./
5장으로 구성된 이 사본은 Kaivalyadhama의 교정본
으로 활용됨

New Delhi

National Museum(2)

137. 106-530 Haṭhayogapradīpikā(Svātmārāma)*
P/Ś/ 21F.

138[C-J] 106-538 Haṭhapradīpikā with Jyotsnā ṭīkā*
P/Ś/ 46F.

Patna

Bihar Rashtrabhasha Parishad(1)

139. 120 Haṭhapradīpikā(Svātmārāma)
P/D/ 30×13/ 20F/ G/

Pune

Poona University Library(1)

140. 2402 Haṭhapradīpikā(Svātmārāma)
P/D/ 22.5×11.2/ 27F/ C/ Contains 5 Chapters

Pune

Anandashrama(4)

141. 169-2295 Haṭhapradīpikā(Ātmārāma)
P/D/ 28.8×10/ 18F/ 9L/ 48A/ G/G

142[C-J] 230-3696 Haṭhapradīpikā Ṭīkā(Brahmānanda)
P/D/ 31.2×16/ 75F/ 14-15L/ 47A/ C/

143. 251-3983 Haṭhapradīpikā(Ātmārāma)
P/D/ 28.7×12.8/ 21F/ 11L/ 39A/ C/ Śaka1688

144. 2215 Haṭhapradīpikā(Ātmārāma)
P/D/ 45F/ C/

Pune

Bhandarkar Oriental Research Institute(11)

145. 142(1902.7) Haṭhapradīpikā*
136(Old No.), 160(Old No.)

		200F/ 7L, 16A.
146.	221(1882-83)	Haṭhapradīpikā(Svātmārāmayogin)*
147.	222(1884-86 uc)	Haṭhayogapradīpikā(Svātmarāma)
		P/D/ 20.9×10/ 18F/ 11L/ 32A/ Ic/ Old.
148.	*263(1879-80)*	Haṭhapradīpikā(Svātmārāma)*
		8½"×4½", 28F/ Saṃvat 1806/ Śaka 1671
149.	316(1895-98 uc)	Haṭhayogapradīpikā(Svātmarāma)
		P/D/ 23×9.3/ 50F/ 5L/ 26-28A/ C/
150.	399(1895-1902)	Haṭhapradīpikā(Ātmārāma Yogīndra)
		P/D/ 21.6×12.5/ 16F/ 15L/ 36A/ C/
		벌레 먹음/ Saṃvat1751/ Sc= Rājārāma
151[C-J]	615(1887-91)	Haṭhapradīpikā with Comm.
		(Brahmānanda)* P/D/ 12"×6"/ 105F/
		9L/ 51A/ Saṃvat 1931/
152.	620(1886-92 uc)	Haṭhayogapradīpikā(Svātmarāma)
		P/D/ 20.3×9.5/ 30F/ 8L/ 35A/ C/
153.	621(1886-92 uc)	Haṭhayogapradīpikā(Svātmarāma)
		P/D/ 16.5×12/ 16F/ 16L/ 25A/ 5chapters.
154.	665(1883-84 uc)	Haṭhayogapradīpikā(Svātmarāma)
		P/D/ 19.3×10.3/ 34F/ 9L/ 24-16A/ C/
155.	733(1891-95 uc)	Haṭhayogapradīpikā(Svātmarāma)
		P/D/ 19.5×14.5/ 39F/ 11L/ 16-18A/ C/

Pune

Bharat Itihāsa Saṃshodhak Maṇḍal(8)

156.	29-5790	Haṭhapradīpikā(Svātmārāma)
		P/D/ 21.2×11.2/ 8L/ 21A/ Ic.
157.	37-743	Haṭhapradīpikā(Ātmārāma)

P/D/ 15.9×11.2/ 31F/ 13L/ 24/ C/ Śaka1746/
Sc= Aramare/ 전체 5장으로 구성됨.

158[C-A] 39 Haṭhapradīpikā Ṭīkā
P/D/ 25×12.6/ 42F/ 19L/ 50A/ C/
Śaka 1757/ Sc= Dāji Ballāla Dāte

159. 60 Haṭhapradīpikā(Ātmārāma)
P/D/ 25.4×12.6/ 22F/ 11L/ 29A/ C/G/
전체 5장으로 구성됨

160. 91-191 Haṭhapradīpikā(Ātmārāma)
P/D/ 20×7.9/ 5L/ 21A/ Saṃvat 1872년

161. 273 Haṭhapradīpikā(Svātmārāma)
P/D/ 20×10/ 21F/ 9L/ 27/ Ic.

162. 281 Haṭhapradīpikā(Ātmārāma)
P/D/ 23.2×12.5/ 30F/ 11L/ 24A/ .
(번호 kd, P. 21과 비교)

163. 489 Haṭhapradīpikā(Ātmārāma)
P/D/ 18.4×8.2/ 28F/ 9L/ 27A/ Ic/ Old

Pune

Vaidika Samshodhana Mandala(2)

164. 3758 Haṭṭapradīpikā(Svārmārāma Yogīndra)
P/D/ 20.5×11.4/ 44F/ 8L/ Śaka 1811년

165. 10359 Haṭhayogapradīpikā(Svātmarāma)
P/D/ 15×10.5/ 5F/ 8L/ Ic/

Srinagar

Oriental Research Library, Srinagar(10)

166. 263 Haṭhapradīpikā*

P/D/ 275F

167. 1290-4 Haṭhapradīpikā*
P/D(Hindi)

168. 1342-8 Haṭhapradīpikā*
P/Ś 28F

169. 1347-3 Haṭhapradīpikā*
P/Ś 10F

170. 1500 Haṭhapradīpikāṭīkā*
P/Ś/ 83F

171. 1566 Haṭhapradīpikā*
P/Ś/ 71F

172. 1698-12 Haṭhapradīpikā*
P/Ś/

173. 1712-3 Haṭhapradīpikā*
P/Ś/

174. 2065-2 Haṭhapradīpikā*
P/Ś/ 59F

175. 2079 Haṭhapradīpikā*
P/Ś/ 153F

Tanjore

Sanskrit Mss. in the Palace at Tanjore(6)

176. 6381 Haṭhapradīpa(Svātmārāma Yogīndra)
P/D/ 12F/ Ic/ Extends upto 4-26

177. 6710 Haṭhapradīpikā(Svātmārāma)
P/D/ 26.8×12.5/ 20F/ 11L/ C/G

178. 6711 Haṭhapradīpikā(Svātmārāma)
P/D/ 25.6×11.2/ 12F/ 12L/ Ic/ 3장만 남음.

179. 6712 Haṭhapradīpikā(Svātmārāma)
PL/T/ 37.5×3.1/ 16F/ 8L/ C/
180. 6713 Haṭhapradīpikā(Svātmārāma)
PL/T/ 20.7×3/ 12F/ 6L/ Ic.
181. 6714 Haṭhapradīpikā(Svātmārāma)
P/T/ 20.6×13.6/ 12F/ 17L/ C/

Thanjavur

Thanjavur Maharaja Sarfoji Saraswati Mahal Library(1)

182. K.M.92 Haṭhapradīpikā(Svātmārāma)*
P/D/

Trivendrum

Oriental Research Institute and Manuscript Library(1)

183. 6726C. Haṭhayogapradīpikā(Svātmārāma Yogīndra)/ P/G

Udaipur

Catalogue of Maa. in the Library of Maharana of Udaipur(1)

184[C-J] 1488 Haṭhapradīpikā Ṭīkā(Brahmānanda)
P/D/ Saṃvat 1936

Ulwar

Catalogue of Sanskrit Mss. in the Library of Maharaja of Ulwar(1)

185[C-A] 757 Haṭhapradīpikā(Svātmārāma) or Haṭadīpikā,

P/D/ with ṭikā of Vrajabhuṣaṇa

Ujjain(M.P)

Oriental Mss. Library(10)

186.	1572	Haṭhayogapradīpikā(Svātmarāma) P/D/ 30×10/ 24F/ 8L/ 41A/ C/ Śaka 1745/ Sc= Anant Sītārāma Bhaṭa
187[C-J]	1573	Haṭhayogapradipīkā(Jyotsnāsahitā)* P/D/ 32×17/ 65F/ 13L/ 54A/ C
188.	3511	Haṭhayogadīpikā(Svātmārāma) P/D/ 23.7×10/ 20F(Ff.3-25)/ 9L/ 36A/ Ic/ Saṃvat 1885/ Sc= Govindarao Garde
189[C-J]	5634	Haṭhayogapradipīkā(Jyotsnāsahitā)* P/D/ 28×12.5/ 64F/ 12L/ C/ Śaka 1757
190.	7269	Haṭhapradīpikā(Ātmārāma Yogīndra) P/D/ 22×13/ 36F/ 10L/ 22A/ C/ Saṃvat1907/ Sc= Vyankaṭarao.
191.	7721	Haṭhayogapradīpikā(Svātmarāma) P/D/ 27×13/ 89F/ 10L/ 40A/ C/ Saṃvat 1934/ Sc= Moreśvara Bhaṭṭa
192[C-J]	8489	Haṭhayogapradipīkā(Jyotsnāsahitā)* P/D/ 21×15/ 72F/ 33L/ 55A/ C/
193[C-A]	8695	Haṭhapradīpikā Ṭippaṇi P/D/ 23×15/ 29F/ 18L/ C/G
194.	8726	Haṭhayogapradīpikā(Svātmarāma) P/D/ 20×13/ 15F/ 12L/ 35A/ C/ Saṃvat 1847
195.	15055	Haṭhadīpikā(Svātmārāma) P/D/ 20×16.5/ 4F/ 29L/ 19A/ Ic.

Ujjain

Scindia Oriental Research Institute, Vikram University(5)

196. 1572 Haṭhayogapradīpikā*

197[C-J] 1573 Haṭhayogapradīpikā jyotsnā vyākhyāsahita*
P/D/

198. 3156 Haṭhayogapradīpikā*
P/D/

199[C-A] 5634 Haṭha(yoga)Pradīpikājyotsnā, vyākhyāsahita*
P/D/

200[C-A] 8695 Haṭha(yoga)pradīpikāṭippaṇī sahita*
P/D

Varanasi

Banaras Hindu University(12)

201. 98 Haṭhapradīpikā(Ātmārāma)
P/Ś/ 23.5×16.2/ 23F/ C/G/

202. B-110 Haṭhapradīpikā(Ātmārāma)
P/D/ 23×11/ 19F/ Ic.

203[C-A] B-109 Haṭhapradīpikā Ṭippaṇi
P/D/ 30×8.5/ 28F/ C/ Saṃvat 1784

204. B-1409 Haṭhayoga
P/D/ 27.7×14/ 90F/ C/ Saṃvat 1945

205. C-1158 Haṭhapradīpikā(Ātmārāma)
P/Ś/ 20.4×14.7/ 58F/ Saṃvat1747

206. C-1625 Haṭhapradīpikā(Ātmārāma)
P/D/ 22.8×15/ 59F/ C/G

207. C-1947 Haṭhapradīpikā(Ātmārāma)

P/D/ 20×10.5/ 25F/ G/ Ic.

208. C-2157 Haṭhapradīpikā(Ātmārāma)
P/D/ 26.5×13.4/ 20F/ C/G

209. C-2570 Haṭhapradīpikā(Ātmārāma)
P/D/ 18.8×11.5/ 19F/ C/G

210. C-2734 Haṭhapradīpikā(Ātmārāma)
P/D/ 20×10/ 27F/ C/ Saṃvat 1747

211. C-4280 Haṭhapradīpikā(Ātmārāma)
P/D/ 53.2×15.5/ 25F/ C/G

212. C-4085 Haṭhapradīpikā(Ātmārāma)
P/ S/ 21.4×15.4/ 17F/ C/G

Varanasi

Nagari Pracharini Sabha(7)

213. 1596 Haṭhayogapradīpikā(Svātmarāma) P/D/
24.3×12.2/ 28F/ 9L 33A/ C/ Saṃvat 1878

214. 3077 Haṭhapradīpikā(Svātmārāma Yogī)
P/D/ 25×9.2/ 28F/ 7L/ 40A/ Ic/ Old

215. 3833 Haṭhayogapradīpikā(Svātmarāma)
P/D/ 33×15/ 16F(Ff.1-16)/ 13L/ 40A/ Ic/
Upto $2^{nd.}$ Chapter

216. 5109 Haṭhapradīpikā(Svāmārāma Yogī)
P/D/ 23.6×8.7/ 16F/ 8L/ 40A/ Ic/ Old

217. 5940 Haṭhayogapradīpikā(Svātmarāma)
P/D/ 14.5×12.5/ 116F/ 9L/ 15A/ C/ Saṃvat 1912

218. 6386 Haṭhapradīpikā(Svātmārāma Yogī)
P/D/ 20×10.4/ 32F/ 9L/ 26A/ C/ Old

219. 7612 Haṭhapradīpikā(Svātmārāma Yogī)

P/D/ 22×11.5/ 32F/ 11L/ 25A/ Ic/ Old

Varanasi
Sanskrit College(9)

220.	786	Haṭhapradīpikā(Svātmārāma Yogī) P/D/ 22F. Saṃvat 1266년(Bengal Saṃvat?)
221.	932	Haṭhapradīpikā(Svātmārāma Yogī) P/D/ 33F/ Śaka 1672
222.	2729	Haṭhapradīpikā(Svātmārāma Yogī) P/D/ 29F/ Ic.
223.	3753	Haṭhapradīpikā(Svātmārāma Yogī) P/D/ 22F
224.	3762	Haṭhapradīpikā(Svātmārāma Yogī) P/D/ 17F
225.	3771	Haṭhapradīpikā(Svātmārāma Yogī) P/D/ 46F/ Ic.
226.	3773	Haṭhapradīpa(Svātmārāma Yogīndra) P/D/ 4F/C
227.	3786	Haṭhapradīpikā(Svātmārāma Yogī) P/D/ 35F/ Śaka 1672
228.	3789	Haṭhapraīpikā(Svātmārāma Yogī) P/B/ 22F/ Saṃvat 1266(Bengal Saṃvat?)

Varanasi
Sanskrit University Library(33)

229.	27775	Haṭhapradīpikā(Svāvātmārāma Yogī) P/D/ 20×10.7/ 36F(Ff. 9-45)/ 8L/ 32/ Ic/ 1939년

230. 29791 Haṭhapradīpikā(Ātmārāma Yogīndra)
P/D/ 26.3×10.7/ 21F/ 9A/ 36A/ C/ 1792년

231. 29796 Haṭhapradīpikā(Ātmārāma Yogīndra)
P/D/ 18.7×8.6/ 7F(Ff.1-8)/ 9L/ 25A/ Ic.

232. 29869 Haṭhapradīpikā(Svātmārāma)
P/D/ 30.7×15.7/ 4F/ 22L/ 51A/ C/

233. 29874 Haṭhadīpikā(Svātmārāma)
P/D/ 20×10.7/ 1F/ 20L/ 48A/ Ic.

234. 29899 Haṭhapradīpikā(Svātmārāma)
P/D/ 21.2×10.2/ 20F 8L/ 28A/ C/

235. 29937 Haṭhapradīpikā(Svātmārāma)
P/D/ 22.8×10/ 23F(Ff1-6, 10-27)/ 8L/ 27A/ Ic.

236. 29938 Haṭhapradīpikā(Svātmārāma)
P/D/ 17.5×10.7/ 14F(Ff.1-14)/ 9L/ 22A/ Ic.

237[C-J] 30001 Haṭhapradīpikā Ṭīkā(Brahmānanda)
P/D/ 33.7×13.1/ 79F/ 12L/ 53A/ Ic.

238[C-J] 30025 Haṭhapradīpikā Ṭīkā(Brahmānanda)
P/D/ 32.5×13.5/ F(Ff.1-37, 40-74)/ 10L/ 40A/ Ic.

239. 30029 Haṭhapradīpikā(Svātmārāma)
P/D/ 18.1×10.6/ 35F/ 11L/ 23A/ C/ Śaka 1672

240. 30030 Haṭhapradīpikā(Svātmārāma)
P/D/ 20×8.5/ 28F/ 8L/ 23A/ C/

241. 3001 Haṭhapradīpikā(Svātmārāma)
P/B/ 27.9×20/ 23F/ 11L/ 11A/ C

242. 30014 Haṭhapradīpikā(Svātmārāma)
P/D/ 18.2×10/ 29F(1-14)/ 8L/ 16A/ 3장까지 완벽

243. 30015 Haṭhapradīpikā(Svātmārāma)
P/D/ 20.7×10.7/ 15F/ 10L/ 30A/ Ic.

244. 30050 Haṭhapradīpikā(Svātmārāma)

P/D/ 23.7×12.5/ 17F/ 12L/ 40A/ C/

245. 30051 Haṭhapradīpikā(Svātmārāma)
P/D/ 26×11/ 22F/ 7L/ 34A/ C

246. 30052 Haṭhapradīpikā(Svātmārāma)
P/D/ 27.8×13.4/ 16F/ 11L/ 37A/ C

247. 30053 Haṭhapradīpikā(Svātmārāma)
P/D/ 27.8×11.3/ 28F/ 8L/ 34A/ C/

248. 30064 Haṭhapradīpikā(Svātmārāma)
P/D/ 23.7×10.3/ 27F/ 10L/ 17A/ C/ 1805년

249. 30069 Haṭhapradīpikā(Svātmārāma)
P/D/ 17.6×10.3/ 30F/ 10L/ 17A/ C

250. 30077 Haṭhapradīpikā(Ātmārāma)
P/D/ 23.7×10.9/ 31F/ 10L/ 25A/ Ic.

251[C-J] 30082 Haṭhapradīpikā Ṭīkā(Brahmānanda)
P/D/ 25.9×12.6/ 11F/ Ic/ Gujarāti Comm.

252. 30094 Haṭhapradīpikā(Svātmārāma)
P/D/ 30.7×15.7/ 4F/ 22L/ 51A/ C

253. 30104 Haṭhapradīpikā(Svātmārāma)
P/D/ 20.6×10/ 33F/ 9L/ 28A/ C

254. 30108 Haṭhayoga
P/D/ 20.7×10.2/ 3F(Ff.1-3)/ 10L/ 23A/ Ic/
Āsanalakṣaṇa로도 불림

255. 30109 Haṭhapradīpikā(Svātmārāma)
P/D/ 25.1×8.4/ 10F/ 12L/ 50A/ C/ 1553년

256. 30110 Haṭhapradīpikā(Svātmārāma)
P/D/ 17.6×10.6/ 25F/ 10L/ 29A/ C/ Śaka 1762

257. 30119 Haṭhapradīpikā(Svātmārāma)
P/B/ 30.9×7.8/ 22F/ 9L/ 46A/ C/

258. 30120 Haṭhapradīpikā(Svātmārāma)

P/B/ 25×10.3/ 3F/ 8L/ 26A/ Ic.

259. 30122 Haṭhapradīpikā(Svātmārāma)
P/B/ 31×10/ 14F/ 8L/ 37A/ C

260. 30123 Haṭhapradīpikā(Svātmārāma)
P/B/ 32.5×8.9/ 3F/ 7L/ 42A/ Ic.

261. 30128 Haṭhapradīpikā(Svātmārāma)
P/D/ 25.9×11/ 5F/ 33L/ 17A/ Ic.

262. 30136 Haṭhapradīpikā(Svātmārāma)
P/D/ 10.4×15.6/ 10F/ 14L/ 43A/ C/

Varanasi

Saraswati Bhawan Library(24)

263. 51793(3235) Haṭhayoga*
P/D/

264. 51797(3235) [Ha]ṭhapradīpikā saṭīkā(ātmārāma)*
P/D/

265. 51799(3235) Haṭhadīpikā*
P/D/

266. 93720(A1486) Haṭhayogapradīpikā Ṭīkā*
Ś/

267. 93766(A1488) Haṭhapradīpikā*
P/D/

268. 93771(A1488) Haṭhapradīpikā*
P/D/

269. 93778(A1488) Haṭhadīpikā*
P/D/

270. 93796(A1489) Haṭhapradīpikā(Ātmārāmaṇamunīndra)*
P/D/

271. 93799(A1489) Haṭhapradīpikā(Svātmārāma)*
P/D/

272. 93812(A1490) Haṭhapradīpikā*
P/D/

273. 93830(A1491) Haṭhayogapradīpikā*
P/D/

274. 93838(A1491) Haṭhapradīpikā*
P/D/

275. 93846(A1487) Haṭhayogapradīpikā(Svātmārāma)*
P/D/

276. 93848(A1492) Haṭhapradīpikā(Svātmārāma)*
P/D/

277. 93868(A1492) Haṭhapradīpikā(Ātmārāma)*
B/

278. 93881(A1492) Haṭhayogapradīpikā(Ātmārāma)*
P/D/

279. 93891(A1493) Haṭhapradīpikā(Ātmārāmayogīndra)*
P/D/

280. 93901(A1493) Haṭhapradīpikā(Ātmārāma)*
P/D/

281. 93908(A1494) Haṭhapradīpikā*
B/

282. 93912(A1494) Haṭhapradīpikā*
B/

283. 93933(A1496) Haṭhapradīpikā*
P/D/

284. 93944(A1496) Haṭhapradīpikā*
P/D/

285. 93945(A1496) Haṭhayogapradīpikā(Svātmārāmayogī)*

P/D/

286. 93953(A1496) Haṭhapradīpikā([Svā]tmārāmayogīndra* P/D/

Wai(Sātāra)

***Prajñā Pāthaśālā Library* (6)**

287. L.No.6-4(399/ 6171) Haṭhayogapradīpikā(Svātmarāma Yogīndra) P/D/ 26.3×12/ 7F/ 19L/ 67A/ C/ Śake 1744

288. L.No.6-4(399/ 6172) Haṭhayogapradīpikā(Svātmarāma Yogīndra) P/D/ 21.2×10.5/ 25F/ 10L/ 32A/ Ic/ G

289. L.No.6-4(399/ 6173) Haṭhayogapradīpikā(Svātmarāma Yogīndra)P/D/21.5×10.5/ 38F/G

290. L.No.6-4(399/ 6174) Haṭhayogapradīpikā(Svātmarāma Yogīndra) P/D/ 26×11/ 31F/ 10L/ 35A/ C/G

291. L.No.6-4(399/ 6175) Haṭhayogapradīpikā(Svātmarāma Yogīndra) P/D/ 21.3×11.2/ 22F/ 10L/ 31A/ C/G

292[C-J] L.No.6-4(399/ 6176) Haṭhayogapradīpikā (Jyostnāsahitā)* P/D/ 20.8×16.3/ 201F/ 13L/ 29A/ C/ Saṃvat 1717

Kathmandu(Nepal)

Rastriya Abhilekhalaya(9) : NGMCP.

293. 3-42 Haṭhayogapradīpikā(Svātmarāma Yogīndrā)

P/D/ 30×10/ 8L

294. 1-1613 Haṭhayogapradīpikā(Svātmarāma Yogīndrā)
P/ Śl. Nev/ 23.1×8/ 6L/ Ic.

295. 4-146 Haṭhapradīpikā(Ātmārāma)
P/D/ 26.2×10/ 22F/ 9L/ Saṃvat 1993

296. 4-814 Haṭhapradīpikā(Ātmārāma)
P/D/ 25.4×12.9/ 21F/ 1920-21년

297. 5-2115 Haṭhapradīpikā(Ātmārāma) P/D/ 32.5×12.5/ 16F

298. 5-2116 Haṭhapradīpikā(Ātmārāma) P/D/ 25×15/ 33F

299. 5-2118 Haṭhapradīpikā(Ātmārāma) P/D/ 25×11.2/ 23F

300. 5-2119 Haṭhapradīpikā(Ātmārāma) P/Nev/ 23.7×7.5/ 22F

301. 5-2120 Haṭhapradīpikā(Ātmārāma) P/Nev/ 20×6.3/ 29F

London(England)
Library of the India Office(3)

302. 355(b) Haṭhapradīpikā(Ātmārāma)
P/D/ 26.2×10.6/ 23F/ 8-9L/ Saṃvat 1798

302. 1725(c) Haṭhapradīpikā(Ātmārāma)
P/D/ 20.6×8.7/ 7F/ Contains 5 Chapters.

304. 3101 Haṭhapradīpikā(Ātmārāma)
P/D/ 22.5×15/ 40F/ 8L/ Saṃvat 1759

Oxford(England)
Bodleian Library, Oxford University(4)

305. Sanskrit Ms. Chandra Shum Shere d.457(8)
Haṭhapradīpikā(Ātmārāma)
P/D/ 32F/ 9L/ 제4장의 끝에 Vajrolī가 설명됨.

306. Sanskrit Ms. Chandra Shum Shere d.458(1)
Haṭhapradīpikā(Ātmārāma)
P/D/ 22.5×10/ 32F/ 11L/ C/

307. Sanskrit Ms. Chandra Shum Shere d.458(9)
Haṭhapradīpikā(Ātmārāma)
P/D/ 25F/ 9L

308. d.149 Haṭhapradīpikā(Svātmārāma Yogīndra)
P/D/ 30×16.8/ 23F/ 18-19세기

Lahore(Pakistan)

Punjab University Library(5)

309. 403 Haṭhapradīpikā(Svātmārāma)*
P/D/ 14×10cm/ 61F/

310. 894 Haṭhapradīpikā(Svātmārāma)*
P/D/ 20.5×11cm/ 30F/

311. 1204 Haṭhapradīpikā(Svātmārāma)*
P/D/ 27×13/ 31F/

312. 1368 Haṭhapradīpikā(Svātmārāma)*
P/D/ 16×23cm/ 1F/ Ic/ VS.1700

313. 3066 Haṭhapradī(Svātmārāma)*
P/D/ 14F(F1-3, 7-11 missing)

Pennsylvania(U.S.A)

Pennsylvania University(2)

314[C-A] 3599 Haṭhayogapradīpikā(Siddhāntamukāvalī with Ṭīkā)
P/D/ 20.6×21.2/ 34F/ 9-11L/ PUP No.1931

315[C-A] 3600 Haṭhayogapradīpikā(Siddhāntamukāvalī with Ṭīkā)
P/D/ 22.5×10.2/ 5F/ 10-11L/ PUP No.1932

Massachusetts(U.S.A)
Pennsylvania University(2)

316[C-A] 3597 Haṭhayogapradīpikā(Siddhāntamuktāvalī with Ṭīkā)
P/D/15.6×11.2/ 8F/ 9L/ Ic.(Ff. 2-9)/ Saṃvat 1890/
Harvard University No. 497

317[C-A] 3598 Haṭhayogapradīpikā(Siddhāntamukāvalī with Ṭīkā)
P/D/ 24.3×10.6/ 5F/ 8-9L/ Harvard University No.
1565

Tubingen(Germany)
The University of Tubingen(1)

318[C-J] M.Q.I.339 Haṭhayogapradīpīkā(Jyotsnāsahitā.
Brahmananda)
P/D/ 21.5×9/ 105F/ 105/ 5-15A/ C/
Text with German trans by H. Walter
Published, Munich, 1893.

Nāsik(India)
Public Library (1)

319[C-J] 1/1833 Haṭhapradīpikā(Jyotsnā)
P/D/ 27x13.5/ Ff.2-23. Inc, 11-13L, 35A

Oslo(Norway and London)
The Schøyen Collection

320 5293 Haṭhapradīpikā
P/D, 9x22/ 61F.

[부록 3] 하타요가 연표[1]

Ⅰ. 전사(前史)

B.C.800-400	『찬도갸 우빠니샤드』, 『까타 우빠니샤드』 등에서 72,000개의 나디가 언급되고 ‘수슘나’를 의미하는 ‘심장에 있는 한 개의 나디’가 언급됨.
B.C.200-A.D.200	① 『마이뜨리우빠니샤드』: ‘수슘나’ 용어등장. ② 『마이뜨리우빠니샤드』: 깐파따, 까빨리까 언급. ③ 『바가바드기따』의 ‘호흡제의’(prāṇayāmāyajña)에서 하타요가적 쁘라나야마 개념 등장.[2]
8세기	① 샹까라(Śaṅkara, 700-750)의 『바가바드기따주석』에서 레짜까-쁘라나야마, 뿌라까-쁘라나야마, 꿈브하까-쁘라나야마가 정의됨.[3] ② 불교딴뜨라 문헌인 『비밀집회딴뜨라』(*Guhyasamājatanta*) 제18장 161송에서 하타요가가 대안적인 수행법으로 제시됨.[4] ③ 『요가야갸발꺄스므릿띠』(*Yogayajñavalkyasmṛti*) 성립.[5]

1 본 연표는 부이(Bouy, Christian)의 도표(Bouy: 1994, pp. 117-120)에 의거해서 새롭게 구성한 것이다.

2 apāne juhvati prāṇaṃ prāne ’pānaṃ tathāpare |
prāṇāpānagatī ruddhvā prāṇāyāmaparāyaṇaḥ || BG. IV.29.
이 계송에 대한 논의는 박영길의 논문(2012)을 참조.

3 이와 관련된 내용은 『하타의 등불』 II.71송에 대한 해설(각주)을 참조.

4 이 점에 대해서는 박영길(2013, p. 65)을 참조.

Ⅱ. 하타요가의 성립기

8-10세기	맛첸드라나타의 생존 시기. *Kaulajñānanirṇaya*[6] 성립.
9-12세기	고락샤나타의 생존 시기. *Yogayājñavalkya* 성립 (14세기의 『전철학강요』 및 15세기 『하타의 등불』에 인용됨).[7]
10세기	불교 딴뜨라 문헌인 *Sekanirdeśa*와 *Caturmudrānvaya*가 하타요가(haṭhayoga)를 언급함.
10-11세기	① Puṇḍarīka(*Vimalaprabhā*)가 하타요가를 정의함 "나다(비음)의 수행을 통해 강력하게 쁘라나를 가운데로 운반한 후 지혜의 연꽃에 빈두를 보존하는 것이 하타요가이다."[8] ② Abhinavagupta가 *Tantrāloka*에서 맛첸드라에게 경의를 표함.

---

5 9-10세기의 바짜스빠띠 미쉬라(Vācaspati Miśra)의 *Tattvavaiśaradī*. I.1에 『요기야가발꺄스므릿띠』의 "hiraṇyagarbho yogasya vaktā nānyaḥ purātanaḥ"(히란야가라브하가 요가를 최초로 발설한 자이다. 그 보다 앞선 이는 없다.")가 인용됨.

6 박치 박사(Bagchi: 1934, pp. 25-27)는 언어적인 측면에서 이 문헌이 11세기 이전에 성립되었다고 주장한다.

7 『요가야갸발꺄』의 성립 시기는 기원 전후설(Divanji: 1954, p. 105)과 14세기 이전 설(Bouy: 1994, p. 84) 등과 같이 극단적으로 나누어진다. 근래, 대영박물관(British Museum, London)에 소장된 데바나가리와 굽따(gupta) 문자가 혼용된 9-11세기의 패엽 필사본(MS. No. 3568: Palm leaf, Devanagari & Gupta, 57 Folios, 28.7x3.7, 9th to 11th Centuries, 6, 27 missing)이 보고되었으므로 성립 시기는 그보다 1-2세대 전으로 거슬러 갈 것이다.

8 이 점에 대한 논의는 박영길(2013, pp. 65-68)을 참조.

11-12세기 초기 스승인 Virūpākṣa의 *Amṛtasiddhi* 성립.

Ⅲ. 하타요가의 팽창기

1250년경 *Vasiṣṭhasaṃhitā*의 Yogakāṇḍa성립(Hp에 인용됨).

1275-1290년 Jñānadeva의 *Jñāneśvarī*(BG의 마라띠 주석) 성립. (갸나데바는 자신이 고락크나타(Gorakhnātha)의 영적 전통을 계승한 세 번째 사람이라고 밝힘.)

12-13세기 *Gorakṣaśataka* 편집됨.[9]

Dattatreya의 *Yogaśāstra* 성립(Hp에 인용됨).

13세기 Jālandharanātha의 생존 시기.

Matsyendrasaṃhitā 성립.[10]

Ⅳ. 하타요가의 전성기

13-14세기 고락샤나타의 것으로 귀속된 다수의 문헌 성립.

① *Amanaskayoga* 성립(Hp에 인용됨).

② *Amaraughaprabodha* 성립(Hp에 인용됨).

③ *Gorakṣapaddhati*.

④ *Gorakṣasaṃhitā*.

---

9 부이(Bouy, Christian)에 따르면 『고락샤샤따까』 7송과 59송이 1350년경에 성립된 『샤링가드하라의 흔적』(*Śārṅgadharapaddhati*)의 4374송과 4418송에 인용되었으므로 『고락샤샤따까』의 성립 시기는 그 이전이 될 것이다. 이 점에 대해서는 부이(Bouy: 1994, p. 15 및 각주 29-30)를 참조.

10 키스(Kiss: 2009, p. 28)에 따르면 『맛첸드라상히타』는 13세기경에 남인도에서 작성되었다.

⑤ *Siddhasiddhāntapaddhiti*.
⑥ *Yogabīja* 성립(Hp에 인용됨).
⑦ *Yogaviṣaya* 성립(Hp에 인용됨).
⑧ *Yogamārtaṇḍa*.
⑨ *Vivekamārtaṇḍa* 성립(Hp에 인용됨).

14세기 맛첸드라나타의 것으로 귀속된 다수의 문헌 성립.
① *Candrāvalokana* 성립(Hp에 인용됨).
② Ādinātha의 *Khecarīvidyā* 성립.
③ *Śivasaṃhita* 성립(Hp에 인용됨).
④ *Amanaskayoga* 성립.

1363년경 *Śārṅgadharapaddhati*(ŚārP) 성립됨.[11] ŚārP는 하타요가를 고락샤의 하타요가와 므리깐데야의 하타요가로 분류함.[12]

1450년경 Svātmārāma의 *Haṭhapradīpikā* 성립.

15~16세기 『전철학강요』 이후 불이론 베단따에서 하타요가 문헌을 인용하기 시작하고[13] 불이론에서 요가가

11 이 문헌의 성립 시기에 대해서는 L. Sternbach(1974, p. 17)에 의해 밝혀졌다. 이 점에 대해서는 부이(Bouy: 1994, p. 15, 각주 28)를 참조. 한편 부이(Bouy: 1994, p. 15 및 각주 29)에 따르면, ŚārP는 고락샤를 언급하고 또 고락샤의 말을 인용하고 있다.

12 이 점에 대해서는 부이(Bouy: 1994, p. 28)를 참조. 그리고 부이(Bouy: 1994, p. 15의 각주 29)에 따르면 원문은 다음과 같다. dvidhā haṭhaḥ syād ekas tu gorakṣādisusādhitaḥ | anyo mṛkaṇḍaputrādyaiḥ sādhito niśam udyataiḥ || ŚārP. 4273(Peterson본 pp. 663-3).

13 부이(Bouy: 1994, p. 10)에 따르면 15세기 말부터 불이론 베단따 학자들이 『하타의 등불』을 권위 있게 인용하기 시작했다.

	유행함.[14]
	Yogatārāvalī 성립.
1497-1539년	Godāvara Miśra의 *Yogacintamāṇī* 성립.
1525년경	*Amaraughaśāsana* 성립.
1577년경	*Ṣaṭcakranirūpaṇa* 성립.
16세기 후반	Śivānanda Sarasvati의 *Yogacintamāṇī* 성립.
17세기	① *Gorakṣasiddhāntasaṃgraha* 성립.[15]
	② *Khecarīvidyā*에 대한 바랄라(Ballāla)의 주석 *Brihatkhecarīprakāśa* 성립.
1623년경	Bhadevamiśra의 *Yuktabhavadeva* 성립.
1625-1695년	Śrīnivasabhaṭṭa의 *Haṭharatnāvalī* 성립.
1660-1710년	Brahmānanda의 *Jyotsnā*의 성립.
1675-1775년	Sundaradeva의 3대 저작 성립.
	① *Haṭhasanketacandrikā.*
	② *Haṭhatattvakaumudī.*
	③ *Pranavakundalī.*
18세기	① *Ghreṇḍasaṃhitā* 성립.
	② 베단따에서 하타요가 문헌의 권위 확고해짐.[16]

V. 하타요가의 후기

19~20세기	① Nātha Aghorānanda의 *Yogakarṇikā* 성립.

14 Bouy: 1994, p. 68.
15 Bouy: 1994, pp. 19-20 및 각주 60을 참조.
16 Bouy: 1994, p. 10.

② Raghuvīra의 *Kumbhakapaddhati* 성립.

③ *Yogaprakaśikā* 성립.

④ *Yogarahasya*성립.

⑤ *Pavanavijaya* 성립.

⑥ *Jogapradīpakā*(Hindi) 성립.

⑦ *Saraswati Kundalini Mahayoga* 성립.

1908-1947 테오 버나드(Theos Casimir Bernard)가 전통적인 방법대로 하타요가(체위, 호흡수련, 무드라, 비음명상)를 전수받음.

역자 후기

하타요가는 하기(下氣) 성향의 아빠나(apāna) 바유를 끌어올려 쁘라나(prāṇa)와 결합시킴으로써 꾼달리니(kuṇḍalinī)를 각성시키고 바로 그 꾼달리니를 정수리의 브라흐마란드흐라에 고정시키는 것을 목표로 하는 수행법이다. 『하타의 등불』은 각성된 꾼달리니, 즉 '질적 변화를 겪은 쁘라나'가 수숨나로 진입하고 상승해서 브라흐마란드흐라에 머무는 것을 쁘라나의 소멸로 정의하고 바로 이와 같이 쁘라나가 소멸할 때 '쁘라나와 함께 작용하는 마음' 역시 저절로 소멸한다고 정의한다. 쁘라나가 소멸될 때, 다시 말해서 꾼달리니가 브라흐마란드흐라에 머물 때 마음도 소멸한다는 하타요가에 따르면 삼매는 심리적 차원에서의 사건일 뿐만 아니라 세포와 혈관, 신경, 뇌 등 온 몸으로 경험되는 전체적 사건이고 몸과 마음의 완전한 재탄생을 수반한다.

쁘라나(prāṇa)를 조절하는 기법은 우빠니샤드 시대 이전부터 있었지만 '쁘라나의 조절을 통해 신체(身體)를 신체(神體, divyadeha. Hp. IV.71)로 바꾸는 신체 연금술', 다시 말해서 몸 안에서 신성을 구현하는 실천적 인문학으로 정립시킨 것이 하타요가이다. 하타요가는 8-9세기와 12세기의 사상적 대폭발로 생겨난 초신성에 불과했지만 15세기의 『하타의 등불』(*Haṭhapradīpikā*)에 의해 꾼달리니 수행법으로 통일되고 주류 요가가 된다.

하타요가는 생명 에너지인 쁘라나를 꿈브하까와 무드라로 조절하고 운용한다는 점에서 '칼날 위의 춤'으로 비유될 수 있고 이 점에서 칭송되는 미덕은 하타요가를 만인에게 공개하는 것이 아니라 그 반대로 비밀을 지키며 자격을 갖춘 제자에게 전수하는 것이다. 비록 『하타의 등불』이 비밀의 봉인을 풀고 무드라와 같은 비밀스러운 행법을 공개하고 있지만 『하타의 등불』은 이 문헌을 통해 하타요가에 입문하고자 하는 초보자를 위한 것이 아니라 동일 전통권의 자격자를 위한 것이고 따라서 스승의 도움없이 자구대로 따라하는 것은 맨손으로 독사를 잡으려 하는 것처럼 위험하다고 할 수 있다. 하타요가의 호흡과 무드라를 수련하기 위해서는 강건한 신체와 정신적 자질을 검증받아야 하고 또 무엇보다 전통에 입각한 스승을 만나는 행운(bhāgya)도 따라야 한다.

하타요가학은 이제 막 걸음마를 내딛기 시작한 단계이다. 하타요가학은 근래의 고(故) 크리스티앙 부이(Christian Bouy: 1994)에 의해 비로소 하타요가 문헌에 대한 연대기적 정황과 문헌학적 연구 기반을 가질 수 있게 되었고 최근의 말린슨(Mallinson, James)과 버치(Birch, Jason)와 같은 총명한 소장 학자들에 의해 하타요가가 학문적으로 조망되기 시작한 상태이다. 하지만 하타요가사(史)의 온전한 서문이라도 구성하기 위해서는 더 많은 노력과 시간이 필요할 것으로 보인다. 인도학 초기 연구자들의 선구적인 성과물에서 발견되는 사소한 오류를 마치 자신의 오류인 양 부끄러워했던 현대 학자들도 적어도 불모지의 하타요가에 관한 한 후학의 질정을 기다려야 할 입장이다. 하지만 하타요가에 대한 논의와 담론의 돌파구를 열 수 있는 가설조차 드문 현실에서 가장 필요한 것은 오류와 실수를 두려워하지 않는 선구자적 태도일 것이다. 이 점에서 하타요가 연구자는 로나블라의 까이발야담마 연구소와 로나블라 요가연구소에 감사를 표해야 할 것이다. 역자가 두 연구소의 연구 성과를 수용하고 때로는 비판하기도 했지만 그나마 그것이라도 가능했던 것은 두 연구소의 선구적이고 독창적인 성과물이 있었기 때문이다.

이 번역은 2011년 8월 한국연구재단의 명저번역사업에 선정된 1년

과제이다. 2012년 9월에 번역을 완료했지만 브라흐마난다(Brahmānanda)의 주석 『월광』(*Jyotsnā*)을 역주로 보충하면서 이제 겨우 탈고할 수 있었다. 『월광』의 주석을 검토할 때마다 느꼈던 것은 브라흐마난다의 해설이 이태영 선생님의 하타요가와 일치한다는 것이었다. 선생님의 혜안에 머리 숙이며, 졸역이 누가 되지 않았으면 하는 생각이 앞선다.

많은 분들의 도움을 받았다. 무엇보다 가장 가까이에서 번거로울 정도의 조언과 도움을 청할 수 있었던 금강대의 이영진 교수에게 진심으로 감사의 말을 전한다. 젊고 재능 있는 후배가 가까이 있다는 것은 큰 행운이다.

이번에도 금강대의 박창환 교수에게 많은 신세를 졌다. 덕분에 『월광』의 난해한 원문을 이해할 수 있었고 무수한 오역도 바로 잡을 수 있었다. 원저자의 의중을 꿰뚫는 탁월하고도 기발한 분석에 재차 탄복의 마음도 전한다.

교정을 맡은 동국대 인도철학과의 강형철, 류현정 선생에게 감사의 마음을 전한다. 류현정 선생의 깨알같은 마지막 교정지를 받고서야 비로소 안도할 수 있었다. 자신의 일처럼 격려와 조언을 아끼지 않았던 대전의 김정림 원장님과 울산의 김다현 원장님, 거제의 정순규 원장님의 문자 메시지에 지면을 빌려 감사의 답신을 전한다.

2015년 8월 역자

약호와 참고문헌

I. 일차자료

1. 필사본(Manuscripts)

Haṭhapradīpikā of Svātmārāma

Hp[1]. MS. No.3066: Punjab University Library.

Hp[2]. MS. No.1204: Punjab University Library.

Hp[3]. MS. No.403: Punjab University Library.

Hp[4]. MS. No.894: Punjab University Library.

Hp[5]. MS. No.6108: Punjab University Library.

Hp[6]. MS. No.399(1895-1902): Bhandarkar Oriental Research Institute Library.

Haṭhapradīpikā Jyotsnā of Brahmānanda

Hp-Jt. MS. No.615(1887-91): Bhandarkar Oriental Research Institute Library.

Gorakṣaśataka of Gorakṣanātha

GoŚ. MS. No.5972, 1368: Punjab University Library.

Khecārīvidyā of Ādinātha

KhV. MS. No. 3065: Punjab University Library.

Mudrākaraṇa
Mk MS. No.2735: Punjab University Library.

Siddhasiddhāntapaddhati of Gorakhanātha
SsP. Ms. No.2821: Punjab University Library.

Siddhasiddhāntapaddhativyākhyā of Śaṅkaranātha
MS. No.8193: Punjab University Library.

Śivasaṃhitā
Śs[1]. MS. No.6103: Punjab University Library.
Śs[2]. MS. No.5021: Punjab University Library.

Yogacintāmaṇi of Śivānanda Sarasvati
YoC. MS. No.6922: Punjab University Library.

Aparokṣānubhūtiṭīkā of Vidyārāraṇya
개인소장.

Viniyuktamudrālakṣaṇa
ViM. MS. No.2384: Punjab University Library.

Virūpākṣapañcāśikāvyākhyā of Vidyācakravartī.
ViVy[1]. MS. No.8059: Punjab University Library.
ViVy[2]. MS. No.8221: Punjab University Library.

2. 출판원전

1) 하타요가

AmP. *Amaraughaprabodha* of Gorakṣanātha

1954. Mallik, Smt. Kalyani(Ed.), *Siddha-siddhānta-paddhati and other works of the nātha yogīs*. Poona: Poona Oriental Book House.

AmS. *The Amaraugha Shāsan* of Gorakṣanātha

1918. Shāstrī, Paṇḍit Mukund Rām(Ed), *The Amaraugha Shāsan of Goraksha-nātha*. Kashmir Series of Texts and Studies no. XX, Bombay: Nirnaya-Sagar Press.

AmS. *Amṛtasiddhi* of Virūpākṣanātha

2012. Mallinson, James(Tr.), "Siddhi and Mahāsiddhi in Early Haṭhayoga," *Yoga Powers: Extraodinary Capacities Attained Through Mediation and Concentration* (Ed., Knut A. Jacobsen), Leiden · Boston: Brill, 327-344.

AmY. *Amanaskayoga*

= Birch, 2012.

1967. Yognātha, Swāmi(Ed.), *Amanaska Yoga*. Poona: Siddha Sahity Samsodhan Prakasan Mandal.

1980. Rāmalāl, Śrīvāstava(Ed.), *Amanaska Yoga*. Gorakhpur: Gorakhnāth Mandir.

1986. Michaël, Tara. *Aspect du Yoga*. Monaco: Éditions du Rocher. pp. 69-132.

1987. Brahma Mitra Awasthi(Ed. & Hindi Comm.), Singh, Shri Bajaranga (Eng. Tr.), *Amanaska Yoga(Tāraka-amanaska Yoga)*. Delhi: Swami Keshawananda Yoga-Samsthan-Prakashana.

2006. Jason Birch(Critical Ed., Tr. & Study), *The Amanaska Yoga : A Critical Edition, Translation and Study*, Honours Thesis, B.A.(Sanskti), The University of Sydney, 2006.

2012. Jason Birch(Critical Ed.) (critical edition submited for DPhi. Unversity of Oxford).

GhS. *Gheraṇḍasaṃhitā*
=Mallinson(2004)

1931. Lakṣmīveṃkaṭeśvara(Ed), *Gheraṇḍasaṃhitā(Yogaśāstram)*, bombai: Khemarāja Śrīkṛṣṇadāsa(saṃvat 1988).

1981. Vasu, Rai Bahadur Srisa Chandra(Tr), *The Gheranda Samhita*, Delhi: Sri Satguru Publication(1986^2nd^).

1992. Papin, Jean(Tr.), *Le Yoga Du Corps La Gherandasamhita: Traité du XVe siécle préface -Traduction du sanskrit et texte en translitération- Notes-Commentaires et Lexique*. Paris: Dervy.

1993. Thomi, Peter(Ed.), *Gheraṇḍasaṃhitā Sansrkt-deutsch*, Wichtrach: Institut für indologie.

1997. Digambarji, Swami, Manohar L. Gharote(Ed. & Tr.), *Gheraṇḍa Saṃhitā*. Lonavla: Kaivalyadhama S.M.Y.M. Samiti.

2004. Mallinson, James(tr.), *The Gheraṇḍa Saṃhitā*. New York: YogaVidya.com.

GoP *Gorakṣapaddhati* of Gorakṣanātha

1989. Śrīkṛṣṇadāsa, Khemarāja(Ed.), *Gorakṣapaddhati: Hindi tīkā sahita*. Mombai: Śriveṃkaṭeśvara press.

GoŚ. *Gorakṣaśataka* of Gorakṣanātha

1938. Briggs, Geroge Weston(Tr.), *Gorakhnātha and the Kānphaṭa*

Yogīs. Delhi: Motilal Banarsidass(1973$^{\text{Delhi. 1st.}}$ 1938$^{\text{Kolkata, 1st.}}$).

2006. Kuvalyānanda, Svāmī and S. A. Shukla(Ed. & Tr.). *Gorakṣaśatakam with Introduction, Text, English Translation, Notes etc*. Lonavla: Kaivalyadhama S.M.Y.M. Samiti.

GvS. Gorakṣavacanasaṃgraha

GsP. *Siddhasiddhāntapaddhatī* of Gorakṣanātha

1954. Mallik, Smt. Kalyani(Ed.), *Siddha-siddhānta-paddhati and other works of the nātha yogīs*: Poona: Poona Oriental Book House.

2010. Gharote, M. L., G. K. Pai(Eds), *Siddhasiddhāntapraddhatīḥ: A Treatise on the Nātha Philosophy by Gorakhnātha*. Lonavla: Lonavla Yoga Institute.

GsS. *Gorakṣasiddhāntasaṅgrahaḥ* of Gorakṣanātha

1954. Smt. Kalyani Mallik(Ed.), *Siddha-siddhānta-paddhati and other works of the nātha yogīs*. Poona: Poona Oriental Book House, 1954.

1973. Śrījanādarśanaśāstrī Pāṇḍeya(Ed.), *Gorakṣasiddhāntasaṅgrahaḥ*. Varanasi: Sri Ghana Shayama Upadhyaya, 1973.

Hp *Haṭha(yoga)pradīpikā* of Svātmārāma
= Hp^1 (1972)

Hp^1 *Haṭha(yoga)pradīpikā* of Svātmārāma
Tatya, Tookaram(Ed.), *The Haṭhayogapradīpikā of Svātmārāma with the Commentary Jyotsnā of Brahmānanda and English Translation*. Madras: The Adyar Library and Research Centre,

1972(1893[1st. Ed.], 1933[2nd. Ed.]).

Hp[2] Sinh, Pancham(Ed. & Tr.), *The Haṭha Yoga Pradipika.* Allahabad: Apurva Krishna Bose, 1915.

Hp[3] Digambaraji, Swami and Pt. Raghunatha Shastri Kokaje, Tarka-Samkhya-Tirtha, Dharmaparina(Eds. & Trs.), *Haṭhapradīpikā (La Chiara Lanterna dello HATHA YOGA).* Torino: Edizioni Savitry, 1978.

Hp[4] Digambaraji, Swami and Kokaje, Pt. Raghunatha Shastri(Eds. & Trs.), *Haṭhapradīpikā of Svātmārāma.* Lonavla: Kaivalyadhama, S.M.Y.M. Samiti, 1998[2nd. Ed.], 1970[1st].

Hp[5] Ghatore, M. L., Parimal Devnath(Ed. & Trs.), *Haṭhapradīpikā (with 10 chapters) of Svātmārama with Yogaprakāśikā A Commentary by Bālakṛṣṇa.* Lonavla: The Lonavla Yoga Institute, 2006.

Hp[6] Vishnu-devananda, Swami(Tr. and comm.), *Hatha Yoga Pradipika.* Delhi: Motilal Banarsidass Publichers Private Limited, 1987.

Hp[7] Michaël, Tara(Tr.), *Haṭha-yoga-pradīpikā: un traité sanskrit de Haṭha-yoga.* Paris: Fayard. 1974.

Hp[8] Hermann Walter(Ed., Tr.), *Die Leuchte des Haṭhayoga.* Munchen: Druck der akademischen buchdruckerei von F. Staub, 1893.

Hp[9] Reiker, Hans Ulrich(Tr.), *Das klassische Yoga-Lehrbuch Indiens, Hatha-Yoga Pradīpikā aus dem Sanskrit mit Kommentaren und 12 Zeichnungen von Hans Ulrich Rieker*. Zürich: Rascher, 1957.

Hp[10] Muktibodhananda, Swami(Tr.), *Hatha Yoga Pradipika: Light on Hatha Yoga*, Bihar: Yoga Publications Trust, 1985.

Hp[11] Akers, Brain Dana(Tr.), *The Hatha Yoga Pradipika: The Original Sanskrit*. New York: Yogavidya.com, 2002.

Hp-Jt. *Haṭhapradīpikā-Jyotsnā* of Brahmananda.

Hp-Jt[1] =Hp[1].

Hp-Jt[2] Khemarāja Śrīkṛṣṇadāsa(Ed.), *Haṭhayogapradīpikā - Sahajānandasaṃtānacintāmāṇi svātmārāmayogīndraviracitā. Śrīyutabrahmānandaviracitajyotsnābhidha Saṃskṛtatīkayā, Laṃkhagrāmanivāsipaṃḍitamihiracandrakṛta Bhāṣāṭīkayā ca sametā.* Mumbayyām. 1944(saṃvat 2001, śake 1874).

Hp-Jt[3] *Haṭhayogapradīpikā : sā ca sahajānandasaṃtānacintāmaṇisvātmārāmayogīndraviracitā brahmānandakṛtajyotsnābhidhayā ṭīkayā samalaṃkṛtā dādhīcakulotpannena svasarvāsinā śrīdhareṇa krityayā manobhilāṣiṇyā bhāṣāvyākhyayopetā ca,* Mumbainagare: Nirṇayasāgar, Śālīvāhanaśake 1811.

Hp-Jt[4] Maheshananda, Swami and Dr. B. R. Sharma, G. S. Sahay, Shri R. K. Bodhe(Eds. & Hindi Trs.), *Haṭhapradīpikā Jyotsnā of Brahmānanda :Hindi Edition.* Lonavla: Kaivalyadhama, 2004.

Hp-Jt[5] Maheshananda, Swami & Dr. B. R. Sharma(Eds, & Eng. Trs.), *A Critical Edition of Jyotsanā: Brahmānanda's Commentary on Haṭhapradīpikā. English Version.* Lonavla, Kaivalyadhama, 2012.

HrV. *Haṭharatrnāvalī* of Śrīnivāsa
1982. Reddy, M. Venkata(Ed., Tr.), *Haṭharatnāvalī*, Arthmuru(Andhrapradeśa), n.p., n.d.
2002. Ghotate, M. L., Parimal Devnath, Vijay Kant Jha(Eds, Trs.), *Haṭharatrnāvalī-A Treatise on Haṭhayoga of Śrīnivāsayogī.* Lonavla: The Lonavla Yoga Institute.

JoP. *Jogapradīpakā* of Jayatarāma
Maheśānanda, Swāmī, B. R. Sharma, G. S. Sahay, R. K. Bodhe(Eds.), *Jogapradīpyakā of Jayatarāma.* Lonavla: Kaivalyadhama S.M.Y.M Samati, 2006.

KauN *Kaulajnananirnaya*
1986. Bagchi, P. C(Tr. by Michael Magee), *Kaulajnana-nirnaya of The School of Matsyendranatha -Text Edited with an Exhaustive Introduction*, Varanasi: Prachya Prakashan, 1843[1st].

KhV. *Khecarīvidyā* of Ādninātha
2007. Mallinson, James(Ed. & Tr.), *Khecarīvidyā of Ādinātha: A Critical Edition and Annotated Translation.* London: Routledge.

MaS. *Matsyendrasaṃhitā* of Matsyendra
1994. Sensharma, Debavrata(Ed.), *Matsyendra Saṃhitā of Matsyendranātha Part 1.* Calcutta: The Asiatic Society.
2009. Kiss, Csaba. "Matsyendranātha's Compendium(*Matsyendrasaṃ-*

hitā): A Critical Edition and Annotated Translation of Matsyendrasaṃhitā 1-13 and 55 with Analysis." Ph.D. Thesis, Oxford University.

Śs. *Śivasaṃhitā*

1939. Rāmacandraśarmā, Amṛ. Ku.(Ed. and Hindi Bhāṣāṭikā), *Śivasaṃhitā: mūla āre bhāṣāṭīkā sahita*. n.p.: Sanātanadharma Presa, 1939[saṃvat 1993].

1914. Vasu, Raibahādur Śrīśachandra(Tr.), *Śiva Saṃhitā with English Translation*. Allahabad: Pāṇinī Office.

1923. Vidyarnya, Srisa Chandra(Ed. & Tr.), *Śiva-Samhitā,* contained *Sacred Books of the Hindu*, Allahabad.

2007. Mallinson, James(Ed. & Tr.), *The Shiva Samhita : A Critical Edition and An English Translation*. New York: Yogavidyā.com.

2009. Maheśānanda, Swāmī, B. R. Sharma, G. S. Sahay, R. K. Bodhe, B. K. Jha, C. L. Bhardwaj(Eds, Trs), *Śiva Saṃhitā: A Critical Edition - English Version*. Lonavla: Kaivalyadhama S.M.Y.M Samati.

ṢaN. *Ṣaṭcakranirūpaṇa* of Śrīpurnānanda Yati

1918. Woodroffe, Sir John(Ed. & Tr.), *The Serpernt Power: Being the Ṣaṭ-Cakra-Nirūpaṇa and Pādukā-Pañcaka, Two Works on Laya-Yoga, Translated from the Sanskrit, with Introduction and Commentary*. Madras: Ganesh and Company, pp. 317-479.

1979. Michaël, Tara(Ed. & Tr.), *Corps Subtil Et Corps Causal: <La Description Des Six "Cakra"> et Quelques Testes Sanscrits Sur Le Kuṇḍalanī Yoga*. Paris: Le Courrier Du Livre.

1981. Motoyama, Hiroshi(Tr), *Theories of the Chakras: Bridge to Higher Consciousness*, Theosophical Publishing House, pp.

163-189.

1988. Giri, Goswami Prahlad(Hindi Comm. & Ed.), *Ṣaṭchakranirūpaṇa of Shree Purananda Yati Ecited with 'Shlkarthaparishkarini' of Kalicharan, 'Shatchakrabhedatippani' of Shankar, 'Shatchakrav-ivritti' of Vishwanath. Sanskrit Commentaries, 'Prahlad Hindi Commentary & Critical Notes'*, Varanasi: Krishnadas Academy.

2004. 遠藤康
「ヨーガ的身体論の資料: 『六輪解説(*Ṣaṭcakranirūpaṇa*)』試訳(1)」, 『愛知文教大学論叢』 7. 2004.11. pp. 67-90.

ŚtN. *Śrītattvanidhi*
Sjoman, Norman E.(Ed. & Tr.), *The Yoga Tradition of the Mysore Palace*. Delhi: Abhinav Publications, 1996.

TM. *Titumantiram* of Tirumular
Natarajan, B & Dr. N. Mahalingam(Ed. & Tr.), *Tirumantiram: A Tamil Scriptual Classic*. Madras: Sri Ramakrishana Math, 1991.

VaS. *Vāsiṣṭhasaṃhitā(Yogakāṇḍa)*
Philosophico-Literary Research Department(Ed. & Comm.), *Vasiṣṭhasaṃhitā(Yogakāṇḍa)*, Lonavla: Kaivalyadhama S.M.Y.M Samiti, 2005[rev].

ViM *Vivekamārtaṇḍa* of Gorakhanātha
Śrivāsatava, rāmalāla. *Vivekamārtaṇḍa*. Gorakhapur: Gorakhan-ātha-Mandir, Saṃvat 2040.

YoB *Yogabīja*

M.M. Dr. Brahmanitra Awasthi(Ed. & Tr.), *Yogabīja: with English & Hindi Translation*. Delhi: Swami Keshwananda Yoga Institute, Vikram 2042.

YoC Yogacintāmaṇi of Śivānanda Sarasvati
Vidyāvāgīśaḥ, Śrīharidāsa(Ed.), *Yogacintāmaṇiḥ*, Kalikāta(=Kolkata): Kalikātā Oriyesṭāla Presa, nd.

YoK. *Yogakarṇikā* of Nātha Aghorānanda
Sharma, Narendra Natha(Ed.), *Yogakarṇikā: An Ancient Treatise on Yoga*. Delhi: Eastern Book Linkers, 1981.

YoM. *Yogamārtaṇḍa* of Gorakṣanātha
Smt. Kalyani Mallik(Ed.), *Siddha-siddhānta-paddhati and other works of the nātha yogīs*. Poona: Poona Oriental Book House. 1954.

YoŚ. *Yogaśāstra* of Dattatreya
Awasthi, M. M. and Brahma Mitra, Amita Sharma(Ed.), *Yoga Shastra of Dattatreya*. Delhi: Swami Keshawananda Yoga Institute, 1985.

YoV. *Yogavāsiṣṭha*
1918. Paṇsīkar, Śāstrī Wāsudea Laxmaṇa(Ed.), *Yogavāsiṣṭhaḥ: Śrīvāsiṣṭamahārāmāyaṇatatparyaprakāśākhyāvyākhyāsahitaḥ*(2 vols.), Bo-m-bay: Nirnaya Sagar Press.
1986. Mitra Vihár-Lála(Tr.).
Yoga-Vásishtha-Mahárámáyana of Válmiki - Translated from the Original Sanskrit(7vols.), Delhi and Varanasi: Indological

Books House.

1993. Venkatesananda, Swami(Tr.).
Vaśiṣṭha's Yoga. Albany: State University of New York Press.

YoY. *Yogayājñavalkya*
=Divanji, 1954

1901. Divedi, Manilal(Ed.), N. *Śrī Yājñavalkyasaṃhitopaniṣat*, Gujarat Naiad: N.P.

1902-3. *Śrī Yājñavalkyasaṃhitopaniṣat*, Mumbai: Gujarati Printing Press.

1938. Sastri, K. Sambasiva(Ed.), *The Yoga-yajñavalkya*, Trivandrum Sanskrit Series no. CXXXIV, Śrī Citrodayamajarī no. XXIII, Tribandrum: The Superintendent, Government Press.

1954. Divanji, Prahlad. C.(Ed.), *Yoga-Yājñavalkya: A Treatise on Yoga as Taught by Yogi Yajñavalkya*. Bombay: Bombay Branch of the Royal Asiatic Society.

2013. Mohan, Ganesh, A(Tr.) *Yoga Yajnavalkya* Svastha Yoga.

YuB. *Yuktabhavadeva. of Bhavadeva Miśra*
Gharote, M. L., Vijay Kant Jha(Eds.), *Yuktabhavadeva(A Treatise on Yoga) of Bhavadeva Miśra*. Lonavla: The Lonavla Yoga Institute, 2002.

2) 고전 요가, 『바가바드기따』

Ys. *Yogasūtra* of Patañjali

(Maas). Philipp André(Ed.), *Samādhipāda: Das erste Kapitel Des Pātañjalayogaśāstra zum ersten Mal kritisch ediert: The First Chapter of the Pātañjalayogaśāstra for the first time Critiallly Edited*. Aachen: Chaker Verlag Gmbh. 2006.

YsBh. *Yogasūtrabhāṣya* of Vyāsa.

2010. 정승석(역), 『요가수트라 주석』, 서울: 소명출판.

Tv. *Tattvavaiśāradī* of Vācaspati Miśra
Bodas, Rajaram Shastri(Ed.). *Yogasūtras of Patañjali with the Scholium of Vyāsa and The Commentary of Vāchaspatimiśra.* Bombay, Government Central Press, 1991.

YsC. *Yogasiddhāntacandrikā* of Srinarayanatirtha
Karnatak, Vilmala(Ed.), *Yogasiddhāntacanrikā of Srinarayanatirtha: A Critical Edition.* Varanasi: Chowkhamba Press, 1971.

YsS. *Yogasārasaṃgraha* of Vijñānabhikṣu
Jha, Pt. Ganga Nath(Ed, Tr., *Yogasārasaṅgraha of Vijñānabhikṣu(Vijñanābhikṣupraṇītaḥ yogasārasaṃgraha): Sanskrit Text and English Translation.* Delhi: Parimal Publications, 2004.

YsV. *Yogasūtravṛtti* of Nāgoji Bhaṭṭa
Śāstrī, Nyāyāchārya Kāvyatīrtha, Paṇḍit Ḍhunḍhirāj Śāsatrī(Ed.), *Yogasūtram by Maharṣipatañjali with Six Commentaries* (1) *Rājamārtaṇḍa by Bhogarāja,* (2) *Pradīpikā by Bhāvā Gaṇeśa,* (3) *Vṛtti by Nāgoji Bhaṭṭa,* (4) *Maṇiprabhā by Rāmānandayati,* (5) *Chandrikā by Anantadeva and* (6) *Yogasudhākara by Sadāśivendra Sarasvatī.vṛtti.* The Kaśhi Sanskrit Series83. Varanasi: Chaukhambha Sanskrit Sansthan, 1982.

BGŚbh. *Bhagavatgītābhāṣya* of Śaṅkara
Āpte, Vināyaka Gaṇeśa(Ed.) *Śrīmadbhagavadgītā: Ānandagirikṛtaṭīkāsaṃvalitaśāṃkarabhāṣyasametā.* Pune: Ānandāśram, Āna-

ndāśramasaṃskṛtagranthāvaliḥ 38, Śālivāhanaśakābdāḥ 1858.

3) 운율서

ChK. *Chandaḥkaustubha* of Rādhādāmodara Prabhupāda
Chandaḥkaustubhaḥ: ŚrīŚrīrādhādāmodara-prabhupāda- kṛta| Śrīmad valadeva-vidyābhūṣaṇasya bhāṣyopetaḥ, Brindaban: The Krishna Press, n.d.

ChK-bh. *The Commentary of Chandaḥkaustubha* of Valadeva Vidyābhūṣaṇa = ChK.

ChM. *Chandomañjarī* of Gaṅgadāsa(14-15세기)
Chandomañjarī of Gaṅgadāsa: Critically edited with Notes, Critical Comments and with extracts from Commentaries, Appended with Bengali, Hindi Translations. Calcutta: Modern Book Agency Private Ltd. 1962.

ChR. *Chandoratnākara* of Ratnākaraśānti(975-1050년)
Hahn, Michael(ed.) *Ratnākaraśānti's Chandoratnākara*, Nepal Research Centre Miscellaneous Papers No. 34. Kathmandu: Nepal Research Centre, 1982.

ChŚ. *Chandaḥśāstra* of Śrī Piṅgala(기원전 4-3세기)
Kedāranāth, Paṇḍit of Jaypur(ed.) *Śrī Piṅgala's Chandaḥśāstra with the Commentary Mṛtasañjīvanī by Śrī Halāyudha Bhaṭṭa, with the Chhandoriukti by Samīkṣachakravartī Śrī Madhusudana Vidyāvāchaspati*. Bombay: Nirnaya Sagar, 1938(3rd Edition: Revised with the notes by Vidyālaṅkār Anant Yajneśvar Śāstrī Dhupkar)

ChŚ-Mṛ. *Mṛtasañjīvanī*(The Commentary of Chandaḥśāstra) of Halāyudhabhaṭṭa

(10세기)

Chandaḥsūtram: Halāyudhabaṭṭakṛtamṛtasañjīvanyākhya-vṛttisahitam, n.p., 1928.

ŚrB. *Śrutabodha* of Śrīmad Kālidāsa (or Vararuci)(1350-1400년)

Paṇśīkar, Vāsudev Laxmaṇ Shāstrī(ed.) *Śrutabodha of Śrīmat Kālidāsa*. Bombay: Nirnaya Sagar, 1906.

VrK. *Vṛttaratnākara* of Śrīmat Kedārabhaṭṭa(11세기)

Paṇśīkar, Vāsudev Laxmaṇ Shāstrī(ed.) *Vṛittaratnākara of Śrīmat Kedārabhaṭṭa with the Commentary by Nārāyaṇabhaṭṭa*. Bombay: Nirnaya Sagar, 1906(3rd Edition)

VrK-Su. *Sukavihrdayanandini*(The Commentary of *Vṛttaratnākara*) of Sulhana. (12세기)

Gretil(based on a Ms. from Patan, Input by Dhaval Patel)

II. 카탈로그, 연구목록, 사전

1. 카탈로그

CSMP. *Catalogue of the Sanskrit Manuscripts in the Panjab University Library*.

1941. *Catalogue of the Sanskrit Manuscripts in the Panjab University Library*, 2 Vols. Lahore: University of the Panjab.

KDCYM. *Descriptive Catalogue of Yoga Manuscripts(updated)*.

2005. Philosophico-Literary Research Department(Compiled), *Descriptive Catalogue of Yoga Manuscripts(updated)*. Lonavla: The Kaivalyadhama S.M.Y.M. Samiti, 2005(1st., 1989)

2. 연구 목록

Hara, Minoru.
1985. "Studies on Indian Philosophy and Literature in Japan, 1973-1983", *Asian Studies in Japan, 1973-1983* Part II. Tokyo: The Centre for East Asian Cultural Studies.

Mayeda, Sengagku and Tanizawa Junzo.
1985. "Studies on Indian Philosophy in Japan 1963-1987," *Acta Asiatica 57.* Tokyo: The Toho Gakkai.

Brown, W. Norman; Shryock, Jon K; Speiser, E.S.
1935. *Union List of Printed Indic Texts and Translations in American Libraries* (American Oriental Series Vol.7).

3. 사 전

Larson, Gerald James and Ram Shankar Bhattacharya
2008. *Encyclopedia of Indian Philosophies Volume XII - Yoga: India's Philosophy of Meditation*, Delhi: Motilal Banarsidass Publishers.

Brunner, H and G. Oberhammer, A. Padoux
2000-4. *Tāntikābhidhānakośa. Dictionnaire des termes techiques de la*

littérature hindoue tantrique, A Dictionary of Technical Terms from Hindu Tantric Literautre, Wörterbuch zur Terminology hinduistischer Tantren(2 vols.). Wien: Verlag, Der Österreichischen Akademie Der Wissenschaften(Vol.1, 2000; Vol.2, 2004).

III. 이차자료

구드룬 뷔네만(박영길 역)

2011. 『요가의 84가지 체위법 전통: 도해에 의거한 체위 전통에 대한 연구』. 서울: 도서출판 여래. [Gudrun Bühnemann, *Eight-four Āsanas in Yoga: A Survey of Traditions(with Illustrations)*, New Delhi: D.K.Printworld(p) Ltd., 2007].

長澤弘隆

1970. 「*Gheraṇḍa saṃhitā*(GhS.)」, 『印度學佛教學研究』 36(18-2). 1970. 3.

1972. 「後期ヨーガの一側面 -*Haṭhayoga-Pradīpikā*」, 『智山學報』 20. 1972. 3.

中村元

1996. 『ヨーガとサーンキヤの思想』. 東京: 春秋社.

高木訷元

1991. 『古典ヨーガ體系の研究』. 京都: 法藏館.

박영길

2012. 「『수보드히니』(*Subodhinī*) 필사본 단편(F.35r-v)에 나타난 요가 호

흡법: BG의 호흡제의에 대한 쉬리드하라의 해석」, 『요가학연구』 8호, 한국요가학회, pp. 31-87.

2013. 『하타요가의 철학과 수행론』. 서울: CIR.

2014. 「고전 산스끄리뜨의 아누쉬뚜브(Anuṣṭubh)에 대하여: 박뜨라(Vaktra) 운율군(群)을 중심으로」, 『불교연구』 42, 한국불교연구원, pp. 423-469.

番場裕之

1995. 「ヨーガ行法における<坐法>(āsana)について -坐法から三昧へ」, 『東洋大學大學院紀要』 31. 1995.3.(pp. 252-244).

2000. 「ハタ・ヨーガの一考察」, 『印度學佛教學硏究』 49-1. 2000.12. (pp. 34-8).

2001. 「ハタ・ヨーガの初期形態について Gorakṣaśatakaにみる」, 『東洋學硏究』 38. 2001.3.(pp. 135-146).

2003. 「ヨーガ行法による身心の目覺め」, 『東洋思想における心身觀』. 東洋學硏究別冊, 東洋大學東洋學硏究所, 2003.3.(pp. 101-112).

佐保田鶴治

1973. 『ヨーガ根本經典』. 東京: 平河出版社, 1973.

1978. 『續ヨーガ根本經典』. 東京: 平河出版社, 1978.

아지뜨 무케르지(박영길 역)

2012. 『꾼달리니: 내재된 에너지의 각성』. 서울: CIR.[Ajit Mookerjee, *Kundalini: The Arousal of the Inner Energy*. London: Thames & Hudson Ltd., 1982].

遠藤康

2004. 「ヨーガ的身体論の資料: 『六輪解說(*Ṣaṭcakranirūpaṇa*)』 試訳(1)」,

『愛知文教大学論叢』 7. 2004.11. pp. 67-90.
2008. 「ムンバイのナート派行者拠点パーイドゥーニー」, 『東海仏教』 53. 2008 (pp. 158-145).
2008. 「インド中世ヨーガ文献の研究: 『ゴーラクシャシャタカ(*Gorakṣaa-śataka*)』(小本)試訳」, 『愛知文教大学比較文化研究』 9.

이태영
2000. 『요가: 하타요가에서 쿤달리니탄트라까지』. 서울: 여래.
2004. 『쿤달리니요가』. 서울: 여래.

정승석
2004a. 「고전 요가 坐法의 다의성」, 『인도철학』 16집, 인도철학회, 247-284.
2004b. 「고전 요가의 부수적 坐法」, 『인도철학』 17집, 인도철학회, 69-90.
2007. 「고전요가의 호흡법의 원리」, 『인도철학』 22집, 인도철학회, 97-131.
2010. 『요가수트라 주석』, 서울: 소명출판.

조나단 베이더(박영길 역)
2011. 『샹까라의 베단따 철학과 명상』. 서울: 도서출판 여래. [Jonathan Bader, *Meditation in Śaṅkara's Vedānta*. Delhi: Motilal Banarsidass, 1990].

찰스 필립 브라운(박영길 역)
2014. 『산스끄리뜨 시형론: 운율 및 숫자적 상징에 대한 해설』. 서울: CIR.[Charles Philip Brown, *Sanskrit Prosody and Numerical Symbols Explained*, London: Trübner & Co., 1869].

Bagchi, Prabodh. Chandra(Eng. Tr. by Michael Magee)

1934. *Kaulajñāna-nirṇaya and Some Minor Texts of The School of Matsyendranātha*, Calcutta Sanskrit Series no. 111. Calcutta: Metropolitan Printing & Pub. House.

2007. *Kaulajnana-nirnaya of The School of Matsyendranatha -Text Edited with an Exhaustive Introduction*, Varanasi: Prachya Prakashan.

Benerjea, Aksaya Kumar

1988. *Philosophy of Gorakhnath with Goraksa-Vacana-Sangraha.* Delhi: Motilal Banarsidass.

Benerji, Sures Chandra

1995. *Studies in Origin and Development of Yoga: From Vedic Times, in India and Abroad, with Texts and Translations of Pātañjala Yogasūtra and Haṭhayoga-pradīpikā.* Calcutta: Punthi.

Bernard, Theos

1944. *Haṭha Yoga: The Report of a Personal Experience*. New York: Columbia University Press.
(London 1st. 1950: Rider & Company).

Birch, Jason

2011. "The Meaning of haṭha in Early Haṭhayoga," *Journal of the American Oriental Society*, vol.131.4. pp. 527-554.

2012. = Amanaskayoga 2012.

2014. "Rājayoga: The Reincarnations of the King of All Yogas," *International Journal of Hindu Studies* 17, 3, pp. 401-444.

Bouy, Christian

1994. *Les Nāthayogin et les Upaniṣads.* Collége de France Publications de l'Institut de Civilisation Indienne, Fascicule 62. Paris: De Boccard.

Briggs, Geroge Weston

1938. *Gorakhnātha and the Kānphaṭa Yogīs.* Delhi: Motilal Banarsidass(1973[Delhi. 1st.] 1938[Kolkata, 1st.]).

Brown, George William

1919. "Prāṇa and Apāna," *Journal of the American Oriental Society*, vol 39, pp. 104-112.

Brunner, H and G. Oberhammer, A. Padoux

2000. *Tāntikābhidhānakośa. Dictionnaire des termes techiques de la littérature hindoue tantrique, A Dictionary of Technical Terms from Hindu Tantric Literautre, Wörterbuch zur Terminology hinduistischer Tantren*(2 vols.). Wien: Verlag, Der Österreichischen Akademie Der Wissenschaften.

Bühnemann, Gudrun

2007. "The Identification of an Illustrated Haṭhayoga Manuscript and Its Significance for Traditions of 84 Āsanas in yoga," *Asain Medicine* 3. Leiden: Brill, pp. 156-176.

Dyczkowski, Mark S. G.

1989. *The Canon of the Śaivāgama and the The Kubjikā Tantras of the Western Kaula Tradition.* Delhi: Motilal Banarsidass(1st. Indian Ed.).

Eliade, Mercia

1969. *Yoga: Immortality and Freedom.* Princeton: Princeton University Press.

Filliozat, Jean(Eng. Tr. by Maurce Shukla)

1991 *Religion Philosophy Yoga: A Selection of Articles by Jean Filliozat. With Introduction by Pierre-Sylvain Filiozat.* Delhi: Motilal Banarsidass.

Gode, P. K

1940. "Date of the Haṭhayogapradīpikā of Svātmārāma Muni," *Indian Historical Quarterly*, Vol. XVI, no. 2, pp. 306-313.

Goodal, Dominic

2004. *The Parakhyatantra, A Scripture of Śaiva Siddhānta: A Critical Edition and Annotated Translation.* Pondicherry: Institue Français de Pondichery and Ecolo Française d'Exterême-Orient.

Goudriaan, Teun(Ed.)

1992. *Ritual and Speculation in Early Tantrism: Studies in Honor of André Padoux*, Albany: State University of New York Press.

Heilijers-Seelen, Dory

1990. "The Doctrine of the Ṣaṭcakra according to the Kubjikāmata," *Panels of the VIIth. World Sanskrit Conference.* Vol. 1. *The Sanskrit Tradition And Tantrism.*(Ed. by Teun Gourdriaan), Leiden · New York · København · Köln: E. J. Brill. pp. 51-65.

Jacobsen, Knut A.(Ed.)

2005. *Theory and Practice of Yoga –Essays in Honour of Gerald James Larson*, Leiden · Boston: Brill.

2012. *Yoga Powers: Extraodinary Capacities Attained Through Mediation and Concentration.* Leiden · Boston: Brill.

Katre, Sadashiva L.

1961-2. "Ānandasamuccaya: A Rare Work on Haṭha-Yoga," *Journal of the Oriental Institute*. Vol. XI, Baroda, pp. 407-416.

Kaviraj, M. M. Gopinath

1990. *Selected Writings of M. M. Gopinath Kaviraj*. Varanasi, M. M. Gopinath Kaviraj Centerary Celebrations Committee.

Khakhar, Dalpatrām Prāṇjivan

1878. "History of The Kānphāṭās of Kachh," *Indian Antiquary*. Vol. VII. pp. 47-53.

Kiss, Csaba

2009. "Matsyendranātha's Compendium(Matsyendrasaṃhitā): A Critical edition and annotated translation of Matsyendrasaṃhitā. I-13 and 55 with analysis. Unpublished DPhil. thesis submitted to Oxford University."

Leonard, G. S.

1878. "Notes on the Kanphaṭā Yogīs," *Indian Antiquary*. Vol. VIII. pp. 298-300.

Lorenzen, David N.

1991. *The Kāpālikas and Kālāmukhas: Two Lost Śaivite Sects*. Delhi: Motilal Banarsidass Publishers Pvt. Ltd. (1st. 1972).

Mallik, Smt. Kalyani

1954. *Siddha-siddhānta-paddhati and other works of the nātha yogīs*: Poona: Poona Oriental Book House.

Mallinson, James(ed., Tr.)

2004. *The Gheraṇḍa Saṃhitā*. New York: YogaVidya.com.

2007. *Khecarīvidyā of Ādinātha: A Critical Edition and Annotated Translation*. London: Routledge.

2011a. "The Original *Gorakṣaśataka*," *Yoga in Practice* (Ed., D.G. White), Princeton: Princeton University Press. pp. 257-272.

2011b. "Haṭhayoga." *Brill Encyclopedia of Hindusim*. vol. III. Leiden: Koninklijke Brill NV.

2011c. "Śāktism and Haṭhayoga." *Brill Encyclopedia of Hindusim*. vol. III. Leiden: Koninklijke Brill NV.

2011d. "Nāth Sampradāya." *Brill Encyclopedia of Hindusim*. vol. III. Leiden: Koninklijke Brill NV., pp. 407-428.

2012a. "Siddhi and Mahāsiddhi in Early Haṭhayoga," *Yoga Powers: Extraodinary Capacities Attained Through Mediation and Concentration* (Ed., Knut A. Jacobsen), Leiden · Boston: Brill, 327-344,

2012b. "Śāktism and *Haṭhayoga*",

2013a. Yoga and Sex: What is the purpose of Vajrolīmudra?, Yoga in Transformation Conference, Vienna, 2013. Sep. 19-21, 2013,

2013b. Textual Materials for the study of Vajrolīmudra.

Unpd. Haṭhayoga's Philosophy: A Fortuitous Union on Non-dualties.

Michaël, Tara

1974. *Haṭha-yoga-pradīpikā: un traité sanskrit de Haṭha-yoga.* Paris: Fayard.

1979. *Corps Subtil Et Corps Causal: <La Description Des Six "Cakra"> et Quelques Testes Sanscrits Sur Le Kuṇḍalanī Yoga.* Paris: Le Courrier Du Livre.

1986. *Aspect du Yoga.* Monaco: Éditions du Rocher. pp. 69-132.

Michelis, Elizabeth de

2004. *A History of Modern Yoga: Patañjali and Western Esotericism.* London: Continuum.

Motoyama, Hiroshi

1981. *Theories of the Chakras: Bridge to Higher Consciousness*, Theosophical Publishing House, 1981.

Muller-Ortega, Paul Eduardo

1989. *The Triadic Heart of Śiva: Kaula Tantricism of Abhinavagupta in the Non-Dual Shaivism of Kashmir.* Albany: State University of New York Press.

Nowotny, Fausta

1958. *Eine Durch Miniaturen Erläeuterte 'Doctrina Mystica' Aus Srinagar. Indo-Iranian Monographs Vol.3.* Hague: Mouton & Co.-'S-Gravenhage.

1976. *Das Gorakṣaśataka*, Cologne.

Pflueger, Llyod W.

2003. "Dueling with Dualism: Revisioning the Paradox of Puruṣa and Prakṛti." *The Yoga: The Indian Tradition*(ed. by Ian Whcher Ian, David Carpenter). London: Routledge, pp. 170-82.

Sabharathanam, S. P.

2000 "Siddha Yoga as Mahāyoga," *Meditation Revolution: A History and Theology of the Siddha Yoga Lineage*. Delhi: Motilal Banarsidass, pp. 497-520.

Sanderson, Alexis

1992. "The Doctrines of the *Mālinīvijayottaratantra*," *Ritual and Speculation in Early Tantrism: Studies in Honor of André Padoux*(ed. by Teun Goudriaan) Albany: State University of New York Press, pp. 281-312.

2002. "Remarks on the Text of the *Kubjikāmatatantra*," *Indo-Iranian Journal* 45. Leiden: Brill, pp. 1-24.

Sarma, K. V.

1982. "Manuscriptology and Textual Critism in Medieval India," *Indologica Taurinensia*, Vol. 10. Torino: International Association of Sanskrit Studies, pp. 280-288.

Silburn, Lilian

1983. *La Kuṇḍalinī ou L'énergie des profoundeurs, étude d'ensemble d'aprés les textes du Śivais,e non dualiste du Kaśmir*. Paris: Lex Deux Océans; English Tr. by Jacques Gontier. *Kuṇḍalinī: The Energy of the Depths, A Comprehensive Study Based on the Scriptures of Nondualistic Kaśmir Śaivism*. Albany: State

University of New York Press, 1988.

Singh, Mohan

1937. *Gorakhnāth and the Medieval Hindu Mysticism*, Lahore. n.p.

Steiner, Roland

1996. "Die Lehre der Anuṣṭubh bei den indischen Metrikern," *Suhṛllekhāḥ. Festgabe für Helmut Eimer* (Eds. M. Hahn, J, -U. Hartmann, R. Steiner) Swisttal-Odendorf.

Vasudeva, Somadeva

2012. "Powers and Identities: Yoga Powers and the Tantric Śaiva Traditions," *Yoga Powers: Extraodinary Capacities Attained Through Mediation and Concentration* (Ed., Knut A. Jacobsen), Leiden · Boston: Brill. pp. 265-302.

Winternitz, Maurice

1922. *History of Indian Literature.* Delhi: Motilal Banarsidass.

White, David Gordon

1996. *The Alchemical Body.* Chicago: The University of Chicago Press.

2003. "Yoga in Early Hindu Tantra." *The Yoga: The Indian Tradition* (ed. by Ian Whcher Ian, David Carpenter), London: Routledge. pp. 143-161.

2011. *Yoga in Practice.* Princeton: Princeton University Press.

Woodroffe, Sir John(Arthur Avalon)

1918. *The Serpent Power: Being The Ṣaṭ-Cakra-Nirūpaṇa and*

Pādukā-Pañcaka, Two Work on Laya-Yoga, Translated from Sanskrit, with Introduction and Commentary. London: Luzac & Co.

Zvelebil, Kamil
1973. *The Poets of the Powers*. London: Rider & Company.

찾아보기

저자 스바뜨마라마 요긴드라Svātmā Yogīndra

스바뜨마라마 요긴드라는 1450년경에 활동했던 것으로 추정되는 수행자이자 철학자로 하타요가의 수행체계를 정립한 위대한 스승이다. 스바뜨마라마의 생애를 재구성할 수 있는 자료는 거의 남아 있지 않은데 그것은 아마도 출가수행자로 은둔생활 했기 때문인 것으로 추정된다. 하지만 쁘라나 조절 우위의 기법을 정립하고 또 나타(Nātha) 전통의 다양한 수행법을 꾼달리니 수행으로 통합했다는 점에서 스바뜨마라마의 명성과 권위는 앞으로도 퇴색하지 않을 것이다.

역자 박영길朴英吉

박영길 박사는 동국대 인도철학과에서 샹까라의 창조론으로 철학박사 학위를 취득했고 동국대, 한국외대, 금강대, 원광대, 숭실대 등에서 베단따 철학, 하타요가, 산스끄리뜨를 강의하고 있다. 1997년부터 2007년까지 한국요가연수원과 청담요가수련원에서 하타요가를 지도했고 2007-2010년 오스트리아의 비엔나 대학, 파키스탄의 펀잡대, 한국의 금강대가 공동으로 진행했던 '울너 필사본 프로젝트'(Woonler Project)의 전임 연구원으로 산스끄리뜨 필사본을 연구했다.

[역 서]

2011. 06, 요가의 84가지 체위법 전통: 체위 전통에 대한 연구(G. Bühnemann 저)
2011. 12, 샹까라의 베단따 철학과 명상(J. Bader 저)
2012. 03, 꾼달리니: 내재된 에너지의 각성(A. Mookerjee 저)
2014. 03, 산스끄리뜨 시형론: 운율 및 숫자적 상징에 대한 해설(C. P. Brown 저)
2015. 09, 하타의 등불: 브라흐마난다의『월광』에 의거한 번역과 해설 (Svātmārāma 저)

[저 서]

2013. 03, 하타요가의 철학과 수행론
2010. 05, *A Handlist of Sanskrit Manuscripts in the Punjab University Library*, 3Vols.(공저)
2019. 09, 하타요가 문헌 연구: 성립사와 고유한 수행론(희귀 걸작편)

하타의 등불【하】

An Annotated Translation of *Haṭhapradīpikā*